本书出版受厦门大学南洋研究院"南洋文库"项目资助

沈燕清 著

巴达维亚华人社会结构研究

A study on the social structure of Chinese in Batavia: Focusing on unpublished archives of the Gongtang

以未刊公馆档案为中心

中国社会科学出版社

图书在版编目（CIP）数据

巴达维亚华人社会结构研究：以未刊公馆档案为中心 / 沈燕清著.
—北京：中国社会科学出版社，2020.5
（南洋文库）
ISBN 978 - 7 - 5203 - 6412 - 6

Ⅰ.①巴…　Ⅱ.①沈…　Ⅲ.①华人社会—研究—东南亚
Ⅳ.①D634.333

中国版本图书馆 CIP 数据核字（2020）第 069239 号

出 版 人	赵剑英
责任编辑	宋燕鹏
责任校对	沈丁晨
责任印制	李寡寡

出　　版	中国社会科学出版社
社　　址	北京鼓楼西大街甲 158 号
邮　　编	100720
网　　址	http://www.csspw.cn
发 行 部	010 - 84083685
门 市 部	010 - 84029450
经　　销	新华书店及其他书店

印　　刷	北京明恒达印务有限公司
装　　订	廊坊市广阳区广增装订厂
版　　次	2020 年 5 月第 1 版
印　　次	2020 年 5 月第 1 次印刷

开　　本	710×1000　1/16
印　　张	27.75
字　　数	455 千字
定　　价	148.00 元

序

　　作为荷印殖民当局核准的一个华人半自治组织机构，吧城华人公馆（吧国公堂）不仅拥有对吧城华人内部事务行使管理的权力，而且还积累和保留了相当丰富的历史文物和档案文献资料。其中有五块悬在公堂大厅之内以历代甲必丹及后来玛腰撰述的公堂历史沿革的木刻牌匾，以及一部记述吧城华人艰苦创业的珍贵历史文献——《开吧历代史纪》。在20世纪50年代初期，著名东南亚史和华侨史专家许云樵先生曾经对上述公堂中所悬挂之木刻牌匾，以及《开吧历代史纪》进行注释和校注，其成果为海内外学者所重视并广为引用。然而，更为大量的公堂档案，还包括吧城华人官员的审案及议事记录，华人入境、结婚、离婚的登记注册和死亡的注销，以及公堂的收支账簿等。这些档案资料在1955年被公堂的最后一任秘书陈炎福（Tan In Hok）转移到雅加达的自家住地。从此以后，这批档案历经劫难，长期未得到妥善的保管和充分的利用，以致多有破损和遗失。直到1995年，经过荷兰莱顿大学历史系的包乐史（L. Blussé）教授的多方努力，这些残存的公堂档案资料最终捐赠给了荷兰莱顿大学汉学院，从而使这批秘而不宣的珍贵历史档案文献得以重见天日。

　　现收藏和保存在荷兰莱顿大学图书馆的吧城华人公馆档案残件，计有600余卷（册），涵盖的时期约170年（1772—1950）。经分类整理，这批档案资料主要由以下九大类型构成：一、公堂通知簿；二、公案簿；三、户口簿；四、公堂清册簿；五、婚姻簿；六、冢地簿；七、金德院簿；八、寺庙簿；九、文化教育簿。这些档案大多为中文记录，少量卷本为荷兰文和马来文（印尼文），而马来文所记录的部分多是1920年以后的资料。可以说，现存的公馆档案文献涵盖了吧城华人近两个世纪的社会和经济生活的各个方面，无疑是研究荷印吧城华人社会史不可多得的珍贵资料。

最先利用公馆档案进行研究的是法国著名的汉学家克劳婷·苏尔梦（Claudine Salmon）和丹尼斯·龙巴德（Denys Lombard），他们在 20 世纪 70 年代末利用公馆（公堂）《寺庙簿》的资料并结合实地调查，撰写了有关雅加达华人宗教生活的开拓性著作（Claudine Salmon & Denys Lombard, *Les Chinois de Jakarta : temples et vie collective*, Paris: France Editions de la Maison des Science de l'Homme, 1980）。而第一个尝试对公馆档案文献进行分类研究的则是印尼华裔学者欧阳春梅女士（Myra Sidharta），她在 1991 年曾撰文对档案文献的内容作过初步的介绍①。

自 1995 年以来，随着公馆档案被捐献和保存于荷兰莱顿大学汉学院图书馆之后，在荷兰以及中国学者的共同努力之下，首先完成了对公馆档案的分类和编目工作。与此同时，对公馆档案文献的整理和研究也逐步展开：其一是对档案文献本身的整理研究，包括对档案文献进行校注出版以及将档案文献的《婚姻簿》《冢地簿》中相关内容数据进行电脑扫描录入并建立相应的数据库；其二是充分运用现存的档案文献结合相关历史资料，对荷印吧城华人社会发展史进行综合性的研究。

在公馆档案文献的整理校注出版方面，自 1999 年起由荷兰莱顿大学包乐史教授提议，将"公馆档案研究"纳入荷兰莱顿大学与中国厦门大学的校际交流框架之内。鉴于《公案簿》的中文档案有 32 卷（册）之多，字数多达 300 余万字，几乎占整个公馆档案的 1/4，是现存公馆各类档案中分量较大、记录最有系统、保存最为完整的部分，涵盖了从 18 世纪末至 20 世纪初期吧城华人社会的政治、经济、法律及宗教等诸多方面的内容。为此，中荷双方一致同意共同合作，对《公案簿》档案的中文文献进行标点、校勘和注释，并由厦门大学出版社出版发行。得益于中荷双方科研人员前后历时近 20 年的密切合作，吧城华人公馆档案《公案簿》中文部分的整理校注工作终于在 2017 年得以完成，共计 15 辑陆续出版发行。此外，对公馆档案《婚姻簿》中的《成婚注册存案簿》的整理

---

① Myra Sidharta, "On the Remnant of the Gong Goan' Archives in Jakarta: A Preliminary study", in Lin Tien-wai ed., *Collected Essays on Local History of the Asian-Pacific region : Contribution of Overseas Chinese*, Hong kong: 1991, pp. 513 – 523.

成果《雅加达华人婚姻——1772—1919 年吧城唐人成婚注册簿》，也于 2010 年由厦门大学出版社出版发行。尤为值得一提的是，在荷兰与中国学者多年来不懈努力地整理和研究的基础上，现存所有的公馆九大类档案文献资料，最后在"公馆之友"主席陈萌红博士和莱顿大学图书馆高柏（KoosKuiper）主持下完成了数字化图像的制作，并在 2015 年后成为荷兰莱顿大学图书馆的"中文特别收藏"而得以在互联网上公开查阅（https：//www. library. universiteitleiden. nl/）。

在公馆档案资料的运用研究方面，以公馆档案文献为基础并结合有关历史文献资料撰述而成的吧城华人社会史专著，首推包乐史与吴凤斌合作撰著的《18 世纪末吧达维亚唐人社会》（厦门大学出版社 2002 年版）。该书对《公案簿》和《婚姻簿》中大量的具体案例进行分析，从中揭示出 18 世纪末期（即荷兰东印度公司统治后期）吧城华人社会生活的各个方面。以公馆《冢地簿》档案资料对吧城华人社会发展史进行综合研究的成果，则当推李明欢博士的代表性论文《变迁中的吧城华人社会：十九世纪丹绒坟山档案资料的启示》（《亚洲文化》总第 24 期，2000 年）。此外，第一位以公堂档案资料为基础来撰写博士学位论文的是荷兰莱顿大学的陈萌红博士，其博士论文题为《1843—1865 年巴达维亚华人社会：以吧城华人公馆档案为中心的研究》（荷兰文，荷兰莱顿大学出版社 2011 年版）。至于第一位以吧城华人公馆的马来文档案资料为中心撰写博士学位论文的则是荷兰莱顿大学的莫妮可·厄克伦斯（Monique Erkelens）博士，她在 2013 年完成了题为《巴达维亚华人理事会的衰亡：吧城华人社会传统精英权威的丧失，1900—1942 年》（*The Decline of the Chinese Council of Batavia*：*The Loss of Authority and Prestige of the Traditional Chinese Elite amongst the Chinese Community*，*1900 – 1942*）的博士学位论文。

随着对公馆档案文献的整理分类工作的逐步展开和部分档案资料的陆续校注出版，使得学术界能够充分运用这一珍贵的历史档案文献资料，对吧城华人社会的各个方面以及荷属东印度与中国的关系展开各种有针对性的综合研究。据不完全统计，自 2000 年至 2017 年间，依据公馆档案文献资料为基础来撰写的硕博士学位论文计有 15 篇之多，至于已发表的相关学术研究论文更是以数十篇计。尽管如此，在现存公馆九大类的档案文献中，已有的整理和研究成果还仅限于对《公案簿》《婚姻簿》和《冢地簿》等三大类的档案文献资料的初步考察和论述,且大多不够完善和全面。至于《通知簿》《户口簿》《清册簿》《寺庙簿》及《文化教育簿》等其他公馆档案文献的整理和研究,则尚未充分展开,特别是对存量较大的《清册簿》,以及中国传统簿记制度在海外华人的经营管理活动中的地位和作用等相关问题,还有待于继续加以深入细致的整理和研究,以便从中认识和了解历史上海外华人经营管理模式的特点及其演变发展的过程。

令人欣慰和值得钦佩的是,沈燕清博士的新作《巴达维亚华人社会结构研究——以未刊公馆档案为中心》一书,在充分运用公馆档案尤其是对尚未整理出版的未刊档案文献资料的整理和研究方面迈出了可喜的一步。该书共分九章,分别对巴达维亚华人社会的人口、职业、婚姻、社团结构、丧葬管理、宗教活动、文化教育,以及吧城华人公馆(吧国公堂)行政与管理职能等各个方面进行了全方位的深入探讨,以大量丰富的原始档案文献资料为基础,较为全面地揭示了巴达维亚华人社会结构的发展变化进程。全书图文并茂,资料翔实,对公馆档案及历史文献的运用自如,其中对一些未刊公馆档案资料的解读亦独辟蹊径,尤其是首次对公馆《清册簿》档案资料的内容及特点详加论述且多有阐发,真实地再现了荷印吧城华人社会发展的历史风貌,在一定程度上填补了以往在这一研究领域的空白。这是继其在 2013 年出版《荷印殖民政府鸦片税收政策及其对爪哇华人社会的影响》一书之后的又一佳作,可喜可贺!

由于吧城华人公馆档案文献时间跨度长、涉及面广、资料数量巨大,全面认识和了解以至充分地利用,仍需时日甚至几代人的艰辛努力。殷切地期待相关研究人员尤其是青年学子能够继续参与整理研究并充分善加利用这些档案文献,进而能够在印尼华侨华人史研究上不断取得更多的突破和创新。

聂德宁 吴凤斌
2019 年 7 月于厦门大学南安楼

目 录

绪 论 ……………………………………………………………… （1）

第一章　吧城华人人口结构 …………………………………… （10）
　第一节　华人移民印尼历史回顾及其数量分析 ……………… （10）
　第二节　吧城华人人口结构的特征 …………………………… （36）

第二章　吧城华人职业结构 …………………………………… （58）
　第一节　"职业"与"职业结构"概念界定 ………………… （58）
　第二节　公馆档案中的吧城华人职业结构 …………………… （60）
　第三节　吧城华人职业结构特点及其成因分析 ……………… （87）

第三章　吧城华人婚姻结构 …………………………………… （112）
　第一节　吧城华人成婚注册管理 ……………………………… （113）
　第二节　吧城华人婚姻结构的特点 …………………………… （138）
　第三节　荷印吧城华人婚俗探析 ……………………………… （164）
　第四节　吧城华人的离婚管理 ………………………………… （176）

第四章　吧城华人公共管理结构 ……………………………… （187）
　第一节　美色甘的建立及其职能分析 ………………………… （188）
　第二节　吧国公堂的社会公共管理职能 ……………………… （203）

第五章　吧国公堂行政结构 …………………………………… （225）
　第一节　吧城华人甲必丹制度的演变与公堂的购置 ………… （225）

第二节 吧国公堂与荷印殖民政府关系探析 …………………（233）

第三节 吧国公堂簿记制度探析 ……………………………（255）

第四节 吧国公堂华人官员制度的废除 ……………………（273）

第六章 吧城华人宗教活动 ……………………………………（276）

第一节 吧城华人寺庙的建立 ………………………………（276）

第二节 公堂对华人宗教活动的管理 ………………………（278）

第三节 筹建印尼佛教总堂 …………………………………（301）

第七章 吧城华人丧葬管理 ……………………………………（307）

第一节 吧城华人冢地的建立与发展 ………………………（308）

第二节 从《冢地簿》看吧城华人丧葬管理机制 …………（312）

第三节 吧国公堂丧葬管理的特点 …………………………（323）

第四节 吧国公堂丧葬管理职能的丧失 ……………………（337）

第八章 吧城华人社团结构 ……………………………………（344）

第一节 20 世纪前吧城华人社团的发展 …………………（344）

第二节 20 世纪后吧城华人社团的发展 …………………（345）

第九章 吧城华人教育结构 ……………………………………（362）

第一节 印尼独立前的吧城华文教育 ………………………（362）

第二节 印尼独立后的吧城华文教育 ………………………（390）

结　语 ……………………………………………………………（401）

参考文献 …………………………………………………………（403）

附录一　荷兰莱顿大学汉学院馆藏公馆中文档案目录 …………（413）

附录二　印尼三宝垄新友小学教职员一览（1955 年）…………（435）

绪　　论

一　定义界定与学术史回顾

"社会结构"（social structure），是社会科学研究中的一个使用非常广泛的概念。它不仅是社会学研究的核心问题之一，也是研究社会变迁和社会转型最本质且最重要的工具之一。学术界关于"社会结构"的定义非常混乱，这不仅表现在人们经常用不同的词语，如社会关系、社会网络、社会系统、社会资本、社会分层、社会整合等来表征社会结构，也表现在不同的学者在对"社会结构"一词做阐释时会有不同的侧重点，其概念目标、解释路径和理论诉求也是大相径庭。[①] 学者杜玉华表示，社会是一个多层次的复杂体系，对社会结构要素的分析只有置于特定的层次才具有真正的意义。我们可以把社会结构划分为宏观、中观和微观三个不同层次。宏观的社会结构要素主要包括人与自然，其中，"人"是作为类的概念，"自然"是指除去人类创造活动之外的天赋的客观存在。同时，我们还可以根据人类活动的不同性质，将人类活动划分为经济活动、政治活动、文化活动和社会活动等领域，这些领域的活动分别满足了人的各种物质需求和精神需求，因此，人们在这些活动领域中所形成的各种关系便构成了中观层次的社会结构。而微观社会结构则主要是指人们在社会生产中逐步形成的各种具体的社会关系，它主要包括人口结构、家庭结构、群体结构、组织结构、城乡结构、社区结构、利益结构、就业结构、劳动力结构、阶级阶层结构等要素（见图1）。

一般认为，社会学研究意义上的社会结构是指一个国家或地区内部诸

---

① 杜玉华：《社会结构：一个概念的再考评》，《社会科学》2013 年第 8 期。

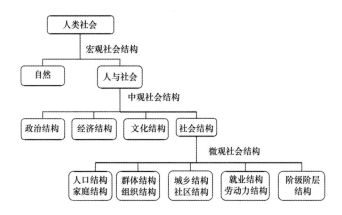

图1　社会结构层次及其要素的分析框架

资料来源：杜玉华：《社会结构：一个概念的再考评》，《社会科学》2013 年第 8 期，第 97 页。

要素间的关系及其构成方式，它主要包括人口结构、家庭结构、组织结构、就业结构、收入分配结构、消费结构、城乡结构、区域结构、阶层结构等多方面的内涵。社会结构实质就是结构本身及内部各个组成部分之间的相互搭配和相互关系。社会结构与经济结构一样，同样是一个国家或地区的最重要、最基本的结构，也是观察和认识这个国家和地区发展情况的重要维度。

传统中国是乡土社会，海外华人①社会结构是中国传统社会结构在海外的延续与发展。迄今，国内外学术界对海外华人社会结构之研究已取得一定的成果，如陈列的《浅谈战后东南亚华侨华人社会结构的变化》②；陈寿仁的《近三十年新加坡华人社会结构及其社会意识形态的变化》③；张步天的《大米贸易开放前泰国华人移民的社会结构》④；李其荣的《新

①　本书中的"华人"是族群意义上的界定，而非国籍意义上的界定。因此本书中的"华侨""华人"含义相同，但多使用"华人"一词，只在具体引文时才使用"华侨"或"华侨华人"等词。

②　《暨南学报》（哲学社会科学版）1987 年第 2 期。

③　《华侨华人历史研究》1989 年第 4 期。

④　《华侨华人历史研究》1996 年第 3 期。

华侨华人的职业机构及其影响因素》[①]；王付兵的《19 世纪初至 20 世纪初新加坡华人的职业结构》[②]；田汝康、林青青的《砂拉越华人：社会结构研究报告》[③]；李枫的《1885—1945 年缅甸闽籍华侨的社会结构》[④]；澳大利亚纪宝坤的《澳大利亚华人——社会经济结构剖析》[⑤]；台湾陈祥水的《纽约皇后区新华侨的社会结构》[⑥]；新加坡刘宏的《论战后新加坡华人社会结构的演变与帮权网络的特征》[⑦]；日本学者石川贤作的《新加坡、马来西亚的语言、教育政策和华人社会的阶层结构》[⑧] 及陈燕南的《关于华侨社会的结构》[⑨] 等中文论著，以及 Laurence K. L. Siaw 的 "The Legacy of Malaysian Chinese Social Structure"（*Journal of Southeast Asian Studies*, Vol. 12，No. 2，Sep.，1981），和 Ju-Kang Tien（田汝康）的《*The Chinese of Sarawak：A Study of Social Structure*》（Malaysia，1997）等西文论著。

　　但总体而言，已有的研究成果尚缺乏对海外华人社会结构的全面剖析，更鲜见对东南亚华人社会结构的深入探析。1511 年葡萄牙人占领马六甲，拉开了东南亚殖民史的序幕。由于各殖民政府大力开发东南亚，带动中国人以前所未有的规模前来，东南亚各国的华人社会结构因而日渐成熟。这主要表现在华人数量的不断增长、人口的性别和年龄结构趋于平衡、职业结构日益多元、婚姻家庭结构趋于稳定、文化教育及宗教和社团活动不断发展等。但由于东南亚是一个异质性较强的地区，因此殖民时期东南亚各国华人社会结构的发展并不均衡。荷兰殖民者早在 1619 年就开发巴达维亚，大力招徕中国人前来，因此吧城的华人数量较多，华人社会的发展也较为成熟，其社会结构具有相当的成熟性与完整性，在当时的东南亚华人社会中具有一定的代表性。因此，本书试图以荷兰莱顿大学汉学

---

①　《东南亚研究》2008 年第 2 期。

②　《南洋问题研究》2012 年第 4 期。

③　砂拉越华族文化协会，2013 年版。

④　《海交史研究》2017 年第 1 期。

⑤　《世界民族》1990 年第 1 期。

⑥　台湾"中央"研究院民族学研究所 1991 年版。

⑦　2002 年"国家、地方、民众的互动与社会变迁"国际学术研讨会暨中国社会史年会论文。

⑧　《南洋资料译丛》2002 年第 2 期。

⑨　《南洋资料译丛》2004 年第 3 期。

院馆藏的珍贵未刊吧城①华人公馆档案为基础，对吧城华人社会结构进行研究，管窥这一时期印尼华人的社会结构，以期弥补侨史研究领域的这一缺憾。

二 吧国公堂档案简介及其价值所在

吧城，又称"吧国"，荷兰殖民统治时期巴达维亚的简称，即今雅加达。"吧国公堂"指吧国华人公堂，始创于 1742 年，是吧国华人处理自己内部社会事务的行政和法律机构，设甲必丹、雷珍兰等华人官职，由荷兰殖民政府委任，处理包括华人的经济纠纷、结婚注册登记与婚姻案件的审理、社区治安、户口登记与管理、唐船和蔗廊的检查、寺庙巡查和捐款、义学和救济院的管理、道路桥梁的修建、坟地分配及荷兰殖民当局下达的有关华人案件的调查和审理，等等。② 在某种程度上，公堂是将司法、民政以及社会公益福利事业的管理组织机构融为一体，集官府衙门、慈善公益机构和地方庙宇组织等诸多社会功能于一身。在日据时期以及战后初期，公堂逐渐失去之前的许多行政功能，最终被解散并被重新组合到各个分散的寺庙基金会和义冢社团。

吧国公堂延续 200 余年，且在管理华人事务的过程中形成许多档案资料。现收藏于荷兰莱顿大学汉学院图书馆的公馆档案文献，有近 1000 卷（册）本，涵盖的时间为 1772—1950 年。经过整理和分类的公馆档案文献主要由《公堂通知簿》《公案簿》《户口簿》《公堂清册簿》《婚姻簿》《冢地簿》《金德院簿》《寺庙簿》《文化教育簿》等九大类构成。这些档案基本上为中文文献，少量卷本为荷兰文和马来文。可以说，公堂现存的档案文献包含了吧城华人近两个世纪的社会和经济生活的各个方面，是研究吧城华人社会史不可多得的珍贵资料。

从某种意义上讲，吧城华人公馆档案属于"华侨华人民间文献"。所谓"民间文献"是指那些承载着特定时代、地域和群体社会生活信息的、私家性的或私人保存的、官方非周知性的、具有原始记录性的文

---

① 即巴达维亚，有时又为"吧达维亚"，见下文脚注。
② 聂德宁：《吧国公堂档案》，《历史档案》2000 年第 3 期，第 54 页。

书资料。"华侨华人民间文献"作为一种档案资源，原始记录性是它的本质属性。其一，从其形成过程来看，它是华侨华人在社会实践活动中直接（非间接）形成的，是社会实践活动最初的记录形式；其二，从其形式和内容上看，它往往保留着手书、签名、印鉴等原始标记，因此具备原始记录性。这种原始记录性决定了其内容与内容所对应的社会活动具有同一性，因此具有了历史凭证价值。除了"佐证历史"的功能之外，"华侨华人民间文献"也有着"补史之阙、纠史之偏、正史之讹"的作用。① 而就吧城华人公馆档案而言，除了原始记录性外，其珍贵之处还在于它的延续性，其时间跨度为 18—20 世纪，以印尼华人的历史足迹为纵贯线，以政治、经济、文化活动、日常生活、人际交往、家庭关系、个人境遇等为横断面，全面而生动地记录和展示印尼华人艰苦奋斗的历史和内涵丰富的社会生活。该档案的珍贵之处还在于它的多元性，它涉及印尼华人社会的方方面面。但目前除了《公案簿》及《婚姻簿》已面世外，其余档案多处于未开发状态，而利用该档案进行的研究也相当有限，因此对未刊档案的利用本身就是本书的一大创新。由于现存档案除了少量《婚姻簿》涉及荷兰东印度公司时期吧城华人的婚姻情况外，其余均为荷属东印度（简称"荷印"）时期的档案，故本书主要探讨荷印时期吧城华人的社会结构，如涉及荷兰东印度公司时期的情况则会加以说明。

迄今，吧城华人公馆档案文献的研究和利用已取得一定成就。如由厦门大学南洋研究院与荷兰莱顿大学汉学院合作出版的《公案簿》系列（2002 年至 2019 年已校注出版 15 辑）以及厦门大学出版社 2010 年版的《雅加达华人婚姻——1772—1919 年吧城唐人②成婚注册簿》。此外，还有一些应用现存的档案文献资料，对吧城华人社会发展史进行综合的研究。如荷兰莱顿大学包乐史教授与厦大吴凤斌教授合著的《18 世纪末巴达维亚唐人社会》，以及厦大李明欢教授的《变迁中的吧城华人社会：十九世纪丹绒坟山档案资料的启示》（载《亚洲文化》2000 年总第 24 期）

---

① 徐云：《华侨华人民间文献多重价值初探》，《华侨华人历史研究》2012 年第 3 期，第 17—18 页。

② 唐人，即华人。

等。但总体而言,现存八大类的公馆档案中,已正式刊行面世的只有《公案簿》及《婚姻簿》的内容,其余多为未刊档案。而目前已有的研究仅限于对《公案簿》《户口簿》《婚姻簿》和《冢地簿》等四大类的档案文献的初步考察和论述,且不够完善和全面。至于《公堂通知簿》《公堂清册簿》《寺庙簿》及《文化教育簿》等其他档案文献的研究,则依然尚未充分展开,非常值得我们进一步开发利用。

公馆档案虽是以吧城为中心的,但吧城不仅是荷兰殖民统治的政治中心,也是当时印尼华人的主要聚居区和经济中心(见表1)。

表1　　　　　　　　**荷印华人人口的增加和变动**　　　　　单位:千人

年份	爪哇、马都拉	外领	合计
1859	约 141	约 73	约 213
1870	约 174	约 100	约 274
1880	约 207	约 137	约 344
1885	约 222	约 160	约 382
1890	约 242	约 219	约 461
1895	约 256	约 213	约 469
1900	约 277	约 260	约 537
1905	约 295	约 268	约 563
1926	约 500	约 400	约 900
1930	约 582	约 651	约 1233
1940	约 675	约 756	约 1430

资料来源:根据〔日〕福田省三著《荷属东印度的华侨》,李述文、陈建东译,《南洋资料译丛》1963 年第 2 期,第 5 页;以及温广益等编著《印度尼西亚华侨史》,海洋出版社 1985 年版,第 181 页表格绘制而成。

到 1949 年,印尼华人总数已达 200 万左右,爪哇地区仍是华人的主要定居点。[①] 另据 1952 年印尼中央调查局的统计,印尼人口的分布以爪

---

① 郁树锟主编:《南洋年鉴》,新加坡南洋报社有限公司 1951 年版,第 26 页。

哇岛及马都拉岛最为稠密，平均每平方千米有居民 393 人。① 而 20 世纪
50 年代末到 60 年代初荷印华人的分布如表 2 所示：

表2　　　　　　　　1956 年、1961 年印尼华人人口分布情况　　　　单位：千人

年份	爪哇		苏门答腊		西加里曼丹		其他岛屿		外岛		总计
	人数	比例（%）	人数	比例（%）	人数	比例（%）	人数	比例（%）	人数	比例（%）	人数
1956	1145	52	605	27.5	271	12.3	179	8.1	1055	48	3255
1961	1230	50.2	690	28.2	315	12.9	215	8.8	1220	49.8	3674

资料来源：Ruth McVey（ed.），*Indonesia*，New Haven：HRAF Press，1963，p.100.，转引自黄昆章《印度尼西亚华文教育发展史》，马来西亚华校教师会总会 2005 年版，第 15 页。

　　由此可见，荷兰殖民统治时期直至印尼建国初期，爪哇一直是华人主要聚居点。自从 1619 年荷兰东印度公司将巴达维亚作为其在亚洲贸易的总部，巴达维亚所在之处的爪哇就成为荷兰殖民者在印度尼西亚群岛的摇篮。② 此后，爪哇成为荷兰殖民统治的核心地区。荷兰人首先将注意力集中于爪哇岛，并用各种方法开发资源，希望能将爪哇发展成其殖民统治的核心，进而控制整个东印度群岛。至于其他领土，荷兰人想维持其散布各处的小根据地，作为防止其他欧洲殖民者侵入的前哨基地。爪哇被经营成一个经济贸易中心，在荷兰长达 340 年的殖民之下，它成为具有发展潜力的核心，有着众多的人口、较佳的基础建设及商业基础，这些都让它在印度尼西亚的近代发展中扮演了一个很好的火车头角色③。

　　而吧城作为荷兰殖民政府的行政中心，则是华人最为集中的定居点。1619 年燕·彼得逊·昆被任命为吧城第一任总督时，他就设想要把它建设成为"东印度最大的商业城市"，因此，他想尽一切办法招徕华人前

---

　　① 陈以令：《印尼华侨概况》，台湾正中书局 1988 年版，第 34—35 页。

　　② Onghokham，"Chinese Capitalism in Dutch Java"，in *Southeast Asian Studies*，Vol. 27，No. 2，September 1989，p. 157，转引自陈衍德《印尼爪哇与外岛资源分配的不公：民族关系视角的解读》，《东南亚研究》2007 年第 1 期，第 5 页。

　　③ 廖令强等：《殖民经验对印尼经济的影响》，2011 年 4 月，豆丁网（http://www.docin.com/p-169463453.html）。

来，甚至不惜采取强迫乃至绑架的手段。① 吧城华人数量因此迅速增长，如 1619 年吧城有华人 300—400 人，1620 年就增加到 800 人，1627 年达到 3500 人，1658 年增加到 5000 人。② 1699 年华人数量已占吧城人口总数的近 4 成（见表 3）。

表 3   1699 年吧城城区人口

族群	人口数量（人）	占总人口的百分比（%）
华人	3679	39
马代克人	2407	25
欧亚混血人	670	7
欧洲人	1783	18
其他人	867	9
总计	9406	100

资料来源：［荷］包乐史著：《1619—1740 的巴达维亚：一个华人殖民城的兴衰（上）》，熊蔚霞、庄国土译，《南洋资料译丛》1992 年第 1 期，第 96 页。

到 1739 年华人人口占吧城总人口的近六成（见表 4）：

表 4   1739 年吧城城区人口

族群	人口数量（人）	占总人口的百分比（%）
华人	4199	58
马代克人	1038	14
欧洲人	1276	17
欧亚混血人	421	6
其他人	299	5
总计	7233	100

资料来源：［荷］包乐史著：《1619—1740 的巴达维亚：一个华人殖民城的兴衰（上）》，熊蔚霞、庄国土译，《南洋资料译丛》1992 年第 1 期，第 96 页。

---

① ［荷］包乐史著：《1619—1740 的巴达维亚：一个华人殖民城的兴衰（上）》，熊蔚霞、庄国土译，《南洋资料译丛》1992 年第 1 期，第 93—94 页。

② 黄文鹰、陈曾唯、陈安妮：《荷属东印度公司统治时期巴达维亚华侨人口分析》，厦门大学南洋研究所 1981 年版，第 8 页。

　　可见，经过殖民者的精心经营，吧城成为荷兰殖民统治的政治、经济、文化中心，也成为华人最集中的定居点。因此，对荷印殖民时期吧城华人社会结构的研究具有代表性，能在一定程度上反映此时期印尼华人社会结构的基本面貌。

第一章　吧城华人人口结构

人口结构是指从一定的规定性来看人口内部的关系，它是按照人口的不同标志研究一定时点、地区的人口内部构成及其比例关系。广义的人口结构主要包括人口的自然结构、社会结构和地域结构。人口的自然结构是按人口的自然特征来划分的，它反映了人口自然属性的质的规定性，是人口最基本的结构，包括人口的性别结构和年龄结构。人口的社会结构是按人口的社会经济特征来划分的，它反映了人口社会属性中各种质的规定性，主要包括人口的阶级结构、民族结构、宗教结构、教育程度结构、婚姻家庭结构、在业人口的行业结构和职业结构等。人口的地域结构是按照人口居住地的地域特征来划分的，它既可以反映人口居住地的自然环境，又可以反映其社会经济环境，其主要包括：人口的自然地理结构、行政区域结构、城乡结构、流动迁移结构。①

本书中的"人口结构"主要是指人口的自然结构，人口结构是吧城华人社会结构的重要组成部分，也是本书研究的重要内容之一。

第一节　华人移民印尼历史回顾及其数量分析

一　鸦片战争前华人移民印尼情况分析

中国人移居印尼历史悠久，宋代文献中就有闽人到阇婆（今爪哇东部）经商、居住的记载。据《宋史》卷四八九《阇婆国传》载，淳化三年（992）阇婆国使节前来我国进贡，该国贡使译者言，"今主舶大商毛

---

① 张冲：《基于广义人口结构视角下住房需求的研究进展》，《重庆工商大学学报》2015年第2期，第16页。

旭者，建溪人，数往来本国，因假其向导来朝贡"①。南宋时赵汝适《诸蕃志》一书中记载了泉州地区华侨商人到阇婆等地去经商的情况。② 元世祖忽必烈在至元三十年（1293）出兵攻打爪哇新柯沙国，曾游历过数十个国家的泉州大舶商汪大渊所撰的《岛夷志略》中记载："军士征阇婆，遭风山下，辄损舟，一舟幸免，唯存钉灰，因其山多木，故于其地造舟一十余只，若樯柁、若帆、若篙，糜不俱备，飘然长往。有病卒百余人不能去者，遂留山中。今唐人与番人丛杂而居之。"③ 明代曾随郑和下西洋的巩珍在其《西洋番国志》中记载，他到爪哇时听闻曰："杜板，番名赌班。此地约千余家，中国广东及漳州人逃居于此，以二头目为主。……杜板向东行半日许至新村，番名革儿厝。此地原为枯滩，因中国人逃来，遂名新村，至今村主广东人也，约千余家。"④ 随郑和出使过印尼的马欢在其所著《瀛涯胜览》"旧港国"条中提到："旧港（今巨港），即古名三佛齐国是也，番名曰渤淋邦，属爪哇国所辖……国人多广东、漳、泉人逃居于此。"⑤ 到明代，前往印尼谋生的华人数量大增。据《明史》卷三二四载："有梁道明为首，广东南海县人，久居其国，闽粤军民泛海从之者数千家，推道明为首，雄视一方。"⑥ 明万历十七年（1589），朝廷采纳福建巡抚周寀奏议，"将东西二洋番舶题定只数"⑦，"东西二洋共计八十八只"。⑧ 当时印尼属于"西洋"，按定额分别航行下港⑨和旧港⑩的各 4 艘，顺塔⑪ 3 艘，亚齐、咬留吧、思吉港⑫各一艘，共计 14 艘。到万历二十五年（1597）

①　《宋史》卷 489《阇婆国传》，中华书局 1977 年版，第 14092 页。

②　韩振华：《诸蕃志补注》，香港大学亚洲研究中心 2000 年版，第 86 页。

③　苏继廎：《岛夷志略校释》"勾栏山"条，中华书局 1981 年版，第 248 页。

④　（明）巩珍：《西洋番国志》，中华书局 2004 年版，第 4 页。

⑤　（明）马欢原著：《明钞本〈瀛涯胜览〉校注》，万明校注，海洋出版社 2005 年版，第 28 页。

⑥　《明史》卷 324《三佛齐传》，中华书局 1997 年版。

⑦　（明）闵梦得、袁业泗等修，刘庭蕙等纂：《漳州府志》卷 9《赋役志》，明万历四十一年纂修，崇祯元年刊，第 18 页。

⑧　许孚远：《海禁条约行分守漳南道》，见《敬和堂集》卷 7《公移》，日本内阁文库藏，万历二十二年叶向高序刊本，台北"国家"图书馆汉学研究中心 1990 年影印本，第 981 页。

⑨　即万丹。

⑩　即巨港。

⑪　即爪哇西部的巽他。

⑫　在爪哇岛北部。

福建巡抚许孚远已将原定 110 艘的定额增至 137 艘，因此随商船前往万丹、亚齐、咬留吧等地的福建移民也日益增多。[①]

荷兰殖民者统治印尼初期，在筹建吧城时，就采取种种办法诱使中国沿海农民、手工业者和商人移居其政治中心巴达维亚。[②] 据估计 1619 年吧城市区华人有 300—400 人，1622 年 9 月 22 日巴达维亚第一任总督燕·彼得逊·昆派出 8 艘舰只组成的船队先占领澎湖列岛，然后从那里出发到厦门沿海一带掳掠人口。至 1623 年 11 月，先后被运到澎湖列岛的中国人就有 1400 多名，这些被掳掠去的华工被转运到吧城当作奴隶出售。[③] 1628 年吧城华人数量就增加到 3000 人，1658 年达到 5363 人。此后，由于清政府的迁界政策，吧城华人数量有所减少，1661 年的 5382 人减少到 1673 年的 2747 人，从 1673—1682 年华人数量固定在两三千人。[④] 1684 年海禁开放，吧城华人数量又开始增加。据估计，1700—1709 年间吧城市区华人数量达 4292 人。[⑤] 据记载，商船前往东南亚所载人数"大约闽省居十之六七，粤省与江浙等省居十之三四"[⑥]。随着华人越来越多，他们往往同族、同乡聚居，"1739 年住在吧城及大港唇（Ralj Begah）两旁的华人人口有 4389 人，……住在吧城郊区的华人人口有 10962 人"，吧城遂成为华人的汇聚之地。[⑦]

1740 年红溪惨案后，吧城华人数量骤减。事后，荷兰殖民政府为自身利益考量又派人到闽南沿海劝诱中国海商去吧城贸易，并实行优惠免税措施。1743 年开始，又有商船从厦门驶往吧城。[⑧] 此后百年间，先后经历

---

① 《明神宗实录》卷 316，万历二十五年十一月庚戌，台北中研院史语所 1966 年版，第 5899 页。

② 福建省地方志编纂委员会编：《福建省志·华侨志》，福建人民出版社 1992 年版，第 28—29 页。

③ 李学民、黄昆章：《印尼华侨史：古代至 1949 年》，广东高等教育出版社 2005 年版，第 112 页。

④ 黄文鹰等：《荷属东印度公司统治时期吧城华侨人口分析》，厦门大学南洋研究所 1981 年印，第 38 页。

⑤ 李学民、黄昆章：《印尼华侨史：古代至 1949 年》，第 115 页。

⑥ 清世宗胤禛批，允禄、鄂尔泰等编：《朱批喻旨》，清雍正十年（1732）至乾隆三年（1738）武英殿刻，朱墨套印本，第 46 册。

⑦ 纪宗安：《试析吧国华人公堂的盟神审判》，《东南亚研究》2004 年第 3 期。

⑧ 福建省地方志编纂委员会编：《福建省志·华侨志》，第 30 页。

荷兰东印度公司的破产、荷印殖民政府的建立，以及英、法短暂统治，华人向印尼的移民总体持续而平稳地进行。"总之，从 16 世纪中叶的明朝中期到 1840 年鸦片战争前 300 年间，印尼华侨人数急剧增加，其活动的区域更为扩大。华侨遍布于爪哇的吧城、下港；苏门答腊的旧港；婆罗洲的坤甸、马辰、三发、喃吧哇等。他们在当地的社会经济生活中起着举足轻重的作用，在印尼形成了有浓郁中国特色的华侨社会。"①

二 19 世纪中后期华人移民印尼情况分析

1840 年鸦片战争后，中国国门被打开，加上 1868 年《蒲安臣条约》后华工出国合法化，以及外国资本主义入侵对中国自给自足自然经济的冲击，破产农民、手工业者纷纷外出谋生，中国人以较大规模移民东南亚各地，印尼则是他们的一个重要移入地。关于这一点，已出版的《公案簿》档案中有很多记载。如《公案簿》（第 4 辑）载 1845 年 1 月 8 日至 1845 年 12 月 6 日自实力②、偹九③等地来吧的船主、船长申报配搭新客④数目表，如表 1—1 所示：

表 1—1　　1845 年 1 月 8 日至 1845 年 12 月 6 日来吧新客数目

时间	来源地	船主、船长	船型	船名	新客人数（人）
1 月 8 日	实力	杨亚五	甲版船	未流唠	123
2 月 8 日	偹九	洲垄呷	勿力船	奚哪迷吧	46
2 月 12 日	廖厘⑤	厘益	勿力船	礁达	22
2 月 14 日	偹九	陈百福	猫六船	元胜	73

① 薛秀霞：《印尼华侨移民的历史考察》，《宁波大学学报》2001 年第 3 期。

② 实力，亦作实呐，地名，马来语 Selat 音译，新加坡古名，见［荷］包乐史、刘勇等校注：《公案簿》第 6 辑，厦门大学出版社 2006 年版，第 325 页。

③ 偹九，亦作马九，Macau 音译，澳门的别音，见［荷］包乐史、刘勇等校注：《公案簿》第 6 辑，第 307 页。

④ 新客，指刚从中国或南洋各地（荷印除外）移民到吧城的华人，见侯真平等校注：《公案簿》第 4 辑，厦门大学出版社 2005 年版，第 404 页。

⑤ 廖里，即廖内群岛，见［荷］包乐史、吴凤斌校注：《公案簿》第 1 辑，厦门大学出版社 2002 年版，第 389 页。

续表

时间	来源地	船主、船长	船型	船名	新客人数（人）
2 月 18 日	偶九	辱	甲舨船	亚礼礁	26
2 月 26 日	偶九	粦哪	甲舨船	唠粦	42
3 月 5 日	实力	陈选	猫吥船	诗排	33
3 月 18 日	实力	茄巴茗	甲舨船	云然	19
3 月 26 日	实力	梁国安	海南船	成丰	83
4 月 13 日	偶九	勃黎冷	甲舨船	律猫厘	42
4 月 24 日	实力	刘天德	暹舻牙船	万德	87
4 月 30 日	实力	李基进	猫吥船	泽源	23
5 月 6 日	偶九	吧黎唠	猫吥船	直里嗅呀	97
9 月 21 日	廖（里）	郭三阳	甲舨船	黄新蛤	13
11 月 23 日	偶九	鲍百龄	猫吥船	喏高答	9
12 月 6 日	偶九	思禄	猫吥船	柔仔汉偶仔哩	24
合计	762				

资料来源：侯真平等校注：《公案簿》第 4 辑，第 215—217 页。

上述档案显示，仅 1845 年一年从新加坡、澳门等地前来吧城的华人就在 800 人左右。而 1869 年 8 月 6 日公堂玛腰[①]陈濬哲曾在公堂会议上提到，"苟以唐民计之，当和 1849 年入图籍者，仅有 34000 余口，今合茂（物）辖，已有 62000 余口"[②]。这是《公案簿》档案中为数不多的提及华人数量的史料。另据厦门《关册》统计，1875—1881 年从厦门口岸乘船到爪哇的移民就有 7899 名，仅 1895 年便有 1227 名移民从厦门到苏门答腊，这些移民绝大多数来自闽南，他们都是被拐卖到种植园出卖苦力的契约华工。[③]

---

① 玛腰，荷兰语 Majoor 音译，又译妈腰、玛瑶，荷印政府授予当地华人首领的最高头衔，见聂德宁等校注：《公案簿》第 7 辑，厦门大学出版社 2007 年版，第 366 页。全书引文使用依原文。

② ［荷］包乐史、聂德宁、吴凤斌校注：《公案簿》第 12 辑（上），厦门大学出版社 2013 年版，第 39 页。

③ 福建省地方志编纂委员会编：《福建省志·华侨志》，第 30 页。

现存未刊公馆档案中的《新客簿》与《户口簿》则是此时期华人大量向吧城移民的重要史证。

（一）《新客簿》中的吧城华人移民情况分析

现存《新客簿》档案共 4 本，其时间跨度为 1852—1913 年，该档案的连续性虽不尽如人意，但其史料价值却不容忽视，它是 19 世纪中期到民国初年华人大量移民吧城史实的一手证据。

《新客簿》中的"新客"有其特定的含义，在《荷印布告集》1690 年 5 月 21 日、1706 年 6 月 3 日、1711 年 4 月 28 日的多次公告中，都提到新来的中国人为新客。这种新客不仅是指唐山新来的人（即从中国来的人），也指南洋各地新到吧城的人，大概荷兰东印度公司政府为了统计外来移民，对入境的中国人分为住吧唐人与新客两大类进行登记备案，[①]荷印殖民政府统治时期延续了这一统计方式。

公馆档案中的 4 本《新客簿》分别为：

1. 公馆档案号（以下简称"档案号"）32001《新客簿》（1852 年 1 月 3 日—1855 年 12 月 29 日）；

2. 档案号 32002《新客簿》（1874 年 6 月 3 日—1877 年 4 月 26 日）；

3. 档案号 32003《新客簿》（记新客到案字）（1878 年 4 月 15 日—1878 年 4 月 16 日）；

4. 档案号 32004《新客簿》（1912 年 11 月 16 日—1913 年 12 月 9 日）。

其中，档案号 32001 主要记载 1852 年 1 月 3 日—1855 年 12 月 29 日荷属东印度各州府客商来吧的情况，全簿共 2186 条记录（见图 1—1）。

由图 1—1 可见，该册档案每条记录的内容主要包括新客的姓名、来吧城的时间、来自何处、来吧城的途径、所乘船只的名称、到吧城以后的住址，等等，如图 1—1 中载：

---

① ［荷］包乐史、吴凤斌：《18 世纪末吧达维亚唐人社会》，厦门大学出版社 2002 年版，前言，第 1—3 页。

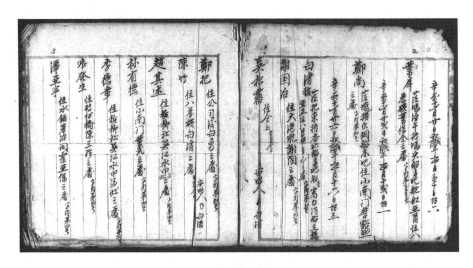

图1—1

资料来源：档案号32001《新客簿》（1852年1月3日—1855年12月29日）。

郑尚：辛亥①十一月廿贰日和②1872③年正月十贰日拜一④从垅⑤搭火烟船⑥来吧，住小南门⑦詹豁然之处，字⑧内第90号。⑨

值得一提的是，该簿对新客来吧的方式有极为详尽的记载，从该簿可以清楚地看出华人到吧城的途径各不相同。相当一部分华人是直接乘蒸汽船从海路直达吧城，如：

---

① "辛亥"，指农历辛亥年。

② "和"指荷兰历，即公历。

③ 此年份在公馆档案原档中是以苏州码进行标注，为方便阅读，本书直接将其阿拉伯数字加以标示，下文所有以阿拉伯数字标示的年份或数量在原档记录中均为苏州码，关于苏州码本书将在第五章第三节进行解释。

④ "拜一"指星期一。

⑤ "垅"指印尼的三宝垄。

⑥ "火烟船"指蒸汽船。

⑦ "小南门"是吧城的一个华人街区名称。

⑧ "字"，是闽南话，指各种文书、证件，这里应指荷印殖民政府颁给过往华侨的路字批号或案夺字号，即通行许可证号，见［荷］包乐史、刘勇等校注：《公案簿》第6辑，第354页。

⑨ 本书中，凡属公馆档案原文均以仿宋体加以呈现，以区别于其他文本。

温振：癸丑叁月廿九日和 1853 年五月初六日拜五从泗①搭火烟船，住小南门施有恒之处，字内第 5565 号。

也有不少人乘坐比较落后的非蒸汽船甚至无帆木船而来，如：

郑修：壬子四月廿日和 1852 年六月初七日拜一从汶②搭杉板船来吧，舵䑸巴里吗③，住大港陈子塔家，字内第 164 号。

有的则从陆路直接来吧，如：

吴锡：壬子四月廿日和 1852 年六月初七日拜一从茂物陆路来吧，住旧把杀黄威仪家，字内第 1926 号。

有的是由水路、陆路辗转而来，如：

沈钱：壬子四月廿八日和 1852 年六月十五日拜二从浪④往南安由搭杉板船来吧，舵䑸亚里⑤，住三间土库⑥沈爵之处，浪字第 1793 号。

黎佛龄：壬子七月初六日和 1852 年八月廿日拜五从智汶⑦往锡⑧透⑨泗水搭火烟船来吧，住小南门黎亚燕之处，汶字第 13 号、锡字第 231 号、泗字第 8334 号。

---

① "泗"即指印尼的泗水。
② "汶"即指印尼的井里汶。
③ "巴里吗"是船名。
④ "浪"指印尼北加浪岸。
⑤ "亚里"是船名。
⑥ 三间土库为吧城华人街区之一。
⑦ "智汶"即帝汶。
⑧ "锡"指印尼望加锡。
⑨ "透"指通过，见聂德宁等校注：《公案簿》第 7 辑，第 394 页。

上述记录中，"浪字""汶字""锡字""泗字"都是指案夺字或路字①等通行文书。

此外，一些有身份的新客入境吧城时，还在记录中标明其身份或头衔，如玛腰、甲大②、朱二③等；少数入境的非新客则在姓名前标示"吧人"，即表示此入境者已经是吧城华人，如：

吧人林锦山：壬子式月初七和1852年叁月廿七日拜六从浪搭六船来吧，船号八西干，船主陈碧玉，住圣望港林洛之处，字内第302号。

玛腰马荣周：壬子九月卅日和1852年十一月十一日拜四，从垅来吧，住二角桥陈甘郎园之处，字内第1号。

朱二陈汉：壬子叁月初五和1852年四月廿三日拜五，从垅搭火烟船来吧，住八哥然陈乌尚之处，字内第83号。

甲大陈崇淮：壬子叁月初五和1852年四月廿三日拜五，从垅搭火烟船来吧，住八哥然陈乌尚之处，字内第82号。

该簿对华人来吧所乘船只也有详细记载，如"岜六船""火烟船""实戈浙船""尖郎船""双层船""杉板船""吗央船""甲板船""卓仔船""尖勃嘟船""八垄船"，等等。

档案号32002《新客簿》主要是记录从1874年6月3日到1877年4月26日华人来吧的情况，共有1870多条记录（见图1—2）。

由图1—2可见，该簿中每条记录的内容包括新客的姓名、年龄、来吧的时间、所搭乘的船舶、来自何处、到吧城以后的住址、职业及当日值班的公勃低姓名等，其原档解读为：

---

① 参见第二章的"通行证制度"。

② 甲大，即甲必丹，见聂德宁等校注：《公案簿》第7辑，第346页。

③ 朱二，即副朱葛醮（礁），见聂德宁等校注：《公案簿》第7辑，第420页。

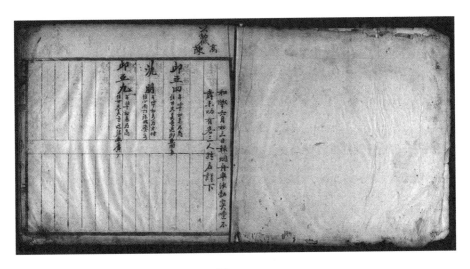

图 1—2

资料来源：档案号 32002《新客簿》（1874 年 6 月 3 日— 1877 年 4 月 26 日）。

　　和 1874 年六月初三日报烟舟①卑沙勃实不②来叻③，有客三人，姓名详下：

　　邱亚四：年 31（岁，下同），初来④为商⑤，住甘光美色近邱亚四家。

　　沈朋：年 31，初来为才付⑥，住小南门⑦张兆燮家。

　　邱亚九：年 29，初来为商，住甘光美色近张亚广家。

　　公勃低⑧：陈、高

---

　　①　"烟舟"指汽船。

　　②　"卑沙勃实不"为船名。

　　③　"来叻"即为"来自实叻"的简称，指该船自新加坡而来。

　　④　"初来"表明其为新客。

　　⑤　"为商"指从事小商贩。

　　⑥　"才付"，即才副，闽南语，指主管账目及器具者，见［荷］包乐史、刘勇等校注：《公案簿》第 6 辑，第 257 页。

　　⑦　"小南门"与下文"甘光美色近"都是吧城的华侨聚居区的名称。

　　⑧　"公勃低"为荷兰语 Gecommitteerde 音译，即代理人、受委托人，这里指每月在公堂值班理事的两位雷珍兰，见袁冰凌、［法］苏尔梦校注：《公案簿》第 2 辑，厦门大学出版社 2004 年版，正文第 2 页。

再如：

> 和 1876 年九月十六日报火舟邹唠来自实叻，搭客姓名详下：
> 丁路：年 39，唐生初来；
> 陈仲：年 38，仝上，二人住竹寮丁入家为商；
> 陈建祥：年 20，仝上，住珍圩黄为家为工；
> 蓝老：年 27，仝上，住甘光毛六甲蓝吉家为工；
> 郑：年 17，仝上；
> 吴卫：年 45，仝上，二人住观音亭陈明老家为佣。
> 以上 6 人和 1876 年九月廿二日第 585（号）详
> 公勃低：陈、高

该记录中，"邹唠"为船名；"竹寮"和"观音亭"都是吧城华人聚居区的名称；"仝上"指相关的部分与上条记录相同，这里即指他们都是"唐生初来"的新客，所谓"唐生"是相对于"吧生"而言，指在中国出生的华人。如果前来者不是新客，则在其姓名下标注"旧客"二字，并记录其所持的证明，如吧路字或案夺字等，如：

> 李锡深：年 38，和 1876 年六月初八日，旧客，献吧路字和 1875 年五月初三日第 18 号，住八厨沃干①邱燕昌家为龟里②。
> 饶元兴：年 31，和 1876 年六月廿一日，旧客，献案夺字和 1874 年三月卅日第 80 号，住五脚桥中亚辉家为生理③。

该记录中，"和 1876 年六月初八日"与"和 1876 年六月廿一日"指来吧城的时间。如果该乘客是吧城出生的华人，则在记录中标注，如：

---

① "八厨沃干"与下文的"五脚桥"都是吧城华人的聚居区。
② "龟里"，马来语 Kuli 音译，指做雇工、重体力劳动者，见聂德宁等校注：《公案簿》第 7 辑，第 338 页。
③ "生理"，闽南话，指生意、买卖，见聂德宁等校注：《公案簿》第 7 辑，第 385 页。

黎孟浩：年19，吧生，献吧路字和1876年十月十七日第510号。

统计档案号32002《新客簿》共1870多条记录，绝大部分新客是"来叻"，即从新加坡口岸搭船而来，全簿只有1876年8月21日和1877年1月13日来自香港、厦门的新客记录各一条，如：

和1876年八月廿一日报火舟①合记②，主③谢凌云，来自香港，搭客余亚全、黄亚四等16人。

由此印证了新加坡和中国香港、厦门在鸦片战争后中国劳工输出历史中所扮演的港口与中转站的角色。

该簿的一些记录还鲜有地标注了来吧新客的籍贯，如：

副淡④和1877年叁月初五日（头号）附五新客，祈照常查勘详覆：

福人洪保：年29，据云于旧岁唐叁月廿九日由亚齐来吧，求往叻；

广人刘亚成：年27，仝上，住大南门李亚能家为木工；

广人朱亚寿：年38，仝上，住仝上；

南人林瑞亭：年18，仝上，求往叻；

南人梁亚海：年21，仝上，住仝上；

以上5人和1877年叁月初六日第113详。

该记录中的"福人""广人""南人"似应分别指"福建人""广府人""海南人"，"叻"即指新加坡。

档案号32003《新客簿》的内容比较简单，主要记载1878年4月15

---

① "火舟"即指蒸汽船。

② "合记"是船名。

③ "主"指船主人。

④ "淡"即淡板公，即马来语Tumenggung，吧城有城外淡板公与城内淡板公之分，见〔荷〕包乐史、吴凤斌校注：《公案簿》第1辑，第374页。

日到 16 日路批①干刀②寄来的新客案夺字，即颁给新客的通行证，共有 94
位新客的姓名及申请路字的费用，内容如下：

和 1878 年四月十五日及十六日路批干刀寄来新客之案夺字 67 张
又 27 张，共 94 张，列名于左，每张 12 盾。
巫汉贤：万律帽汉交；
曾德办、曾质理、黄志进、黄民志：峇汝交；
李来和、林子仪、郭耀宗：陈光辉交；
梁老：自领；
高大振、高仕卿：高大振领；
李景元（以下八张李景元领）、林相长、沈福星、李生景、李锦
顺、李亚朝、李亚行、李亚敦；
姚亚三、姚和郎：姚清林领；
陈德、张育民、郭和尚、林伍厚：陈荣辉领；
王秀芳、吴赞宝：吴阳三恳；
萧母、巫清祥、陈寿、邱开先、吕庆其、吕庆铜：邱亚盛领；
沈运：陈荣辉领；
陈思标、林溪成：陈永老领；
黄宗德、黄慕必、黄荣紫、洪兴祥、黄福明、黄井祥、黄光爱、
黄大目：以上八张洪炎宗领；
陈廷炎、利益僧、陈景福、陈开箴、陈素琼娘、其凉僧、刘宗
田、四果僧、林颜娘、吴有能：吴峇汝分交；
陈凤、林象：陈亮领；
林宇：自领；
林合：陈光辉分交；
黄水中：自领；

---

① 路批，即批，指邮寄的信件，见侯真平等校注：《公案簿》第 8 辑，厦门大学出版社
2009 年版，第 470 页。
② "干刀"，马来语 Kantor 音译，即办公的意思，见［荷］包乐史、吴凤斌校注：《公案
簿》第 1 辑，第 385 页。

李展猷：自领；

李齐：陈荣辉领；

何湖水：陈建领；

张亚六、刘亚香、邱芬乐、叶亚先、邱福庆、梁子郎：陈光辉
分交；

陈严、林水：吴嵜汝分交；

杨正春、刘亚宝：自领。

此字阅后，诸新客自和本年五月十三日至今所有新到者，自早上
八点至一点带到公馆，自午后二点至五点带到散处大使庙边，其所居
宅号头不可忘记。

和 1887 年七月卅日朱葛礁徐（签名）启

该档案显示，仅 2 天的时间里，获得入境许可的新客移民就达
94 人。

档案号 32004《新客簿》内容主要记载 1912 年 11 月 16 日到
1913 年 12 月 9 日来吧城的华人新客的姓名、年龄、在吧城的住址及
荷印政府的批文①，共 2150 多个新客记录。如：

李亚昌：年 42，和 1900 年十月廿日，（住②）芝其宜，王字
1913 年十一月廿七日第 21 号、朱葛礁字 1914 年一月六日第
1138 号、玛腰文和 1913 年九月廿式日第 4096 号、副淡文和
1913 年参月廿九日第 5658 号新客入居燕地查勘申详。

再如：

吴添和：年 22，和 1911 年四日廿五日，钉居，王字 1913 年十一
月廿七日 21 号、朱葛礁字 1914 年一月初六日第 156 号、玛腰文和
1913 年正月廿二日第 243 号、仝上文仝上日第 38 号新客入居燕地查

---

① 比较完整的批文一般包括王字批文、朱葛礁批文、玛腰批文、副淡批文等。

② 此为作者对原档的补充说明，故以括号加宋体字样表示，下文同。

勘申详。

在上述记录中，和 1900 年 10 月 20 日与和 1911 年 4 日 25 日是指来吧的时间；"芝其宜"与"钉居"是这些新客来吧城以后的住址；玛腰、朱葛礁等都是吧城华人侨领的职衔称谓；"王字"是指荷印殖民政府总督的批文；"燕地"指吧城。由此可见，华人入境吧城要先后取得荷印殖民政府和吧国公堂的许可。

档案号 32004《新客簿》中一些比较简单的记录一般只记录新客的姓名、来吧时间、住址、王字批文。如：

> 冯彬：（年）28，和 1912 年六月十一日，（住）大南门，王字1912 年十一月十二日第 150 号。
> 李念珠：（年）27，和 1909 年叁月廿九日，（住）桂东。

有的甚至没有注明王字批文，如：

> 林乾：（年）25，和 1911 年一月十七日，（住）结实珍。
> 邓霖：（年）30，和 1910 年七月初十日，（住）大使庙。

该记录中，"和 1912 年 6 月 11 日"等时间指新客来吧的时间；"大南门""桂东""结实珍""大使庙"等指这些新客来吧以后的住址。

档案号 43200 新客簿显示，1912 年 11 月 16 日到 1913 年 12 月 9 日来吧城的华人新客约有 2300 名。

（二）《户口簿》中的吧城华人移民情况分析

现存公馆档案《户口簿》共有 16 本，档案号为 31001—31016，其主要内容是 1878—1884 年七年间吧城华人街区中的大港墘（Kali Besar）、公司后（Kongsi Besar）、廿六间（Jiplakkeng）、兑亚芬土库、新厝仔（Petak Baru）、旧把杀（Pasar Lama）、亭仔脚（Pasar Gelap）、中港仔（Petongkangan）、八茶罐（Petaguan）①、小南门东势（Pintu Kecil）、小南

---

① 即八茶碛。

门西势、三间土库（Toko Tiga）等12处居民区的户口登记，涉及家庭成员（包括用人）的人数及年龄，有时也记录妻妾的民族成分，部分户口登记簿也登记户主的职业性质等等。

档案号31001《户口簿》（廿六间户口册，1878年）的主要内容是登记1878年全年廿六间华人街区的户口情况，每条记录包括该户人家所有人口的姓名与年龄，共60户200多人（见图1—3）。

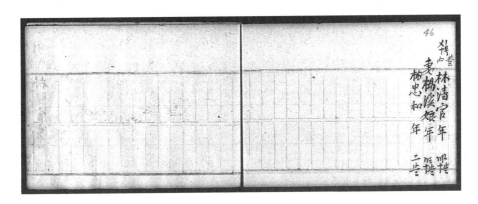

图1—3

资料来源：档案号31001《户口簿》（廿六间户口册，1878年）。

上图为廿六间巷内（第）41号人家的情况，共三口人：

林清官：年36（岁）；

杨溪娘：年27（岁）；

林忠和：年2（岁）。

该档案显示，这是一个华人三口之家，它表明华人不仅向吧城移民，且在当地成家立业，并养育了土生华人。

档案号31003档案《户口簿》（公司后户口册，1878年）在本册档案的结尾部分归纳了当年公司后街区华人（包括番人，即当地人）数量变更情况，具体如下：

……又报全年唐人移入者共115名，又报全年由唐来吧者46名，又报全年在吧生者男 3 名，女 3 名，又报全年移出者共 114 名，又报全年由吧回唐者 22 名，又报全年死者男 11 名，女 4 名……番大男 14 名，小男 4 名，番大女 24 名，小女 3 名，共大小番男女 45 名；唐大男 150 名，小男 36 名，番大女 73 名，小女 17 名，共 276 名，合番唐大小男女共 361 名。

该档案显示，该街区在 1878 年共有 161 名华人移入，其中从中国来的有 46 人。

而档案号 31005《户口簿》（旧把杀户口册，1878 年）在对旧把杀该年户口统计时，除了对人口增减、移出与移入等进行统计外，还对该街区华人的年龄结构进行详细分析，具体情况如下：

承和 1877 年存唐番计 462 人，存唐男大计 276 人，又唐男小 36 人，又唐女大 45 人，又唐女小 37 人，又番男大 23 人，又番男小 11 人，又番女大 30 人，又番女小 4 人，计 8 条共 462 人。承和 1877 年存唐番计 462 人，生男 4 人，生女 6 人，洪今川铭铃①男儿 1 人，三条共 11 人；死唐男大 8 人，死唐男小 1 人，死唐女大 2 人，死唐女小 5 人，四条共 16 人。

唐男叻入来 72 人；

唐男移入大 41 人；

唐女移入大 18 人，小 4 人；

番男移入大 8 人，小 1 人；

番女移入大 5 人，小 1 人；

唐男移入小 13 人；

计 9 条共 163 人，连上总共 636 人。

唐男往叻出 26 人；

唐男移出大 178 人；

唐女移出大 10 人，小 2 人；

---

① 铭铃，即螟蛉，义子的意思。

番男移出大 2 人，小吉①；

番女移出大 3 人，小 1 人；

唐男移出小 6 人，

计 9 条共 188 人。

（以上）2 大条共 204 人；

第除出以外存唐番大小 432 人。

由上述档案可见，1878 年旧把杀街区华人移入 135 人，他们主要从新加坡和中国而来。有意思的是，该档案还显示，当年甚至有 22 个华人女性移入，其中 18 个为成人。这说明此时吧城华人社会已非清一色男性移民社会，也说明此时吧城华人社会已相当成熟。

而档案号 31007《户口簿》（亭仔脚户口册，1878 年）则记载：

……又报全年移入唐人共 115 名，又报全年由唐来吧共 46 名，又报全年在吧生男 2 名，女 2 名；又报全年移出者共 101 名，又报全年由吧回唐共 21 名，又报全年死者男 1 名，女 4 名……番大男 3 名，女 6 名，小男吉，小女 1 名，共 6 名；唐大男 179 名，大女 165 名，小男 40 名，小女 33 名，共 317 名，合番唐大小男女共 367 名。

上述档案显示，该街区全年共移入华人 161 人，而在该街区所有华人中，成年男性为 179 人，成年女性为 165 人，性别比例较为合理，这也与 31005 号档案相印证，说明吧城华人社会日益成熟。

而档案号 31016《户口簿》（三间土库户口册，1884 年）则载：

和 1883 年存唐长男 273 人，（唐）长女 39 人；（唐）幼男 10 人，（唐）幼女 14 人；

又存番长男吉；（番）长女 10 人，（番）幼男吉，（番）幼女吉。

合共存 346 人；

1884 年移入唐长男 84 人，（唐）长女 5 人，（唐）幼男 1 人，

---

① 吉，即零的意思。

（唐）幼女 1 人；

移入番长男吉，（番）长女 1 人，（番）幼男吉，（番）幼女吉；

移出唐长男 34 人，（唐）长女 2 人；（唐）幼男 2 人，（唐）幼女 2 人；

移出番长男吉，（番）长女吉；

现年生唐孩男 1 人，（唐孩）女吉；生番孩男吉，（番孩）女吉；

现年故唐长男吉，唐长女吉，故唐幼男 1 人，唐幼女 2 人；

现年故番长男吉，番长女吉，故番幼男吉，番幼女吉；

即和 1884 年存唐长男 283 人，长女 42 人；幼男 9 人，幼女 11 人；

又存番长男吉，番长女 11 人，幼男吉，幼女吉；

合共存 356 人。

该档案显示，1884 年该街区移入华人成年男女共 89 人。

可见，以上诸户口簿清晰地反映了公司后、亭仔脚、旧把杀三个华人街区在 1878 年的移民出入及人口年龄构成情况，印证了青壮年在当时中国对外移民占多数的历史事实。而 31002 号、31004 号、31006 号等《户口簿》主要是对华人职业状况的统计，相关档案将在第二章提及。

三 民国时期华人移民印尼情况分析

从 1911 年辛亥革命到中华人民共和国成立前的 30 多年间，中国国内战祸连年，自然灾害频繁，广大劳动人民和贫苦知识分子纷纷离乡背井到海外谋生，出现现代史上又一次华人出国高潮，其中不少人前往印尼（见表 1—2）。

表 1—2　　　　　　　**1860—1954 年荷印华人数量的变迁**　　　　　单位：人

年份	全印尼华人人口
1860	221000
1870	260000
1880	344000

续表

年份	全印尼华人人口
1890	461089
1900	537316
1905	563449
1920	809339
1922	1023500
1925	1835000
1930	1233214
1939	1344809
1940	1430528
1947	1900000
1954	2457214

资料来源：华侨问题研究会编：《华侨人口参考资料》，1956 年，第 47 页。

由表 1—2 可见，1905 年以后印尼华人数量增长较快，这与中国移民大规模的涌入有较密切关系。如 1913 年 8 月 4 日吧国公堂大玛瑶（即玛腰）告知民众："自和 1913 年 8 月始，诸新客其可给之以停坡字，惟该人之生涯最少亦须每月得有二十五盾也。"[1] 这一方面体现了荷印殖民政府对华人入境的限制，另一方面也印证了华人移入的事实。而据 1928 年福建省侨务委员会福州办事处统计，福州地区在海外的华人有 20 多万人，其中爪哇、西伯里、苏门答腊等地约 3 万人。如 1935 年福清东张人周维桢南渡印尼，在侨居地马辰任中华学校校长。[2]

抗战爆发前后，福建省社会治安混乱，局势动荡，人民生活困难，出国前往印尼的闽人大量增加，到 1940 年出国多于回国的现象才有所改变。以厦门口岸为例，1935—1940 年华人出入印尼的人数见表 1—3：

① ［荷］包乐史、吴凤斌、聂德宁校注：《公案簿》第 15 辑，厦门大学出版社 2017 年版，第 29 页。

② 《福州市志》第 8 册《第四篇华侨》，2011 年 11 月，爱问共享资料网（http：//ishare. iask. sina. com. cn/f/21171242. html）。

表1—3　　　　　　　**1935—1940 年经由厦门出入的华人数量统计**　　　　单位：人

地点	出入	1935 年	1936 年	1937 年	1938 年	1939 年	1940 年
爪哇	出国	6171	5952	7643	4138	2794	1223
	回国	7585	7343	4986	1438	1457	4162
西伯里（苏拉威西）	出国	852	1147	1311	895	567	529
	回国	961	999	521	361	399	1097
苏门答腊	出国	1811	1369	1750	650	459	438
	回国	727	1626	954	356	322	792

资料来源：福建省地方志编纂委员会编：《福建省志·华侨志》，福建人民出版社 1992 年版，第 21 页。

由上表可见，1937 年抗战爆发后，印尼华人回到中国的数量要多于华人去印尼的数量，直到 1940 年。太平洋战争爆发后，华人出入的通道基本被切断。抗日战争胜利后，大批印尼回国华人要求返回印尼，1947年从厦门前往印尼的华人有 9980 人，同期回中国的华人有 1042 人[1]；1948 年前往印尼的有 8311 人，从印尼回中国的有 5680 人，两年出入对抵净出 11569 人（见表1—4）。

表1—4　　　　　　　　**遣送华人统计（截至 1947 年 2 月底）**　　　　单位：人

遣送出国华人目的地	人数	遣送回国华人赴运地	人数
新加坡	3328	新不列颠（新几内亚）	900
马来亚联邦	4910	荷属东印度（即印尼）	1574
荷属东印度（即印尼）	17	菲律宾	5414
缅甸	5049	越南	633
萨拉瓦	190	缅甸与马来亚	80
北婆罗洲	23	欧洲德意志	580
		北婆罗洲	65
总计	13517	总计	9246

资料来源：福建省档案馆编：《福建华侨档案史料》（上），档案出版社 1990 年版，第193 页。

---

[1]　福建省档案馆编：《福建华侨档案史料》（上），档案出版社 1990 年版，第 237—238 页。

从 20 世纪 50 年代初起，印尼政府严格限制中国移民入境，此后很少有中国人移居印尼。印尼华人人口增长主要靠自然增殖。1959 年印尼政府颁布总统第十号法令，禁止外侨在县以下经营零售业和居住，许多华人因此流离失所、生计无着，仅仅 1960 年一年，就有 8 万多华人回国。1965 年印尼爆发 "9·30" 事件后，又有数千名华人回中国。根据《侨务报》报道，从 1949—1957 年有 23 万华人归国；1957—1959 年又有 11 万多华人回国；1959—1967 年，印尼当局多次发动大规模排华，先后有 20 多万华人被迫回国，其中有 4 万多名华人安置在广西各地华侨农场、工厂。① 据中央人民政府华侨事务委员会 1962 年统计，印尼华人人口总数约 250 万人，其中具有双重国籍的约 150 万人。②

四　荷印政府限制华人移民的政策

虽然《户口簿》与《移民簿》档案显示了自 19 世纪中期以来华人移民吧城数量的增加，但事实上，荷印殖民政府对华人移民印尼是有着诸多限制的。已刊的《公案簿》1—15 辑就反映了荷印殖民政府对华人移民吧城政策的变化，兹按时间顺序列举如下。

1. 1830 年 7 月之前为毫无限制时期（见《公案簿》第 1、2 辑）；

2. 1830 年 7 月 10 日荷印总督下令每只船每年得配 200 名来吧（见《公案簿》第 3 辑）；

3. 1833 年 2 月规定 "凡唐船、甲板船到吧，须雷珍兰、朱葛礁、达氏轮流到船检验"，1833 年 4 月规定 "安呾新客人字头、安呾新客规例" 等（见《公案簿》第 3 辑）；

4. 1835 年 9 月 9 日重申 1830 年的配额制度（见《公案簿》第 3 辑）；

5. 1837 年 11 月 14 日 "准许新客来吧，但不得住他处"（见《公案簿》第 4、5、8 辑）；

6. 1838 年禁止移民（见《公案簿》第 5 辑）；

7. 1843 年 7 月对工匠解禁，但需要提供技能证明（情有可原者除外）、担保证明（见《公案簿》第 5 辑），且有文化者禁入（见《公案

① 蔡先杰：《论归侨的构成、分布与特点》，《八桂侨刊》1992 年第 3 期。
② 福建省地方志编纂委员会编：《福建省志·华侨志》，第 32 页。

簿》第3、4辑）；

8.1844年2月2日以前，"敖文明有禁，新客不准来吧"（见《公案簿》第3辑）；

9.1844年3月16日准许有技能工匠来吧（见《公案簿》第5辑）；

10.1846年5月21日规定新客必须由二人担保（见《公案簿》第4辑）；

11.1846年12月27日对教师、医生、才副解禁，准许每年来吧（见《公案簿》第5、8辑）；

12.1846年12月30日只准木匠、凿花、造橱椅桌，造甲板船、土水、打石、打锡器工匠居吧，其余工匠须向总督申请（见《公案簿》第5辑）；

13.1850年7月恢复执行1837年、1838年、1844年禁令，施行君眉司海上查验、挨实㫫①批准的制度（见《公案簿》第7辑）；

14.1851年12月28日解禁（见《公案簿》第8辑）；

15.1852年4月5日禁止医生、教师、才副居吧（见《公案簿》第8辑）；

16.1853年1月修订《唐人来吧君厘书》（见《公案簿》第8辑）；

17.1861年6月19日，"挨实㫫案夺严察新客来吧事"（见《公案簿》第10辑）；

18.1866年9月28日，根据副挨实㫫命，"公堂定每日派员在干刀鉴察新客"（见《公案簿》第11辑）；

19.1912年4月3日，"公堂议和1912年荷印政府所定之登坡字新条规"（见《公案簿》第14辑）：

20.1912年6月3日，"大玛瑶重申新例所定之居留证事"（见《公案簿》第14辑）；

21.1913年12月18日，大玛瑶传达荷印政府旨意，"若犹未有王字或未入王字者将被驱逐"；

22.1914年7月3日，"大玛瑶告知若有不留心接续其停坡字者须缴

---

① 挨实㫫，有时又作"挨实连"，荷兰语 resident 音译，指荷兰省长或副省长，见袁冰凌、[法]苏尔梦校注：《公案簿》第2辑，第421页。

纳二十五盾罚金"（见《公案簿》第 15 辑）；

23. 1915 年 6 月 3 日，"默氏须加严掌理出生证书以确认某人为吧生身份"（见《公案簿》第 15 辑）；

24. 1916 年 9 月 6 日"大玛瑶告知华人新客若未能交足税款将不得申请永久居留"（见《公案簿》第 15 辑）；

由此可见，与荷兰东印度公司时期大力招徕华人前来相比，荷印殖民政府对华人移民的政策以限制为主，我们可以例举其中一些条例加以说明。如《公案簿》第 3 辑中所载的 1833 年 3 月 22 日"挨实嗹致书甲必丹大，为马狗船所载新客须付妥人安呾①一案"中载："自和 1833 年 3 月 8 日马狗甲板所载之客，俱付人安呾，遵上台于和 1830 年 7 月 10 日第 6 号案夺之例而行，且嘱其不可乱行别处"，这是关于吧城华人新客移民入境担保制度的最早记载。② 1833 年 4 月 6 日殖民政府规定了关于移民担保人的新规，具体如下："安呾人二名须押号在下，云作何经纪、住在何处、系属吧地。明议耽戴新客，决不得用诡计以求情于力里。新客何名姓、作何经纪、年几多岁、原要住吧，而安呾人宜坐供识其新客，知其为人无乖。倘后来新客所遭不遇、生理不就、衣食不足，安呾人须提拔照拂，给其衣食，然后请知挨实嗹。但新客之终身，公班衙③则置之度外，分文不周。已上所定之规，既已明议。"④ 1846 年 5 月 21 日第 6 号并《国例》⑤第 16 号案夺又规定："为定唐人新客，不得来鸦地⑥，及鸦地所属。然或来者，有本住鸦地二妥人安呾，并该地上人承受则可，但安呾人须照顾其新客之生活及所行，倘该地上人不承受，要寄回籍，安呾人当支诸费。"⑦

---

① 安呾，马来语 Antar，担保的意思，见聂德宁等校注《公案簿》第 3 辑，厦门大学出版社 2004 年版，第 311 页。

② 聂德宁等校注：《公案簿》第 3 辑，第 68—69 页。

③ 公班衙，荷兰语 Compagnie 音译，指荷兰殖民政府，见《公案簿》第 4 辑，第 345 页。

④ 聂德宁等校注：《公案簿》第 3 辑，第 70 页。

⑤ 国例，指荷印政府颁布的法规。

⑥ 鸦地，亦作爪亚、爪鸦，即爪哇，见［荷］包乐史等校注：《公案簿》第 6 辑，第 344 页。

⑦ 侯真平等校注：《公案簿》第 8 辑，第 153 页。

到 1853 年 1 月 25 日荷印总督定唐人来吧生活之君厘书①，其中规定："1. 唐人自发者，不论唐船、甲板，可用才副、亲丁、茄实、香公②、总哺、买办，及水守、目夥，不得过于 40 人。2. 膜船者，可配才副、亲丁管仓口、总哺③、买办 12 人。3. 货客可带才副、亲丁、茄实，计 4 人。4. 批客虽无带货，及其要归，则将银置货，该有还饷，较与商人一理。5. 在吧有立业回唐者，准其应得之一来吧取领。待其事完将归，或银或货，自当纳饷，亦与商人无异。6. 去年来吧行商，尚有数项④未明者，准其下年前来取讨，以利商人之便。以上诸人等虽可来吧，但其到处，准一人登岸报知上人，然后委员到船查验，将姓名、经纪，申详挨实嗦求其登岸。既登岸，各援人安呾。待其货完事毕，务宜回籍，不得居吧过于一年之久。如届期不归，至于被捉配船者，安呾人须支其费……"⑤

而由上述的档案号 32004《新客簿》（1912 年 11 月 16 日—1913 年 12 月 9 日）所载内容也可见，新客入居吧城要经过重重审查，而且要记录下详细的居住地址，荷印殖民当局对华人入境的管制可见一斑。到 1927 年 10 月，荷属移民厅公布的移民条例又规定："担保新客入境之资格，据 1929 年以前之条例，须设有商店者，始许担保新客，如学界、工界、则不问纳税如何之钜，亦不许担保。惟自 1929 年 3 月以后，移民条例对于担保新客之资格，大加改变，以纳税多寡为标准，不论职业。……惟担保人之姓名须与新客所保之担保人姓名相符合，他人不得任意担保，惟原报人不能前往，可请合格人代为担保……"⑥ 因此，丘守愚在其《二十世纪之南洋》一书中这样描述："荷印属地入口，极感困难，既须缴纳 150盾之入口税，又须得当地人之担保，条例甚多……既领入口证之人，登岸后，宜换取居留字。居留字可发生效力两年，期满得请地方长官签字两

① 君厘书，荷兰语 Kennisgeving 音译，指通知书、布告，见［荷］包乐史等校注《公案簿》第 6 辑，第 297 页。

② 香公，古代帆船航行时，负责燃香计算海上更路者，见侯真平等校注《公案簿》第 8辑，第 505 页。

③ 总哺，闽南话，厨师的意思，见侯真平等校注《公案簿》第 8 辑，第 525 页。

④ 数项，闽南话，指账目与钱款，见［荷］包乐史等校注《公案簿》第 6 辑，第 485 页。

⑤ 侯真平等校注：《公案簿》第 8 辑，第 157—158 页。

⑥ 丘守愚：《二十世纪之南洋》，见周谷城主编《民国丛书》第三编，上海书店出版社1991 年版，第 80 页。

次，每次一年，最后可再延长一次，期为六年……凡欲久居属地者，在居留字将满期间，宜向府尹请领永久居留字，俗称王字。……凡欲入境者，须有当地人为之担保，担保人与被担保人应有下列之关系：夫妇、父子、雇主与雇员、学校与教员、保管与编辑……居留字在离开属地一年后，王字一年半后，均失效用。"①

可见，荷印殖民政府对华人移民的限制贯穿华人入境、居住、求职直至离开吧城的始终，而公堂则是殖民政府华人移民政策的直接执行者。如1833年7月26日公堂奉挨实嗹命令，查验刘文羲、邱长、许时远等人的入境资格，公勃低②经过调查，报告公堂说："兹查刘佑在小南门营商，其子刘文羲系新客，其安咀人何引同巫文理，俱在小南门营商。又查邱藤寵在五角桥做猫泽，其兄弟邱长系旧客，无有过犯；其安咀人邱寒，未见作何经纪。又查许坤在八茶罐开烛店，其兄弟许时远系新客，其安咀许缯同姚册俱在小南门营商。"后公堂议决说："凭公勃低所详，刘文羲与许时远虽属新客，其所安咀者俱系商人妥当，宜准其求；而邱长的系旧客，奈其安咀者欠妥，须令其更易可也。"③

1846年6月9日挨实嗹又致书玛腰（陈永元）说，（如上所述）当年5月21日荷印总督已决定不准新客来爪哇。假如欲使新客住吧，那么必须有当地两名与入境新客同籍贯者做其担保人，来保证其所行良善、循规蹈矩，以及照顾其衣食疾病，之后在得到挨实嗹恩准方可居留等。为此，公堂玛腰需谕知诸人并船主、甲丁遵命而行。而公堂规定的担保新客的程序如下："先认押号在下，陈明二安咀人经纪、名姓、住居，再认对敎文明安咀新客，并叙新客某姓名、某日、某船、甲丁某名，安咀者愿照顾新客衣食、所行良善，以及回唐诸费一肩挑尽，某时日立字，二安咀人押号为凭，二知见人押号为凭，妈腰（即玛腰）承受押号为凭，将安咀字呈缴挨实嗹收存。"④

---

① 丘守愚：《二十世纪之南洋》，见周谷城主编《民国丛书》第三编，上海书店出版社1991年版，第72页。

② 公勃低，荷兰语 Gecommitteerde 音译，意为代理人、委托人等，这里指公堂委托每月轮值的甲必丹、雷珍兰等华人官员，见侯真平等校注《公案簿》第8辑，第416页。

③ 聂德宁等校注：《公案簿》第3辑，第106—107页。

④ 侯真平等校注：《公案簿》第4辑，第281页。

值得注意的是，公堂虽是殖民政府华人移民政策的执行者，但到 20 世纪初它也在一定程度上为方便和促进华人移民的前来而努力。如 1908 年 1 月 23 日，公堂商讨说，按照旧例，凡新客初到，都必须向其居住所在街区的默氏求为期六个月的居留许可，而各街区默氏都要求新客每人要缴纳五盾至六盾以办理居留许可，这个收费有点过重了。由于新来之客一般没有什么资费，因此，公堂决定："盖入六月字之费，只用王印纸一张，的银壹盾五方；映相①二个，的银壹盾。共银贰盾五方。而默氏代写代入之费，极多不过一盾五方，即合共银肆盾正足矣。公堂遂定，自今日为始，各胡勃实宜早知照其统辖之默，须依今日之议毋违。"②

因此，总体而言，吧城移民的数量是不断增长的。

第二节　吧城华人人口结构的特征

一　吧城华人的籍贯构成

印尼早期华人多数来自中国的南方，即福建和广东。最早的移民大都来自厦门附近，随后来的移民则以潮州人和客家人为多，最后才是广府人。布斯巴·法桑蒂在其《印尼华人文化》一书称：中国去印尼的大批移民始于 16 世纪至大约 19 世纪中叶，这些移民大都来自福建南部。闽南人最早和最长久的侨居地是东爪哇和中爪哇。③ 元代以后去印尼的福建人与日俱增，据考察，"闽侨之南来东印度者，较粤侨为早。元世祖遣史弼南征爪哇时，子弟兵多属闽南籍。后落居爪哇者颇多，繁殖也盛"④。闽南人口外流最严重的时期是在清代。18 世纪 70 年代，闽浙总督高其倬等向康熙皇帝上奏称："出洋之人大约闽省居十之六七，粤省与江浙等省居十之三四。"⑤ G. W. 史金纳在其《爪哇的中国人》一文中指出："起初

---

① 映相，闽南语，照片的意思，见吴凤斌、［荷］包乐史、聂德宁校注《公案簿》第 14 辑，厦门大学出版社 2016 年版，第 355 页。

② 同上。

③ 孔远志：《从闽南方言借词看中国与印尼、马来西亚的文化交流》，《华侨华人历史研究》1986 年 Z1 期，第 39 页。

④ 丘守愚：《东印度与华侨经济发展史》，正中书局 1947 年版，第 379 页。

⑤ 郝玉麟编：《朱批谕旨》第 46 册，上海点石斋本 1887 年版，第 27 页。

（在爪哇）定居的中国人是来自围绕厦门湾地区的福建人，至少到 19 世纪止，闽南人在爪哇华人中占有突出的地位。"[1] 印尼学者廖建裕在其《爪哇土生华人政治》一书中也指出："在 19 世纪下半期之前，爪哇华人以福建籍的商人和工匠占优势。主要是因为运输工具的困难和清朝正式禁止中国人出洋和回国的律令，大批移民至爪哇的事情尚未发生。"[2]

1930 年荷印殖民政府中央统计局对人口做了全面调查，于 1935 年出版了《1930 年人口调查》专册，它也证实了华人在爪哇岛的集中分布（见表1—5）。

表1—5　　　　荷属印尼华人的出生地别人口（1930 年人口调查）　　单位：人

出生地别/地域别	爪哇及马都拉合计	外领地方合计	荷印总计
福建人	379611	175365	554981
客家人	75188	125548	200736
潮州人	5263	82549	89812
广东人	39878	96252	136130

资料来源：根据杨建成《荷属东印度华侨商人》，中华学术院南洋研究所 1984 年版，第 17—20 页的表格绘制而成。

由表1—5 可见，华人，尤其是闽侨主要集中在爪哇和马都拉地区，而粤侨以外领的比率为高。到 20 世纪 40 年代中期，荷属东印度华人总数为 1232650，占荷印总人口的 2%，其中籍贯广东的占 45%，籍贯福建的占 55%。[3]

荷兰殖民统治时期闽侨不仅大量聚居在爪哇岛，且在华人社会中占据较高的社会地位。担任吧城历届甲必丹、雷珍兰和玛腰等职的侨领几乎都是闽南人，如苏鸣岗（Soe Beng Kong）、许金安（Khouw Kim An）、陈永元（Tan Eng Goan）等。荷兰东印度公司在擢苏鸣岗为甲必丹的委任状中

---

① 孔远志：《中国印度尼西亚文化交流》，第 120—121 页。

② ［印尼］廖建裕：《爪哇土生华人政治：1917—1942》，中国友谊出版公司 1986 年版，第 9 页。

③ 姚玉民、崔丕、李文译：《日本对南洋华侨调查资料选编（1925—1945）》（第三辑），广东高等教育出版社 2011 年版，第 137—138 页。

就提到："现在有 400 名华人居住在这里，受我们的保护，因此有必要从当中指定一位能干的人作为首领，以便尽可能在他们中间保持良好的秩序和进行监督。为此目的，一群有声望的华人代表全体华人提出一位名叫苏鸣岗的人，我们同意授权该人为上述华人的首领，令其处理华人的一切民政事务，并把其他难以解决的问题提交给我们来决定。"① 可见，能够担任诸如甲必丹②等官衔的华人必须是有声望之人。而徐继畬在《瀛环志略》一书中则指出："和兰③专设甲必丹，以理华民。为甲必丹者，皆漳泉人。"④ 由此可见，闽侨在当时吧城华人社会中的地位不一般。

二　吧城华人土生与新客的身份构成

（一）从《新客簿》与《户口簿》看华人的身份构成

19 世纪中后期以前，吧城华人社会的主体是新客移民，"其间虽然有华侨后裔和其土著（有时或是土生）妻室不断补充进来，但其数量从未大到实质上能够变更侨生社会的性质"⑤。这一点也在相关的公馆档案中得到印证。如档案号 32001《新客簿》（1852 年 1 月 3 日—1855 年 12 月 29 日）中，1852 年共有 537 人登记在案，其中有两人为吧客或吧人，其余皆为新客；1853 年有 454 人登记，其中 1 人标注为"峇"，其余为新客；1854 年有 576 人登记，其中"货客"11 人，"批客"3 人，"汶人"1 人，"南安由生长"1 人，"峇"1 人，其余均为新客；1858 年有 494 人登记，均为新客。档案号 32002《新客簿》（1874 年 6 月 3 日—1877 年 4 月 26 日）共有 1798 人登记，其中"旧客"⑥ 186 人，"吧人"有 7 人，"锡人"有 1 人，"廖客"有 1 人，其余为新客。

---

① ［英］W. J. 凯特：《荷属东印度华人的经济地位》，王云翔译，厦门大学出版社 1988 年版，第 15 页。

② 关于华人甲必丹制度本书将在第四章进行论述。

③ 即荷兰。

④ 徐继畬：《瀛环志略》，见王有立主编：《中华文史丛书》第一辑，（台湾）华文书局 1968 年版，第 137 页。

⑤ ［美］G. W. 史金纳（G. William Skinner）：《爪哇的中国人》，力践译，《南洋资料译丛》1963 年第 2 期，第 26—27 页。

⑥ 旧客：亦称"老客"，指已经在海外（本书中主要指吧城）居住过一段时间者，相对于"新客"而言，见侯真平等校注：《公案簿》第 4 辑，第 362 页。

而档案号 31009《户口簿》(八茶碣户口册, 1878 年)中则记载:

> ……承和 1877 年存唐长男 124 人,长女 100 人,幼男 55 人,幼女 49 人;承和 1877 年存番长男 6 人,长女 13 人,幼男吉,幼女吉,合共存 347 人;1878 年移入唐长男 100 人,长女 14 人,幼男 1 人,幼女 2 人,移出唐长男 77 人,长女 7 人,幼男 15 人,幼女 10 人;1878 年移入番长男长女大吉,幼男幼女大吉,移出番长男 6 人,长女吉,幼男幼女大吉;1878 年全年生唐孩男 2 人,女 2 人,1878 年死故唐长男 10 人,长女 5 人,幼男幼女大吉;1878 年生番孩男女大吉,1878 年死故番长男女大吉,幼男女大吉;本年现存唐长男 137 人,长女 102 人,幼男 43 人,幼女 43 人,本年现存番长男吉,长女 13 人,幼男女大吉,合共存 338 人……

由此户口簿可见,1878 年八茶碣街区移入华人成年男女共 114 人,而在当地出生的华人孩子仅为 4 人。档案号 31007《户口簿》(亭仔脚户口册,1878 年)记载"全年在吧生(唐)男 2 名,(唐)女 2 名",可见新客移民是八茶碣和亭仔脚街区的华人人口的主体。

(二)从《冢地簿》看华人的身份构成

在公馆档案未刊的 82 卷《冢地簿》[①] 中,其中的 23 卷《丹绒义冢》涉及丹绒、式里陂、惹致、如南末、吃唧五处华人冢地的丧葬登记,共记录了 1811 年 1 月到 1896 年 10 月超过 5 万名死者的基本信息,其中大多数是华人。在不同年份,冢地档案内容有所不同,19 世纪初的档案记录主要包括登簿时间、死者的姓名、年龄、埋葬方式、冢地规格等。1836 年以后的丧葬登记则添加了死者住址和丧事经办人的名字,1852 年以后有些死者的生平简介也被记录下来,包括其出生地、职业或经济状况、死亡日期及是否有遗产或遗嘱等,这也为我们提供了了解吧城华人身份的依据。1858 年以后的档案中,登记死者的出生地的记录增多,一般而言,

---

① 关于《冢地簿》档案将在本书第七章进行论述。

华人的身份来源有以下几种："唐生长"① "吧生长""暹客"② "新客"
"海屿新客""旧客""万丹客""廖生长""花旗人"③ "浪生长""直葛"
"北加浪""井里汶生长""垄生长""唐旧客""唐生长旧客""新客唐
生长""唠务安人""州府客""番婆""猫厘婆""番猫厘婆""山顶人"
"新客南安由人""把东客""东势茄老旺生长"等情况，这从侧面反映
了他们的新客或土生身份。如档案 61114 号之《丹绒义冢》（1872 年 8 月
1 日—1878 年 3 月 30 日）第 81 号记录为：

> 癸酉年正月初四日和 1873 年弍月初一日，拜六，唐生（长）、
> 龟里张瑞祥，年 26，正月廿七日故，贫人，（住）五角桥，理事人张
> 亚翰。④

再如本册档案第 360 号记录为：

> 癸未四月初三和 1873 年四月廿九日拜二，唐生长许江来，年
> 24，和廿九（日）故，无物⑤，（住）旧把杀，理事人郭金。

上述档案显示，张瑞祥和许江来是在中国出生的新客。
由此可见，直到 19 世纪中后期，荷印吧城华人社会仍是以新客为主
的社会。
（三）从《婚姻簿》⑥ 看华人的身份构成
到 19 世纪末 20 世纪初，吧城华人人口构成呈现出一个新的现象，即
土生华人与新客华人的数量对比发生明显变化，这一点可以在公馆档案
《成婚注册存案》中得到印证。

---

① 指出生和成长于中国。
② 指来自暹罗。
③ 指英国人。
④ 《丹绒义冢》（1872 年 8 月 1 日至 1878 年 3 月 30 日），荷兰莱顿大学汉学院馆藏，档案
号 61114。
⑤ 无物，应指没有遗物。
⑥ 公堂《婚姻簿》档案包括《成婚注册存案》《结婚申报书》《结婚调查书》《离婚书》
《复婚书》等几类，关于《婚姻簿》将在本书第三章进行论述。

现存《成婚注册存案》档案①开始于 1772 年，但直到 1858 年《成婚注册存案》开始增加男方的籍贯信息登记，当时仅仅区分为"吧生""唐生"两种情况，在 1858 年成婚注册的 177 对新人中，新郎以吧生为主，只有 29 个男性为唐生。如 1858 年 1 月 6 日成婚的男家黄德山时年 23 岁，住亚森脚，女家蔡经娘时年 23 岁，男家主婚人其父黄恩，女家主婚人其宗叔蔡茂林，结婚日期为丁巳年十一月廿六日，他们的成婚注册档案中标注："据两家主婚人云，此黄德山果吧生长，有默单为据。"

再如 1858 年 1 月 13 日成婚的男家古南贤（峇峇），时年 42 岁，住丹仔望，女家黄菊娘，时年 23 岁，交寅日期为丁巳年十二月初十日，"据两家主婚人云，此古南贤系生长丹仔望，有默氏江比单呈案内为据，批炤"。1858 年此后的档案中，要么有默氏的来单，要么就是献案夺字表明男方来源，如 1858 年 7 月 24 日成婚的男家王溪水，时年 28 岁，住鉴光②咖尾，女家丁音娘，时年 18 岁，男家"献案夺字和 1852 年七月初三日第 1661号"。而 1858 年 10 月 2 日成婚注册的男家林榜年 37 岁，住小南门，女家刘灿娘时年 20 岁，交寅日期为戊午八月廿九日。"林榜前和 1850 年九月初十日在公馆给婚字，娶萧和娘（年 30 岁），女家主婚伊自己，男家主婚伊宗兄林稿，媒妁人吴经娘，然因此萧和娘已故，经再娶刘燦娘为妻，批炤。"

1858 年 10 月 15 日成婚注册的男家钟亚时，年 29 岁，住五脚桥，女家黎秋娘，时年 19 岁，男家主婚伊宗兄钟亚添，女家主婚伊父黎天生，交寅日期为戊午年九月廿四日，而"据男家主婚人钟亚添（住小南门）供云，此钟亚四乃晚之宗弟，系在吧生长，前和 1850 年四月廿二日曾在公馆给婚字，娶赖亚三之女赖宁娘为妻，男家主婚伊父钟天增，女家主婚伊父赖亚三，媒妁人江秋娘"。

1858 年 12 月 16 日成婚注册的男家宋永山时年 27 岁，住戈劳屈，女家邱贞娘，时年 25 岁，交寅日期为戊午十一月十四日，据默氏涂江报单云，"此宋永山系吧生长"。1859 年以后的《成婚注册存案》中男方的来源地情况如表 1—6 所示：

---

① 关于《婚姻簿》档案本文将在第三章进行论述。

② 鉴光，马来语 Kampung 音译，村庄、居民区的意思，见聂德宁等校注：《公案簿》第 7辑，第 350 页。

表1-6　　《成婚注册存案》中华人夫妻来源地统计（1859—1919）

单位：人

年份	成婚注册的数量（对）	丈夫来源					妻子来源①			
		"唐生"	"吧生"	"准居"	"旧客"	其他来源或无标注来源	"新客"	"唐生"	"吧生"	其他来源或无标注来源
1859	32	3	29	—	—	—	—	—	—	—
1861	57	6	51	—	—	—	—	—	—	—
1862	146	22	124	—	—	—	—	—	—	—
1863	136	21	115	—	—	—	—	—	—	—
1864	157	39	118	—	—	—	—	—	—	—
1865	153	37	116	—	—	—	—	—	—	—
1866	149	30	118	—	1	—	—	—	—	—
1867	147	29	117	—	1	—	—	—	—	—
1868	152	41	105	—	3	其中"垅生"1人，"浪生长"1人，"茂物长"1人	—	—	—	—
1869	200	62	113	1	5	无标注来源的有16人，还有"浪生长"1人，"茗生长"1人，"葛生"1人	—	—	—	—
1870	164	47	112	—	3	"垅生"2人。	—	—	—	—
1871	171	14	88	40	16	无标注来源12，其余有"浪生"1人	—	—	—	—
1872	191	40	129	13	8	"垅生"1人。	—	—	—	—

① 《成婚注册存案》中对女方来源类别的标语始于1912年，且女方没有"新客""旧客"或"准居"类别。

续表

年份	成婚注册的数量（对）	丈夫来源					妻子来源①			
		"唐生"	"吧生"	"准居"	"旧客"	其他来源或无标注来源	"新客"	"唐生"	"吧生"	其他来源或无标注来源
1873	151	19	92	7	13	其余 14 人来自周边地区，如"浪生""垅生"③或没有标注具体来源	6②	—	—	—
1874	188	58	116	3	6	其余 5 人为其他来源③或无来源	—	—	—	—
1875	199	21	120	8	34	其余 16 人为其他来源或无来源	—	—	—	—
1876	207	41	122	10	24	其余 7 人为其他来源或无来源	—	—	—	—
1877	184	35	120	8	16	其余 5 人为其他来源或无来源	—	—	—	—
1878	177	25	121	7	18	其余 7 人为其他来源或无来源	—	—	—	—
1879	193	29	118	20	4	其余 22 人为其他来源或无来源	—	—	—	—
1880	184	15	76	32	10	无标注来源的有 43 人，其余 8 人为其他来源	—	—	—	—
1881	143	1	59	38	11	无标注来源的有 32 人，其余 1 人为其他来源	—	—	—	—
1882	156	3	54	36	6	无标注来源的有 53 人，其余 4 人为其他来源	—	—	—	—
1883	172	2	2	45	1	无标注来源的有 117 人，其余 5 人为其他来源	—	—	—	—
1884	164	0	14	42	—	无标注来源的有 108 人	—	—	—	—

① 《成婚注册存案》中对女方来源类别的标语始于 1912 年，且女方没有"新客""旧客""新客"或"准居"类别。

② "新客"一类的记载在《成婚注册存案》中开始于 1873 年。

③ 主要指吧城周边地区和荷印其他地区。

续表

年份	成婚注册册的数量（对）	丈夫来源					妻子来源①			
		"唐生"	"吧生"	"准居"	"旧客"	其他来源或无标注来源	"新客"	"唐生"	"吧生"	其他来源或无标注来源
1885	171	—	19	46	—	无标注来源的有 106 人	—	—	—	—
1886	144	—	14	35	—	无标注来源的有 95 人	—	—	—	—
1887	133	1	56	46	—	无标注来源的有 30 人	—	—	—	—
1888	119	1	70	37	—	无标注来源的有 11 人	—	—	—	—
1889	119	1	80	30	—	其余 8 人为其他来源	—	—	—	—
1890	126	1	88	35	—	其余 2 人为其他来源	—	—	—	—
1891	124	—	82	41	—	其余 1 人为其他来源	—	—	—	—
1892	115	—	77	36	—	其余 2 人为其他来源	—	—	—	—
1893	129	—	91	34	—	无标注来源的有 2 人，其余 2 人为其他来源	—	—	—	—
1894	91	—	67	18	—	其余 3 人为其他来源	3	—	—	—
1895	116	10	86	13	—	无标注来源的有 6 人	1	—	—	—
1896	112	8	91	8	—	无标注来源的有 3 人	2	—	—	—
1897	127	14	99	9	—	无标注来源的有 2 人，其余 3 人为其他来源	—	—	—	—

① 《成婚注册存案》中对女方来源类别的标语始于 1912 年，且女方没有"新客""旧客""准居"或"准居"类别。

续表

年份	成婚注册的数量（对）	丈夫来源					妻子来源①			
		"唐生"	"吧生"	"准居"	"旧客"	其他来源或无标注来源	"新客"	"唐生"	"吧生"	其他来源或无标注来源
1898	94	20	68	—	—	无标注来源的有5人，其余1人为其他来源	—	—	—	—
1899	97	23	71	—	—	无标注来源的有1人，其余2人为其他来源	—	—	—	—
1900	80	19	56	—	—	其余5人为其他来源	—	—	—	—
1901	86	9	73	2	—	其余2人为其他来源	—	—	—	—
1902	83	9	73	—	—	其余1人为其他来源	—	—	—	—
1903	99	8	84	—	—	其余7人为其他来源	—	—	—	—
1904	87	9	75	—	—	其余3人为其他来源	—	—	—	—
1905	91	19	66	—	—	无标注来源的有5人，其余1人为其他来源	—	—	—	—
1906	95	16	72	—	—	无标注来源的有2人，其余5人为其他来源	—	—	—	—
1907	99	15	77	—	—	无标注来源的有4人，其余3人为其他来源	—	—	—	—
1908	92	5	79	—	—	无标注来源的有5人，其余3人为其他来源	—	—	—	—
1909	22	—	20	—	—	"茂物"1人，其余1人为其他来源	—	—	—	—

① 《成婚注册存案》中对女方来源类别的标语始于1912年，且女方没有"新客""旧客"或"准居"类别。

续表

年份	成婚注册的数量（对）	丈夫来源					妻子来源①			
		"唐生"	"吧生"	"惟居"	"旧客"	其他来源或无标注来源	"新客"	"唐生"	"吧生"	其他来源或无标注来源
1912②	91	3	81	—	—	2人来自"旧港"，1人来自"茂物"，1人来自"文岛"，1人来自"安伽"，1人来自"文登"，1人来自"望龟筒"	—	—	90	1人来自"马辰"
1913	111	6	93	—	—	1人来自"勿哇"，1人来自"干冬圩"，1人来自"北加浮"，1人来自"土加"，1人来自"巴东"，1人来自"茂物"，1人来自"勿里洞"，1人来自"西垅"，1人来自"望龟汶"，1人来自"井里汶"，此外1人来源不明	—	—	104	1人来自"仕加武眉"，1人来自"葛礁"，1人来自"万隆"，3人来自"巫眉"，1人来自文登
1914	92	4	81	—	—	1人来自"思茄武眉"，2人来自"井里汶"，2人来自"茂物"，1人来自"龟奰"，1人来自"仕甲"	—	—	87	2人来自"望加寺"，1人来自"芒安伽"，1人来自"文登"，1人来自"武眉"

① 《成婚注册存案》中对女方来源类别的标语始于1912年，且女方没有"新客""旧客"或"惟居"类别。

② 从1912年开始，《成婚注册存案》对成婚男女的来源都加以标注。

续表

年份	成婚注册的数量(对)	丈夫来源					妻子来源①			
		"唐生"	"吧生"	"准居"	"旧客"	其他来源或无标注来源	"新客"	"唐生"	"吧生"	其他来源或无标注来源
1915	93	8	68	—	—	1人来自"北加浪",2人来自"井里汶",1人来自"勿里洋",1人来自"加劳旺",1人来自"直葛",3人来自"文丁",1人来自"茂物",1人来自"南劳",1人来自"思加巫眉",1人来自"保母宁寒",1人来自"甲巴",1人来自"干冬圩"	—	1	81	1人来自"丹戎孚劳",1人来自"礼马亚望",1人来自"思茄巫眉",1人来自"直葛",3人来自"茂物",1人来自"干冬圩",1人来自"柬义里",1人来自"腰兰",1人来自"望茄寺"

① 《成婚注册存案》中对女方来源类别的标语始于1912年,且女方没有"新客""旧客"或"准居"类别。

续表

年份	成婚注册的数量（对）	丈夫来源					妻子来源①			
		"唐生"	"吧生"	"准居"	"旧客"	其他来源或无标注来源	"新客"	"唐生"	"吧生"	其他来源或无标注来源
1916	79	7	57	—	—	1人来自"和北加浪"，1人来自"茄老旺"，1人来自"万隆"，1人来自"望龟汶"，3人来自"中土产"，1人来自"井里汶"，1人来自"干劳"，1人来自"勃良"，1人来自"北加浪"，1人来自"思加"，1人来自"三巴垅"，1人来自"直洛"，1人来自"南望"	—	—	70	1人来自"北加浪"，1人来自"茂物"，1人来自"芝里汶"，1人来自"文丁"，1人来自"文登"，1个人来自"茂瓦"，1人来自"巫眉"，1人来自"那牙"，1人来弄三望
1917	91	7	65	—	—	1人来自"吗汝劳"，2人来自"茂物"，1人来自"井里汶"，3人来自"文登"，1人来自"望久仑"，1人来自"巨港"，1人来自"牙律"，1人来自"马辰"，1人来自"思茄"，1人来自"巴东"，1人来自"芝里"，1人来自"文岛"，1人来自"三巴垅"，1人来自"芝安姑"，1人来自"文岛"，1人来自"思茄"，此外1人为不明来源	—	—	81	1人来自"得营"，1人来自"加劳望"，1人来自"井里汶"，1人来自"文登"，1人来自"巫眉"，1个人来自"茂物"，1人来自"实劳维"，1人来自"吗也"，1人来自"芝安由"，1人来自"武眉"

① 《成婚注册存案》中对女方来源类别的标注始于1912年，且女方没有"新客""旧客"或"准居"类别。

续表

年份	成婚注册的数量（对）	丈夫来源					妻子来源①			
		"唐生"	"吧生"	"准居"	"旧客"	其他来源或无标注来源	"新客"	"唐生"	"吧生"	其他来源或无标注来源
1918	101	9	74	—	—	1 人来自"保帽"，1 人来自"泅水"，2 人来自"坤甸"，2 人来自"文丁"，1 人来自"茄老旺"，1 人来自"茂物"，1 人来自"芝安岖"，1 人来自"安热"，1 人来自"井里汶"，1 人来自"旧港"，1 人来自"土甲"，2 人来自"新加坡"，1 人来自"西垅"，1 人来自"芝里马也"，1 人来自"干冬圩"	—	6	83	1 人来自"宁菱"，1 个人来自"茂物兀"，1 人来自"泅水"，2 人来自"北加弄"，1 人来自"叻"，1 人来自"思加武眉"，1 人来自"武栝"，1 人来自"日里"，2 人来自"武眉"，1 个人来自"芝打宦"
1919	42	6	30	—	—	1 人来自"土甲"，1 人来自"望龟汝"，1 人来自"北加郎"，2 人来自"南旁"，1 人来自"叻"	—	5	34	1 人来自"巫棉"，1 人来自"北加郎"，1 人来自"巴六甲"

资料来源：《成婚注册存案》（1857 年 1 月 5 日—1919 年 4 月 30 日），荷兰莱顿大学汉学院馆藏，档案号 51324—51418，根据相关数据绘制而成。

① 《成婚注册存案》中对女方来源类别的标语始于 1912 年，且女方没有"新客""旧客"或"准居"类别。

由上述《成婚注册存案》档案可见，19 世纪中后期到 20 世纪初，"吧生"华人逐渐成为吧城华人社会的主要力量。20 世纪 30 年代荷印人口调查也显示，在爪哇所有的华人中，79% 是在当地出生的，而总人口中第三代以上的华人达 63.5%（如表 1—7、表 1—8 所示）。①

表 1—7　　　　　　　　1930 年印尼各地侨生人数　　　　　　单位：人

	爪哇及马都拉	苏门答腊	西加里曼丹	其他各地	总计
人数	462226	189089	49969	54888	756172
占华人人数比例（%）	79.4	42.2	74.9	59.4	63.5

资料来源：华侨问题研究会编：《华侨人口参考资料》，1956 年，第 56—57 页。

表 1—8　　　　　　　1930 年各地区各籍侨生占华侨百分率　　　　单位:%

籍贯地区	福建籍侨生男	福建籍侨生女	客家侨生男	客家侨生女	潮州侨生男	潮州侨生女	广府侨生男	广府侨生女	其他籍侨生男	其他籍侨生女
爪哇与马都拉地区	79.2	93.9	53.7	72.9	37.8	74.0	27.8	52.3	84.5	94.8
外岛地区	43.9	66.8	35.2	75.8	20.5	56.7	22.1	58.1	25.0	75.5
全印尼	59.0	82.3	76.9	91.3	43.1	78.0	26.6	59.1	54.9	85.1

资料来源：华侨问题研究会编：《华侨人口参考资料》，1956 年，第 57 页。

但是，如上所示，20 世纪 30—40 年代，中国人移民印尼又出现一个小高潮，这在一定程度上加强了吧城新客社会，使得新客华人在爪哇华人社会结构中成为一个稳定而又重要的社会集团。据统计，20 世纪 40 年代荷属东印度华侨中土生华人约占 60%，新客华人约占 40%，在土生华人中以漳泉籍侨胞为最多，80% 为侨生。这是因为"漳泉籍之侨胞，至南洋谋生后，常数年或十年、数十年或一生不返"。他们"不常归国"，"易

---

① ［美］G. W. 史金纳（G. William Skinner）：《爪哇的中国人》，第 27—28 页。

于使其子弟同化于印度尼西亚人"①。第二次世界大战期间日本人的短暂占领加速了印尼独立运动的进程，也对华人产生巨大的影响，它使得土生华人出现"再华化"倾向。② 1954 年土生人数约 1697948 人，占华人总数的 68.9%。自印尼独立后，限制外侨入境，土生华人的比重日趋增高。③ 20 世纪 60 年代爪哇土生华人和新客华人人数的比例大约是 6∶4。④ 到 20 世纪 70 年代初期，爪哇华人社会中新客与土生华人之间的比例差距进一步拉大。而在外岛地区，特别是苏门答腊、邦加和婆罗洲，华人移民社会是在比较晚近时期才形成的，土生华人群体的规模远不如新客华人，因此那里的华人社会基本是混合的，分为两大分支的情况比较少。⑤

但就整个荷属东印度而言，20 世纪 20—70 年代新客华人的数量始终高于土生华人（见表 1—9）。

表 1—9　　　　1920—1971 年印尼土生华人与新客华人情况

单位：千人

年份	文化集团	爪哇与马都拉			爪哇以外地区			全印尼		
		各集团人数	百分比（%）	总数	各集团人数	百分比（%）	总数	各集团人数	百分比（%）	总数
1920	土生华人	260	70	384	42	10	425	311	38.4	809
	新客华人	115	30		383	90		498	61.6	
1930	土生华人	376	64	582	52	8	651	428	34.7	1233
	新客华人	206	36		599	92		805	65.3	
1956	土生华人	733	64	1145	84	8	1055	817	37.1	2200
	新客华人	412	36		971	92		1383	62.9	

———————

① 丘守愚：《东印度与华侨经济发展史》，正中书局 1947 年版，第 379 页。

② ［印尼］廖建裕著：《印尼华人研究的一种方法》，杨启光译，《东南亚研究》1993 年第 4 期，第 52—53 页。

③ ［日］福田省三著：《荷属东印度的华侨》，李述文、陈建东译，《南洋资料译丛》1963 年第 2 期，第 12—13 页。

④ ［美］G. W. 史金纳（G William Skinner）：《爪哇的中国人》，第 27—28 页。

⑤ ［美］孔飞力著：《他者中的华人——中国近现代移民史》，李明欢译，江苏人民出版社 2016 年版，第 177—178 页。

续表

年份	文化集团	爪哇与马都拉			爪哇以外地区			全印尼		
		各集团人数	百分比（%）	总数	各集团人数	百分比（%）	总数	各集团人数	百分比（%）	总数
1961	土生华人	836	68	1230	122	10	1220	958	39.1	2450
	新客华人	394	32		1098	90		1492	60.9	
1971	土生华人	1240	75	1653	197	12	1640	1437	43.0	3293
	新客华人	413	25		1443	88		1856	57.0	

资料来源：［印尼］廖建裕著：《印尼华人研究的一种方法》，杨启光译，《东南亚研究》1993 年第 4 期，第 55—56 页。

三 吧城华人的性别构成

由于众所周知的原因，早期印尼华人社会是以单身男性为主的社会，男女比例失衡现象较严重，这一点在《户口簿》中得到体现。如档案号31003《户口簿》（公司后户口册，1878 年）记载：

> ……又报全年唐人移入者共 115 名，又报全年由唐来吧者 46 名，又报全年在吧生者男 3 名，女 3 名，又报全年移出者共 114 名，又报全年由吧回唐者 22 名，又报全年死者男 11 名，女 4 名，又报开老票者 6 名……番大男 14 名，小男 4 名，番大女 24 名，小女 3 名，共大小番男女 45 名；唐大男 150 名，小男 36 名，唐大女 73 名，小女 17名，共 276 名，合番唐大小男女共 361 名。

该档案中，公司后街区在 1878 年的男女分别为 186 人和 90 人，比例约为 2∶1。

再如档案号 31006《户口簿》（大港垹户口册，1878 年）中的统计数据为：

> 番大男 3 名，番大女 19 名，番小男吉，番小女吉，共 22 名；唐大男 126 名，唐大女 69 名，唐小男 24 名，唐小女 25 名，共

246 名①，和番唐大小男女共 268 名。

该档案显示，1878 年大港塇街区华人男性为 150 人，华人女性为 94 人，男女比例约为 5:3。

如档案号 31008《户口簿》（中港仔户口册，1878 年）则记载：

> 番大男吉，大女 8 名，小男吉，小女吉，共 8 名；唐大男 92 名，大女 70 名，小男 36 名，小女 23 名，共 221 名；番唐大小男女共 229 名"（男女比例约为 7:5）。

公馆档案 31016 号《户口簿》（三间土库户口册，1884 年）的最后曾对 1884 年该街区华人人口增减、出入进行总结：

> ……和 1884 年移入唐长男 54 人，长女 5 人，幼男 1 人，幼女 1 人；
>
> 移入番长男吉，番长女 1 人，番幼男吉，番幼女吉，移出唐长男 43 人，长女 2 人，幼男 2 人，幼女 2 人；
>
> 移出番长男吉，番长男吉，番长女吉，番幼男吉，番幼女吉；
>
> 现年生唐孩男 1 人，唐孩女吉，生番孩男吉，番孩女吉；
>
> 现年故唐长男吉，唐长女吉，故幼男 1 人，幼女 2 人，现年故番长男吉，番长女吉，故幼番男吉，番幼女吉；
>
> 和 1884 年存唐长男 283 人，长女 42 人，幼男 9 人，幼女 11 人。
> 又存番长男 0 人，番长女 11 人，幼番男吉，番幼女吉；
>
> 合共存 356 人。

该档案显示，1884 年三间土库街区有成年男性华人 283 人，而成年华人女性仅仅为 42 人，其男女比例约为 6:1。值得注意的是，该街区有 11 名土著成年女性，这或许也在一定程度上缓解了男女比例失调的情况。

而《新客簿》则更直观地反映了华人移民以单身青壮年男性为主的

---

① 应为 244 人，原档如此，估计统计有误。

史实。如档案号 32002《新客簿》（1874 年 6 月 3 日—1877 年 4 月 26 日）中载：

　　和 1877 年弍月四日报火舟来叻搭客姓名列左：

　　苏亚泉，年 23，唐生初到，住大南门梁亚康甲（为）生理；

　　唐杉，年 27，仝上（即唐生初到），住干冬圩沈珍家（为）龟里；

　　柯九九，年 34，仝上，住大港墘郑佐家（为）龟里；

　　梁亚恩，年 25，旧客，献案夺字和 1874 年六月十四日第 14 号，住小南门梁亚三家（为）生理；

　　廖亚育，年 33，唐生初到，住仝上；

　　梁亚德，年 34，仝上；

　　梁亚二，年 24，仝上；

　　梁亚水，年 16，仝上；

　　张亚赞，年 29，仝上，住大南门张世隆家为商；

　　张亚善，年 28，仝上；

　　钟亚仁，年 26，仝上；

　　杨亚三，年 34，仝上，住小南门杨泗和家为龟里；

　　杨亚四，年 34，仝上；

　　杨亚六，年 22，仝上；

　　杨亚四，年 29，旧客，献吧路字和 1876 年八月廿弍日第 402 号，仝上；

　　叶亚昌，年 24，唐生初到，住戈劳屈李梦龙家（为）龟里；

　　郑威寿，年 27，仝上，住小南门徐柳红家，要往吧冬；

　　郑伟，年 38，仝上，要往吧冬；

　　李亚杨，年 52，初到，住臭桥严长佩家为工；

　　郭亚保，年 28，初到，住惹呀兰邱亚奇家为工；

　　以上 20 人和 1877 年弍月初十日第 71 号详。

　　上述档案显示，1877 年 2 月 4 日入境的 20 名华人清一色是男性，年龄介于 16—52 岁之间。该档案在一定程度上印证了吧城华人社会男女比例失衡的现象。

到 19 世纪末 20 世纪初，随着华人移民数量的增加以及土生华人数量的增长，荷印华人社会男女比例开始朝良性方向发展。到 20 世纪 20 年代，吧城华人男女比例趋于平衡（如表 1—10 所示）：

表 1—10　　　　荷属东印度人口性别统计（1920 年统计）　　单位：人

爪哇和马都拉岛	数量与百分比	外领（苏门答腊诸岛）	数量与百分比
男	209707（54%）	男	308648（73%）
女	174511（46%）	女	116781（27%）
计	384218	计	425429

资料来源：孙承译：《日本对南洋华侨调查资料选编（1925—1945）》（第二辑），广东高等教育出版社 2011 年版，第 49—50 页。

荷印殖民政府《1930 年人口调查》也显示，此时期吧城男女两性比例已趋于平衡（见表 1—11）：[1]

表 1—11　　　　20 世纪 30 年代荷印华人男女比例情况　　单位：人

	男性	女性	男女比例
福建人	309253	245728	1000∶795
客家人	124905	75831	1000∶607
潮州人	63423	24389	1000∶385
广府人	97740	38390	1000∶392
其他中国人	123941	64468	1000∶520
总计（包括不明籍贯者）	724499	465515	1000∶642

资料来源：［英］W. J. 卡德（W. J. Cator）：《中国人在荷属东印度的经济地位》，黄文端等译，《南洋资料译丛》1963 年第 3 期，第 15—16 页。

四　吧城华人的年龄构成

迄今，对荷印时期吧城华人年龄结构进行研究的相关成果还较为少

---

[1]　福建省地方志编纂委员会编：《福建省志·华侨志》，第 31 页。

见。囿于相关文献的限制，本书也仅利用《户口簿》对相关问题作浅显探索。现存《户口簿》中涉及华人年龄结构的记载不在少数，如档案号31001《户口簿》（廿六间户口册，1878 年）中载：

> ……1 岁至 15 岁唐男 38 名，唐女 32 名；16 岁至 60 岁唐男 63 名，唐女 63 名，60 岁以上唐男 2 名，唐女 5 名，唐人共结 203 名；
> 1 岁至 15 岁番男吉；番女 1 名，16 岁至 60 岁番男吉，番女 6 名，60 岁以上番男吉，番女吉，番人共结 7 名；
> 唐番男女大小合共 210 名。

上述档案显示，1878 年廿六间街区的华人中 1—15 岁的男女共 70 人，占华人总人口约 35%；16—60 岁的男女共 126 人，占华人总人口约 62%；60 岁以上的男女共 7 人，占华人总人口的 3%。

档案号 31003《户口簿》（公司后户口册，1878 年）则记载：

> 兹报和 1878 年唐人 16 岁起至 30 岁止共 108 名，31 岁起至 45 岁止共 63 名，45 岁起至 60 岁止共 27 名，60 岁以上 5 名，16 岁以内共 48 名，番婆 2 名，番男 5 名。

该档案显示，1878 年公司后街区的华人中 16 岁以下的男女共 48 人，占华人总人口约 19%；16—60 岁的男女共 198 人，占华人总人口的 79%；60 岁以上的男女共 5 人，占华人总人口 2%。

而档案号 31005《户口簿》（旧把杀户口册，1878 年）载，1878 年该街区存唐番大小 432 人，其中：

> ……存（唐）男 1—15 岁 43 人；16—30 岁 84 人；31—45 岁 74 人；46—60 岁 33 人；60 岁外 2 人。
> 存（唐）女 1—15 岁 40 人；16—30 岁 47 人；31—45 岁 31 人；46—60 岁 17 人；60 岁以外 6 人。
> 存番男 1—15 岁 7 人；16—30 岁 2 人；31—45 岁 12 人；46—60 岁 0 人；60 岁以外 1 人。

存番女 1— 15 岁 2 人；16— 30 岁 14 人；31— 45 岁 9 人；46—
60 岁 14 人；60 岁以外 1 人。

　　总和共 432 人。

　　上述档案中，华人男女 1—5 岁的有 83 人，16—60 岁的有 288 人，60
岁以上的有 8 人，分别占当年该街区华人总人口的 22%、76% 和 2%。

　　档案号 31006《户口簿》（大港墘户口册，1878 年）中共 244 名唐人
（即华人），其中 1—15 岁的有 55 人，占华人总人口的约 23%；16—30 岁
的有 101 人，占华人总人口约 41%；31—45 岁的有 58 人，约占华人总人
口 24%；46—60 岁的有 24 人，约占华人总人口的 10%；60 岁以上的有 6
人，约占华人总人口的 2%。

　　档案号 31007 档案《户口簿》（亭仔脚户口册，1878 年）则记载：

　　……兹报和 1877 年唐人 16 岁起至 30 岁止共 98 名；31 岁起至
45 岁止共 68 名，46 岁起至 60 岁止共 46 名，60 岁以外共 17 名，16
岁以内共 78 名，番女 70 名。

　　上述档案中，华人总数为 307 人，其中 16 岁以下 78 人，占比为
25%；16—60 岁为 212 人，占比为 69%；60 岁以上为 17 人，占比为
6%。由此可见，19 世纪中后期的吧城华人社会是一个以青壮年劳力为主
的社会，正因为如此，华人社会对吧城的发展与建设做出重要贡献。

第二章 吧城华人职业结构

印尼著名华人企业家李文正曾在其著作《在危机中觅生存》中指出：要弄清印尼华人经济和企业集团的真实地位状况，需要了解印尼华族居民的职业结构。[①] 因此，对印尼华人职业构成的研究是正确理解印尼华人经济地位的重要一环，也是本书的重要内容。

第一节 "职业"与"职业结构"概念界定

人口职业结构的产生和发展是一个历史过程。随着社会经济的发展和社会分工的扩大，人们的经济活动日渐分离，相对独立，构成某种职业，人口的职业结构才逐步产生，并在以后的漫长岁月中，随着生产力的进一步发展和分工的更加深入而得到不断发展，日臻完善。[②] 那么什么是"职业"，什么又是"职业结构"？

"职业"一词在《辞源》中的定义是：原谓官职及士、农、工、商之业也，后泛指从事的主要工作，历史上亦指分内应作之事。[③] 日本社会学家高邦雄则认为：职业是某一特定社会分工或社会角色的持续发展，它包括工作、工作场所和地位三个方面。而陈婴婴在《职业结构与流动》一书中将职业定义为："个人进入社会的物质生产或非物质生产过程后获得的一种社会位置，个人通过这一社会位置加入社会资源的生产和分配体系，并建立相应的社会关系。"[④] 尽管不同学者对职业的定义不同，但通

---

① ［印尼］李文正：《在危机中觅生机》，孔远志、林六顺译，中国友谊出版公司2001年版。
② 张纯元：《试论人口职业结构》，《南方人口》1990年第3期，第3页。
③ 商务印书馆编辑部：《辞源》（修订本），商务印书馆1997年版，第1378页。
④ 陈婴婴：《职业结构与流动》，东方出版社1995年版，第65页。

常都包括以下内容：1. 社会生产过程中角色分工的体现；2. 社会成员共同生活的基本结构；3. 个人与社会的联接点；4. 连续的人类活动；5. 该活动的内容和场所；6. 通过这种活动建立的人际关系。①

那么职业结构又是什么？陈婴婴认为，职业结构是一个多层次的概念，在较广义的职业定义下，社会的职业体系可以被看作一个由内部结构和外部结构构成的系统。该系统的外部结构就是通常所说的人口职业构成，它反映了一个社会中社会分工体系的状况，其包括就业人口的性别分布、年龄分布、产业分布、行业分布、所有制分布和职业分布等。该系统的内部结构反映了不同职业对社会资源的占有，它由职业的经济效益、职业的权利与自主度、职业所需要的教育或专业训练、职业的社会声望、职业活动所带来的愉快感和自我实现等要素构成。②

佟新则认为，职业结构反映了劳动者在不同职业上的数量与比例关系，是劳动经济学、人口社会学、劳动社会学、人口结构学等许多学科的重要研究内容。其中，人口社会学中的人口职业结构是指"社会中人口职业的分布状况，依据不同的标准可有不同的分类"③。第一，以就业状况分类，职业结构可分在业人口和不在业人口。④第二，以产业部门分类，职业结构可分为三种产业结构。第一产业为农业，第二产业为工业，第三产业为各种服务业。第三，依据各种产业部门的劳动分工，人口可分为更加具体化的职业结构。⑤郭宇强则认为，职业结构有狭义和广义之分，狭义的职业结构是指社会劳动力在各种职业之间分布的数量、比例及相互之间的关系。广义的职业结构除了狭义的职业结构所包含的内容外，还包括各职业中劳动者的教育构成、产业分布、空间分布等。⑥

本书研究的华人职业结构是社会学的概念，主要是指狭义上的职业结构，属于职业系统的外部结构部分，主要包括了华人的职业类别、数量、

---

① 陈婴婴：《职业结构与流动》，东方出版社1995年版，第65页。
② 同上书，第74—75页。
③ 佟新：《人口社会学》，北京大学出版社2005年版，第242—244页。
④ 在业人口是指15周岁及以上的从事一定社会劳动并取得劳动报酬或经营收入的人口。
⑤ 佟新：《人口社会学》，第242—244页。
⑥ 郭宇强：《中国职业结构变迁研究》，首都经济贸易大学出版社2009年版，第3—4页。

分布状况三个指标。

第二节 公馆档案中的吧城华人职业结构

国内外学界对印尼华人经济研究的成果已经非常多，因此本书并不打算对荷印时期华人经济问题进行重复性研究，而是基于吧国公堂档案一手资料，对吧城华人的职业结构进行相应分析。迄今，已刊的 15 辑《公案簿》档案中涉及了吧城华人从事的各行各业，而未刊的《户口簿》和《新客簿》以及《公堂清册簿》《公堂通知簿》等档案中也有大量关于吧城华人职业及收入的资料，可以印证《公案簿》的内容，这些档案为我们展开相关研究提供了保障。

一 《户口簿》与《新客簿》中的华人职业结构

作为荷兰殖民统治中心的吧城，从其建立之初华人从事农业的人数就比较少，而较多从事商业和手工业。从 1619 年吧城建立到 1740 年红溪惨案前，吧城华人有从事水稻种植、蔬菜、水果、胡椒、甘蔗等农业生产的，有从事榨糖、酿酒等农产品加工的，有从事捕鱼、饲养牲畜、伐木、舢板船船夫、开凿运河、除草、挑水、裁缝、制鞋、编帽、烧砖瓦、制石灰、打石、打铁、木匠、建造房屋及中医等行业的，还有许多人从事商业活动。[①] 到 18 世纪中叶，吧城华人从事制糖、酿酒、烧窑等农产品加工业和手工业生产的人数最多，占当时吧城华人总数的 60% 以上，从事种稻、种菜等农业生产者只占 12%—13%，从事商业者占 22%—26%。[②] 随着时间的推移，吧城华人从事的职业越发集中于商业和手工业，这一点在公馆档案《户口簿》及《新客簿》中得到体现。

如档案号 31002《户口簿》的主要内容是兑亚芬土库街区 1878 年按职业进行户口统计的情况（见图 2—1）。

该户口簿共登记 145 名华人，他们所从事的职业如表 2—1 所示：

---

① D. G. 霍尔：《东南亚史》，中山大学东南亚历史研究所译，商务印书馆 1982 年版，第272 页。

② 梁康生：《华侨历史论丛》（第一辑），福建省华侨历史学会 1984 年版，第 125 页。

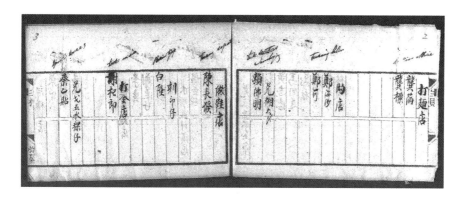

图 2—1

资料来源:《户口簿》(兑亚芬土库户口册,职业类)(1878 年),荷兰莱顿大学汉学院馆藏,档案号 31002。

表 2—1　　　　　　　1878 年巴达维亚兑亚芬土库华人职业统计　　　　单位:人

打面店	2
灼店	2
兑糊①	1
做鞋店	1
刻印仔	1
打金店	1
兑戈丕水粿仔	1
剃头	22
做出水生理	1
饼糖仔店	3
襟菜面店	2
米银纸什货店	1
唐山什货银纸干菓店	6
兑菓子什物冷水	1
染布	1
做龟里	66
兑什货仔在把杀扫口	1
先生医生	1

---

① 原档如此,不知何意。

续表

色酒、吕宋茗菓什货	1
饭店	1
药店	2
出担零兑亚芬	1
做土司	2
做粿仔	2
做锁司	2
打石司	1
戏班	7
兑草茗菓什货	1
番人饭店	1
出税车仔龟食	1
兑茗叶茗菓	1
合计	137

资料来源:《户口簿》(兑亚芬土库户口册,职业类)(1878 年),荷兰莱顿大学汉学院馆藏,档案号 31002。

上表显示,1878 年兑亚芬土库街区 137 名华人中做苦力的有 66 人,从事剃头、染布、制锁等手工艺的有 25 人,从医的 1 人,其余均为各种小商业。

再如档案号 31004《户口簿》(新厝仔户口册,1878 年)对新厝仔街区的华人户口进行的统计,该簿第 17 号人家的户口记录如下:

张粉汉:年 30,枝骨茶店;
陈文魁:年 29,龟里①;
黄开汉:年 22,龟里:
林文质:年 26,仝上②:
林香汉:年 29,仝上;

---

① "龟里"即指做苦力。
② "仝上"即"同上",即相关内容与上条记录相同。

阮义芳：年38，仝上；

林灯汉：年28，仝上；

庄壬汉：年30，仝上；

赵泉汉：年29，仝上。

该记录显示，该户有9人，均为青壮年男性，职业以做苦力为主。而档案号31004《户口簿》所有华人职业情况如表2—2所示。

表2—2　　　　**1878年巴达维亚新厝仔界内华人职业统计**　　　单位：人

户名	人数	职业
1号	5	无标明职业
2号	6	药店，其中医先生1人，龟里5人
3号	4	其中财副1人，龟里1人
4号	10	其中做布路在把杀鱼干1人，担什货4人，龟里1人
5号	6	其中开峇泽店1人，龟里2人
6号	1	1人做芬生理
7号	4	做小布店1人
8号	9	1人在小南门开布店，1人在其父店帮工，1人龟里，番婆1人
9号	6	无标注职业，番婆1人
10号	5	印苏丝店？①
11号	5	料理宝1人
12号	5	龟卤甫1人，卖冷水1人
13号	5	1人开碗店，番婆1人
14号	1	无标明职业
15号	4	1人在林金钟店，番婆1人
16号	4	1人出水井里问②，番婆1人
17号	9	1人开枝骨柴店，8人龟里
18号	2	其中1人做豆油
19号	6	1人龟实仔，其中5人为番人
20号	6	1人开茄苓店

① 原档此处模糊不清，此为推测，且未标明从事该职业的人数。

② 即井里汶。

续表

户名	人数	职业
21 号	10	1 人开店在小南门
22 号	4	1 人开杂货店，1 人在店帮忙
23 号	5	1 人做纸扎
24 号	2	1 人嫁妆店
25 号	7	1 人开番衫仔店，1 人卖糖
26 号	4	1 人番衫仔店
27 号	3	1 人开打铁店
28 号	2	1 人做饭店
29 号	1	1 人开烟间在港塂
30 号	7	全部为烟间
31 号	3	无记载
32 号	3	无职业标注
33 号	4	1 人打锡
34 号	2	无职业标注
35 号	2	1 人开小布店
36 号	7	1 人龟里，1 人开小布店
37 号	1	无职业标注
38 号	3	1 人出水，1 人番衫店
39 号	1	赌间
40 号	1	马车间，大车一顶，马 6 只
41 号	6	1 人开嫁妆店
42 号	5	1 人出水
43 号	2	1 人做鞋
44 号	7	药店，1 人作医先生
45 号	3	1 人开番衫店
46 号	4	1 人开嫁妆店，1 人理宝
47 号	3	1 人开嫁妆店
48 号	3	1 人医生，1 人财副
49 号	5	1 人开打铁店
50 号	4	2 人龟里
51 号	2	1 人开嫁妆店

续表

户名	人数	职业
52 号	4	无职业记载
53 号	3	无职业记载
54 号	4	无职业记载
55 号	6	1 人病厝万律，1 人财副
56 号	5	2 人财副
57 号	4	1 人往海屿
58 号	3	1 人财副，1 人龟里，1 人开芬栈
59 号	5	1 人开芬店
60 号	3	1 人柴工夫，2 人做工
61 号	1	无职业记载
62 号	8	1 人做小生理，1 人有杉板
63 号	8	1 人开小布店，1 人出担
64 号	6	1 人有鱼塘，1 人开嫁妆店
65 号	4	1 人为茄实
66 号	1	皮店
67 号	8	1 人柴支骨店，1 人财副
68 号	7	1 人印字，1 人为茄实
69 号	4	住家
70 号	1	无职业记载
71 号	5	无职业记载
72 号	3	油米大伯公之厝
73 号	2	油米大伯公之厝，1 人教读，1 人新客
74 号	5	1 人开打铁店
75 号	4	无职业记载
合计	共 323，其中华人 313，番人 10	

资料来源：《户口簿》（新厝仔户口册，职业类，1878 年），荷兰莱顿大学汉学院馆藏，档案 31004 号。

表 2—2 显示，1878 年新厝仔街区 323 名华人中作龟里的有 21 人，其余多从事手工业和小商业，只有极少数人从事医生或才副一职。而在档案号 31005《户口簿》（旧把杀户口册，1878 年）中提到华人职业记载有：

一、有职衔：陈文贵；二、道士：曾环、赖佛明，僧吉；三、正副默二；四、亚二仔吉；五、生理：唐 39（人），番 2（人）；六、开酒灶者吉；七、各厨工：唐 34（人），番 7（人）；八、地头正税主：陈文贵甲、番吉；九、蹼：林斗；十、耕种者吉；十一、造甲板者吉；十二、行船者吉；十三、捕鱼者吉；十四、以牛马为业者吉；十五、各经济：唐 25（人）、番 20（人），教读 2（人）、咕里[①] 72（人）；十六、放账取息荫俸吉。

此外，档案号 31010《户口簿》（八茶罐户口册，职业类，1881 年）中提到的华人职业类型有：料理酒灶、布店生理、鞋店生理、裁缝店生理、和什货生理、剃头司、什货及盘碗店、药店生理、做棺材亚廊、芬土库生理、糖店生理食物、唐船土库什货、打金银店做工、和土库茄实、灯店生理、作糖店龟里、作芬龟里、打金龟里、赌宝场龟里、出担兑冷水蜜、出担果什色物、作龟里木店、做衫板、龟里饭店、财副、龟里裁缝、鞋店龟里等，总共有 122 人，其中作各种龟里的有 53 人。

而档案号 31011《户口簿》（小南门东势户口册，职业类，1881 年）中提及的华人职业如表 2—3 所示。

表 2—3　　1881 年吧城小南门东势华人职业　　单位：人

职业	人数
噒叻帮头家	5
广东帮生理头家	2
蹼兰森	2
出水生理	2
米店并油戈丕生理	5
行米并蹼	1
船只并米	1
碗店	1

① 即龟里。

职业	人数
铁店	1
布店生理头家	10
索路并茄芽生理店	10
什货生理店	7
五谷豆路生理店	7
干果食物店	7
鱼干食物店	13
摆巴杀什货食物	3
出担买食物	2
打金	3
打茄令	1
剃头司阜	7
才副	3
米店童	10

资料来源:《户口簿》(小南门东势户口册,职业类,1881 年),荷兰莱顿大学汉学院馆藏,档案号 31011。

还有一些户口册则直接根据商业单位进行户口登记,档案号 31006《户口簿》(大港墘户口册,1878 年)就是对该街区的华人各户按商号或职业进行统计,内容包括商号名称、户口姓名、年龄。如:

南盛号米店:杨祥喜年 37,杨亚六年 29,大男共 2 名。

再如:

延益堂:林菜头,年 22;丁仲春,年 49;李在韶,年 26;叶光标,年 44;叶丁汉,年 22,共 5 名。

该户口册提到该街区的华人商号还有:长源号糖店、泰昌号糖店、合发号糖店、南茂店、和泰号、源茂号、同顺栈、荣义栈、同丰号、旧源春等。这些商家同时也是新客移民初来乍到时的栖身之所和事业起步之处。

档案号31012《户口簿》记载了1882年吧城小南门西势华人的职业情况，如表2—4所示。

表2—4　　　　　　1882年吧城小南门西势华人职业情况　　　　单位：人

职业	人数	职业	人数	职业	人数
油米店	6	瞨官	6	和嘧什货店	1
布店	7	出担卖布	2	卖巴灼什货店	9
卖耀亚芬	2	卖鱼干店	2	出担鱼干	1
青菜店	2	唐山什货店	4	烛店	1
鞋店	1	饭店	1	豆油店	1
茄实	2	荐郊	1	铁店	2
打铁店	1	整锁	1	竹笼店	2
番药料店	7	唐药店	3	裁缝衫店	5
桶店	3	打茄冷店	7	剃头司	5
出担戈丕粉	4	出担付巴杀	6	医生	2
财副	5	米店龟里	38	布店龟里	4
巴杀龟里	4	鼓郎当龟里	2	豆油店龟里	1
饭店龟里	9	番药料龟里	5	唐山什货龟里	12
出担卖粿	1	耀亚芬龟里	1	铁店龟里	4
泥水龟里	1	整三板蜜龟里	1	做鞋龟里	1
裁缝店龟里	5	菓店龟里	5	桶店龟里	12
打茄冷龟里	5	龟里	21	使漆生意	1

资料来源：《户口簿》（小南门西势户口册，职业类，1882年），荷兰莱顿大学汉学院馆藏，档案号31012。

而1882年吧城中港仔华人职业情况则如表2—5所示。

表2—5　　　　　　1882年吧城中港仔华人职业情况　　　　单位：人

职业	人数	职业	人数	职业	人数
打金店	5	打茄令店	8	鞋店	4
药店	3	糖店	1	米店	3
打锡店	2	剃头店	7	做桶店	2
木相店	1	饭店	1	做板果	1
酒路土库	1	做麻灼并出水生理	3	剃头主	2
牍官	1	出税车仔	2	做龟里打洋铁	11
做米店龟里	4	做鞋店龟里	2	家实（茄实）	2
作龟里	9	药店龟里	6	做木相龟里	3

资料来源：《户口簿》（中港仔户口册，职业类，1882年），荷兰莱顿大学汉学院馆藏，档案号31013。

1882年吧城公司后街区华人职业情况如表2—6所示。

表2—6　　　　　　1882年吧城公司后街区华人职业情况　　　　单位：人

职业	人数	职业	人数	职业	人数
剃头司	6	做鞋花	1	开饶仔份生理	1
做柳仔	1	开米店	2	开官（棺）木店	1
卖草菜	1	卖热肉	1	开打石店	1
做菜碗	1	出水生理	1	出担布路	4
做才副	7	做茄实	2	有戏仔出请	1
出兑茄万稒	1	打金店	2	做戏	2
盐酸甜出担	1	开菓子店	1	做龟里	21
出担唐船货	1	打金龟里	10		
出水南麻油生理	1	糊绵	1		

资料来源：《户口簿》（公司后户口册，职业类，1882年），荷兰莱顿大学汉学院馆藏，档案号31014。

1882年吧城亭仔脚街区华人职业情况如表2—7所示。

表 2—7　　　　　　　　1882 年吧城亭仔脚街区华人职业情况　　　　　单位：人

职业	人数	职业	人数	职业	人数
开布店	4	做医生	1	做出水	1
戈郎当出担针线	3	剃头	5	做才副	6
做鞋花	1	做茄实	5	开米店	1
做清交	1	开牌仔	1	出担土豆	2
开支骨店	4	开打金店	1	裁缝	1
有过杆朋?①	1	生理，在班芝兰开什货	3	卖麻只	2
开灼店	1	出担面店	1	开酒路	1
烟间	2	使漆	3	做布龟里	11
出担卖饼	2	出茄万	2	出吉宁仔枣	4
糊绵	1	做匠龟里	5	酒灶龟里	2
牌仔店龟里	2	出担盐酸甜	4	无头路（即无业）	12
卖番仔药科	1	连宝有份	1		
龟里吧杀鱼干	2	菓子亚郎	1		
龟里	18	出担布路	7		

　　资料来源：《户口簿》（亭仔脚户口册，职业类，1882 年），荷兰莱顿大学汉学院馆藏，档案号 31015。

　　此外，档案号 32002《新客簿》也有对华人职业情况的记载，其中 1876 年 7 月 2 日—12 月 28 日新客入境登记名单及其职业情况如表 2—8 所示。

表 2—8　　　　吧城 1876 年 6 月 8 日—12 月 28 日新客入境登记　　　　单位：人

时间	来源地	人数	职业
6 月 8 日	叻	18	13 人为唐生初到，5 人为旧客，其中 3 人献吧路字，1 人献廖路字，1 人献锡路字； 13 人为龟里，5 人为商

---

　　①　原档字迹难以辨认。

续表

时间	来源地	人数	职业
6月18日	实叻	13	10人为唐生初来，3人为旧客，其中1人献南旁路字、2人献吧路字； 5人为商，8人为工
6月21日	叻	31	9人为旧客，其中献6人献吧路字，3人献案夺字；22人为唐生初到； 8人为龟里，生理5人，医生2人，木工2人，为佣4人，为商9人，为工1人
6月28日	实叻	2	1人为唐生初来，1人是旧客，献吧路字； 1人为工，1人为佣
7月5日	叻	42	2个旧客，其中一个献吧路字，1人献案夺字，其余都是唐生初到； 龟里3人，为佣5人，为工23人，为医生1人，为商4人，剃头司1人，为生理2人，为木工3人
7月9日	实叻	18	4人为旧客，其中3人献案夺字，1人献吧路字； 10人为佣，4人为商，1人为先生，1人为医生，2人为工
7月14日	实叻	2	2人都是唐生初到； 1人为剃头司，1人为商
7月17日	实叻	68	8名旧客，其中5人献案夺字，2人献吧路字，1人献干冬圩路字。其余为唐生初到； 为商7人，为工25人，为木工12人，为佣11人，为医生1人，为木工1人
7月20日	实叻	8	都是唐生初来； 3人为商，5人为佣
7月26日	实叻	7	2人为旧客，都献案夺字； 1人为先生，1人为木工，1人为商，其余4人未标注
7月28日	实叻	36	6人为旧客，其余唐生初来； 10人为商，23人为工，1人为医生，1人为木工，1人为女性职业未知
7月31日	实叻	29	5人为旧客，其余唐生初来； 22人为工，7人为商
8月7日	叻	3	均为唐生初到； 1人为木工，2人为商

续表

时间	来源地	人数	职业
8月8日	未标明	2	均为唐生初到；2人为工
8月13日	实叻	8	均为唐生初到； 2人为木工、2人为衫板，3人为佣，1人为财副
8月18日	叻	1	唐生初到；为工
8月21日	香港	16	均为唐生初到； 6人为工，6人为木工，1人为商，3人为佣
8月30日	叻	18	1人旧客，献案夺字，其余为唐生初来； 6人为商，5人为医生，1人为教读，5人为佣，1人为出水
8月31日	叻	11	1人为旧客，献案夺字，其余为唐生初来； 4人为商，7人为佣
9月5日	叻	24	6人为旧客，其中4人献吧路字，2人献案夺字； 10人为商，10人为工，3人为佣，1人为医生，
9月14日	实叻	17	4人为旧客，其中2人献案夺字，2人献吧路字； 9人为工，5人为商，2人为佣，1人为剃头司
9月16日	实叻	6	均为唐生初来； 2人为工，2人为商，2人为佣
9月19日	实叻	6	2人为旧客，都献案夺字；其余为唐生初来； 1人为工，3人为商，2人为佣
9月23日	叻	8	1人为旧客，献吧路字； 3人为工，4人为剃头司，1人为衣
9月28日	叻	13	1人为旧客，献案夺字； 2人为工，4人为佣，2人为商，1人为打金，1人为先生，1人 为女性无职业，另外3人职业未知
9月29日	实叻	31	3人为旧客，其中2人献案夺字，1人献吧路字； 24人为工，1人为佣，6人为商
10月9日	搭望茄 火船而来	56	11人为旧客，其中8人献案夺字，3人献吧路字； 23人为商，4人为木工，11人为佣，13人为工，2人为鞋，3 人未知
10月12日	叻	8	均为唐生初来； 7人为商，1人为工

续表

时间	来源地	人数	职业
10月24日	实呀	46	4人为旧客，都献案夺字； 16人为商，16人为工，4人为佣，1人为财副，1人为打金，1人为医生，1人为打茄令，1人为衣，1人为女性职业，4人职业未知
10月29日	实呀	13	2人为旧客，1人献案夺字，1人献吧路字； 4人为工，5人为商，2人为佣，1人为财副，1人为衣
11月10日	实呀	37	4人为旧客，2人献吧路字，2人献案夺字； 14人为商，19人为工，4人为木工
11月12日	实呀	32	3人为旧客，其中2人献案夺字，1人献吧路字； 14人为工，12人为商，6人为木工
11月16日	实呀	1	唐生初来； 为工
11月19日	实呀	11	均为唐生初来； 6人为厨工，2人为工，1人为剃头司，1人为商，1人为佣
11月24日	实呀	16	均为唐生初来； 9人为商，7人为工
11月26日	实呀	83	9人为旧客，其中5人献案夺字，1人献吧路字，1人献文登路字，1人无注明； 57人为工，25人为商，2人未知
11月30日	实呀	4	1人为旧客，献吧路字； 2人为商，2人为工
12月10日	实呀	13	1人为旧客，献案夺字； 3人为商，5人为工，1人为佣，2人为打金，1人为木工，1人未知
12月19日	实呀	4	均为唐生初来； 2人为佣，2人为木工
12月24日	呀	6	1人为旧客，献案夺字； 1人为商，1人为工，4人未知

续表

时间	来源地	人数	职业
12月28日	叻	95	24人为旧客，4人为吧生，故有18人献案夺字，6人献吧路字；其余为唐生初来； 64人为工，14人为商，2人为佣，4人为木工，8人为苦力，3人未知
合计			总计860人，其中，唐生初来732人，旧客124人，吧生4人。

资料来源：《新客簿》（1874年6月3日—1877年4月26日），荷兰莱顿大学汉学院馆藏，档案号32002。

由上述《户口簿》及《新客簿》档案内容可知，19世纪中后期吧城华人的职业以小商业和手工业为主，还有相当多人从事苦力。

二　公馆其他档案中的华人职业结构

现存公馆档案中涉及华人职业的还有《公案簿》《公堂清册簿》及《公堂通知簿》等档案。如《公案簿》第1辑（1787年10月31日—1791年2月8日）中提及的吧城华人职业有：大公司、杂货店、漆店、布店、当铺、金属店、染布店、板店、鞋店、裁缝店、打铁店、打锡店、泥水匠、打金店、摇鼓担、盐业、鸦片店、饭店、烟店、酒店、制革与染色、镜店、银店、木匠、鱼贩、粮店、油店、小摊、赌场、柴小工、竹器与藤器、种菜、作衫板、砖窑、陶器店、榨油、捕鱼、肉店、药材店、医生、种水果、造船、教读先生、和尚、道士等①。有意思的是，诸如教读先生、和尚、道士等职业是应吧城华人社会本身发展需求而出现的，对此，《公案簿》档案也有所记载。如1856年1月25日公堂因为观音亭佛事问题向殖民政府请求说："前本堂曾上书王上，恳在唐提请僧人五人来吧赴用，至今未出案夺。现观音亭内客岁有来二僧，可就已来二人上书陈情，致恳可居吧地，实为两便。盖唐例，佛事不可废坠。是敢胆恳上台恩典。"② 到1856年4月10日荷印总督准和尚日升及本性居吧，又准可在

---

① ［荷］包乐史、吴凤斌：《18世纪末吧达维亚唐人社会》，第56—64页。
② 吴凤斌等校注：《公案簿》第9辑，厦门大学出版社2009年版，第179页。

唐提请和尚一人到吧赴用。[1]

而《公案簿》第 4 辑中提到的华人职业有：染布工、裁缝、才副、木匠、医生、马车匠、面包师、铁匠、金匠、泥瓦匠、棺木匠、做豆签及打面、唐人粿小工、荷兰鞋鞋匠、瓦窑工、书记等，这就与《新客簿》《户口簿》档案记载的情况相互印证。

此外，公馆档案还显示，在小商业、手工业、苦力之外，华人还从事其他一些职业，主要有以下几种。

（一）饷码承包

包税制（Tax Farming），华人称为饷码，是指国家将政府的征税活动承包给最高的投标者，后者只需要事前付给国家某个定额的租金就可以保留其他的税收收入，它曾是殖民地时期东南亚地区一项重要的税收制度。[2] 荷兰东印度公司在入侵印尼后也逐步推行包税制，吧城则是最初的实施地。[3] 早在 1619 年苏鸣岗被任命为华人甲必丹时，他虽然不领薪俸，但"享有职务上带来的许多经济利益。例如，把对华人征收到的赌税分给他一部分，并给他以征收过磅税的权利……1633 年又给予他铸造本地使用的铅币的专利权"[4]。1620 年 10 月 1 日荷兰殖民者开始在吧城征收华人人头税，该税收"开始时由政府直接派员征收"，到 1658 年吧城当局为减省稽查手续及避免逃税损失起见，决定将人头税交由华人承包，这可说是华人承包人头税的开始。此后，吧城的包税项目不断增多。19 世纪初荷印殖民政府建立以后继续推行包税制，到 19 世纪中期荷印包税制日趋成熟。公堂档案号 41002《公堂总清簿》（1852 年 11 月 6 日—1885 年 11 月 2 日）就是对此时期华人饷码经营的详细记录，原档部分内容为：

---

① 同上书，第 215 页。

② John Butcher, "Revenue Farming and the Changing State in Southeast Asia", In John Butcher and Howa Dick, eds., *The Rise and Fall of Revenue farming-Business Elites and the Emergence of the Modern State in Southeast Asia*, Great Britain: The Macmillan Press Ltd., 1993, p. 35.

③ Mona Lohanda, *The Kapitan Cina of Batavia: 1837 - 1942*, Indonesia: Djambatan, Member of IKAPI, 2001, p. 216.

④ ［英］W. J. 凯特:《荷属东印度华人的经济地位》，王云翔、蔡寿康译，厦门大学出版社 1988 年版，第 16—17 页。

……和 1866 年十一月廿日敖文明①发叫②和 1867 年吧城亚片③儎仔④详明于左：陈逢义甲承应吧城并南旁⑤亚片每月价艮 61000 盾，每月配土⑥520 斤，每担两色乌土 40 斤、红土 60 斤，安呾人陈江泰甲、（陈）文桂、（陈）文圃；又应茂物⑦并芝呧嘟⑧亚片每月价艮 7400 盾，每日配土 60 斤，乌土 20 斤，红土 40 斤，每斤价艮 20 盾，安呾人全上；又应万丹⑨亚片每月价艮 2850 盾，每日配土 40 斤，乌土 12 斤，红土 28 斤，安呾人陈乌尚、（陈）青松；和 1866 年十一月廿四日敖文明发叫和 1867 年吧城各码仔详明于左：林松岳承应照身票⑩每月价艮 2105 盾，安呾人李子昌甲、（李）子意；柯永文承应宰牛并三丕⑪每月价艮 2100 盾，安呾人杨福源、（杨）光发；钟秀二承应宰猪每月价艮 1860 盾，安呾人甘明、赖保生；陈永添承应咖钫⑫每月价艮 11710 盾，安呾人王春元、陈三珍；陈富老承应海屿每月价艮 510 盾，安呾人陈三珍、王春元；王春源承应赌饷每月价艮 12010 盾，安呾人江流甲、陈三珍、吴荣辉甲；陈玉长朱承应戏饷每月价艮 425 盾，安呾人陈文连甲、梁德水；黄益谦承应芬饷⑬每月价艮 12900 盾，安呾人朱长、陈逢义甲。

上述档案显示，吧城华人涉足的饷码项目繁多，有鸦片税、人头税、

① 敖文明，荷兰语 Gouvernement 音译，指荷印政府，见［荷］包乐史等校注：《公案簿》第 6 辑，第 250 页。
② 发叫，闽南话，竞标、招标的意思，见侯真平等校注：《公案簿》第 8 辑，第 409 页。
③ 亚片，闽南话，鸦片的意思，见［荷］包乐史等校注：《公案簿》第 6 辑，第 345 页。
④ 儎仔，亦作儎饷、饷儎，马来语 Bea，税收、包税之意，见聂德宁等校注：《公案簿》第 7 辑，第 367 页。
⑤ 南旁，地名。
⑥ 土，鸦片之别称，见侯真平等校注《公案簿》第 8 辑，第 493 页。
⑦ 茂物，地名。
⑧ 芝呧嘟，地名。
⑨ 万丹，地名。
⑩ 照身票，即人头税，见聂德宁等校注：《公案簿》第 7 辑，第 415 页。
⑪ 三丕，马来语 Sampi 音译，指牛（黄牛），见聂德宁、吴凤斌、［荷］包乐史校注：《公案簿》第 11 辑，厦门大学出版社 2012 年版，第 275 页。
⑫ 咖卅钫，即营业税，见［荷］包乐史等校注：《公案簿》第 6 辑，第 320 页。
⑬ 芬，闽南话烟草的意思，见［荷］包乐史、吴凤斌校注：《公案簿》第 1 辑，第 381 页。

屠宰税、市场营业税、赌博税、戏饷、烟草税等。该册档案中其他资料显示，华人包税项目还有当铺税、鱼蜖税、酒税、海屿税、燕窝税、水闸税等。如：

> 和 1881 年十月卅一日拜一，敕文明发叫黎垄①和 1882 年全年小条偶仔，列左：……茂物抽奎桥饷，承瞨人②陈益祥，艮 280 盾，安呾人刘茂记、陈益有……海屿饷，承瞨人饶和郎，艮 200 盾，安呾人简静绪、番人哈山孚新；东基水闸饷，承瞨人郑宴祥，艮 80 盾，安呾人黄益辉甲、张朝福甲；班芝兰当铺饷，承瞨人陈渊源，艮 670 盾，安呾人沈景坤甲、赖长辉甲；臭桥当饷，承瞨人陈渊源，艮 500 盾，安呾人沈景坤甲、庄玉水；新把杀当饷，承瞨人刘清辉，艮 710 盾，安呾人沈景坤甲、刘得禄甲；吉石珍当饷，承瞨人沈景坤甲，艮 710 盾，安呾人庄玉水、陈渊源；丹那望当饷，承瞨人沈景坤甲，艮 280 盾，安呾人庄玉水、陈渊源……③

上述档案呈现出一个有意思的现象，即承瞨者许多是公堂官员，且他们彼此之间互相充当安呾人。如沈景坤是吉石珍和丹那望当饷的承包人，同时他又是陈渊源和刘清辉当饷承包的安呾人。陈渊源是班芝兰和臭桥当饷的承包人，同时他又是沈景坤当饷承包的安呾人。

华人的饷码经营在《公案簿》中也有体现，如《公案簿》第 3 辑（1832 年 6 月 8 日—1843 年 10 月 20 日）中提到的华人饷码经营有：戏票瞨官谢祝生、鱼涧瞨官陈权、燕窝税瞨官蔡天定、宰猪偶仔瞨官陈威仪、榴莲糖偶仔瞨官戴云山、酒瞨官汤源泉等。而《公案簿》第 6 辑、第 8 辑、第 9 辑中提到，1849 年、1852 年及 1856 年吧城华人承包商分别有以下几人（见表 2—9）。

---

① 黎垄，马来语 Lelang 音译，拍卖的意思，见袁冰凌、［法］苏尔梦校注：《公案簿》第 2 辑，第 426 页。

② 瞨，荷兰语 Pacht，指承包某种商品或行当的税收，承瞨人及承包商，见［荷］包乐史、刘勇等校注：《公案簿》第 6 辑，第 315 页。

③ 《公堂总清簿》（1852 年 11 月 6 日—1885 年 11 月 2 日），荷兰莱顿大学汉学院图书馆藏，档案号 41002。

表 2—9   1849 年吧城华人饷码商名单

承包税项	承包者
酒税兼哨口税	陈永元
酒税	陈思聪
营业税	杨成章、陈广元
赌博税	陈启淮、陈逢觉
典当税	蓝奇杰
新把杀市场税	沈辄
爪哇烟草税	陈江水、詹德生
鱼市场税	吴江水
新圩市场税	杨成章
米税	林启泰

资料来源：［荷］包乐史、刘勇等校注：《公案簿》第 6 辑，前言，第 1 页。

1852 年吧城各华人承包商情况见表 2—10 所示。

表 2—10   1852 年吧城华人饷码商名单

承包税项	承包商
亚芬税	陈永元
戏税	陈思聪
呷钞税	陈广元
鱼蚵税	刘添源
照身税	陈长溪
赌博税	黄淡吧
新把杀税	杨成章
宰牛税	番沃末
宰猪税	陈和中
海屿税	钟新淑
哨口税	叶马曾

资料来源：侯真平等校注：《公案簿》第 8 辑，第 56 页。

1856 年吧城各华人承包商情况见表 2—11 所示：

表 2—11　　　　　　　1856 年吧城华人饷码商名单

承包税项	承包商
典当税	刘庠
咖钫税	林宗典
照身税	林宗典
赌博税	陈俊祥
酒税	陈永元
亚芬税	陈永元
宰猪税	黄庆喜
宰牛税	刘亚四
戏票税	陈玉山
哨口把杀税	陈瑞德
鱼税	许清溪
海屿税	李佛义
新把杀税	杨福源

资料来源：吴凤斌等校注：《公案簿》第 9 辑，第 110—111 页。

此外，《公堂簿》包括《公堂通知簿》及《公堂通告簿》，它们也反映了华人饷码经营的情况。如 1879 年 9 月 2 日公堂让诸位默氏通告吧城民众说：

一、兹定于和本九月初八早九点钟在干刀，因珍兰要黎垅付人色入红兀勃以应武营病厝之用；二、兹定和本九月十式日早九点钟在哇礁实呾干刀，要黎垅付人色入石卯仔以应修路之用，自干冬圩至丹绒浮蚋于和 1880 年及 1881 年，又黎垅付人色入各物器以应和 1880 年哇叫实呾之用，如有人合意欲承应者，可依期往处接票可也……①

再如 1885 年 10 月 28 日，公堂通知公堂官员说：

---

① 《通告簿》（1877 年 6 月 9 日—1879 年 12 月 31 日），荷兰莱顿大学汉学院馆藏，档案号 12001。

和本年十一月初二日拜一早十点要在大淡①关都②发叫饷瞨如下，和1886年之额，一、宰黄赤牛并马饷瞨；二、宰猪饷瞨；三、吉郎猫六抽奎桥饷瞨；四、赌博饷瞨；五、戏饷瞨；六、寔里务海屿饷瞨；七、东居水闸饷瞨，和1886年或1886年至1888年三年限；八、万丹吧城茄唠旺各色芬饷瞨；九、当店饷瞨。③

上述两个档案记录反映了公堂组织拍卖饷码承包权的情况。一般而言，在所有华人承包项目中，"最主要的是市场税，其次有鸦片税、酒精饮料贩卖税、当铺税等的包承"④。华人通过饷码经营积累了一定的财富，也为殖民政府带来巨大的财政收入。但19世纪中期以后，随着"强迫种植制"的推行和荷兰殖民统治的巩固，荷印殖民政府开始逐步停止或废除各种饷码承包，最先废除的是市场税承包（1851），最后废除的是鸦片专卖承包（1898）和当铺税承包（1903）⑤

（二）花裙印染业

早在18世纪末19世纪初吧城华人就涉足花裙印染业。在《公案簿》第1辑中就有关于华人从事花裙制造的记载。如1789年4月15日周歪向公堂控诉说："李翁招歪合伙作印猫泽⑥生理，原议翁出本，歪出工，业已两愿，遂费了许多工夫。此后翁不复出钱，亦不算得利若干。特叩台下，伏乞查问。"李翁泽供谓："歪说他善印猫泽，翁以此与他合伙，经出本钱，付他印造二十日，共壹百五十条。他有取去五十条。第其猫泽见水一洗，印迹皆脱，有被众嫌，无人取买。"⑦ 由该记录可见，当时吧城

---

　　① 大淡，荷兰语 Resident，驻扎官的意思，见［荷］包乐史、刘勇等校注：《公案簿》第6辑，第266页。

　　② 关都，即干刀，见侯真平等校注《公案簿》第8辑，第413页。

　　③ 《通知簿》（1884年5月28日—1886年9月7日），荷兰莱顿大学汉学院馆藏，档案号11003。

　　④ 杨建成：《荷属东印度华侨商人》，台北"中华学术院"南洋研究所1984年版，第6—7页。

　　⑤ 蔡仁龙：《荷属东印度时期的承包制与华侨》，《南洋问题》1983年第3期。

　　⑥ 猫泽，即拔泽（Batik），马来语，染花裙，见［荷］包乐史、吴凤斌校注：《公案簿》第1辑，第401页。

　　⑦ ［荷］包乐史、吴凤斌校注：《公案簿》第1辑，第138页。

华人已涉足花裙印染业，且多以家庭手工作坊的形式存在。

荷印时期华人花裙印染业进一步发展，一些华人开始创办工厂组织生产。到 19 世纪中期吧城有 13 家华人花裙印染工厂，员工 562 人。[①] 一些工厂甚至从中国招募新客移民以求发展，如《公案簿》第 4 辑载：1845 年 1 月 8 日，吧城华人花裙印染业主沈桥（住茄老旺）致书挨实嗹说，自己缺乏小工，刚好有新客甘锦、甘盛二人搭乘艀仔船从新加坡来到吧城，此二人已经掌握染布技术，刚好可以在自己的印染作坊帮忙，因此，"敢恳此二新客居吧帮理事务，晚当为安咀，倘后或有不守规矩者，遂即交付纠治，伏乞恩准是感！"[②]

20 世纪初，吧城华人中开始涌现出一些知名的花裙商。如巴达维亚花裙公会主席黄荣春，福建泉州人，15 岁时南来，最初在吧城附近红牌某花裙店任店员长达 8 年，后来自己创办"福南兴"花裙厂，事业发展很快，到 1920 年成为知名的花裙商。[③] 到 20 世纪 30 年代，爪哇及马都拉地区华人花裙印染业进一步发展（见表 2—12）。

表 2—12　　　　1931 年调查爪哇及马都拉花裙印染业数量统计　　　　单位：家

所有者	东爪哇	西爪哇	中爪哇	合计
土人	239	1472	1804	3515
华人	24	285	418	727
阿拉伯人	17		113	130
欧洲人			12	12
合计	280	1757	2347	4384

资料来源：孙蕴琦：《华人与印尼蜡染花裙布业：荷属东印度蜡染花裙布业中华人企业家的作用（1850—1942）》，硕士学位论文，厦门大学，2010 年，第 35 页。

表 2—12 显示，吧城所在的西爪哇地区华人花裙印染业数量达 285 家，由于吧城是西爪哇最大的城市，也是华人聚居的城市，可以相信，吧

---

① 施雪琴：《20 世纪初期爪哇排华运动探析》，《南洋问题研究》2006 年第 3 期。

② 侯真平等校注：《公案簿》第 4 辑，第 76—77 页。

③ 岳阳、刘焕然编：《荷属东印度概览》（1939 年），福建省图书馆辑：《民国时期福建华侨史料汇编》第 3 册，国家图书馆出版社 2016 年版，第 95 页。

城华人花裙印染企业的数量定然不在少数。

（三）制糖业

无论是荷兰东印度公司时期，还是荷印殖民时期，制糖业一直在殖民经济中占据重要地位。1637 年荷兰东印度公司决定在吧城及其周边地区建立制糖磨坊，制糖业开始在吧城发展起来。就在这一年，华人容观建立了吧城第一个制糖磨坊，采用水力和畜力来推动石磨制糖。1637 年 11 月东印度公司发布告示，决定免去容观蔗糖税 10 年，但他必须按万丹的市场糖价把其生产的糖卖给东印度公司。①

在荷兰殖民统治初期，吧城华人身兼种植甘蔗与制糖的两种角色。随着国际市场对蔗糖需求的增加，人手不足的情况凸显，华人遂逐渐偏重于制糖，而种植甘蔗的工作多由土著承担，这种分工促进了制糖业的发展。"到 18 世纪，蔗园遍布城郊。……1710 年有 131 家糖厂，唐人 7000 多人。"② 整个 18 世纪（除了 1740 年红溪惨案时），吧城糖业产量一直稳定在 5—6 万担，1800 年甚至达到 10 万担。③ 到 19 世纪中期吧城华人制糖业发展到鼎盛时期，华人从中国引进制糖技术，改进当地的制糖技术，并利用水力和畜力制糖，这些都极大地提高了当地的糖产量。

华人制糖业的发展在《公案簿》档案中也得到体现。1787—1791 年吧城公馆档案显示，此时华人经营蔗糖厂有望加示中蔀、宁光（岗）蔀、鉴光里毛蔀（王茂生与高根观合伙，1787 年 11 月 22 日公案）、日落西山蔀（高根官经营，1878 年 11 月 22 日公案），唐人承包无来由蔀、娘仔帽老蔀（杨铁郎承包，1790 年 10 月 27 日公案），糖厂主有黄敢蔀爹、洪赵蔀爹（1790 年 4 月 14 日公案）、新圩蔀爹陈荣使（1790 年 6 月 23 日公案）、在珍蔀爹杨捆（1789 年 12 月 16 日公案），以华人名字命名蔗糖种植园如王艳官园、王珠娘园、蔡三光园、黄邦秀园等。这些蔗园规模很大，如"娘仔帽老蔀蔗园有 221 邱，82 万种，存糖钱 31865.045 文，另有 3 邱 2 万种未算"④。

---

① ［日］长冈新治郎著，罗晃潮译：《十七、十八世纪巴达维亚的糖业与华侨》，《南洋资料译丛》1983 年第 3 期。

② ［荷］包乐史、吴凤斌：《18 世纪末吧达维亚唐人社会》，第 64 页。

③ T. S. Raffles, *The History of Java*, Great Britain: Oxford University Press, 1978, pp. 235 – 237.

④ ［荷］包乐史、吴凤斌：《18 世纪末吧达维亚唐人社会》，第 64—65 页。

19 世纪中后期，随着"强迫种植制度"的推行及荷兰本土制糖业的发展，加上古巴、菲律宾等地糖业的发展，吧城华人制糖业逐渐式微，到 1921 年荷印地区工人在 6 人以上的华人制糖厂只有 20 家。[①]

（四）金融保险业

19 世纪末 20 世纪初，荷印华人银行业也有了发展，而闽侨在其中扮演重要角色。如三宝垄甲必丹马淼泉 1885 年创办的马淼泉银行及黄仲涵经营的建源银行，1918 年福建侨商许金安等集资兴办的吧达维亚银行，1920 年福建侨商丘清德等 27 人集资创办的中华商业银行及在坤甸开设的华通银行，以及周继琳在泗水开设的中华银行，都是由闽籍华商经营的。此外还有 1913 年创建于棉兰兼营金融业务的中华商业有限公司和新加坡华侨银行在吧城、泗水、巨港等地设立的 4 间分行和 13 间代理处等。[②]

公馆档案对华人银行业的发展也有所记载，这主要体现在《公堂清册簿》档案[③]的《公堂总清簿》中。所谓"总清簿"则指"誊清后的总账目"。[④] 就内容而言，不同年份总清簿的内容有所不同，且记账方式也有所不同。19 世纪中后期的总清簿基本上是按"上收下支"的规律逐月逐日进行记载。到 20 世纪初，每本账簿的开头会先罗列出收支项目，然后分项目进行记录并总结盈亏，但同样遵循"上收下支"的记账规律。在档案号 41016—41027《公堂总清簿》（1919—1931 年，其中有些年份的档案丢失）的公堂收支项目中比之前的总清簿就多了"吧达维亚银行"（即巴达维亚银行）这一条目。如档案号 41016《公堂总清簿》（1919）中的记载："和 1919 年己未年十月初一日，对（巴达维亚银行）寄去民 18421.25 盾，十二月卅日对寄去民 15912.6 盾，计 2 条共民 34333.85 盾。"可见，从巴达维亚银行建立的第二年起，公馆就与该银行有了资金往来，应该是公馆将钱存入银行。[⑤] 此后几年直到 1930 年公堂与巴达维亚银行的账目往来记录如下。

---

① 刘继宣、束世澂：《中华民族拓殖南洋史》，上海国立编译馆 1934 年版，第 327—330 页。

② 福建省地方志编纂委员会编：《福建省志·华侨志》，第 36—37 页。

③ 《公堂清册簿》档案本文将在第四章专门论述，此处不作赘述。

④ 侯真平等校注：《公案簿》第 8 辑，第 525 页。

⑤ 《公堂总清簿》（1921 年），荷兰莱顿大学汉学院馆藏，档案号 41017。

档案号 41017《公堂总清簿》（1921 年）载：公堂对巴达维亚银行"对除外结尚存寄去 9360.4 盾"；

档案号 41018《公堂总清簿》（1922 年）载：公堂对巴达维亚银行"对除外结尚寄去艮 47707.32 盾"；

档案号 41019《公堂总清簿》（1923 年）载：公堂对巴达维亚银行"对除外结尚寄去艮 9890.58 盾"；

档案号 41020《公堂总清簿》（1924 年）载：公堂对巴达维亚银行"对除外尚结寄去艮 2054.78 盾"；

档案号 41021《公堂总清簿》（1925 年）载：公堂对巴达维亚银行"对除外尚结寄去艮 5370.34 盾"；

档案号 41022《公堂总清簿》（1926 年）载：公堂对巴达维亚银行"对除外结尚寄去艮 1105.82 盾"；

档案号 41023《公堂总清簿》（1927 年）载：公堂对巴达维亚银行"对除外结尚寄去艮 5276.33 盾"；

档案号 41024《公堂总清簿》（1928 年）载：公堂对巴达维亚银行"对除外结尚寄去艮 6880 盾"；

档案号 41025《公堂总清簿》（1929 年）载：公堂对巴达维亚银行"对除外结尚寄去艮 31732 盾"；

档案号 41026《公堂总清簿》（1930 年）载：公堂对巴达维亚银行"对除外结尚寄去艮 24577 盾"；

档案号 41027《公堂总清簿》（1931 年 1—2 月）载："式月式日来艮 1000 盾；承上年捴 1 号结尚寄去艮 24577 盾；一月十三日对寄去艮 625 盾，又廿四日对寄去艮 1260 盾；式月廿五日对正月份利息去艮 64.86 盾。"

由此可见，公堂与巴达维亚银行之间长期保持密切的财务往来，很多时候是将钱存在该行，且数目不菲，这也反映了该银行事业的发展。

此外，《公堂清册簿》中的《其它账簿》里还有档案号 44007《1928年巴达维亚银行单》及档案号 44008《1929 年巴达维亚银行单》，它们记录了公堂对该银行之间的账目清单，与上述的《公堂总清簿》共同体现了公馆与巴达维亚银行之间的经济往来，同时也印证了当时吧城华人银行业的发展。

　　值得注意的是，《公堂清册簿》的《其它账簿》中有一份华人饶瀛亨向中国保险股份有限公司寿险部巴达维亚总理处购买的《人寿保险单》（1939 年）及此笔保险的中外文短期收据、优待被保险人之条件及本保单内之现金、借款及缴清保险数额详表，还有双方遵守之条件、分期领取款表以及分红利益等，其保单内容如图 2—2 所示：

图 2—2

资料来源：《其它账簿》之《人寿保险书》（1939 年），荷兰莱顿大学汉学院馆藏，档案号 44010。

　　该保单显示：中国保险股份有限公司是民国政府注册立案，资本金额五百万元，总公司在上海，是上海市保险业同业公会会员。而国内相关史料也显示，中国现代保险业发轫于上海，1872 年洋务派在上海创办了中国第一家官督商办的民生航运企业——中国招商局。该局于 1875 年 12 月出资 20 万两白银在上海创办了中国第一家保险机构——保险招商局，由唐景星、徐雨之总理其事。保险招商局仿照国外保险行章程，承办中国招商局所有轮船保险、货栈和货物运输保险业务。1885 年保险招商局改组为独立的"仁和""济和"两家保险公司，1887 年又重新合并为"仁济和保险公司"，该公司拥有资金股本 100 万两白银，业务范围也从海上转向陆地口岸，承办各种水险与火险业务。到 20 世纪 30 年代，国内各类性质的保险行业相应而生，如中国保险公司在 1931 年 11 月 1 日由中国银行投资 500 万元创办，由宋汉章任董事长，过福云任总经理。1937 年 11 月在中国香港设立总驻港处，1938 年 8 月分别在中国香港和新加坡设立分公司，向东南亚华人社会辐射，经营多种财产保险和人寿保险，中国人寿保险公司则为其子公司。① 可见，此份保险单有力地印证了晚清民初中国保险业的发展及其对海外华人社会的影响，也体现了荷印华人保险业的发展。

（五）其他职业

如上所示，吧城华人的职业偏重于商业，但值得注意的是，1900 年中华会馆成立后，吧城逐渐成为荷印华人民族主义运动的中心。一些华人开始从事诸如新闻记者、教师、政治活动者等行业，他们多是一些有文化、有知识的华人。当时吧城主要的华文报纸有《新报》《天声日报》《巴城②时报》《民国日报》《工商日报》等。③ 而档案号 41025《公堂总清簿》（1929 年）中则有"报纸费"支出，即订阅诸如《爪哇和报》《燕致报》《乌粦画报》《警察报》《天声报》《工商日报》《爪哇报》等，这从另一个侧面说明当时新闻报业的发展，且华人从业者应不在少数。

而当时吧城三个主要的政治派别：新报派、中华会馆、印尼华人党的领导人不少人是新闻从业者（见表 2—13）。

---

① 严国柱、朱火金：《民国时期中国保险业一览》，《民国春秋》1996 年第 6 期。

② 即吧城。

③ 崔丕、姚玉民译：《日本对南洋华侨调查资料选编（1925—1945）》（第一辑），广东高等教育出版社 2011 年，第 56 页。

表2—13 吧城"三派"领导人出身职业

姓名	教育背景	职业
吴兆元	暨南学堂	新闻从业者
侯德广	英华学校	新闻从业者
邱文秀	荷兰初级学校	新闻从业者
郭克明	荷兰师训学校	新闻从业者
刘玉兰	荷兰私人学校	新闻从业者
凌应微	暨南学堂	翻译员
梁友兰	巴达维亚商业学校	新闻从业者
陈德和	暨南学堂	新闻从业者
张瑞生	欧人初级学校	新闻从业者
朱茂山	一些荷文教育	新闻从业者
吴顺盛	欧人初级学校	新闻从业者
简福辉	荷兰高级中学	商人、政治家
赖锡禧	荷兰商业学校	地主
陈炎福	荷兰高级学校	商人
蒋天瑞	巴达维亚法律学校	入口商
施进源	荷兰初级学校	新闻从业者

资料来源：[印尼] 廖建裕著：《爪哇土生华人的政治活动》（1917—1942），崔贵强译，台北正中书局1956年版，第95—100页。

第三节 吧城华人职业结构特点及其成因分析

一 吧城华人职业结构特点

（一）多样性

从上述公馆档案可见，吧城华人的职业以中小商业和苦力为主，特别是19世纪中叶荷印殖民政府开放自由竞争后，华人商业，包括零售商、中介商和批发商都取得长足的发展。据1893年统计，全荷印从事商业的华人达38890人，占华人有职业人数的20%，其中小商贩25927人，占从事商业华人的66.7%。统计数据也显示，1900年前大部分华人资本家的财富源于经营亚片（即鸦片）烟店、当铺与高利贷等。①

此外，华人还在制糖业、花裙印染业等领域有所建树，更有少数华人成为大饷码商或银行家，20世纪初华人还从事新闻记者、政治家或翻译等职业，所有这些都说明了吧城华人职业的多样性，而20世纪30年代荷印人口调查结果也印证了这一点（见表2—14）。

表2—14　　　　　　　　印尼华人从事商业人数　　　　　　　　单位：人

项目	爪哇及马都拉		其余外岛		全印尼	
	人数	比例（%）	人数	比例（%）	人数	比例（%）
食品、烟、酒等业	23559	22.3	13720	20.6	37279	21.7
纺织、布匹业	16875	16	3007	4.5	19882	11.6
陶瓷业	469	0.44	490	0.74	986	0.6
木、竹制品业	692	0.67	515	0.78	1257	0.7
交通运输业	1029	0.98	626	0.9	1655	0.9
服装、皮革业	804	0.76	316	0.48	1120	0.7
杂货零售及小商贩	49397	45.8	43186	65	92583	53.8
批发商、中介商	1892	1.8	1564	2.4	3456	2
其他种类商业	5385	5.1	2713	4.1	8078	4.7
信贷业	5236	4.97	347	0.5	5683	3.3
合计	105338	100	66484	100	171979	100

资料来源：《1930年荷印人口调查》，第7卷，第380页，转引自蔡仁龙《印尼华侨与华人概论》，香港南岛出版社2000年版，第71页。

由表2—14可见，爪哇华人的职业以杂货零售及小商贩（占45.8%）为最多，其次是食品、烟酒行业（占22.3%），再次是纺织、布匹业（占16%），然后是其他种类商业和信贷业（均占5.1%）。此外，华人还涉足交通运输、服装皮革等行业。而杨建成在《荷属东印度华侨商人》一书中也论证了华人职业的多样性（见表2—15）。

---

① 刘结平：《苏北华侨华人百年工商概况》，印尼苏北华侨华人历史会社：《印尼苏北华侨华人沧桑岁月》（上），2015年，第181—182页。

表 2—15　　　　　　　　荷属东印度华人职业人口分布　　　　　　单位：人

职业＼地区	全荷印	爪哇及马都拉	外领
原始产业	144888	16662	128226
糖业（大规模）	1930		
其他栽培业（大规模）	33694		
渔业	9811		
石油采掘业	8085		
其他矿业	37511		
牧畜	不明		
工业	93988	38063	55925
饮食品、烟草业	26261		
织维业	不明		
木竹工业	28810		
衣服裁缝业	14193		
交通业	12754	5178	7576
陆上交通业	8594		
商业	171979	105445	66534
杂货小卖	92583		
输出入及批发商	3456		
自由职业	7161	3850	3311
艺术家、记者	2081		
官吏	3039	1004	2035
中央政厅	2360		
其他职业	36126	12682	23444
靠财产生活者	1566		
华人有职业人数	469935	182884	287051
华人无职业者	763279		
华人总人数	1233214	365768	574102

资料来源：杨建成：《荷属东印度华侨商人》，第 29—30 页。

表 2—15 也显示，华人几乎涉足各行各业。1930 年前后还有部分华人在欧洲人兴办的洋行和银行任职，或当教师、医生、牙医、律师等。相对而言，华人在工业上的实力比较薄弱。第一次世界大战前，华人主要从事农产品和出口作物加工工业，战后则逐渐扩展为消费品工业，如制糖厂、碾米厂、卷烟厂、木薯粉厂、木棉厂、橡胶厂、榨油厂、酱油厂、咖啡厂、酿酒厂、肥皂厂、汽水厂、锯木厂、椰油厂、冰厂、印刷厂、烧炭厂、缝纫业等。到 1915 年止，华人投资主要在糖业、木材业和地产业等领域。此后欧洲人资本逐渐占据优势，1921 年统计数字显示，在 32 亿荷盾的投资资金中，73.4% 属于荷人，10.6% 属于华人，9.4% 属于英国人（其中一部分是新加坡与中国香港华人）。该 32 亿投资资金主要投向大型农园、商业、工业、运输业、银行业等。而印尼华人所经营的传统行业包括糖、米、木薯、胡椒、花生、木棉、树胶、椰干加工等。[①]

20 世纪 30 年代末期，荷印华人职业的多样性仍然存在，但工业从业者的比例有所增长，如表 2—16 所示。

表 2—16 　　　　　**1938 年荷属东印度华人的就业情况**

职业	人数（人）
初级产品生产业（包括普通土著式的农业、水果花卉栽培等）	144888
工业（包括食物、饮料、烟草制造、金属加工、建筑、裁缝等）	93988
搬运业	12874
商业	171979
自由职业（无确定职业者）	7161
公吏	3039
其他（家庭用人以外难以计算的行业）	36126
总计	470055

资料来源：《日本对南洋华侨调查资料选编（1925—1945）》（第一辑），崔丕、姚玉民译，广东高等教育出版社 2011 年版，第 74 页。

而 1939 年荷印华人的职业概况是农业劳动者及小规模农业者占就业

---

① 刘结平：《苏北华侨华人百年工商概况》，第 181—182 页。

人口的11%，工业劳动人口约20%，从事大小工商业经营的占37%，其他职业占32%，职业总人数为468000人，其中劳动人数280000人，约占全体职业人数的3/5。[①]

（二）地域性

20世纪30年代人口调查显示，荷印华人从事的职业具有一定的地域性（见表2—17、表2—18）。

表2—17　　　　　　**1930年印尼各籍华人职业类别占比**　　　单位:%

	原始产业	工业	交通业	商业	自由职业	公务员	其他	合计
福建人	13.9	15.4	3.7	57.7	1.6	0.7	7.0	100.0
客家人	35.8	20.4	2.2	30.7	1.5	0.7	8.7	100.0
潮州人	48.2	12.8	1.5	29.6	0.7	0.6	6.6	100.0
广府人	26.6	42.7	1.8	20.5	1.8	0.8	5.8	100.0
其他	54.3	13.6	2.5	17.5	1.7	0.5	9.9	100.0

资料来源：华侨问题研究会编：《华侨人口参考资料》，1956年，第55页。

表2—18　　　　　　**1930年印尼各籍华人从业者人数**

	福建	客家	广府	潮州	其他	总计
人数（人）	175241	80466	47612	74151	92465	469935
占总数的百分比（%）	37.2	17.1	10.1	15.8	19.8	100.0

资料来源：华侨问题研究会编：《华侨人口参考资料》，1956年，第55页。

而如上所述，吧城华人以闽籍华人占主体，而闽籍华人职业又以商业为主。闽侨在商业上又有地域的区别，"一般说来，闽南籍的华侨，多经营土产与输出，福清籍的华侨多经营布业与机器零件，兴化籍华侨多经营金融事业，永定籍华侨多经营中药业；客家籍华侨多经营日用杂货与输入业……"[②]在第二次世界大战前，福建侨商中，经营稻谷加工、土产、食

---

① 杨启光：《印度尼西亚独立前的华人社会》，《华侨史论文集》（2），暨南大学华侨研究所1981年印，第280页。

② 陈以令：《印尼华侨概况》，台北正中书局1988年版，第35—36页。

品、五金行业的多数是闽南人，经营金银珠宝行业的多数是福州人，经营布匹、纺织行业的多数是福清人，经营自行车和汽车零件的多数是兴化人。20 世纪 20—30 年代印尼的碾米业 55%—60% 为华侨人经营，1925 年爪哇就有 180 间华人开的米厂，1937 年仍有 160 所。当时经营米厂的多为祖籍漳州、泉州的土生华人。印尼花裙业多集中在吧城附近的巴烈、巴由兰等地区，当地由华人经营的花裙厂达 150 间以上，而厂主多为闽侨，几乎垄断了当地的花裙业。①

（三）层次性

第二次世界大战后，国内外侨史学界曾提出了"华人社会阶级论"这一个颇值得重视的理论，但遭到许多学者的批判。许多人习惯于把海外华人社会看成是铁板一块，仿佛海外华人社会是一个不可分割或不可分解的整体，更不同意对海外华人社会进行阶级分析。实际上，作为中国传统社会在海外的延续，海外华人社会自应成为阶级分析理论研究的对象。笔者认为，荷印华人社会的阶级构成是具有一定层次性的，这主要体现在华人职业的层次性上。以荷印华人商业为例，据 20 世纪 30 年代的调查资料显示，荷印华人财富总计为 79255 万荷盾，其中华人中小资本占绝大多数。到 1933 年前后荷印华人从事商业的人数已增至 171979 人，占华人有职业人士的 36.6%，其中经营杂货商贩者达 58.3%。② 到 50 年代"占印尼人口总数 2.2% 的亚洲籍侨民，约占印尼国民收入的 20%，其中又以华侨占了绝大百分比……有几种行业，绝大部分是华侨经营的，如亚弄商（小零售商），华侨经营的占 80%"（参见表 2—19）。③

表 2—19　　20 世纪 50 年代中爪哇各州区外侨小商店、零售商数量　　单位：间

州区	数量	必须收盘者	可继续营业者
垅川	2501	401	2100
巴蒂	394	181	213

---

① 福建省地方志编纂委员会编：《福建省志·华侨志》，第 34—35 页。

② 刘结平：《苏北华侨华人百年工商概况》，第 181—182 页。

③ 中国新闻社：《印度尼西亚华侨和印度尼西亚基本情况》，1959 年，转引自孔远志《从闽南方言借词看中国与印尼、马来西亚的文化交流》，第 62 页。

续表

州区	数量	必须收盘者	可继续营业者
北加浪岸	1227	545	682
万由马斯	793	277	516
梭罗	1022	161	861
格都	1264	517	749
总计	7201	2082	5121

资料来源：中国新闻社：《印尼排华与反排华斗争参考资料》，1959 年，第 12 页。

表 2—19 为 1960 年印尼政府颁布《禁止外侨经营零售商法令》之前对各地华人小商店及零售店进行调查时所反映的中爪哇地区的情况。截至 1959 年 7 月底全印尼外商共 114875 家，其中批发商 1326 家，中介商 26859 家，小商贩 86690 家。在外商中又以华商为主，19466 家，其中大商业 692 家，中等商 24991 家，小商贩 83783 家，大部分集中在东爪哇（26338 家），其次是苏东（14627 家），雅加达（13927 家），最少的是苏西（891 家）。[①] 直到 60 年代末期，小商业仍是华人商业的主体（参见表 2—20）。

表 2—20　　　　　**1967 年东爪哇各阶层商人数**　　　　单位：人

	华人	印尼人
大商人	108	700
中等商人	3875	18000
小商人	12900	83000

资料来源：黄昆章：《印尼华侨华人史（1950 年至 2004 年）》，广东高等教育出版社 2005 年版，第 38 页。

由表 2—20 可见，荷印华人商人以小商贩、零售商等为主。此外，如前所述，华人还从事农业、手工业及苦力等职业，少数人充当医生、教员等，极少数能成为工程师或大商行经理，因此普通华人民众多靠微薄的薪水过活（参见表 2—21）。

---

① 中国新闻社编印：《印尼排华与反排华斗争参考资料》，1959 年，第 64—65 页。

表 2—21　　　　　　　　　1959 年华人受薪阶层的收入情况　　　　单位：盾

类别	日薪	月薪
三轮车工友	20—70	
报贩	20	
雪藏生果小贩	80—120	
亚弄店主	40—70	
工程师		5000—6000
商行经理		3000—5000
会计员		2000—2500
公众医生		2000—3000
中学教员		1400—2000
小学教员		750—1200

资料来源：黄昆章：《印尼华侨华人史（1950 年至 2004 年）》，第 44 页。

由表 2—21 可见，大部分华人的日薪在 120 盾以下，属于社会底层。与此同时，在 20 世纪初期前后，华人大批发商和进出口商也逐步发展起来，吧城华人中开始出现一些规模较大的商号。如廖立粒，福建安溪人，1901 年南来爪哇，经营花裙业，1907 年开设店号"兴利发"。① 黄荣春，巴达维亚花裙公会主席，福建泉州人，15 岁时南来初在吧城附近红牌某花裙店任店员长达 8 年，后自己创办"福南兴"花裙厂，事业发展，到1920 年成为知名的花裙商。② 而 1928—1929 年第二届吧城华侨智育会的成员多来自吧城一些规模较大的商号（见表 2—22）。

表 2—22　　　第二届（1928 年 2 月至 1929 年 1 月）吧城华侨智育会职员名册

职别	姓名	年龄（岁）	籍贯	商号及任职	住址
执行委员兼主席	李昭欧	43	福建南安	德发公司总经理	巴达维亚（下同）小南门 1 号
执行委员兼副主席	王尚志	38	福建金门	万源号土产部主任	小南门 1 号
执行委员兼常委	刘心田	37	福建惠安	德发公司秘书	小南门 1 号

① 岳阳、刘焕然编：《荷属东印度概览》，1939 年，第 96 页。
② 同上书，第 95 页。

续表

职别	姓名	年龄（岁）	籍贯	商号及任职	住址
执行委员兼会计主任	洪金佶	60	福建南安	昌发号经理	五角桥 240 号
执行委员兼会计副主任	杨影雪	37	福建尤溪	永大公司经理	监公红兀 158 号
执行委员兼会计副主任	李功瑞	50	福建南安	瑞发号经理	大港唇 38 号
执行委员兼组织副主任	宋士镛	48	福建莆田	驻巴达维亚领事馆馆秘书	西大港唇 3 号
执行委员兼组织副主任	张丕承	48	福建龙溪	永记公司经理	若牙兰 44 号
执行委员兼组织副主任	陈观砚	49	福建永春	万源号总经理	小南门 16 号
执行委员兼宣传主任	陈正书	39	福建金门	三益公司经理	小南门 14 号
执行委员兼宣传副主任	洪长生	53	福建南安	土库万登安经理	五角桥 264 号
执行委员兼宣传副主任	王金城	48	福建金门	福成兴经理	小南门 56 号
执行委员兼交际主任	杜其廉	32	福建同安	振隆公司经理	峇六甲 22 号
执行委员兼交际副主任	白辰恭	36	福建安溪	福泉号经理	加烈埠 75 号
执行委员兼交际副主任	谢德汉	44	福建安溪	兴华号经理	老巴刹 83 号
候补执行委员	张平甫	38	福建同安	永平号经理	小南门 77 号
候补执行委员	苏桂枝	38	福建华安	福记栈经理	老巴刹 59 号
候补执行委员	蒋时海	41	福建华安	蒋瑞发经理	老巴刹 44 号
候补执行委员	李家鹤	38	福建安溪	德胜栈公司经理	加烈埠 27 号
候补执行委员	苏舜民	35	福建华安	中华爪哇公司职员	老巴刹 22 号
候补执行委员	杨庆璋	36	福建华安	华安号经理	加烈埠 11 号
候补执行委员	蒋维泰	40	福建华安	长春号经理	加烈埠 133 号
候补执行委员	蒋时读	46	福建华安	福春发经理	老巴刹 133 号
监察委员	林廷澄	44	福建莆田	吧达委员总领事馆领事	西大港唇 3 号
监察委员	游子云	53	福建永定	大安堂经理	廿六间 5 号
监察委员	吴瓒绪	42	福建晋江	泉成号秘书	中港安 13 号
监察委员	江剑华	32	福建南安	山海通经理	小南门 64 号
监察委员	洪诗叨	36	福建南安	洪联发经理	草埔 1 号
候补监察委员	蔡振库	52	福建晋江	泉总理	中港安 13 号
候补监察委员	林香串	40	福建晋江	迫成号经理	红牌埠 58 号
候补监察委员	张增福	32	河北清苑	驻巴达维亚总领事馆主事	西大港唇 3 号

　　资料来源：《巴达维亚华侨智育会职员名册及柔佛居銮华侨公会第九届职员表》，1929 年，福建省档案馆，档案号：0001—003—000531。

　　崔丕、姚玉民所译的《日本对南洋华侨调查资料选编（1925—1945）》一书中也曾列举当时引起日本军国主义者重视的吧城44位侨商，其中有13位是闽侨。他们从事各行各业，并有了一定的资金积累。如陈兴砚（Chen Hsing-yen）：万源公司经理，从事各种物产及茶叶贸易，资产20万—30万盾。陈世阳（Chen Shih-yang）：经营棉布商号"丰源"，为进口日本棉布的商人，兼营中介。李招腰（Li Chao-yao）：铁器进口商号"德发有限公司"经理，还在吧城从事铁锅铸造，资产10万盾。李功瑞（Li Kung-jui）：铁器进口商"瑞发公司"经理，主要经营进口日本及德国造铁制产品。林盛辉（Lin Sheng-hui）：生于新加坡，华侨银行巴达维亚分行经理，巴城慈善会财政主任。施仁瑞（Suan Jen-jui）：生于爪哇，建源公司进口部经理。任华侨进口商会常务理事、励志社会长，接受荷兰教育，资产约10万盾。庄西言（Tjong See-gan）：福建漳浦人，经营棉布进口业，任全美公司社长、华侨进口商会理事、励志社干事、国民政府参政员，资产50万—60万盾。王尚志（Wan Shang-Shin）：在万源公司工作。杨德子（Yeung Te-tzu）：医药销售制造业，资产10万余盾。[①] 此外，还有李生耀：1903年南来印尼，即任吧城济安堂职员，跟济安堂东家游振春学习医术，颇有所成，26岁时自己在万隆开创济寿堂，27岁时在吧城创办济安栈，后又在三宝垄创办济安栈，二战后将吧城的济安栈关闭，后又创办天生德药行在吧城。[②] 游子云：1911年南来印尼，行医为生，1921年创办大安堂药行，1931年创设联号大安和药行，利源滚滚。[③] 刘连贤：福建泉州人，1920年南来，经商于英属新加坡，1923年来吧城，1925年开设"营业"公司于红牌，经营花裙兼汇兑，并在巨港设立分行。陈泽泗：福建安溪人，1907年南来，初在加烈经营花裙业，店号"隆春"。林香串：福建晋江人，1923年南来，初任某花裙店店员，1927年开设"迫成"号，经营花裙业，事业蒸蒸日上。

　　此外，此时还涌现出一些资产雄厚的华人资本家及华人企业，其中最

---

① 《日本对南洋华侨调查资料选编（1925—1945）》（第一辑），崔丕、姚玉民译，第272—273页。

② 岳阳、刘焕然编：《荷属东印度概览》,1939年版，第77页。

③ 同上书，第78页。

具代表性的是黄仲涵及其建立的"建源公司"。黄仲涵（1866—1924）祖籍福建同安，1865年出生于印尼中爪哇三宝垄，系当地著名侨商黄志信之子。1890年黄仲涵接办建源公司时年方24岁。1893年他将建源公司改组为建源贸易有限公司，先后涉足饷码、制糖、银行、保险、航运、木薯粉加工、种植等，到20世纪初成为东南亚一带屈指可数的最大企业之一。[①] 建源公司在工商领域里都卓有成效，主要经营农副、土特产品，特别是糖的出口及其他工业品的进口，足以与其他一些欧洲公司抗衡。"建源公司"在吧城、泗水、棉兰等印尼大中城市设有分支机构；也在新加坡、曼谷、槟城、日本、印度、荷兰等地设立分行，经营爪哇糖、橡胶、椰油、胡椒、薯粉等进出口业务。[②] 有些华人企业家积累了一定的财富，并开始投资于更广阔的领域，包括树胶业、茶业、香料、咖啡、糖、木业、米厂、碾米厂、烟厂、汽水厂、豉油厂、肥皂厂、花裙厂、木厂、棉织厂等。其中花裙业、椰油厂、树胶业等领域华人资本所占的投资额也相当大，这与印尼资产阶级的经济利益存在着尖锐的矛盾。[③]

由此可见，在荷印华人经济中，既有拥有雄厚资本的大企业家，也有因经营饷码制度而积累一定财富的华人饷码商，更有为数众多的华人小商贩，华人经济的多样性可见一斑，而这种多样性也决定了华人社会存在着阶级分层。

二 吧城华人职业结构的成因分析

吧城华人职业结构的形成与荷兰殖民政府的华侨政策和经济政策密切相关。

（一）荷印殖民政府对入境华人的职业限制

从吧城建立开始，荷兰殖民政府就对华人采取一种既招徕又限制的政策。在吧城建立初期，百业待兴，当时殖民者发现吧城"除了中国人，几乎就没有什么工匠。一句话，华人几乎是无所不能的"[④]。因此，荷兰

---

① 郭瑞明编著：《同安华侨华人名人录》，鹭江出版社1995年版，第42—43页。
② 刘结平：《苏北华侨华人百年工商概况》，第181—182页。
③ 中国新闻社：《印度尼西亚华侨和印度尼西亚基本情况》，1959年，第1—2页。
④ ［英］布赛尔著：《东南亚的中国人》，徐平译，《南洋资料译丛》1958年第1期，第116页。

人想方设法从中国招徕各色工匠前来，该城市建设和发展所需的各行各业几乎都有华人的参与。华人对吧城的建设和发展的重要性体现在 1740 年红溪惨案后，为恢复吧城建设，殖民当局曾就需要多少华人及何种职业等进行调查，结果显示，吧城一共需要华人 5934 人，其中糖厂需要 2400 人、酒厂需要 224 人，其他园丁和农艺员需要 800 人，铁匠需要 100 人、皮匠 30 人、漆匠 50 人、裁缝 30 人、剃头司 40 人、锡匠 40 人、木匠 40 人、制帽师 20 人、泥瓦匠 60 人、运输工 30 人、石灰窑 50 人、烧砖瓦窑工 200 人、篾匠 100 人、医生 10 人、铜匠 10 人、制灯笼匠 100 人。① 此后，荷兰殖民政府就根据这些需求进行招徕，这也是为什么华人职业集中在这些行业的原因所在。

另一方面，殖民政府又时常对入境华人的职业进行一些限制。如 1846 年 7 月 22 日挨实啫致书公堂，询问吧城需要教读、财副、医生等就业人数若何，公堂的回复是："约用教读 160 名、才副 360 名、医生 80 名"，但考虑到可能会有华人死亡或期间回中国等情况存在，故需要多批准一些名额。② 而《公案簿》第 5 辑中 1847 年 1 月 11 日 "挨实啫致书玛腰" 一案则载：1846 年 12 月 30 日挨实啫致书玛腰说，从今而后，"惟果能造工者方可居住，非来者方欲初学功夫，则不同。……现须先付公堂之公勃低及峇氏③查察如何，果能为工者方可居住，即入与峇氏造工，如不能者，便可令回原籍，违者乃玛腰之事，务必担戴至切。现所要用此木匠、凿花④、造橱椅桌等、造甲板等船、土水、打石、打锡器具，以上等工准居吧地，其余别工不准居吧。若要居吧者，须入王字，将其口词字当先付与职代为缴入"⑤。可见此时殖民政府只允许诸如木匠、打石匠、打锡匠、造船工匠等手艺人入境，其余职业者不受欢迎。再如挨实啫在 1852 年 4 月 13 日致书玛腰（陈永元）说："定于和 1852 年 7 月 1 日起，

---

① ［荷］费慕伦著：《红溪惨案本末》，李平译，雅加达翡翠文化基金会 1961 年版，第 119—120 页。
② 侯真平等校注：《公案簿》第 4 辑，第 312 页。
③ 即貌氏，指包工或包工头，见吴凤斌等校注：《公案簿》第 5 辑，厦门大学出版社 2005 年版，第 80 页。
④ 凿花，指雕刻工匠，见吴凤斌等校注：《公案簿》第 5 辑，第 80 页。
⑤ 吴凤斌等校注：《公案簿》第 5 辑，第 79—80 页。

改削和 1846 年 12 月 27 日第 7 号条规，凡医生、教读、才副诸人等俱不准居吧。祈将此例，谕知唐船主或甲皈税主，务宜恪遵。"① 此档案显示，医生、教读与才副不被殖民者允许入境，或许是因为吧城已有足够的相关从业者，抑或是因为这些人的入境将对其他相关行业者造成威胁。1915年 6 月 3 日，新任副淡②规定不准许各华人开店于番人界，公堂因此告知众位华人说：要开小店的华人，"第若要住在外界（番人界）者，此则极其紧要而必须入字③"④。这条告示从侧面说明了华人在某些职业方面的强大竞争力，因此荷印殖民政府才对某些行业华人的入境严格控制。到 1927 年 10 月荷属移民厅公布的移民条例又对新客入境的职业限定提出要求："新客入境，在移民厅问话时，即将其入境后之职业注明于居留字上，故所谋职业，应与入口时所报告之职业相符合，不能蒙蔽入口长官。抵岸周后，若因特殊情形，原报商界者，而欲转就学界，须向当地政府报告，得其批准后，然后可以就业。如有违者，一经查出，将受严惩。"⑤

可见，长期以来荷印殖民当局对入境华人的职业进行各种限制，这必然会对吧城华人的职业结构造成影响。

（二）居住区条例和通行证制度

除了设立甲必丹制度对华人实行"分而治之、间接统治"的政策外⑥，荷兰殖民政府备受诟病的华人政策就是居住区条例和通行证制度。

居住区条例：1740 年红溪惨案后，荷兰东印度公司开始在吧城推行居住区制度，要求华人居住在特定区域，目的在于限制华人的自由行动⑦。1835 年荷印殖民政府开始在全爪哇推行《居住区条例》（wijken-stelsel）。⑧ 当时吧城华人居住区划分为 55 个街区。城内：1. 大公司；2. 新厝仔内它；3. 新厝仔外它；4. 观音亭油车巷；5. 班芝兰铺；6. 西

---

① 侯真平等校注：《公案簿》第 8 辑，第 76 页。
② 即副淡板公。
③ 入字，闽南话呈文的意思，见聂德宁等校注：《公案簿》第 7 辑，第 381 页。
④ ［荷］包乐史、吴凤斌、聂德宁校注：《公案簿》第 15 辑，第 192 页。
⑤ 丘守愚：《二十世纪之南洋》，第 80 页。
⑥ 吧城华人甲必丹制度本书将在第五章进行专门论述，此处不作赘述。
⑦ ［英］W. J. 卡德：《中国人在荷属东印度的经济地位》，第 10 页。
⑧ 周南京：《印度尼西亚华侨华人研究》，香港社会科学出版社有限公司 2006 年版，第 75—77 页。

门；7. 五角桥；8. 砖仔桥；9. 戈劳屈；10. 旗干（杆）脚；11. 外泊面；12. 洪溪头；13. 丹蓝望；14. 结石珍；15. 新巴杀；16. 丹绒新塚。城外：17. 占知甲；18. 亚森圩；19. 外勿洛；20. 思茄巫媚；21. 文丁；22. 宁岗；23. 文丁新圩；24. 曹洛；25. 直葛红兀；26. 邦茄难；27. 文唠；28. 勿唠唠口惹；29. 巴啷龟礁；30. 武绒冷吃；31. 巴茄让眼；32. 茄茗旺；33. 猫抵查白；34. 甘抹；35. 四里旁；36. 芝西礼；37. 儁木；38. 茄览抹；39. 八卦字；40. 颜哎；41. 茄弄西垅；42. 干冬圩；43. 丹绒存力；44. 丹绒胡氏；45. 奔漯吃黎；46. 奔漯文叻；47. 望茄石；48. 浮哩亚廊；49. 奔洛丁仔；50. 宇绒文丁；51. 外勿难；52. 毛仔蚋还望；53. 毛仔蚋勿唠曾；54. 奔洛赖；55. 七宁贞。[1] 荷兰殖民者限制华人居住和外出的自由，目的在于限制和打击华人的商业活动，同时也为了将华人与土著居民隔离，防止他们联合起来威胁荷兰人的殖民统治。直到"和1912年4月1日，政府已施放宽条于各华人，可以居住随其所欲于华人鉴光之所"[2]。到1919年后该制度才废除，但它的推行使得之前与土著居民杂居的华人只能在政府指定的区域居住并选择相关职业。

通行证制度（Passenstelsel）：该制度在1740年后推行，但在荷兰东印度公司时期并没有严格推行，到1816年荷印殖民政府才正式推行该制度。该制度规定，华人必须持有荷印政府颁发的各种通行证才能自由通行荷印各地。华人要向甲必丹申请通行证，在申请时必须说明去处、搭乘的工具、与谁通行，以及在目的地停留时间等。到了目的地，华人需将通行证交与当地的甲必丹、雷珍兰或华人街长等，由他们批示，才能在当地居住。[3] 荷印通行证有路字（即从一地到另一地的通行证）、巴杀字（即每逢集市华人到城外进行买卖的通行证，每年一换，需交印花税）、礼些字（颁发给那些去乡村收购烟叶、椰干、稻谷等的人，一年一换，需交印花税）、年字（从此地往彼地的通行证，来往于各城市的商人使用这种通行证，一年一换，需交印花税）。[4] 通行自由的限制极大地影响了华人商业

---

① 聂德宁等校注：《公案簿》第7辑，第172—173页。

② ［荷］包乐史、吴凤斌、聂德宁校注：《公案簿》第15辑，第263页。

③ ［印尼］林天佑：《三宝垄历史——自三保时代至华人公馆的撤销（1416—1931）》，李学民、陈巽华译，暨南大学华侨研究所1984年印，第118—119页。

④ 同上书，第119—120页。

的发展，这在《公案簿》档案中多有体现。如 1846 年 6 月 13 日戏税承办商陈令申请从实力①招徕唐人戏②演员，因为，"在地戏③多有俗态，难以悦人耳目，赌博亦因而冷淡，兹故敢求恳要实力招来唐人戏四十名，限六个月付他（他们）再回原籍。若恳恩准，有此新戏闹热，赌博必然盛旺矣！谨此叩禀"。此四十人要搭乘华人沈玉的船舶从新加坡而来，陈令表示自己"敢逐名保结④其良善，以及诸费一暨⑤支理"。挨实嗻将此事委托公堂进行调查，公堂经过调查后议决："论在吧演唱女戏，唐、番妇人要结好朋意爱投赠甚之，逐日来往扳旋，夜间留宿伊家，并付借物件应用，褒黎司有案；若男人之戏，久居此地，额多端更甚矣，但碍陈令为赌饷赎官，又敢保结其平安无事，本堂姑念此偶仔，准其吊来⑥唐戏，三个月为限，务必革回原籍。若有闹动，速即禁止。虽无闹动，后次亦不得人字再恳，恐其久居吧地必然祸患故也。"⑦ 可见，基于戏饷收益的考虑，加上饷码商陈令的担保，公堂建议政府同意陈令之请，但要求其在三个月内离境，且下不为例。

通行证制度对华人生计的影响也体现在 1846 年 6 月 13 日公堂代表华人社会向荷印殖民政府的进谏中，谏书中写道："凡敖文明各号条规，无如严禁新客一条，我唐人在吧最为艰辛，何也？自和 1837 年 11 月 14 日第 1 号禁新客不得通往州府，暨别日案夺，公堂久已掛念。王令森严，有损于唐船生活利路，故敢冒昧以陈。……自和 1844 年 3 月 16 日第 8 号案夺至今，敖文明亦曾开恩少助，是以本年有一唐船来吧。然可来者匠人百工，所禁者文人学士……夫童子自幼须教以礼仪，至其长大，方能知诗识理，通权达变，而利生焉。既无贤人教督，势必至于庸愚，商贾贸易，谁能掌数？……况在吧富翁以及有位之人，俱有子女要择贤婿，恐在吧奎维

---

① 实力，亦作叻、实叻，即新加坡，见聂德宁等校注《公案簿》第 7 辑，第 386 页。
② 唐人戏，指华人戏剧，这里指来自新加坡的闽南地方戏剧，见侯真平等校注《公案簿》第 4 辑，第 274 页。
③ 在地戏，指爪哇土著戏剧，见侯真平等校注《公案簿》第 4 辑，第 274 页。
④ 保结，指具结担保，向官方呈递担保他人身份、行为或其他协定条款的担保者，见侯真平等校注：《公案簿》第 8 辑，第 384 页。
⑤ 即一概。
⑥ 吊来，即引进，见侯真平等校注《公案簿》第 4 辑，第—275 页。
⑦ 侯真平等校注：《公案簿》第 4 辑，第 274—275 页。

未必人品皆善、门户相对，则不能成事，若苟简许配于匠，实是玷辱衣冠名节！惟有新客来吧，不用厚夌，必然许允。虽曰现时亦有些少儒生、医生、财副，徒有其名而无其实，辛金又且高贵，若用和医以疗病者，惟家富则有之，盖亦寡矣。……伏祈王上善推恻隐之心，怜悯为怀，俾唐船可载新客来吧，取之无禁，用之不竭，婚姻死生有所倚赖……则后来子孙亦咸受恩赐矣！并祈王上晓谕诸有位民长[1]，令其指示新客，倘有不遵国法者，随即请知褒黎司相助革回原籍。"[2]由此记载可见，通行证制度对华人的营生、婚姻、教育、就医等方面产生影响。1848 年 12 月 29 日又有华人黄长安、郑肇基等 36 人入字公堂，恳求公堂向殖民政府要求废除通行证，他们诉说："天有不测风云，人有旦夕祸患，如男犯暴疾恶症，女遭逆产月疯，命悬呼吸，或必别处求医。若无路字，则恐犯法；待给路字，又虞失救。而且其中或逢礼拜，或因早晚，难以给发，是病者必至恹恹待毙，惨苦之情，莫可告诉。至若通工易事，乃国家之本；经营贩卖，又民命所关，此数出逐日各有把杀往来人等约以千计，若必执法给字，是使商贾不能利便交易，市镇因之寥落废堕，安在以图活计哉？"[3] 该制度对华人经济的影响由此可见一斑。从 1906 年起该制度被逐步废除，1914年荷印殖民政府所发布的第 760 号法令规定，"各人可去于各处随其所欲往，更不必携路字"[4]。到 1919 年，该制度在荷印全境被废除。

（三）荷印殖民政府的经济政策。

荷兰殖民政府在印尼群岛曾先后推行强迫种植制度和自由主义政策的经济政策。

强迫种植制：它实质上是以生产物和劳役作为税金的形式交纳国家的一种制度，"它是根据荷兰国内商业财政集团的需要，把东印度公司旧有的商品掠夺，转向更高级的劳动力掠夺的一种方式，是东印度公司式、丹吉尔斯式和莱佛士式的殖民主义制度的混合物"[5]。该制度最早是 17 世纪

---

① 指有职位的民众首领，见侯真平等校注：《公案簿》第 4 辑，第 279 页。

② 同上书，第 278—279 页。

③ 吴凤斌等校注：《公案簿》第 5 辑，第 410—411 页。

④ ［荷］包乐史、吴凤斌、聂德宁校注：《公案簿》第 15 辑，第 195 页。

⑤ 王启生：《关于强迫种植制的几个问题——评十九世纪中叶荷兰在印尼的殖民统治》，《华侨大学学报》1987 年第 1 期，第 67 页。

末荷兰东印度公司强迫万丹素丹在其统治区内推行的一种种植制度。当时要求每一位成年男子或核心家庭种植规定数目的胡椒，其产出的全部产品交给公司，同时公司给予当地的区、村长对种植的监督、惩罚不服从者以及收购产品和支付等行政上的权力。18 世纪初该制度逐渐在勃良安等其他地区推行，殖民政府强迫当地人民种植棉花、胡椒、蓼蓝，并实行强迫征购，把全部产品以一定价格送至巴达维亚。交付数量由种植亩数决定，种植亩数依各地条件而定。该制度取得显著成效，荷印殖民政府于是在1830 年后将之在爪哇岛推广。该制度有两个特征：一是用实物代替货币作为缴税方式，将产品直接缴纳给政府；二是与委托贩卖制度结合，即委托尼德兰贸易公司代销产品。[①] 因此，日本学者竹中宽次甚至认为，这是一种"最露骨而且是大规模的掠夺制度"[②]。在强迫种植制度下，少数华人从事种植业，主要是种植水稻、蔬菜、甘蔗和胡椒等。[③] 有一些华商获得承包权，在产品收购等方面获得利益。据史料记载，荷兰殖民者利用华人为中介商，为其集中收购当地出产的胡椒、肉桂、豆蔻、丁香等香料土产品，交由荷印公司专卖于欧洲市场。当时华人居住在巴达维亚城内的多为巨商，住在城外的为小商贩，最大营业领域是蔗糖业和胡椒业，执实业界之牛耳。[④]

同时强迫种植制度将原住民束缚在土地上从事种植业，而华人不被允许拥有土地，他们只能在商业上寻求发展机会，这样一来华人就承担起沟通城乡交流并供应农村生活必需品的任务，因而就出现了所谓的"农业土著、商业华人"的状况。[⑤]

自由主义政策：1870 年 4 月 9 日荷印殖民政府颁布《土地法》，它是一个保证荷兰私人资本在印尼获得土地的新法令。它标志着荷兰资本主义从商业资本主义发展阶段进入自由竞争的工业资本主义发展阶段。[⑥] 在自由主义政策下，华人的商业进一步得到发展，出现一些批发商和进出口

---

① 王任叔：《印度尼西亚近代史》（上册），北京大学出版社 1995 年版，第 425 页。

② 王启生：《关于强迫种植制的几个问题——评十九世纪中叶荷兰在印尼的殖民统治》，第64 页。

③ ［日］须山卓：《华侨经济史》，东京近藤出版社 1972 年版，第 141 页。

④ 同上书，第 138 页。

⑤ 黄焕宗：《荷兰殖民者在印尼的殖民政策与演变：1602—1942》，《南洋问题研究》1988年第 2 期。

⑥ 同上。

商，一些人甚至开始积累可观的资本，成为华人资本家。此外，随着外岛地区的开发，一些华人资本也开始投资于外岛地区的种植园及小型矿场，这些都对华人的职业结构产生影响。到 1900 年荷兰女王在其登基演说中提及了对爪哇大众的所谓"荣誉之债"（debt of honor），这就开创了所谓的"伦理政策"。① 荷印殖民政府建立了一些委员会来研究爪哇人不断下降的社会福利、税收负担的不公平分配及爪哇社会所面临的其他社会、经济问题。伦理政策的内容，主要是：①在政治上，实行分权，把权力从海牙转到巴达维亚，从总督转到各部和地方官吏，从欧洲人转到印尼当地土著官吏手里；②在经济上，大力发展灌溉事业，改进种植方法，从爪哇移民到外岛以发展工业；③在文化上，发展教育、卫生事业。② 在该政策下，荷印殖民政府在支持土著发展的同时对华人进行了一定程度的限制，"当殖民政府感觉必须通过声称他们是为了本地人的福利而工作来为他们的存在寻找合理依据时，他们就很难解释饷码制度的存在"③。因此，结束饷码经营就成为其"伦理政策"的必要一部分。④ 各种饷码承包的相继废除，使得华人资本转而投向工业或其他领域，同时殖民政府大力发展教育、卫生事业，一些华人子弟可以进入荷校学习，这就为华人自由职业者的出现提供了条件。

三 吧城华人经济地位分析

（一）华人经济是荷印殖民经济的残余？

从吧城华人的职业结构可以看出，华人以中小商业为主，也有少数所谓的大饷码商或大华人企业家。而郑林宽在其《福建华侨汇款》一书中曾指出，"在工商上，欧人占其上层，土人占下层，而华侨则占其中层，为东印度经济社会之中坚"⑤。在他看来，华人是荷印经济的中坚力量，

---

① Onghokham, *The thugs, the curtain thief, and the sugar lord: power, politics and culture in colonial Java.*, Metafor Publishing, 2003, p. 127.

② 黄焕宗：《荷兰殖民者在印度尼西亚的殖民政策与演变》，第 55 页。

③ Carl A. Trocki, *Opium, Empire and the Global Political Economy: A study of the Asian opium trade 1750 – 1950.* USA and Canada: Routledge, 1999, p. 150.

④ Onghokham, *The thugs, the curtain thief, and the sugar lord: power, politics and culture in colonial Java*, p. 127.

⑤ 郑林宽：《福建华侨汇款》，福建省政府秘书处统计室 1940 年版，第 12—13 页。

对荷印经济的发展起重要作用。而事实上，长期以来印尼华人经济曾被视为殖民经济的残余。一直以来，饷码承包制被认为是华人剥削当地人民以牟取暴利的工具。荷兰东印度公司最后一任总督范·奥弗斯特腾（Van Overstraten，1796—1801 年就任）曾尖刻地指出华人是"爪哇人的吸血鬼"①，该说法此后不断地被西方及日本学者大力引用。如日本学者何宜武甚至断言"华侨在资本主义的商业战争中是不能取胜的"②。那么荷印华人的经济地位究竟如何？华人是否是荷兰殖民剥削的工具？这些问题都值得探讨，本书试图以华人的饷码经营为个案进行分析。

一些荷兰殖民官员及此后的许多西方学者，甚至一些东方学者都曾认为，饷码制度是华人尤其是甲必丹等侨领剥削当地人民以牟取暴利的工具。如日本学者竹林勋雄指出：该制度"对提高华人地位所产生的效果，无论给以多高的评价，也不会过分"③。"这种包税制度给了华人一个特殊的位置，一个可以使用的强大武器，除了经济上的重要性，该制度的运作还同时确保了一个政治上的重要性。……包税制度的影响把华人变为带有崇高威望的文职官员。"④ James R. Rush 曾指出，"华人官员制度与鸦片包税制两者都是殖民政府内部进化的产物。前者是一个民事权力制度，后者是一种经济制度，该制度到 19 世纪已成为土生华人财富与权势的根本来源"⑤。因此，它们共同构成荷兰殖民时期吧城华人社会最重要的两个制度，前者确定了侨领在政治上的地位，后者则从经济上确保了侨领的政治地位。学者 Mona Lohanda 曾直接指出吧城"华人甲必丹的责任直接与商业行为挂钩，特别是殖民财政基础赖以建立的税收承包"⑥。"既然财富是

① Anonymous contributors, "Chinese Control over Rural Trade in Java in the Mid-Nineteenth Century", in M. R. Fernando and David Bulbeck (eds.), *Chinese Economic Activity in Netherlands India: Selected Translations from the Dutch*, Singapore: Institute of Southeast Asian Studies, 1992, p. 23.

② 李国卿：《华侨资本的形成和发展》，福建人民出版社 1984 年版，第 19 页。

③ ［日］竹林勋雄著：《印尼华侨发展史概况》，李述文译，《南洋问题资料译丛》1963 年第 1 期，第 89—91 页。

④ Phoa Liong Gie, "The Changing Economic Position of The Chinese in Netherlands India", in M. R. Fernando and David Bulbeck (eds.), *Chinese Economic Activity in Netherlands India: Selected Translations from the Dutch*, Singapore: Institute of Southeast Asian Studies, 1992, pp. 10 – 11.

⑤ James R. Rush, "Social Control and Influence in Nineteenth Century Indonesia: Opium Farms and the Chinese of Java", *Indonesia*, 1983, No. 35 (April), p. 54.

⑥ Mona Lohanda, *The Kapitan Cina of Batavia: 1837 – 1942*, p. 67.

官职的最基本的标准，因此官位仅对那些有特定经济位置的人开放，即显赫的商人和土地所有者。"① 因为甲必丹不领薪水，所以在荷印殖民政府推行的各种税收承包制中，华人承包商尤其是甲必丹、雷珍兰、玛腰等是其中重要的组成部分。而饷码经营在为荷兰殖民者积累大量财富的同时，也造就了少数富裕华人。"1892 年爪哇的华人拥有以下财富：可合法拥有的土地的 45％，其中包括 63％ 为私人财产；31％ 的仅由欧洲人及外国东方人支付特殊税的非私人拥有的建筑物及其周围属地；22％ 的在东印度登记的船的吨位和舱位。……其次是华人作为一个群体支付了爪哇个人税收的 38％；商业税的 22％；地税（ground tax）的 38％……"② 因此饷码承包制被认为给了华人以巨大的权利，而这些华人的行为削弱了政府的权威和合法制度的信誉，对荷兰人的统治造成极大威胁。

（二）从饷码承包看华人经济地位

那么事实如何？我们以吧城最后一位甲必丹和第一任玛腰陈永元为例子进行说明。陈永元，福建人，号一誉，字赖卿，甲必丹陈炳郎之子，1827 年任雷珍兰职，1829 年升任甲必丹，1837 年升任玛腰，这是吧城华人玛腰制度的开始。③ 和吧城其他侨领一样，陈永元在任甲必丹及玛腰期间（1829—1865）也凭借其特殊的社会地位先后承揽吧城、万丹、茂物和加拉横（Krawang）等地诸如人头税、酒及烟草销售、燕窝及鸦片税收等的承包。④ 但档案显示，"虽然他经营税收承包达 25 年之久，好运总不降临到他身上"⑤。关于这点，《公案簿》档案有诸多记载。如 1848 年 10 月 6 日公堂审理"陈长溪挂咐⑥玛腰入字为税哨口新把杀亏本事"一案

① Mona Lohanda, *The Kapitan Cina of Batavia*：1837 – 1942, p. 233.

② F. W. Diehl, "Revenue Farming and Colonial Finances in the Netherlands East Indies, 1816 – 1925". In John Butcher and Howa Dick（eds），*The Rise and Fall of Revenue Farming – Business Elites and the Emergence of the Modern State in Southeast Asia*, Great Britain：The Macmillan Press Ltd., 1993, p. 202.

③ 郁树锟主编：《南洋年鉴》第十篇"华侨"，南洋报社有限公司 1951 年版，第 156—157 页。

④ Mona Lohanda, *The Kapitan Cina of Batavia*：1837 – 1942, p. 236.

⑤ Ibid., p. 237.

⑥ 挂咐，马来语 Kuasa 的对音，委托、代理的意思，见侯真平等校注：《公案簿》第 4 辑，第 347 页。

载："为哨口之新把杀，从梁礁①缎②孙所做挂咖字，于和（荷）1847 年 2 月 4 日第 15 号，在发叫哨口新把杀之时，妈腰已经承应每月 600 盾，及叫至 900 盾，因此新仔无人敢承应，已经叫回，故妈腰思此系敖文明③之取利，因从叫回之价艮 950 盾，伸雷④1140 盾承应之，以为人观法。但在发叫之时，缎厘力突⑤在挨实嗹之前经谕知妈腰，有唱明在此把杀实有 58 间之厝额，此厝尚未有齐筑，以后可照算，扣低其仔。厘力突所唱甚合乎理，至于本年和 1 月尚未一间筑成，至和 1 月终，止得抽奎⑥264.6 盾之雷，因君厘书⑦有唱明，不得抽奎别物故也。及和 2 月，止筑成 18 间。至和 3 月，仅计筑成 40 间。及和 4 月共筑成 56 间。至今止是 56 间，无足 58 间之额。于是敢指明所亏本，……共亏本 5076.27 盾。……因在此哨口风势太强，兼无鉴光，又在 56 间内多有空间，经降其厝税又设戏游事，以观其能热闹，庶能加得其利，乃复亏本。……至和 1 月间，在把杀内尚未有筑成半间之厝，而妈腰且安然无恐，因此事已经请明挨实嗹也。伏祈恩准，追还所亏本雷 5076.27 盾，不胜惶恐之至。"⑧到 1849 年 1 月 28 日陈永元向公堂申请缓缴 1849 年 1、2 月酒税承包款并免罚款。⑨1850 年 1 月 11 日陈永元及其担保人陈逢义、陈森又向公堂申请缓缴 1850 年 1—3 月酒税承包款。⑩从《公案簿》现有的史料可见，从 1848 年到 1850 年陈永元在酒税、市场税等方面的承包似乎都处于亏本状态，而他在内陆

---

① 梁礁，荷兰语 Notaris 音译，荷印时代掌书契、书写讼状者，见［荷］包乐史、刘勇等校注：《公案簿》第 6 辑，第 303 页。

② 缎，马来语 Tuan，先生、大人之类的尊称，见［荷］包乐史、刘勇等校注：《公案簿》第 6 辑，第 270 页。

③ 敖文明，荷兰语 Gouvernement，指荷印政府，见侯真平等校注：《公案簿》第 4 辑，第 320 页。

④ 雷，即镭，荷兰语 Duit 音译，指铜钱，或泛指钱款，见侯真平等校注：《公案簿》第 4 辑，第 366 页。

⑤ 厘力突，荷兰语 Directeur，意为总理、部长、理事等，见侯真平等校注：《公案簿》第 4 辑，第 413 页。

⑥ 抽奎，马来语 Chukai，抽税的意思，见吴凤斌等校注：《公案簿》第 5 辑，第 366 页。

⑦ 君厘书，荷兰语 Kennisgecing，意为官方通告、须知、章程等，见侯真平等校注：《公案簿》第 4 辑，第 362 页。

⑧ 吴凤斌等校注：《公案簿》第 5 辑，第 366—368 页。

⑨ ［荷］包乐史、刘勇等校注：《公案簿》第 6 辑，第 17 页。

⑩ 同上书，第 200 页。

地区外巴当（Luar Batang）的市场税承包也经历了巨大的损失。① "到1860 年代，陈永元的财富几乎全部变为泡影。"② 甚至在 1872 年陈永元去世后，其家属处于贫苦无依状态。如 1873 年 1 月 17 日公堂曾向副挨实嗹表示，"已勘故原任玛腰陈永元之明婚妻，名罗二不老娘，年 52 岁，住砖仔桥，自己并无生活，依食于其弟罗二生。若公班衙无怜给其食费，实形辛苦也"③。

陈永元的饷码经营经历给了我们一些分析荷印时期华人经济地位的线索。第一，在荷印吧城，不是任何人都能够出任甲必丹（乃至玛腰）的。因为"在选择华人官员时，荷兰人试图在华人社会中寻找公认的领袖，几乎总是已在一些买办机构中与荷兰联盟的富有商人当选，他们中的大部分掌握一种政府的包税或优惠项目，如市场运行、港口税收或盐与鸦片的销售。从荷兰东印度公司的早期开始，事业的成功，获得税收承包及垄断性的优惠及被任命为华人官员是步步关联的"④。可见，"既然财富是官职的最基本的标准，因此官位仅对那些有特定经济位置的人开放，即显赫的商人和土地所有者"⑤。而 Mona Lohanda 则一针见血地指出："通过对华人领袖包税经营的观察，我们能够发现，即使在华人官员制度的建立中，荷兰人也从未放弃过关于自己得失的核心原则。"⑥ 因此，只有那些对殖民者的利益有利的华人才能最后成为甲必丹。

第二，不是任何人都能够经营税收承包的。税收承包的经营往往需要巨大的成本。以鸦片税收承包为例，除了要支付给政府的高昂租赁税外，加工鸦片需要某些建筑、设备和训练有素的人员，承包商还需要或者拥有或者控制一个零售、批发市场网络，如鸦片商店以出售鸦片或提供鸦片窑为吸食场所。除了这些设施外，同样需要承包者控制一个相当大规模的私人警卫力量和一个耳目网络以防止鸦片走私进入承包者的领地。此外，为

---

① Mona Lohanda, *The Kapitan Cina of Batavia：1837 – 1942*, pp. 236 – 237.

② Ibid. , p. 258.

③ ［荷］包乐史、聂德宁、吴凤斌校注:《公案簿》第 12 辑（上），前言，第 21 页。

④ James R. Rush, "Social Control and Influence in Nineteenth Century Indonesia：Opium Farms and the Chinese of Java", p. 55.

⑤ Mona Lohanda, *The Kapitan Cina of Batavia 1837 – 1942*, p. 233.

⑥ Ibid. , p. 244.

了能使鸦片饷码经营顺利运作，华人富商还常常必须妥善处理与殖民官员和爪哇贵族（Pryayi）及广大爪哇人民之间错综复杂的关系等。因此，要成为鸦片饷码商，必须有相当雄厚的资本，所以承包者常常是已经有财富、有权势和声望的人，如甲必丹等。① 此外，承包权竞争是相当严酷的，"爪哇华人商业领袖之间为获得鸦片专卖承包的租约和更低的鸦片税收承包费用的斗争，是爪哇社会从任何角度来看激烈竞争的最显眼的一方面"②。有学者甚至把鸦片饷码经营权的招标称为"王者之战"③，华人社会则戏称之为"十八罗汉"或"百王相竞"。④ 激烈的竞争使得承包经营的成本不断提升，只有那些相当富有的人才有可能成为承包权竞标中的胜出者。事实上，陈永元能够出任甲必丹及玛腰，并长期经营税收承包也绝非偶然。其父亲陈炳郎、叔叔陈烨郎都曾任甲必丹⑤，其妻子的叔叔李宙观也曾是甲必丹⑥，良好的家世背景为其以后仕途的发展及从事包税经营打下了基础。

　　第三，"包税制本质上是政府与华人商业精英的一个联盟。双方都有所付出有所收获"⑦。在 19 世纪中期之前，荷兰殖民政府对税收基础和税收方式没有太多的了解，而"华人是唯一的有组织、技能和资本来运作大税收项目的人"⑧。对希望事先获得税收的统治者来说，他们有不断增长的对国家税收的需要，但缺少收税的现代方式，他们不愿意或者同化于

---

① Carl. A. Trocki, *Opium*, *Empire and the Global Political Economy*: *A Study of the Asian Opium Trade*: *1750 - 1950*, USA and Canada: Routledge, 1990, pp. 139 - 140.

② James R. Rush, "Social Control and Influence in Nineteenth Century Indonesia: Opium Farms and the Chinese of Java", pp. 108 - 109.

③ Carl. A. Trocki, *Opium*, *Empire and the Global Political Economy*: *A Study of the Asian Opium Trade*: *1750 - 1950*, p. 305.

④ ［印尼］林天佑：《三宝垄历史——自三保时代至华公馆的撤销》，李学民等译，第 170 页。

⑤ 许云樵校注：《开吧历代史记》，《南洋学报》第 9 卷第 1 辑，1953 年，第 16 页。

⑥ 侯真平等校注：《公案簿》第 4 辑，第 368 页。

⑦ Howard Dick, "A Fresh Approach to Southeast Asian History", In John Butcher and Howa Dick, eds., *The Rise and Fall of Revenue Farming-Business Elites and the Emergence of the Modern States in Southeast Asia*, Great Britain: The Macmillan Press Ltd., 1993, pp. 7 - 8.

⑧ John Butcher, "Revenue Farming and the Changing State in Southeast Asian", in John Butcher and Howa Dick, eds., *The Rise and Fall of Revenue Farming-Business Elites and the Emergence of the Modern States in Southeast Asia*, p. 24.

华人商业精英或直接卷入税收事务，税收承包制则为他们提供了方便。[①]华人精英熟悉当地社会环境，懂当地语言，由他们承包这些项目，既可防止华人逃税漏税，又可稳得高利税，特别是在征收那些专门针对华人的税收方面，如人头税、赌博税、鸦片专卖等。因此，由华人承包税收在相当长一段时间里是为荷兰殖民者所欢迎并支持的。

第四，应该指出的是，华人虽然在吧城包税事业中占有举足轻重的地位，但欧洲人和爪哇本土人也是包税经营的重要参与者。在荷兰东印度公司时期，"有资格和有财力投标的人，是那些已获得释放的奴隶和亚洲侨民（阿拉伯人和华人等，以华人占多数）中有相当名望和地位的富商大贾"[②]。如1679年12月30日，在吧城的20个包税项目中，由华人承包的约有11项，只占总数的一半，其余的包税项目为其他族群所掌握。[③] 另外，华人包税者仅是爪哇华人中的一小部分。如上所述，只有甲必丹等华人精英才有资格进行饷码经营，而广大华人也是饷码制度推行的对象，也属于被剥削的对象。

第五，陈永元包税经营事业的不顺遂并不是一个偶然的个案，《公案簿》系列档案中关于19世纪中期以后华人饷码商拖欠殖民政府租赁税乃至破产的记载比比皆是。如1866年猪饷承包商张德茂因负债死于牢狱，"无存遗业"，其两位担保人也无法偿还张德茂亏空的3万盾债务。[④] 再如1872年三宝垄的华人甲必丹陈宗淮在第二次承包鸦片税收时，以极高的价格才从众多竞争者中胜出，但受爪哇经济不景气的影响亏了本，为偿清承包款不得不拍卖自己的地产，最后连甲必丹的位置也只好让出。[⑤]

此外，1830—1870年间，"强迫种植制度"的推行也极大地影响了华人饷码承包经营的收益。加上19世纪70、80年代开始，爪哇的经济发展遭遇危机，咖啡种植和蔗糖种植先后遭遇病虫害，口蹄疫也袭击了爪哇的

---

① Anthony Reid，"The Origins of Revenue Farming in Southeast Asia"，in John Butcher and Howa Dick，eds.，*The Rise and Fall of Revenue Farming-Business Elites and the Emergence of the Modern States in Southeast Asia*，pp. 78 – 79.

② 李学民、黄昆章：《印尼华侨史：古代至1949年》，第166—167页。

③ ［日］岩生成一著：《论安汶岛初期的华人街》，李述文译，《南洋问题资料译丛》1963年第1期，第112页。

④ 聂德宁、吴凤斌、［荷］包乐史校注：《公案簿》第11辑，前言，第8页。

⑤ 吴凤斌等校注：《公案簿》第5辑，第410页。

牲畜养殖，糖与咖啡的国际市场价格开始下降，这些都严重影响了华人的饷码经营，不少承包商无法完成税收任务，纷纷陷入困境，连陈永元也不能幸免。从这个角度说，无论是甲必丹制度还是包税制度都只是荷兰殖民者殖民剥削与统治的工具。

可见，透过现象看本质，我们就会发现，华人饷码商也是殖民剥削的工具和牺牲品。而荷兰殖民者利用华人富商和华人官员充当税务及专利贸易承包人，"这是殖民者埋下日后挑拨（华侨与印尼人民之间的关系）的毒计，同时也有它不可告人的隐衷"①。因为通过华人承包饷码，荷兰殖民者不但可以攫取高额税收，而且可以将普通民众对他们的不满转移到华人身上。因此，正如一个殖民地的谚语曾残酷而正确地描述到："爪哇人耕种，华人收集，欧洲人则拿走它。"② 当时吧城财政负责人德卢（L. W. G. de Roo）就对那些宣扬为保护印尼人免受华人剥削而要建立一种由殖民政府控制的专营局来取代饷码制度的说法表示不屑，他坦率地指出："正是欧洲人，我们荷兰人，剥削爪哇人，为什么我们不承认并正视问题的根本所在？"③

富尼华（J. S. Furnivall）在《荷属东印度多元经济研究》一书中则表示："欧洲人和原住民所干不了的事或者由于某种原因所不愿意干的事华人都去做了，人们都说华人什么事情都干，但更精确地说，欧洲人和原住民所干的事情是华人所不能做的。"④ 这句话明确地阐述了荷印华人的经济地位。而史金纳在其《爪哇的中国人》一文中也指出，"在爪哇的中国人，只有少部分是顶富裕的……华人资本以前大都投资在那些不名誉的途径如鸦片、典当和高利贷，20 世纪一开始便转移投资于土地、木材、食糖及其他种植园业。20 世纪 30 年代以来，工业不断地吸收华人的资本。不过，商业以前是而现在还是华人的首要职业和储蓄的主要来源。"⑤

---

① 李学民、黄昆章：《印尼华侨史：古代至 1949 年》，第 119—120 页。

② James R. Rush, *Opium to Java: Revenue Farming and Chinese Enterprise in Colonial Indonesia*, New York: Cornell University Press, 1990, p. 20.

③ Ibid., p. 212.

④ J. S. Furnivall, *Netherlands India: A Study of Plural Economy*, Cambridge University Press, 1939, p. 411.

⑤ ［美］G. W. 史金纳（G. William Skinner）：《爪哇的中国人》，第 30 页。

第三章　吧城华人婚姻结构

迄今为止，国内外学界对荷兰殖民时期印尼华人婚姻家庭问题研究的成果并不多见，除了荷兰莱顿大学博士陈萌红的《在中国传统和荷兰殖民体制之间：19世纪巴达维亚的华人婚姻》一文（载《南洋资料译丛》2004年第2期）外，并未有其他研究成果。因此，利用吧城华人公馆档案对吧城华人婚姻结构的研究是本书研究的一个重点。

由于荷兰殖民政府对华人实行分而治之政策及推行居住区条例使得华人聚居，加上华人新客的不断到来和华人女子绝少外嫁等，这就使中国传统的婚姻习俗观念在当地华人社会得以延续，但是由于受到当地社会环境和华人社会自身结构等因素的影响，这里的婚姻呈现出新的特点，最主要的一点是荷兰殖民当局在华人社会中实行了婚姻登记制度。吧城华人结婚登记制度始于1717年，是海内外中国人最早采用结婚登记的地方。① 华人在结婚时要到吧国公堂进行登记注册，在离婚时同样要到公堂办理离婚手续。现存最早的婚姻登记簿始于1772年，且1792—1806年之间的档案遗失。现有档案包括1772—1791年、1806—1916年的资料，在1889—1943年兼有荷兰文与马来文的登记簿。此外，还包括1862—1897年、1914—1943年的离婚登记、重婚及退档的婚字书等档案。此类档案中，中文档案为121册，荷兰文及马来文档案为7册。现存《婚姻簿》档案是已知中文史籍中保存最早、最完整的结婚注册簿，它包括《成婚注册存案》《结婚申报书》《结婚调查书》《结婚证书》，甚至《离婚书》《复婚书》等几种档案，是海外华人史及其家庭婚姻状况研究难得的珍贵档案资料。

此外，在18世纪末至19世纪中期，有关吧城华人与当地民族的家庭

---

① 吴凤斌、〔荷〕包乐史：《18世纪末巴达维亚唐人社会》，第268页。

婚姻关系的案件在《公案簿》中占据了相当大的分量，反映了吧城华人对婚姻习俗的传承和演变，及在初步成熟的婚姻管理体制下，婚姻观念的继承、转变和中华婚俗文化与当地婚俗文化的冲突与融合。

因此，《成婚注册存案》为研究吧城华人婚姻结构提供了重要的一手资料，而尚未刊行的《结婚申报书》与《离婚书》等档案可印证《公案簿》及《成婚注册存案》相关内容，便于我们对吧城华人婚姻状况进行梳理分析，论述吧城华人婚姻制度管理体制的概貌，对其反映出的婚姻观念演变进行合理分析和评述，并说明此种婚俗和观念的变化对吧城华人社会的影响。

第一节　吧城华人成婚注册管理

如上所述，吧城华人的婚姻登记始于 1717 年，但现存档案始于 1772 年。《公案簿》中对华人的婚姻登记条例时有记载，如"唐人要给婚字，二员公勃低同朱在座、公勃低问男女家之主婚人要交寅者男女姓名、住址、年纪、交寅何日，以及主婚人姓名、媒妁人姓名。朱记登婚簿，令两家主婚人及媒妁人花押毕，呈与公勃低查察明白。二员公勃低及朱亦花押婚簿，俟另日将婚字遣达氏送交男家收执"[①]。但"凡公堂职员之家子女婚娶，必请公勃低就其家给婚字"。到 1866 年 10 月新任玛腰陈濬哲提出，"此事不妥。从今以后，不论僚属及钦赐要给婚字，须在公馆，但当各服礼衣以别官庶"[②]。

《公堂通知簿》对华人到公堂成婚注册的情况也有所描述，如"和1885 年五月十三日拜三早八点，兰直叻在座，值月司员花押，迳启者，兹于和本年五月廿一日，即乙酉四月初八日十点早正，黄益谦甲大、林元贞甲要在公堂恳给婚字，须依时长衫靴太平帽诣公堂在座，谨达雷珍兰郑春色舍、李晋郎官仝押，和 1885 年五月十五日公堂大朱（签名）启"[③]。

---

① 聂德宁、吴凤斌、［荷］包乐史校注：《公案簿》第 11 辑，第 100—101 页。
② 同上书，前言，第 5—6 页。
③ 《公堂通知簿》（1884 年 5 月 28 日—1886 年 9 月 7 日），荷兰莱顿大学汉学院馆藏，档案号 11003。

再如"兹于丙申五月十四日即和1896年六月廿四日拜三早十点钟，大玛（腰）李与陈文琳甲大要为其子女作婚字，祈依时着长衫太平帽靴来公堂恭给婚字，此达值月司员（花押），和1896年六月十八日朱（签名）启"[1]。这两份档案记录说明华人成婚注册须到公堂办理，且公堂官员在办理相关事务时必须着正装，以示庄重。

一般而言，吧城华人正式登记成婚的手续有结婚申报书、结婚许可书、成婚注册签字画押和结婚证书，此外还有成婚调查书、主婚人易换书、结婚日婚帖等，因此也留下相应的档案资料。现存档案中以《成婚注册存案》数量最多，最为完整。

一 《成婚注册存案》格式变化与数量统计

虽然吧城华人成婚注册始于1717年，但1740年红溪惨案后相关档案荡然无存，现存档案始于1772年。其中荷兰东印度公司时期的《成婚注册存案》（华人称之为"婚簿"）从1772—1791年，缺了1773年、1781年及1787年的相关档案，此外1792—1800年没有相关成婚注册档案，荷印殖民时期的成婚注册档案始于1801年，而1802—1806年的档案缺失，此后的档案除了1830年及1860年的缺失外，基本保持完整，直到1919年。1909年以前的档案是中文的，如1772年5月13日的注册档案（档案号51001）为现存最早的《成婚注册存案》，同时也是当年唯一的一份（见图3—1）。

图3—1原档内容解读为：

> 遵奉王制，为婚姻事，今据男家何才生（住圣墓港内），年二十一岁，女家王玉娘，年二十一岁，媒妁（人）郑东娘，合和琴瑟，缔结朱陈，禀明甲必丹仝雷珍兰列位大人台前察夺，成婚注册存案，给照准此。乾隆三十七年四月十一日，即和1772年五月十三日。

由上述档案可见，该份成婚注册登记表包括成婚双方的姓名、年龄及

---

① 《公堂通知簿》（1892年9月1日—1896年8月28日），荷兰莱顿大学汉学院馆藏，档案号11005。

图 3—1

资料来源：《成婚注册存案》（1772 年 5 月 13 日），荷兰莱顿大学汉学院馆藏，档案号 51001。

新郎和新娘生活的社区、媒妁人名字、成婚登记日期。此后的 1773 年成婚注册档案阙如，1774 年及以后的成婚注册登记内容增加了男女双方主婚人的名字及婚姻注册时在场办公的公堂官员名字（都需签字画押），其基本格式如下：

> 遵奉王制，为婚姻事，今据男家（ ），年（ ）岁，（住（ ）），女家（ ），年（ ）岁，媒妁，合和琴瑟，结缔朱陈，禀明甲必丹、雷珍兰列位大人台前察夺，成婚注册存案，给照准此。
>
> 乾隆（ ）年（ ）月（ ）日即和（ ）年（ ）月（ ）日给。
>
> 甲必丹（姓）、雷珍兰（ ），雷珍兰（ ），雷珍兰（ ），雷珍兰（ ），雷珍兰（ ）
>
> 媒妁（称谓）（签字画押）男家主婚（称谓）（签字画押），女家主婚（称谓）（签字画押）第（ ）号。

如 1775 年 2 月 15 日的成婚注册（档案号 51002）中有记录如下。

遵奉王制，为婚姻事，今据男家林臣官，年三十九岁（住旧把杀），女家王闺娘，年二十三岁，媒妁（人）李意官，合和琴瑟，缔结朱陈，禀明甲必丹仝雷珍兰列位大人台前察夺，成婚注册存案，给照准此。乾隆四十年正月十六日，即和 1775 年式月十五日。雷珍兰蔡（签字画押）、雷珍兰吴（签字画押）、雷珍兰郑（签字画押）、甲必丹唐（签字画押）、雷珍兰黄（签字画押）、雷珍兰林（签字画押）、雷珍兰郑（签字画押），男家主婚（人）房兄林良官（签字画押）、媒妁立意官（签字画押）、女家主婚（人）族伯王昂官（签字画押）。

在荷兰东印度公司时期，每份（一对男女）成婚注册登记存案，均用两页纸填写。从 1807 年 10 月 29 日以后，成婚注册登记存案的版本改为一页纸，并正式加上男家住址。另外，此前版本中的"合和琴瑟，结缔朱陈"改为"凭托媒妁，合和琴瑟，结缔朱陈"；"列位大人台前"改为"列位台前"；主事人只以一人签名，另加上"（ ）年（ ）月（ ）日给"，又另书收结婚费若干。在荷印殖民时期，从 1832 年 1 月 11 日起的版本，将"凭托媒妁，合和琴瑟，结缔朱陈"改为"凭托媒妁，结缔朱陈"，并加上"公勃低雷珍兰"及"交寅（结婚）日：（ ）年（ ）月（ ）日"。1850 年以后的版本，加上"玛腰"一名，"甲必丹、雷珍兰"变为"玛腰、甲必丹、雷珍兰"。1880 年 1 月 2 日以后的版本，又加上女家住址及抄给日期，其格式如下：

遵奉王制，为婚姻事，今据男家（ ），年（ ）岁，住（ ），女家（ ），年（ ）岁，住（ ）。凭托媒妁，结缔朱陈，禀明玛腰、甲必丹、雷珍兰列位台前察夺，成婚注册存案，给照准此。

男家主婚伊（称谓）（签字画押），女家主婚伊（称谓）（签字）

光绪（ ）年（ ）月（ ）日迎娶完婚。光绪（ ）年（ ）月（ ）日即和（ ）年（ ）月（ ）日朱吉礁（签字）给。

公勃低甲必丹、雷珍兰、（签字一人）。

和（ ）年（ ）月（ ）日抄给第号。

如档案号 51407《成婚注册存案》（1894 年 5 月 23 日—1897 年 11 月

30 日），其中第 221 号记录为：

> 遵奉王制，为婚姻事，今据男家曾亚馨年 31 岁，住丹那望，女家韩宁娘，年 20 岁，住丹那望，凭托媒妁，缔结朱陈，禀明玛腰、甲必丹、雷珍兰列位台前案夺成婚，注册存案，男家主婚人胞叔曾泰二，女家主婚人父亲韩二元，媒妁人张荣娘，丙申年十一月十一日迎娶完婚。丙申年十一月初六日即和 1896 年十月十日朱吉礁（签名）给，公堂属员甲必丹连福全舍（签名），和 1896 年月日抄给。

档案号 51413《成婚注册存案》（1908 年 12 月 2 日—1909 年 3 月 12 日）共 32 对成婚，为手写体，格式再发生变化，为：

> 遵奉王制，为婚姻事，今据男家，年，住，女家，年，住，凭托媒妁，缔结朱成，禀明玛瑶、甲必丹、雷珍兰列位台前案夺成婚，注册存案，男家主婚伊，女家主婚伊，媒妁人，年月日迎娶完婚，年月日和年月日，朱葛礁（签名花押）给，值月员（签名花押），和年月日抄给。

档案号 51414《成婚注册存案》（1912 年 1 月 5 日—1913 年 2 月 23 日），共 110 对成婚注册，是辛亥革命以后的《婚姻簿》，仍为手写毛笔字本，但将"遵奉王制"删除，改为"公堂值月光媚沙里①员，雷珍兰，为婚姻事，凭两家主婚人所请"，加上男女双方父母姓名，新郎、新娘签名或画押，值月雷珍兰、朱吉礁签字外，玛腰亦签字，最后盖上方形红色大印"吧国公堂正印"。

其格式如下：

> 辛亥（次年为壬子年）月日即和年月日拜（指星期几），公堂值月光媚沙里员雷珍兰为婚姻事，凭两家主婚人所请，经到男家在

---

① 光媚沙里，荷兰语 Commissari 音译，意思为委员，见吴凤斌等校注《公案簿》第 9 辑，第 399 页。

（住址）查询，据男家所称，名，年，（哪里）生，其父（名字），其母（名字）；其女家所称，名，（哪里）生长，年，其父（名字），其母（名字），此二人业承其主婚人允准，愿结朱陈（后改为"愿结姻缘"再后改为"愿结良缘"再后又改为"喜结良缘"）、永为夫妇，此炤。男家主婚人伊（），女家主婚人伊（），光媚沙里员雷珍兰（签名花押），媒人（签名花押），新郎（签名花押），新娘（签名花押），许玛瑶金安舍（签名花押），公堂朱葛礁（签名花押）。

如本档中记载：

　　壬子十二月十三日，即和 1913 年正月十九日礼拜，公堂值月光媚沙里员代理雷珍兰陈进木，为婚姻事，凭两家主婚人所请，经到男家在结石珍查询，据男家所称，名陈桂发，吧生，长年十七岁，其父（在）陈水狮，母（在）张番娘。据女家所称，名蔡山娘，吧生，长年十五岁，其父（故）蔡梨，母（在）陈梭娘，此男女二人业承其主婚人允准，喜结良缘、永为夫妇，此炤。男家主婚伊父陈水狮（花押），女家主婚伊母陈梭娘（花押），新郎陈桂发（签名），新娘蔡山娘（花押），值月光媚沙里员（签名），媒人陈水文（花押），玛瑶金安舍（花押）。和 1913 年二月初□日抄给，吧国公堂朱葛礁丘（签名），盖吧国公堂印，存案。

档案号 51415《成婚注册存案》（1913 年 2 月 23 日—1913 年 12 月 28 日）开始采用印刷体，中文和马来文各一份，共 95 对华人男女成婚注册，格式如下：

　　第（）号
　　中华（）岁（）月（）日。
　　和兰 191　年（）月（）日。
　　公堂光媚沙里值月员（雷珍兰），为婚姻事，凭两家主婚人所请，经到（男、女）家在同堂面察，据男家所称名（吧生长），生于（中国历）（）岁（）月（）日，年（）岁，其父（），母（）。据女家所称名（吧生长），生于（中国历）（　）岁（　）月（　）日，年（　）岁，其父（　），母（　）。此男女二人各从其主婚人主裁，喜结良缘、永为夫妇。

此据。

男家主婚伊（称谓）（签名）新郎（签名）

女家主婚伊（称谓）（签名）新娘（签名）

媒人（签名）

光媚沙里员（签名），公堂朱葛礁（签名）

玛腰许金安（签名）和191　年　月　日抄给。收执。

此版本中文本与马来文本各为一页，马来文本全用马来文书写，用西历年月日，最后盖上椭圆形的双狮抱王冠大印，印面上书"中国玛腰"，下书"巴达维亚"。

如该册档案第49号记录为：

中华癸丑十二月初二日，荷兰1913年十二月廿八日礼拜，公堂光媚沙里值月员雷珍兰梁亚瓚，为婚姻事，凭两家主婚人所请，经到男家在巷观音亭①同堂面察，据男家所称，名陈杨新（住井里汶），生于甲午岁拾月廿七日，年二十岁，其父（故）陈金榜，母（在）番沙为也。据女家所称，名林本娘，吧生长，生于乙未岁十一月廿五日，年十九岁，其父（故）林文淑，母（在）丘贞娘。此男女二人各从其主婚人主裁，喜结良缘、永为夫妇。此据。男家主婚伊兄陈杨成（签名花押），女家主婚伊母丘贞娘（签名花押），新郎陈杨新（签名），新娘林本娘（花押），光媚沙里员梁亚瓚（签名），媒人赖文全（签名），玛瑶许金安（签名），公堂朱葛礁丘绍荣（签名），和1914年六月廿四日抄给。收执。

经公堂注册成婚后，新婚夫妻保留一份成婚注册登记复件，即他们的婚姻许可证，如果后来离婚了，则须将许可证缴还公堂。如果万一婚书丢

---

① 似乎应为观音亭巷。

失，就得去公堂补办，公堂就会找到在夫妻成婚注册存案底本，并在上面注明补给婚书的情况，如成婚于1849年8月13日的男家陈江川时年19岁，女家林正娘时年16岁，其《成婚注册存案》上就注明："和1864年四月初一日拜五，公堂议嘧，据陈江川入禀称，伊1849年交寅婚字失落，恳重抄一张以为执炤，列台已经酌议准恳，和1864年八月十二日重抄，公堂朱押（签名）。"①

现存《成婚注册存案》有档案记录的129年间，共有17158对华人男女即34316人成婚登记注册。其中18世纪有1775—1791年的13年，19世纪有1801—1899年的97年，20世纪有1900—1919年的19年。虽然期间有12年的中断遗漏，但对整个129年来说，依然是相当完整和系统的。按年代统计，在荷兰东印度公司统治末期的1775—1791年间，每年有100多对吧城华人男女成婚注册。在荷印殖民政府统治初期，每年有150多对华人男女注册成婚，1834—1853年每年平均为200多对，1862—1879年每年平均约150—200对，1880—1899年每年平均为100—150对，1900—1919年每年平均约90对（见表3—1）。到1920年以后，所有吧城华人的成婚登记注册改由向荷印政府的吧城市政当局进行成婚注册，吧城华人公馆履行华人成婚注册登记的职能终结。

但值得注意的是，《成婚注册存案》档案仅仅是指有向公馆申报成婚注册的华人，实际上还有许多未办理成婚注册登记者，特别是居住在吧城城外郊区的华人，多有男方入赘女方家的情况，他们一般不到公堂注册。

由上述可见，虽然历经时代变迁婚姻登记的格式有所变化，但主要内容基本保持不变，一般包括登记的时间，男女双方的姓名、出生地、年龄、双方父母，主婚人和媒妁人的信息等。值得注意的是，有时候成婚注册存案簿上会附有成婚男女所在街区的华人默氏的来单，它们多是对要成婚注册的男女双方的某些情况，诸如出生地或此前婚姻状况等的补充说明。如档案号51328《成婚注册存案》（1867年5月13日—1869年9月7日）中记载，1868年10月26日成婚注册的男家徐辛郎，时年23岁，住

---

① 《成婚注册存案》（1848年11月16日—1849年9月24日），荷兰莱顿大学汉学院馆藏，档案号51316。

表 3—1　　　　　　　　1772—1919 年吧城华人成婚注册数量统计　　　　单位：对

年份	数量	年份	数量	年份	数量	年份	数量	年份	数量
1772	1	1816	127	1843	242	1870	164	1896	112
1774	1	1817	168	1844	246	1871	171	1897	127
1775	104	1818	138	1845	216	1872	191	1898	94
1776	105	1819	152	1846	198	1873	151	1899	97
1777	88	1820	139	1847	224	1874	188	1900	80
1778	58	1821	145	1848	264	1875	199	1901	86
1779	102	1822	170	1849	245	1876	207	1902	83
1780	1	1823	187	1850	223	1877	184	1903	99
1782	3	1824	129	1851	237	1878	177	1904	87
1783	32	1825	175	1852	225	1879	193	1905	91
1784	98	1826	180	1853	225	1880	184	1906	95
1785	64	1827	175	1854	179	1881	143	1907	99
1786	1	1828	134	1855	183	1882	156	1908	92
1789	46	1829	2	1856	177	1883	172	1909	22
1790	108	1831	16	1857	177	1884	164	1912	91
1791	75	1832	169	1858	177	1885	171	1913	111
1801	1	1833	147	1859	32	1886	143	1914	92
1807	33	1834	201	1861	57	1887	133	1915	93
1808	116	1835	184	1862	146	1888	119	1916	79
1809	141	1836	223	1863	136	1889	119	1917	91
1810	161	1837	217	1864	157	1890	126	1918	101
1811	159	1838	206	1865	153	1891	124	1919	42
1812	161	1839	233	1866	149	1892	115		
1813	184	1840	241	1867	147	1893	129		
1814	160	1841	262	1868	152	1894	91		
1815	154	1842	242	1869	200	1895	116		

资料来源：本表格根据吴凤斌、聂德宁、谢美华编纂《雅加达华人婚姻——1772—1919 年吧城唐人成婚注册簿》（厦门大学出版社 2010 年版）绘制而成。表格中诸如 1772 年、1774 年、1780 年、1782 年、1783 年、1786 年及 1801 年等年份的档案都是不完整的，因而统计数据极低。

戈劳屈，女家李观娘，时年 22 岁，男家主婚伊宗兄徐亚桂，女家主婚伊堂兄李亚喜，交寅于戊午年 9 月 20 日，档案上标注："默廖亚三来单云此徐辛郎係吧生"，其所附默单内容为：

> 兹报戈罗屈界内有许细妹之子吧（生）徐辛郎，年 23 岁，要匹配于李逢裕之女李观娘，年 22 岁，主婚人伊兄徐亚桂、李亚喜，恳求给出婚字壹纸，应当禀明，谨此奉陈府即大玛腰大人尊照，和 1868 年十月廿六日。

此外，档案号 51406《成婚注册存案》（1891 年 1 月 3 日—1894 年 5 月 21 日）中第 76 号成婚注册内容为：

> 遵奉王制，为婚姻事，今据男家林如水（吧生长），年 51 岁，女家詹曲娘，年 32 岁（仝住结石珍），凭托媒妁，缔结朱陈，禀明玛腰、甲必丹雷珍兰列位台前案夺，成婚注册存案，男家主婚伊堂兄林庆，女家主婚伊胞兄詹淑兴，媒妁人张荣娘，辛卯年八月廿五日迎娶完婚，辛卯年八月初二日，即和 1891 年九月初四日朱葛礁（签名）给，公堂属员雷珍兰林永义官（签名），和 19（ ）年（ ）月（ ）日抄给。

其所附默氏来单内容为：

> 兹报结石珍界内吧生林如水，年 51 岁，经已完婚一次，经身故，今择于和本拾月初一日要再娶伊詹淑兴之舍妹詹曲娘年（32 岁）为妻，此女未曾完娶，恳求列位宪台大人给出交婚字壹纸，以便执据是感，付单为炤。男家主婚人伊堂兄林庆、女家主婚人伊胞兄詹淑兴，此奉公堂大玛腰大人鉴照，和 1891 年八月初三日侯荣照单。

二 成婚注册其他档案介绍

吧城华人成婚注册档案还包括其他档案，诸如《结婚申报书》《结婚调查书》《结婚证书》甚至《离婚书》《复婚书》等。

（一）《结婚申报书》

《结婚申报书》① 多由吧城各街区书记代书呈报，或由男女双方亲朋识字者申报。最早的申报书为 1761 年的，内容相当简单，仅为"陈叟官辛卯年（1761）四月十一日交寅"。18 世纪末的结婚申报书内容并不齐全且内容不尽相同，如档案号 52103《结婚申报书》（1771）内容为："陈鹤郎交寅②杨绢娘。"档案号 52106《成婚申报书》（1783）内容为："主婚郑显祖官，乾造郑栋官庚辰年；坤造高清娘丁亥年，水人林甲必丹汉丹官。"而公馆档案号 52107《结婚申报书》（1786 年 5 月）内容相对比较丰富，如下所示：

> 男家主婚许协官，
> 女家主婚林肃官，
> 新郎许远官，年四十二。
> 闺女林云娘，年二十二。
> 媒妁人许累官，
> 其交寅礼例之资向他理明，
> 朱葛礁许春光官丙四月廿三日具。

而档案号 52110《结婚申报书》（1786 年 4—9 月）甚至提及男女双方的属相，如：

> 男家王湘观，壬申年，相猴。
> 女家吴睡娘，癸未年，相羊。
> 主婚王酉观、吴祖观。

19 世纪以后，华人的结婚申报书也没有固定格式，但其信息相对变得较丰富，主要包括男女双方姓名、年龄、住址、父母、主婚人及媒妁人信息等（见图 3—2）。

---

① 原档中有时又写成《成婚申报书》。

② 交寅，马来语 Kawin 音译，结婚的意思，见侯真平等校注：《公案簿》第 4 辑，第 360 页。

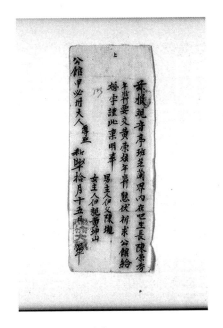

图 3—2

资料来源：《结婚申报书》（1864 年 1 月 6 日—12 月 29 日），荷兰莱顿大学汉学院馆藏，档案号 52121。

图 3—2 的原档解读为：

兹报观音亭班芝兰界内在吧生长陈荣秀，年 25，要交寅黄荣娘，年 23，恳伏祈求公馆给婚字，谨此禀明。男（方）主（婚）人伊父陈壠，女（方）主（婚）人伊亲黄坤山。奉公馆甲必丹大人尊照，和 1874 年拾月十五日默（氏）徐（签名）单。

可见，上述档案主要涉及男女双方的姓名、年龄、住址及主婚人信息。再如档案号 52205《成婚申报书》（1892 年 3 月 28 日—1892 年 11 月）中载：

兹报结石珍界内漳伊故父陈添丁之子陈河兴，年 29 岁，择于唐本六月廿二日要娶伊杨天水之女杨群娘（年 20 岁）为妻，俱各未曾完婚，恳求列位宪台大人案前给出交婚字壹纸，付单为炤。此奉。男家主婚人伊堂叔陈连心，女家主婚人伊父亲杨天水，和 1894 年七月十式日侯荣照单。

以及档案号 52213《成婚申报书》（1902 年 1 月 5 日—1902 年 12 月 29 日）中载：

> 兹报结石珍界内父吴文生母黄合娘之子吧生吴茂盛，年 19 岁，择于唐本十二月十三日要娶伊父陈渊源、故母林淑娘之女陈春娘（年 19 岁）为妻，此男女俱各未曾完婚，恳求列位宪台大人案前给出交婚字壹纸，付单为炤，男家主婚人伊父亲吴文生，女家主婚人伊父亲陈渊源，此奉公堂大玛腰大人鉴照，和 1902 年正月十一日默氏陈玉泉单。

可见，上述两条《成婚申报书》档案是男女双方未婚的证明。

档案号 52220 之《成婚申报书》（1914 年 11 月 8 日—1914 年 12 月 24 日）中载：

> 新郎陈赞漳，吧生长，年 20 岁，生于乙未年十一月廿六日，父陈鸿业、母周祥娘双故，主婚伊胞叔陈荣泰；新娘林娜娣，吧生长，年 16 岁，生于己亥年九月初五日，父林金海、母李琛娘俱在，主婚伊表叔公刘汉章，民国三年十二月十一日十二点在公堂打交寅字。

以及档案号 52221《成婚申报书》（1916 年 10 月 13 日—1916 年 11 月 23 日）中载：

> 新郎王国金，22 岁，乙未年十月初三日吧城生，新娘洪财娘，18 岁，己亥年六月十七日吧城生。男家伊父王天福、母林冥日娘俱在世，伊父主婚王天福；女家伊父洪向荣、母李宝娘俱在世，伊父主婚洪向荣。完婚定本年十月十九日拜二，作婚书字在五角桥上。公堂列位大人明鉴，丙辰年十月十二日，晚生洪向荣单。

可见，上述两条档案主要申报男女双方要做婚字的时间、地点。

而档案号 52111《结婚申报书》（1812—1818 年）中有载：

男巫增愧，乙巳年生，三十一岁，主婚兄巫增贵。
女曾巳娘，巳未年生，乙十七岁，主婚父曾运伯。

还有档案号 52112《结婚申报书》（1820—1822 年）及此后的内容也基本涉及男女双方姓名、年龄、出生地、现住址、生辰八字、媒妁人、主婚人等信息。

如档案号 52115《结婚申报书》（1858 年 1 月 23 日—1858 年 12 月 31 日）中载：

兹报敝界内三间土库周科銮，年 34 岁，系是唐山生长，经已有案夺字，现要娶郭绵之女子名笋娘，年 19 岁，今欲恳给婚书壹纸，合应禀明，谨此。奉公堂甲必丹大人电鉴，和 1858 年十弍月初二日（可见，这是当地默氏向公堂提供案夺字证明）。

有时，成婚申报书也会对再婚情况加以说明，如档案号 52119《结婚申报书》（1862 年 1 月 3 日—1862 年 12 月 31 日）中载：

兹报丹仔望界内钟亚五，幼名钟贵五，其结发妻黎菊娘经终于庚申年拾壹月廿六日，原生有二男一女，今欲再娶李挨勃娘，于本月十三日成婚，兹欲给婚字，合应禀明公堂列位甲必丹大人电鉴，和 1862 年正月初六日单。

有时，男女完婚后也会在结婚申报书中体现，如档案号 52121《结婚申报书》（1864 年 1 月 6 日—1864 年 12 月 29 日）中载：

兹报结石珍界内薛攀桂、张不娘伊二人婚毕，结成夫妻，合应禀明是幸，崇此奉上公堂甲必丹尊照，甲子菊月初九日单。

有时则是成婚登记错误的纠正说明，如档案号 52121《结婚申报书》
（1864 年 1 月 6 日—1864 年 12 月 29 日）中有载；

> 具禀，晚生古皆谓恳改错就正事，切晚儿子古炳观前月成婚与周
> 清娘，向公馆给婚字，其姓有差，默单错写姓高，晚寔姓古，伏乞垂
> 怜，高字改为古字，俾名姓皆正，可为后来之用，万望公堂列位甲必
> 丹大人推恩赐准，不胜荣幸之至，和壹仟八百六十四年十一月十八
> 日，晚生古皆跪禀（其补注为："和 1864 年十一月十八日公堂案存
> 准再给婚字，古姓炳观为据，原实姓古非姓高"）。

有时则是对主婚人情况的补充说明，如档案号 52127《成婚申报书》
中载：

> 兹报观音亭班芝兰界内庚午十月廿八日吧生郭佛佑，年 26 岁，
> 娶陈美娘（年 21 岁）为妻，主婚人男伊兄郭潭泉，女主婚人伊父陈
> 桑碧（身中有病未出门，伊祖妈代押），伏祈给婚字付行为炤，此奉
> 公堂甲必丹大人尊前，和 1870 年十一月式日单。

以及档案号 52128《成婚申报书》中载：

> 鸾凤和鸣，和兰 1871 年 5 月 31 日辛未四月十三日，值月公勃低
> 高、黄，遵奉王制，为婚姻事，今据男家高世曲，年 37 岁，住大港
> 埗，女家陈庄娘，年 18 岁，凭托媒妁，缔结朱陈之好，谨禀公堂列
> 位台前案存，成婚注册存案，给照准此。男家主婚伊父亲高顺丰
> （有病不能到，堂托伊宗弟高大振代押押），女家主婚伊父雷珍兰陈
> 文速官，媒妁人陈生娘，订于本月廿八日合卺。

有时是关于同居后求给婚字的说明，如档案号 52128《成婚申报书》
中载：

> 兹报结石珍界内旧客欧夏官，年 48 岁，要娶林汉娘（年 33 岁）

为妻，至今伊娶了 15 年，又小男壹名，又小女壹名，伊今要作交寅字，恳给壹纸付他成亲是幸。男家主婚伊兄欧珠官、女家主婚伊兄林山河。此奉公馆列位甲必丹尊前，和 1861 年叁月廿四日，默氏陈山景单。

有的则是对男女完婚情况的说明，如档案号 52135《结婚申报书》中载：

> 兹报明洪溪界内为七月初二日交寅毕婚事，男家林江水，年 26 岁，女家商辛娘，年 18 岁，男家主婚林亚运，女家主婚商昆海，禀公堂甲必丹大人电照，和 1869 年十式月十六日默氏陈天增禀。

而档案号 52203《成婚申报书》（1889 年 3 月 1 日—1889 年 12 月 23 日）中载：

> 兹报结石珍界内吧生伊故父谢叻之子谢太元，年 52 岁，经已完婚一次，今择于和本年十二月初四日要再娶伊故，父欧纯良之女欧英娘（年 35 岁）为妻，此女未曾完婚，但伊前妻身故，恳求列位宪台大人座前给出交婚字壹纸，以便执据是感，付单为炤。男家主婚人伊胞叔欧珍良（签名），此奉公堂大玛腰、甲必丹列位大人鉴照，女家主婚人伊堂兄谢天竹（签名），和 1892 年十式月初四日侯荣照单。

一般来说，《成婚申报书》都会附有中文和荷兰文的默氏来单，以及案夺字或男女年龄说明，但到 1879 年时，默氏来单呈览的对象有时又增加了美色甘甲必丹。档案号 52203《成婚申报书》（1889 年 3 月 1 日—1889 年 12 月 23 日）、档案号 52205《成婚申报书》（1892 年 3 月 28 日—1892 年 11 月）只有少量中文默单，其余为荷兰文默单，以及中文的男女双方姓名年龄说明。而档案号 52206《成婚申报书》（1895 年 1 月 2 日—1895 年 12 月 27 日）中只有荷兰文默单以及中文的男女双方姓名年龄说明，档案号 52207《成婚申报书》（1896 年 1 月 30 日—1896 年 12 月 28 日）只有荷兰文默单，以及中文的男女双方姓名年龄说明，此后的《成婚申报书》皆如此，或穿插极少数中文默单。

到民国时期《成婚申报书》格式有了变化。如档案号52219《成婚申报书》（1913年1月3日—1913年12月28日）中载：

新郎刘天披，24岁，丑九月廿三日（生），父（在）刘天罗，母（故）方桂娘；新娘蔡一娘，19岁，三月廿一日午时（生），父（在）蔡顺阳，母（故）黄岭翠，主婚伊父刘天罗、蔡顺阳，完婚于壬子十式月初七日下午五点正，其印仔纸未交。

壬子年十式月初六日嫁娶在甘光峇厘，男陈乾淋，年21岁，生于壬辰年九月初一日，女张金娘，年18岁，生于乙未年八月廿八日，男家主婚伊父陈振淼，年43岁，伊母蔡明娘，年42岁（俱在）；女家主婚伊父张木生，年50岁，伊母叶过娘，年50岁（俱在）。

上述两份《成婚申报书》增加了男女双方父母情况的说明。而档案号52220《成婚申报书》（1914年11月8日—1914年12月24日）中则载：

男家洪长生，丁亥又十月十八日建生，父洪尧宴（已故），母杨珠娘（已故）；女家张遇娘，辛卯三月初三日坤生，父张悦坤（尚在），母杨明娘（尚在），男主婚堂叔洪潴水，女主婚亲父张悦昆，和1914年十式月初六日吉刻。

以及档案号52221号《成婚申报书》（1916年10月13日—1916年11月23日）中载：

新郎黄顺漳，年22岁，乙未年九月廿九日建生，男家父黄文森，母庄林娘（双在）；新妇邱柔娘，年19岁，戊戌十月廿日生，伊父邱绍荣、母陈（谢）老致（俱在），主婚伊父，（1916年）丙辰十一月初五日完婚，做字约下午四点在丹那娘仔。

上述《成婚申报书》档案增加了男女双方生辰八字的情况介绍。由上述档案可见，进入民国以后的《成婚申报书》内容较为完整，但格式并不拘泥。

（二）《结婚调查书》

一般情况下，华人申报结婚后，公堂要审核其身份、年龄、职业、住址、有无疾病、重婚、拐骗等情况后，才能给出《结婚许可书》，有的则要经调查核实后方给《结婚许可书》。在现存《婚姻簿》档案中，《结婚调查书》有16册，即档案号52301—52316，时间跨1783—1877年，但档案并不完整，残缺严重。和《成婚申报书》一样，《结婚调查书》的内容也不尽相同，但一般是华人所在街区的默氏向公堂提供当事人可以成婚的证明材料（见图3—3）。

图 3—3

资料来源：档案号52302《结婚调查书》（1790年）

图3—3的原档解读为：

兹有家猫芝官令郎与许姓之女交寅，见息可给付交寅字…朱葛礁林（讳）荣祖官台照，庚八月十七日（默氏签名）单。

而档案号 52303《结婚调查书》（1791 年）中则载：

> 兹报结石珍界内吧生陈坤章，年 26 岁，今欲嫁娶女甘福娘，年
> 25 岁，二人结妻，祈求婚字壹纸。经已查明，男主婚伊叔陈长寿，
> 女主婚伊父甘永顺。崮此（奉）公馆列位玛腰大人鉴焰，和 1889 年
> 十月廿四日（默氏签名）单。

可见，上述两份调查书是默氏提供给公堂的证明男女双方符合成婚条
件的证明。

而档案号 52304 号《结婚调查书》（1794 年 2 月 16 日）中则载：

> 凭单黄宣娘来云，有夫陈提官身故三年，兹要再改嫁卢目官，见
> 字可写交寅字付他是幸。此大林（讳）春光官，甲拾式月拾六日
> （签名）单。

可见，上述档案是默氏对女方丈夫已逝准许再婚的证明。

档案号 52305《结婚调查书》（1812 年）中则载：

> 兹将陈曲娘与伊前夫王汶水官经已讯诘，因不和合，二比甘愿分
> 离。现准陈曲娘再配郭水生官为夫妻，见息召水生、曲娘并媒妁花押
> 给婚字，付他续弦完娶以成美举。崮此奉上公勃低杨府邱泰山官台
> 照，吧 1812 年五月廿五日署事弟沈亨作具。

可见，上述档案说明因陈曲娘要再婚于郭水生，公堂为此调查核实了
她的离婚状况，默氏向公堂证明女方已经离婚可以再婚。

（三）《结婚证书》

经过公堂的相关申报审核手续后，公堂将颁予新人《结婚证书》（华
人称之为“婚字”）。现存《结婚证书》22 册，即档案号 53101—53122，
时间跨度为 1783—1879 年。一般而言，《结婚证书》与《成婚注册存案》

的记载格式相同，但它们也有不同之处，即：《结婚证书》上有甲必丹、雷珍兰两人的签名，而《成婚注册存案》中则无此签名。二是《成婚注册存案》中有男家主婚人、女家主婚人和媒妁人分别签字画押，《结婚证书》则无此签字画押，且无男女主婚人和媒妁人的名字在案。三是《结婚证书》上的新郎新娘中文姓名、年龄之下还标注西文拼法。这种中外文名字并用的情况为中国史籍所少见（见图3—4）。①

图3—4

资料来源：档案号53101《结婚证书》（1783年1月22日）。

图3—4的原档解读为：

> 遵奉王制，为婚姻事，今据男家蔡忠官年，四十七岁，住大南门外，女家曾添娘，年二十岁，媒妁颜世俊，合和琴瑟，结缔朱陈，禀明甲必丹、雷珍兰列位大人台前察夺，成婚注册存案，给照准此。乾隆四十七年十二月二十日即和1783年正月廿二日给，雷珍兰杨、雷

---

① 吴凤斌、［荷］包乐史：《18世纪末巴达维亚唐人社会》，第275—280页。

珍兰唐、雷珍兰蔡、甲必丹黄、雷珍兰吴、雷珍兰王、雷珍兰高（其补注为："丙六月十八日和 1786 年七月十三日，蔡忠官、曾添娘为夫妻不睦，今蔡忠官欲回唐，夫妻两人齐禀甲必丹台前，恳乞休离，各择别配，情愿花押为凭，终无反悔。甲台力劝其和，因蔡忠官欲回唐，行期在即……嘧喳唠则判决分离，使两人各押一号，将婚字拆破。"）

由上述档案可见，《结婚证书》与《成婚注册存案》内容基本相同，当双方离婚时，公堂不仅会在《成婚注册存案》上注明原因，也会在《结婚证书》中体现出来。

如档案号 53109《结婚证书》（1864 年 10 月 24 日）中则载：

遵奉王制，为婚姻事，今据男家高炳观，年十九岁，住八戈然，女家周清娘，年十八岁，凭托媒妁，结缔朱陈，禀明玛腰、甲必丹、雷珍兰列位台前案夺，成婚注册存案，给照准此。男家主婚伊父高皆，女家主婚伊胞兄周亚进，媒妁人曾增娘，甲子年九月廿四日即吧 1864 年十月廿四日给，公勃低雷珍兰黄、黄（签名），交寅甲午十月初三日。

再如档案号 53113《结婚证书》（1868 年 10 月 16 日—12 月 10 日）中载：

遵奉王制，为婚姻事，今据男家余赛，年 34 岁，住小南门东势，女家蔡砼娘，年 16 岁，凭托媒妁，缔结朱陈，禀明玛腰、甲必丹、雷珍兰列位台前案夺，成婚注册成案，给照准此。男家主婚伊堂叔余仲美、女家主婚伊父蔡金水，媒妁人蔡勤娘，戊辰年十月初七日即吧 1868 年十一月廿日给，公勃低甲必丹高、雷珍兰沈，交寅戊十月十二日。

由上述两份档案可见，与《成婚注册存案》不同，19 世纪中期以后，《结婚证书》开始标注夫妻成婚的日期。

（四）《离婚书》

吧城华人离异也需到公堂登记在簿，比起《成婚注册存案》，现有

《离婚书》仅存 1 册，即档案号 53201《离婚书》（1849 年 4 月 12 日—1897 年 4 月 26 日）。该档案显示，《离婚书》的内容相比《婚姻簿》其他档案要简单很多（见图 3—5）。

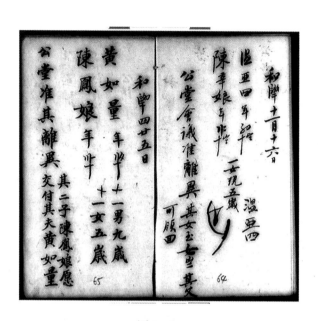

图 3—5

图 3—5 的原档解读为：

> 1889 年十一月十六日，温亚四，年 50 岁，陈辛娘，年 22 岁，一女现 5 岁，公堂会议准离异，其女至七岁其父可领回（温亚四签名，陈辛娘花押）；1890 年四月廿五日，黄如量年 29 岁，陈凤娘年 31 岁，一男 9 岁、一女 5 岁，公堂准其离异，其儿子陈凤娘愿交付其夫黄如量（男女双方均画×）。

可见，此条档案仅交代离异双方的姓名、年龄、子女情况及离异后子女归属问题，内容相当简略。本档中其他记录或者仅为：

和 1879 年四月十式日拜六，吴水娘（画×）、李寿元（签名）公堂即日判离。①

可见，上述档案更为简略，仅仅交代离异双方姓名、日期。

值得注意的是，《离婚书》上经常会有一些补注，通常是对当时双方的成婚日期、孩子抚养问题等做出说明。如：

和 1879 年八月初七日拜四，林今贵（签名）、叶乙娘（画×），即日公堂判离（注：据查婚簿，于和 1878 年十月初六日给照，经二朱郑宴祥批注婚簿在案）。

再如：

和 1879 年八月初七日拜四，许三水、蔡毛力娘，即日公堂判离，判云其子原仍在母处收养（其补注为："据许三水呈缴婚书一纸，于和 1867 年十月廿四日给照，此婚书经二朱郑宴祥批明婚簿在案。"）

上述两份档案中，补注部分是对夫妻成婚日期的说明。

再如：

和 1884 年十式月十九日拜五，公堂判邱华山（签名）、杨香娘（注：杨香娘不肯花押），公堂即日准其离异［注："有二子皆归父，但其一子年尚六岁，暂从母养，父须每月给艮 75 盾为养子之费，待其七岁方可从父，大朱徐（签名）批。"］

以及：

和 1885 年八月十九日拜叁，黄念华（签名）、李秀娘（画×），

---

① 《离婚簿》（1879 年 4 月 12 日—1897 年 4 月 26 日），荷兰莱顿大学汉学院馆藏，档案号 53201。

公堂即日准离（注："有一女年四个月，念华不肯承认，经公议判归秀娘养育，秀娘情愿。"）①

上述两档案的补注分别是对女方离婚态度、孩子归属及抚养问题等的补充说明。

（五）《复婚书》

值得注意的是，有少数华人夫妇离异后破镜重圆，公堂对此也记录在案。现仅存《复婚书》档案一册，即档案号54101《复婚书》（1860年1月11日）（见图3—6）。

图3—6

资料来源：《复婚书》（1860年1月11日），荷兰莱顿大学汉学院馆藏，档案号54101。

图3—6 的原档解读为：

---

① 《离婚簿》（1879年4月12日—1897年4月26日），荷兰莱顿大学汉学院馆藏，档案号53201。

汤源泉年 49，住新圲，请于和 1860 年正月十一日，蒙公堂案夺晚之结发妻李根娘分离，兹晚夫妻愿携手同归、和合为旧。李根娘，年 48 岁，住班芝兰，供云：氏愿与汤源泉再为夫妻、和好如旧。①

该册档案中只有汤源泉与李根娘这一份记录，其数量极其有限，但对我们研究吧城华人婚姻结构不无帮助。该档案显示，汤源泉与李根娘于 1860 年 1 月 11 日复婚，那么他们在何时成婚？何时离婚？为何离婚？离异后孩子如何归置？为何复婚？要探寻这些问题，我们需要对整个《婚姻簿》档案进行翻阅。一般而言，《结婚申报书》《结婚调查书》《结婚证书》，甚至《离婚书》《复婚书》等是对《成婚登记存案》的补充说明，它们的内容略有不同，但一般可以互相印证。如 1843 年 12 月 20 日黄溶海（男，40 岁，住马穆）与李全娘（女，27 岁）的《成婚注册存案》中注明：

> 据全娘续配陈嘉洛贰个月而夫不幸身故，并无遗下子女，氏寡守贰年矣，兹愿再醮黄溶海为夫妇，永结同心，各花押在婚簿存照。知见人该默林忠老。

还附上默氏提供的调查申报单曰："详明李籐官故之长女，先嫁叶松官，往南傍不幸过世，后再嫁陈嘉禄官，故，今又再嫁黄溶江官之弟，此女子名李全娘，居住在簿面街，其母亲给字，合应禀知，奉上公堂列位妈腰、甲必丹大电照。癸卯十月廿九日默林忠老单。"又附："（嫁）叶松四个月，寡守五年，再嫁陈嘉禄二个月，禄故，寡守 2 年，并无遗下子女，今愿再醮黄龙海为夫妇，永结同心，各花押在婚簿存照。知见人该默林忠老。"

由此可见，吧国公堂对华人婚姻的管理体系相当完整，相应留下较为完整的档案体系。此外，有关吧城华人与当地民族的家庭婚姻关系的案件在《公案簿》也中占据了相当大的份量，这些档案为我们研究吧城华人婚姻习俗的传承和演变提供了重要的资料。

---

① 他们复婚于 1860 年 1 月 11 日，具体结婚与离婚年代不详。

第二节 吧城华人婚姻结构的特点

一 华人女性较高的再婚率

（一）华人女性再婚情况分析

一般而言，吧城华人在成婚登记时，如果女方是再婚的情况下，必须在《成婚注册存案》中注明，而男性是否为再婚则基本不会体现出来。现存《成婚注册存案》档案显示，吧城华人女性再婚的情况较普遍（见表3—2）。

表3—2 《成婚注册存案》中华人女性再婚与离异情况 单位：对

档案号	时间	成婚数量	女性为再婚的情况	此后离异的情况
51001	1772 年 5 月 13 日	1（残缺）	—	—
51002	1774 年 12 月 14 日—1776 年 12 月 15 日	427	6	6
51003	1777 年 1 月 8 日—1778 年 11 月 25 日	183	6	5
51004	1778 年 1 月 16 日—1779 年 12 月 21 日	216	18	2
51005	1782 年 1 月 18 日	4（残缺）	—	—
51006	1783 年 11 月 5 日—1785 年 8 月 10 日	398	18	9
51007	1789 年 10 月 7 日—1790 年 9 月 1 日	220	6	7
51008	1790 年 9 月 15 日—1791 年 9 月 25 日	244	3	13
51201	1807 年 10 月 29 日—1809 年 12 月 2 日	283	23	9
51202	1809 年 12 月 2 日—1812 年 9 月 29 日	436	46	2
51203	1812 年 9 月 29 日—1813 年 12 月 21 日	158	30	无
51204	1813 年 12 月 3 日—1815 年 3 月 26 日	212	26	0
51205	1815 年 3 月 27 日—1815 年 12 月 2 日	104	10	0
51206	1815 年 12 月 3 日—1817 年 12 月 28 日	316	27	2
51207	1818 年 1 月 2 日—1818 年 11 月 1 日	138	2	0
51208	1818 年 11 月 5 日—1820 年 1 月 11 日	212	13	0
51209	1820 年 1 月 14 日—1821 年 3 月 16 日	162	7	1
51210	1821 年 3 月 30 日—1822 年 12 月 12 日	269	8	0
51211	1822 年 12 月 20 日—1823 年 12 月 31 日	200	17	1

续表

档案号	时间	成婚数量	女性为再婚的情况	此后离异的情况
51212	1824 年 1 月 28 日—1826 年 1 月 25 日	328	24	1
51213	1826 年 1 月 25 日—1828 年 10 月 1 日	623	20	1
51214	1829 年 9 月 18 日	1（残缺）	—	—
51215	1831 年 1 月 7 日—1831 年 1 月 19 日	16（残缺）	—	—
51301	1832 年 1 月 11 日—1833 年 11 月 7 日	286	16	0
51302	1833 年 11 月 11 日—1834 年 11 月 13 日	189	6	0
51303	1834 年 11 月 14 日—1836 年 5 月 1 日	285	14	0
51304	1836 年 5 月 3 日—1837 年 1 月 14 日	188	2	0
51305	1837 年 1 月 16 日—1837 年 12 月 7 日	188	4	0
51306	1837 年 12 月 12 日—1838 年 12 月 3 日	189	5	0
51307	1838 年 12 月 3 日—1839 年 10 月 16 日	190	4	0
51308	1839 年 10 月 16 日—1840 年 11 月 18 日	289	4	1
51309	1840 年 11 月 28 日—1841 年 11 月 9 日	267	11	0
51310	1841 年 12 月 8 日—1843 年 1 月 9 日	298	9	0
51311	1843 年 1 月 9 日—1844 年 4 月 2 日	290	14	0
51312	1844 年 4 月 6 日—1845 年 8 月 20 日	295	7	0
51313	1845 年 8 月 21 日—1846 年 11 月 25 日	286	8	0
51314	1846 年 11 月 26 日—1848 年 1 月 27 日	288	10	0
51315	1848 年 2 月 16 日—1848 年 11 月 15 日	190	7	0
51316	1848 年 11 月 16 日—1849 年 9 月 24 日	183	6	0
51317	1849 年 9 月 25 日—1850 年 6 月 12 日	187	4	0
51318	1850 年 6 月 23 日—1851 年 3 月 17 日	185	3	0
51319	1851 年 3 月 24 日—1851 年 12 月 27 日	189	3	0
51320	1851 年 12 月 27 日—1852 年 10 月 28 日	189	3	0
51321	1852 年 10 月 28 日—1853 年 9 月 15 日	186	5	0
51322	1853 年 9 月 16 日—1855 年 1 月 12 日	289	5	1
51323	1855 年 1 月 17 日—1857 年 1 月 5 日	348	2	0
51324	1857 年 1 月 5 日—1859 年 4 月 26 日	385	5	1
51325	1861 年 9 月 27 日—1864 年 5 月 10 日	389	9	3

续表

档案号	时间	成婚数量	女性为再婚的情况	此后离异的情况
51326	1864 年 5 月 11 日—1866 年 1 月 19 日	267	3	1
51327	1866 年 1 月 20 日—1867 年 5 月 9 日	175	无	0
51328	1867 年 5 月 13 日—1869 年 9 月 7 日	379	4	3
51329	1869 年 9 月 7 日—1871 年 11 月 9 日	386	0	9
51330	1871 年 10 月 10 日—1873 年 12 月 20 日	377	3	9
51331	1874 年 1 月 3 日—1875 年 8 月 27 日	277	0	2
51332	1875 年 8 月 30 日—1877 年 6 月 1 日	281	1	7
51333	1877 年 6 月 6 日—1878 年 12 月 2 日	281	1	3
51334	1878 年 12 月 2 日—1879 年 12 月 31 日	207	1	0
51401	1880 年 1 月 2 日—1883 年 1 月 19 日	499	0	3
51402	1883 年 2 月 20 日—1885 年 6 月 26 日	388	0	0
51403	1885 年 7 月 4 日—1886 年 10 月 12 日	194	0	0
51404	1886 年 10 月 12 日—1887 年 12 月 27 日	179	0	0
51405	1887 年 12 月 28 日—1890 年 12 月 31 日	365	0	4
51406	1891 年 1 月 3 日—1894 年 5 月 21 日	253	1	5
51407	1894 年 5 月 23 日—1897 年 11 月 30 日	404	0	1
51408	1897 年 12 月 2 日—1899 年 12 月 4 日	195	0	1
51409	1899 年 12 月 5 日—1902 年 5 月 31 日	103	0	1
51410	1902 年 5 月 21 日—1904 年 9 月 9 日	205	0	4
51411	1904 年 9 月 12 日—1906 年 11 月 12 日	199	1	1
51412	1906 年 11 月 19 日—1908 年 12 月 1 日	147	3	5
51413	1908 年 12 月 2 日—1909 年 3 月 12 日	32	0	0
51414	1912 年 1 月 5 日—1913 年 2 月 23 日	110	0	2
51415	1913 年 2 月 23 日—1913 年 12 月 28 日	95	0	0
51416	1914 年 1 月 3 日—1916 年 3 月 5 日	198	0	1
51417	1916 年 3 月 12 日—1918 年 6 月 24 日	201	0	3
51418	1918 年 7 月 7 日—1919 年 4 月 30 日	102	0	5

资料来源：根据《成婚注册存案》（1772—1919 年），荷兰莱顿大学汉学院馆藏，档案号 51001—51418 整理而成。

由表 3—2 可见，吧城华人女性再婚的情况相较于同时期的封建中国是较为普遍的，几乎每册《成婚注册存案》中都有女性再婚的记载，如1812 年 9 月 29 日到 1813 年 12 月 21 日成婚注册的 158 对新人中，有 30 对是女性再婚的，其比率达到约 20%。①而据陈萌红博士的研究，1807—1894 年间共有 123 次再婚的记录（见表 3—3）。

表 3—3　　　　　　1807—1894 年吧城华人再婚情况登记　　　　单位：人

时期	新郎再婚者	新娘再婚者
1807—1812 年	0	66
1824—1831 年	0	44
1849—1851 年	1	9
1869—1873 年	0	4
1891—1894 年	0	0

资料来源：〔荷〕陈萌红：《在中国传统与荷兰殖民体制之间：19 世纪巴达维亚的华人婚姻》，《南洋资料译丛》2004 年第 2 期，第 71 页。

表 3—3 印证了表 3—2 的情况。同时也说明吧城男性再婚时被标注的情况非常少见，但也不是绝无仅有，如档案号 51211《成婚注册存案》（1822 年 12 月 20 日—1823 年 12 月 31 日）中载，男家梁天助（时年 23岁）、女家蔡均娘（时年 20 岁），该档案旧标注到："判得蔡根娘为前伊父梁天助控其不贞，公堂据二比供词，果系寔情，判付蔡根娘归伊兄蔡东山之家，准梁天助再择良缘，谨此存案。"而表 3—3 也显示，1849—1851年间有 1 例华人男性再婚的情况被登记在案。

（二）华人女性再婚原因分析

公馆档案显示，吧城华人女性再婚一般有以下几种情况：

1. 因前夫离世而再婚

这种情况最为常见，在《婚姻簿》档案中相关记载极多。如档案号51002《成婚注册存案》（1774 年 12 月 14 日—1776 年 12 月 15 日）中关

---

① 《成婚注册存案》（1812 年 9 月 29 日—1813 年 12 月 21 日），荷兰莱顿大学汉学院馆藏，档案号 51203。

于1775年3月1日的郭巨官与詹文娘的成婚注册记录上就注明：女方
"前夫蓝求官身故无子女"，而同日郑萃官与林三娘的成婚注册记录上注
明女方因"前夫游禹官已经身故，只有遗下一女，愿为抚养成人，因贫
再醮①凭"。再如1813年11月24日登记注册的洪仪官（男，37岁）和陈
石娘（女，23岁），女方因"伊前夫谢兴观已去世6年，后又适配余少勤
观，并无遗业付氏挂咖。氏系女流，无所依赖，甘愿再醮与洪仪观为夫，
永结同心，二比甘愿各花押在婚簿内（二人均沾笔画圈）"。

　　而档案号51003《成婚注册存案》（1777年1月8日—17789年12月
25日）中所载的1776年8月31日男家徐粤官与女家卢金娘以及1776年
9月10日男家林亨官与女家蔡纯年的成婚注册记录中分别注明：女方
"前夫郑梧官已经弃世，并无遗卜子女，无奈再醮"和女方"前夫杨雍官
已经身故，无奈再醮凭"。

　　档案号51201《成婚注册存案》（1807年10月29日—1809年12月2
日）中所载的1808年3月25日男家庄坚（时年38岁）和女家杨益娘
（时年28岁）的成婚注册记录中补注到："据孟娘称，前夫林元芳经弃世
八年，并无做挂纱字，有遗下两男儿，长曰荫生，年十一岁，次曰传生，
年八岁。今因贫穷日食难度，情愿再适与庄坚为夫妇，二比各甘愿花押在
婚簿内。"

　　档案号51202《成婚注册存案》（1809年12月2日—1812年9月29
日）中载，男家吴言观（时年36岁）、女家林桂娘（时年36岁），两人
于1810年2月24日成婚，女方是再婚，因"据林氏所称，前夫陈明玉经
已身故五年，并无做字挂些，仅遗下二女，长名曰贞娘，次曰六娘，今因
家贫无所依赖，自情愿再醮吴言为夫，后日各无反悔，俱花押在婚簿内，
批炤"。

　　值得注意的是，有的女性甚至是在寡居二三十年后才再婚，如档案号
51201《成婚注册存案》（1807年10月29日—1809年12月2日）中载，
男家蔡伴漏，时年66岁，住灰窑内，女家陈运娘，时年56岁，两人在
1809年10月7日注册成婚，男女主婚人都是他们自己，其成婚注册记录
的补注为："据运娘称，前夫郭沛经弃世廿六年，并无遗下子女，今因贫

---

　　①　再醮，即再婚。

穷，更兼年已衰迈，身无所依，情愿适从蔡伴漏为夫妇，二比各甘愿花押在婚簿内，特此批准（男方签名，女方画圈）。"

2. 因与前夫离婚而再婚

这种情况也较普遍。如1841年4月26日陈清风（男，38岁，住马穆）与林良娘（女，30岁）的《成婚注册存案》上标注到："林氏前夫张火结发1年，生一男汉宁12岁，夫妻不睦，各从别适已13年，愿再醮陈为夫永结同心，各无反悔，花押在婚簿存照。知见人马穆杀蒳爹①李金印出单。"②

甚至还有带孕再嫁的情况，如1816年2月24日张听观（男，38岁，住洪溪杉板寮）与王贞娘（女，19岁）的《结婚调查书》上就注明："据王氏称：前夫罗亚福身故3个月，无遗业付氏，氏系亚地生长，且有4个月之孕，无依赖，再醮与张，永结同心，二比花押。"③

再如档案号51202《成婚注册存案》（1809年12月2日—1812年9月29日）中载：男家林渭水（时年36岁）、女家戴曾娘，两人于1811年1月19日成婚注册，女方是再婚，因"据曾娘称伊前夫张水生因夫妻不睦，经蒙公堂理判分离，各从别适，于今四载，无所依倚，情愿再醮林渭水为夫，各有押号"，两人的主婚人均是他们自己。

而档案号51212《成婚注册存案》（1824年1月28日—1826年1月25）中载，1825年2月2日成婚注册的男家陈丙年31岁，女家蒋桧娘26岁，主婚人是他们自己，女家是再婚，"据蒋桧娘称，前与陈杰结发为夫妻，经合卺虽有十年，而闺中恒多雀角④，经蒙公堂判离，于是寡守至今七年，兹愿嫁与陈丙为妻，永结同心，终无反悔"。

值得注意的是，有些女性甚至因为夫妻不和而多次离婚和再醮（即再婚）的。如档案号51309《成婚注册存案》（1840年11月28日—1841年11月9日）中载，1841年4月26成婚注册的男家陈清风时年38岁，

---

① 蒳爹，马来语Potia，意为甘蔗种植园或榨糖厂主管，见侯真平等校注：《公案簿》第4辑，第325页。

② 《成婚注册存案》（1840年11月28日—1841年11月9日），荷兰莱顿大学汉学院馆藏，档案号51309。

③ 《结婚调查书》（1812—1818），荷兰莱顿大学汉学院馆藏，档案号52307。

④ 雀角，闽南话，争吵的意思。

女家林良娘，时年 30 岁，女方为再婚，"据林良娘供称，前夫张火与氏结发一年，生下男儿名唤汉宁，年已十二岁，夫妻不睦，各从别适已三年，兹愿再醮陈清风为夫，永结同心，各无反悔，在婚簿存炤"。

其至有的是离婚后再复婚的，这种情况也会标注为"再醮"。如档案号 51211《成婚注册存案》（1822 年 12 月 20 日—1823 年 12 月 31 日）中载，男家陈坎龙（时年 28 岁）、女家高寿娘（时年 26 岁），"据高寿娘供称，去年十月间与夫陈坎龙分离，寔因迫于母命，非氏自己所愿，现母氏反悔前非，从氏再续旧好，伏乞公堂在给付婚字以成美事，各系甘愿，经各押号在婚簿内为凭"。

3. 因丈夫失踪多年而再婚

《婚姻簿》档案显示，不少吧城华人女性因与丈夫失联多年，生活无所依靠而无奈再婚。如档案号 51203《成婚注册存案》（1812 年 9 月 29—1813 年 12 月 21 日）中载，1812 年 10 月 29 日成婚的男家赖鉴观（时年 48 岁）、女家李金娘（时年 33 岁），双方主婚人都是他们自己，"据李金娘称，伊前夫柯伍观出水①已经四载，并无消息，有产下一小儿，名曰粪箕，兹付与柯伍观之弟柯禀观抚养。氏系女流，日食难度，愿再招与赖鉴观为夫妻，永结同心，二比各花押立婚簿内"。

再如档案号 51309《成婚注册存案》（1840 年 11 月 28 日—1841 年 11 月 9 日）中载，1841 年 3 月 23 日成婚注册的男家饶芹生，时年 57 岁；女家林传娘，时年 50 岁，主婚人都是自己，女方为再婚，因为"据林传娘供称，前夫陈登与氏为婚半载回唐，不知去向，并无子女，氏恬处廿年矣。兹愿再醮饶芹生为夫，永结同心，各无反悔，花押为炤"。

4. 先同居后求婚字

如 1827 年王守官（男，38 岁，住丹兰望）与张愿娘（女，44 岁）的《结婚申报书》上就注明：

> 遵公堂丙戌年七月二十二日吧 1826 年八月廿五日案夺，准王守求给婚字。据张愿娘供称：伊前夫陈艳照为夫妇 6 年 3 个月，生下二女，名陈银娘 2 岁，陈簸娘 1 岁。艳不幸仙逝，有 7 年之久，至和

---

① 出水，应指出洋。

1812 年再嫁王守为夫妻，至今 16 年，生下一男名王文显，年 15 岁，又生一女名王劳智娘，年 7 岁，永结同心，各无反悔，二比花押为凭。①

档案号 51311《成婚注册存案》（1843 年 1 月 9 日—1844 年 4 月 2 日）中载，1843 年 10 月 4 日成婚注册的男家陈蜜时年 54 岁，女家邹裕娘时年 41 岁，主婚人都是他们自己，"据邹裕娘云，与前夫施金生结发六年，不幸夫家身故，生下一女自幼而亡。兹氏恬处二年，无奈再醮与陈蜜，于今十五年矣，经生下三男，长男名陈光华，年 14 岁，此男陈长华，年 12 岁，三男陈有华，年 10 岁，情因已有儿子，故给婚字以定夫妇之道，二比甘愿各花押在婚簿，批炤。"

而档案号 51316《成婚注册存案》（1848 年 11 月 16 日—1849 年 9 月 24 日）中载，1849 年 9 月 15 日成婚注册的男家谢明水，时年 42 岁，女家杨美娘时年 48 岁，主婚人都是他们自己，"杨美娘年 48 岁，请云，氏于前夫张琴结发九年，而夫家不幸身故。并无生育，兹氏恬处四年，无乃再从与谢明水为夫妇，于今合计二十年，亦生一女名良娘，年十六岁。因前无给婚字，故今请给婚字以正夫妇之义，以结全心，各花押为炤"。

此外，华人女性再婚还有一些很特殊的情况，如档案号 51312《成婚注册存案》（1844 年 4 月 6 日—1845 年 8 月 20 日）中载，1844 年 10 月 7 日成婚注册的男家王溪水时，年 21 岁，女家黄发娘时，年 19 岁，男家主婚人为其父王鹤年，女方主婚人为伊宗伯黄溶川，而到 1844 年 11 月 22 日"公堂案夺准王鹤年为伊儿王溪水与黄发娘退亲，将婚字邀回美色甘，俾黄发娘遵伊先祖母黄门故陈金娘遗命改配蒋长云为夫妇，伊该亲黄碧梧主婚，谨此，批炤。"由此可见，王溪水与黄发娘只是在公堂成婚注册，但 1 个多月后，因女方祖母遗命要退亲，将婚字缴还唐美色甘②，并改嫁蒋长云，这种情况下女方也属于再婚。

---

① 《结婚申报书》（1826 年 1 月 25 日—1828 年 10 月 1 日），荷兰莱顿大学汉学院馆藏，档案号 51213。

② 美色甘，荷兰语 Weeskamer，又作美惜甘，原意为救济院，华人称之为美色甘病厝或养济院，见［荷］包乐史、吴凤斌校注：《公案簿》第 1 辑，第 381 页。吧城美色甘有唐美色甘与和美色甘之分，文中若无指明"和美色甘"或"唐美色甘"，则均指唐美色甘。

值得注意的是，在再婚的情况下，《成婚注册存案》中会标明"旧婚"。有时同居多年没有进行注册，后因夫妻不和，到公堂乞求分离，公堂劝合，并再给婚字①。如档案号51202《成婚注册存案》（1809年12月2日—1812年9月29日）中载，1812年注册成婚的男家杨采芹（时年27岁）与女家卢吉娘（时年30岁），双方主婚人是他们自己，"据杨采芹称前二十五岁、卢吉娘前十八岁，住在监光无勝由廊，完婚之时未有给婚字，因夫妇角口不和，至壬申年四月初十日，公堂判断给付婚字，二比甘愿花押在婚簿内"。

再如档案号51203《成婚注册存案》（1812年9月29日—1813年12月21日）中所载，男家曾约（时年32岁）、女家蔡邑娘（时年25岁）两人于1813年7月28日成婚，主婚人都是他们自己，"据曾约与蔡邑娘为夫妻已经八年，有生下一男二女。因夫妻不睦，奔诉公堂恳乞分离，公堂劝改，使其依旧和好，因此给婚字，二比甘愿各花押在婚簿内批炤"。

二 华人婚姻的公益性

从1775年开始吧城华人成婚要缴纳一定的费用用于公益事业，费用多少依据华人不同身份和经济地位而定，少则五六文，多则百多文。不同年份的《成婚注册存案》所记录的费用也不一样，且不是每对夫妻都缴费，现存《成婚注册存案》档案显示，历年华人成婚注册缴纳的费用情况如下：

1775年成婚注册的104对夫妻中只有4对缴费，数额为"6.115文""6.15文""25文"不等；

1776年成婚注册的105对夫妻中有4对缴费，数额为"6.115文"和"25文"不等；

1777年成婚注册的88对夫妻中2对缴费，均为"8.11文"；

1778年成婚注册1对夫妻，缴纳"59.115文"；

1779年成婚注册102对夫妻，其中有4对缴费，费用为"6.115文""21.15文""21.115文"不等；

1783年成婚注册32对夫妻，有2对缴费，费用为"66.125文"和

---

① 这种情况一般会标注为"旧婚"。

"5 文"；

1784 年成婚注册 98 对夫妻，有 1 对缴费，费用为 "101 文"；

1785 年成婚注册 64 对夫妻，有 5 对缴费，费用为 "2 文" 和 "6 文" 不等；

1786 年成婚注册 1 对夫妻，缴纳 "4 元"；

1789 年成婚注册 46 对夫妻，无缴费；

1790 年成婚注册 108 对夫妻，1 对缴费，费用 "5 文"；

1791 年成婚注册 75 对夫妻，无缴费；

1801 年成婚注册 1 对夫妻，费用 "12 文"；

1807 年开始几乎每对夫妻登记时都要缴费，当年有 33 对夫妻成婚注册，缴纳费用为 "8 磨盾" "6.24 文" "10.345 文" "10 文" "6.2 文" "12 文" "4 剑" "5.23 文" 不等，缴纳 "6.24 文" 的最多；

1808 年成婚注册 116 对夫妻，每对都缴费，费用有 "6.24 文" "10.345 文" "烛银 5 元" "剑 4 个" "6 文 2 钹" "旧剑 4 元" "钞钱 12 文" "还美色甘 80 文钞" "磨盾 8 个" 等几种情况，其中以缴纳 "6.24 文" 的最多；

1809 年成婚注册 141 对夫妻，每对都缴费，费用有 "6.24 文" "10.35 文" "10 盾" "10.23 文" "钞钱 7 个" 及 "磨盾 10.5 个" "10 文" "钞钱 12 文" "双烛 4 元" "钞钱 20 文" "钞钱 18 文" "钞 9 文" "钞 40 文" "3.1 文" 等；

1810 年成婚注册 161 对夫妻，每对都缴费，以 "钞 9 文" 为最多，此外还有缴纳 "3.1 文" 的；

1811 年成婚注册 159 对夫妻，每对都缴费，费用有 "9 文" "3.1 文" "40 文" "钞 9 文又 3.015 盾" "钞 9 文又 2 文" "钞 9 + 6 文"，"9 文又 3.015 文" "3 文 + 9 文 + 2 盾" "3.1 文 + 5.2 文 + 0.23 盾" "3.1 文 + 10.2 文" "3 文 + 4 文" 及 "2 盾" 等几种情况，以缴纳 "9 文" 的为最多；

1812 年成婚注册 161 对夫妻，每对都缴费；1813 年成婚注册 184 对，每对都缴费；1814 年成婚注册 160 对，每对都缴费；1815 年成婚注册 154 对，每对都缴费，缴费数量与 1811 年类似，但以 "9 文 3.015 盾" 为最多，其中 1815 年 10 月 26 日成婚注册的男家苏清溪与女家林珠娘，因男方父亲是原任雷珍兰苏廷玑、女方胞兄为钦此雷珍兰林协老，故他们的缴费为"入美色甘钱5欧文，又来盾3.015"；

1816 年成婚注册 127 对夫妻；1817 年成婚注册 168 对夫妻；1818 年成婚注册 138 对夫妻；1819 年成婚注册 152 对夫妻；1820 年成婚注册 139 对夫妻；1821 年成婚注册 145 对夫妻；1822 年成婚注册 170 对夫妻；1823 年成婚注册 187 对夫妻，每对夫妻都要缴费，都是"9 文3.015 盾"；

1824 年成婚注册 129 对夫妻，每对夫妻都缴费，但费用改为"钞9 文"；

1825 年成婚注册 175 对夫妻，每对都交，均为"9 文"；

1826 年及此后的《成婚注册存案》不再标注交钱情况，是否取消缴费不得而知。但《公案簿》档案显示1909 年 5 月 26 日许金安甲大曾提议拟定公堂作婚字之费收银条款说："遵和1828 年国报第 46 号规条第 64号，依美锡监①所收子费，凡甲必丹、雷珍兰之子结婚，须还肆拾盾；殷富人之子结婚，须还贰拾盾；平常人结婚，须还五盾。"② 到 1914 年 1 月29 日大玛腰告知吧城大众说："俾凡华人夫妻皆可明婚者，据今之新例，人人可得以明婚，惟还使费银一盾，倘伊等肯来公堂耳。"③ 可见，公堂又将结婚注册费降低，目的在于鼓励华人前来注册。

三 华人男女成婚对象选择的区别

吧城华人一般倾向于在吧城华人社会内部寻找成婚对象，他们与当地人或欧洲人联姻的情况还较少见。

（一）华人男性的成婚对象选择

就男性而言，现存公馆婚姻档案显示，华人男性正式登记注册结婚的对象一般有以下四种人：

1. 与华人女性结婚

这是最普遍的结婚对象，公馆档案中相关记载非常多。如档案号51006《成婚注册存案》（1783 年 11 月 5 日—1785 年 8 月 10 日）载：

---

① 美锡监，也称为美惜甘，荷兰语 Weeskamer，意为孤贫养济院，见聂德宁等校注：《公案簿》第 7 辑，第 369 页。

② 吴凤斌、［荷］包乐史、聂德宁校注：《公案簿》第 14 辑，第 417 页。

③ ［荷］包乐史、吴凤斌、聂德宁校注：《公案簿》第 15 辑，第 86 页。

遵奉王制，为婚姻事，今据男家戴和生，年 24 岁，住八多桄，女家江淑娘，年 20 岁，媒妁邓灶娘，合和琴瑟，结缔朱陈，禀明甲必丹、雷珍兰列位大人台前察夺，成婚注册存案，给照准此。乾隆四十九年十一月廿五日，即和 1785 年正月初五日给。甲必丹黄（衍观），雷珍兰杨（款官），雷珍兰唐（偏舍），雷珍兰蔡（敦官），雷珍兰王（珠生），雷珍兰高（根观），雷珍兰（陈）。男家主婚，胞兄戴俊生（画押），女家主婚，父江必官（画圈）。媒妁邓灶娘（画圈）。

2. 与华人养女结婚

如档案号 51003《成婚注册存案》（1777 年 1 月 8 日—1778 年 11 月 25 日）记载：打铁街后黄章兴（28 岁）与陈溢娘（25 岁）结婚，媒妁马喜娘，男家主婚是黄章兴自己，女家主婚是新娘宗兄陈傅公（时泰），旁注明"新娘雅朗官养女"。这里记载雅朗官即朗官太太，陈益娘为其养女。而 1772 年 2 月 26 日成婚注册的男方陈顺官（住暗涧，年 40），女方戴文独（17 岁，系雅戴甲的养女），媒妁人林七娘，男家主婚伊房书陈秀官，女家主婚伊宗叔戴换官。当时华人收养义女的情况应该不少见，养女既有当地女子，也有侨生女子，以前者居多。①

3. 与已出身②入华籍的女婢结婚

不少华人将被卖身为奴婢的当地女子赎出，并与之成婚。如 1787 年 11 月 22 日公堂审理雷珍兰高根官在吧做遗嘱字一案中提到，其遗产要"付女婢五名出身：一名唤春梅，武讫人；一名唤吗哖，猫厘人；一名唤春桂；一名唤冬菊；一名唤当寅，俱是暹人。惟春梅、吗哖须抚养其子，候至成人。或回家，方准出去改适。一付双柄伴陶公令公子钱壹仟文。……一付妻黄志娘（万兰人）钱二十五文。一付曾邻乡钱五百文。一付张春官钱二百文。一付挂沙人③雷珍兰、王珠生、高潭官、柳扬官各

---

① ［荷］包乐史、吴凤斌：《18 世纪末吧达维亚唐人社会》，第 269 页。
② 出身，即赎身为自由人，见［荷］包乐史、吴凤斌校注：《公案簿》第 1 辑，第 374 页。
③ 即挂咖，马来语 Kuasa 的对音，意为委托、代理，见聂德宁等校注：《公案簿》第 3 辑，第 331 页。

钱五百文；并鉴光里毛蔀得利之钱，俱付挂沙均分（此蔀与王茂生合伙，向娘仔帽老承税的）。一做出身之女婢春梅、吗哖、当寅，每名付钱一百文……"① 该档案显示，高根观将女婢赎身并改成中文姓名的当地女性春梅、吗哖等成婚，并有了孩子。一般情况下，赎身后的女婢，经拜华人为义父后，改用中国姓名加入唐籍，以做字立约为准，方能与华人登记结婚。其手续过程，从 1778 年 8 月 13 日蔡捷明与新尧立女婢劳吉申请婚字的经过可窥一斑。此案中，蔡捷明向公堂官员表示，说自己欲与新桡吉立出身女婢唠吉成婚，并表示此女已经入华人籍，拜华人游六郎为契父。公堂审问游六郎，游六郎表示不存在认养女之事，因此公堂拒绝给蔡捷明出婚字。② 后来游六郎表示愿意认唠吉为养女，改其名为荫娘，此后公堂才颁给他们婚字。③

4. 入赘结婚

在吧城华人社会，男方入赘到女方家的情况并不罕见，尤其是新客移民入赘到土生华人女子家庭。如 1777 年 5 月 28 日吴莽娘（21 岁，吧生）与巫亚票（36 岁，住王蔀）成婚注册，女方"因前夫刘察身故存下子女，无依无靠，招巫亚票为夫，议养子女，二人两厢情愿"④。

值得注意的是，虽然 1717 年荷兰殖民政府开始实行成婚登记制度，但华人男女不经成婚登记而私下成婚的仍不少，特别是在吧城的郊区。在吧城华人社会，还存在非正式登记注册结婚的情况，一般而言，华人男性非正式登记注册结婚的对象则有以下几种。

一是与未出身女婢结婚。

上文述及，女婢经过赎身，并拜华人为养父，改换华人姓名，即可与华人男性正式成婚，而没有赎身的女婢是无法与华人正式成婚登记的。据萨努西·巴尼所著《印度尼西亚》一书所载，1778 年吧城有 3000 名奴隶。吧城华人富有者多有奴婢，供家役之用，或作妻妾。由于华人社会男女比例失调，华人与女婢结婚者多，有的不经媒妁人而私合，有的则经媒

---

① ［荷］包乐史、吴凤斌校注：《公案簿》第 1 辑，第 8—11。

② 同上书，第 72—73 页。

③ ［荷］包乐史、吴凤斌：《18 世纪末吧达维亚唐人社会》，第 270—271 页。

④ 同上书，第 268—271 页。

媒人介绍。如 1798 年 1 月 7 日公堂审理的陈求观控诉女婿郑慊观欠款一案，陈求观表示自己年劳贫苦，希望公堂帮忙追讨，公堂官员劝郑慊观先拨付一些钱给陈求观应急，郑慊观表示自顾不暇，公堂又建议郑慊观拨一女婢供其岳父使唤，郑慊观表示，"现有二婢，一颠一娠，有何可与？"这说明郑慊观与女婢私下结合并致怀孕。① 再如 1790 年 5 月 12 日，华人吴文标向公堂禀报说，之前有一妇人，愿与自己结为夫妻，双方还约定如果妻子背弃丈夫，则妻子要备钱还夫，如果丈夫背弃妻子，则丈夫要备钱还妻子。后他与妻子乘船往北加浪岸，才知道自己的妻子是尚未赎身的女婢。②

二是与赊税女婢结合。

吧城华人也有租借女婢作为妾室及家役之用者。如 1787 年 11 月 14 日林听向公堂起诉黄倦观，自己之前有一妾室，生了一个女儿已 4 岁，因为自己要回中国，欲将此婢妾付黄倦承坐③，钱 50 文，且该妾室所生的女儿也要托黄倦饲养。双方做字④约定此女婢不得转卖他人，将她赎身则可以。后林听回到吧城，向黄倦讨要小女，黄倦不肯。可见，此时存在华人回中国前将妾租与他人等到回吧时再取回的现象。⑤ 再如，1790 年 5 月 5 日，游政经剃头司黎师介绍，向姚东购买团仔，价格 100 文，先交定金 10 文。此团仔乃是赵准师之婢，生有一女。准师在世时曾将此女卖给雅林甲，准师去世后，此女又数次被转卖。后被卖给姚东，姚东将此女婢出税于黎师，最初每月银 2 文 2 钺。后姚东打算增加婢税钱，黎师不敢税，姚东要求女婢自己攒钱赎身，游政打算为此女赎身，才向姚东议价，姚东借机狮子大开口，对此，公堂对姚东表示："汝既收政定钱，不得挑难，作速可向梁礁做字。"⑥

三是与华人女性非正式登记结婚。

如 1790 年 1 月 13 日，曾随观向公堂控诉余近娘、余成娘二人，他说，自己在旧把杀街区卖卤肉，因为自己的大姨子余近娘邀请其妻子成娘

---

① ［荷］包乐史、吴凤斌校注：《公案簿》第 1 辑，第 108 页。
② 同上书，第 274 页。
③ 承坐，闽南话，承受的意思，见同上书，第 374 页。
④ 立契约、写字据的意思，见同上书，第 374 页。
⑤ 同上书，第 4 页。
⑥ ［荷］包乐史、吴凤斌校注：《公案簿》第 1 辑，第 271—272 页。

与自己同住，说有伴可以互相照顾，结果大姨子竟然诱使成娘与他人私通。曾随观曾将妻子找回并搬家到赌公司后，结果大姨子又来将成娘拐骗走。公堂问曾随观跟成娘几时结婚，有没有婚书？曾表示结婚四年，没有婚书。公堂问说成娘时年几岁，曾表示现年16岁，公堂表示既然如此，四年前成娘仅仅12岁，怎么可能与曾随观成婚，可见他们只是私合关系，公堂判定他们离过。①

再如1790年9月22日，林上赐向公堂控告钟营观，他说，自己之前与郑临娘私下结为夫妻，并生下一女，1970年2月中旬临娘离开自己，与钟营观结为伴偶。4月临娘去世，林上赐向钟营观要讨回自己的女儿，钟营观表示，如果要还必须给钱，对此，公堂表示："占人之妻，便宜已甚，还敢提起及费！"可见林上赐与林娘的私合关系得到公堂认可。②

四是与当地女子非正式登记结婚及入赘。

如1788年8月13日公堂在审理蔡捷明控告蔡敦等不给他婚字一案中指出："况数年前，土库内上人有出示，不许番、唐成婚。"可见此前应该有华人与当地女性成婚的现象存在。而顾森在《甲喇吧》一文中提及，当地女子嫁唐人，可以免赋。陈乃玉在《噶喇吧赋》一文则记载："此时吧城，十有七家，招夫赘婿，千而万鼎，酿蔗成糖。"这表明，有70%的男性入赘女家，30%的女子入男家成婚，即许多华人是以入赘形式成婚的。③ 而档案号51003《成婚注册存案》（1777年1月8日—1778年11月25日）中载，1776年5月28日男家巫亚票与女家吴养娘成婚注册，女方"因前夫刘察身故，存下子女无依，无乃招巫亚票为夫，议养子女，二人两相情愿"。入赘女家的情况主要发生在吧城郊区甘蔗种植园及市区一般劳工中。与吧城城内华人多数有登记结婚的情况相反，吧城郊区的华人多数是没有登记就结婚的。④ 如1827年公堂审理吴开二控告黄乔四拐走自己孕妻一案，公堂问吴开二是否与妻子立有婚字，吴开二则回答说："山顶⑤

① ［荷］包乐史、吴凤斌校注：《公案簿》第1辑，第241页。
② 同上书，第336页。
③ 同上书，第72页。
④ ［荷］包乐史、吴凤斌：《18世纪末巴达维亚唐人社会》，第271—275页。
⑤ 山顶，指吧城城外，见［荷］包乐史、吴凤斌校注：《公案簿》第1辑，第378页。

人那（哪）有给婚字?"① 这就说明城外华人不到公堂登记结婚的不在少数。

（二）华人女性的成婚对象选择

就女性而言，在 19 世纪中后期，随着华人移民大量来到吧城，新客华人是当地华人女性比较倾向的婚配选择。如 1869—1873 年成婚注册中的 760 个新婚的华人丈夫中有 58.4% 出生在吧城，即土生华人，有超过四分之一（28.9%）的丈夫是新客（见表 3—4）。除此之外，还有 39 个"旧客"②，其中 22 人似乎不是土生华人，如果把他们也归入新客中，那么新客丈夫的比例上升到 31.6%。此外，只有极少部分华人丈夫来自吧城以外地区，主要是爪哇岛其他地区（如三宝垄或北加浪岸）。③ 在 1880 年代曾在吧城任中文翻译的 J. W. Young 发现，在巴东地区的中国移民（即新客）被当地华商认为是理想的女婿人选。根据 Young 的说法，当地华商更愿意从他的移民雇员中为他的女儿选择丈夫，而不是在巴东土生土长的华人，因为这些土生华人不会讲"他们祖先的语言"，也没学会尊重长辈的中国礼仪和着装，正是这种"半欧化和半马来化"让华人家长不愿意择他们为婿。④ 这种择婿心态也在一定程度上反映了吧城华人对中国传统习俗的遵循。

表 3—4　　　　　　　　华人女性的丈夫的出生地
（1869—1873 年，1891—1894 年）

出生地	1869—1873 年		1891—1894 年	
	人数（人）	百分比（%）	人数（人）	百分比（%）
吧城	444	58.42	281	69.73
中国	218	28.68	114	28.29
旧客	39	5.13	0	0
荷属东印度	10	1.32	4	0.99

---

① 袁冰凌、[法] 苏尔梦校注：《公案簿》第 2 辑，第 383 页。

② 即第二次来到吧城的华人。

③ Hans Grooszen，"Migrants and Marriage Partners, The Chinese in Colonial Batavia"，IIAS（International Institute for Asian Studies）Workshop，"Chinese Archival Sources and Overseas Chinese Communities（1775 - 1950）"，December 1999，the Netherlands：Leiden，pp. 6 - 7.

④ Hans Grooszen，"Migrants and Marriage Partners, The Chinese in Colonial Batavia"，pp. 1 - 2.

续表

出生地	1869—1873 年		1891—1894 年	
	人数（人）	百分比（％）	人数（人）	百分比（％）
未知	49	6.45	4	0.99
总数	760	100	403	100

资料来源：《成婚注册存案》，荷兰莱顿大学汉学院馆藏，档案号 51329、51330、51406，及 Hans Grooszen，"Migrants and Marriage Partners, The Chinese in Colonial Batavia"，p. 16。

注：陈萌红博士的统计数据与《雅加达华人婚姻——1772—1919 年吧城唐人婚姻注册薄》相关数据差距较大。本文采用后者的数据，但出于对原作者的尊重，这里仍沿用其相关统计数据，下文同。

到 19 世纪末 20 世纪初，随着土生华人的增加和新客数量的减少，土生华人逐渐成为当地华人女性的主要婚配对象。1916—1918 年的婚姻登记中 90% 的新娘是吧城土生华人女性，而新客丈夫比例仅为 10.5%（见表 3—5）。

表 3—5　　　　　华人女性的丈夫的出生地
（1916—1918，1921）

出生地	1916—1918 年		1921 年	
	人数（人）	百分比（％）	人数（人）	百分比（％）
吧城	147	73.5	47	66.2
中国	21	10.5	6	8.5
荷属东印度	31	15.5	17	23.9
其他亚洲国家	0	0	1	1.4
未知	1	0.5	0	0
总数	200	100	71	100

资料来源：《成婚注册存案》，荷兰莱顿大学汉学院馆藏，档案号 51329、51330、51406，及 Hans Grooszen，"Migrants and Marriage Partners, The Chinese in Colonial Batavia"，p. 16。

而这一点在《成婚注册存案》中关于新郎新娘的来源地的登记中也得到体现。如 1918 年共 101 对新人登记，其中新郎为"吧生"的有 73 人，新娘为"吧生"的有 83 人，来自中国的新郎有 8 人，新娘来自中国的有 4 人，其余新人主要来自泗水、茂物、茄老旺、芝安恤、坤甸、安热、井里汶、旧港、文丁、西垅、干冬圩等邻近地区及新加坡等地。1919 年成婚注册的 42 对新人中新郎来自中国的有 4 人，新娘来自中国的有 5 人。① 到 1921 年新客丈夫的比例已经下降到 8.5%（见表 3—5）。很明显，与 19 世纪 70 年代和 90 年代的数据相比，华人父母对土生华人丈夫偏爱更加突出。② 而土生华人也比新客更加相信父母有能力为他们选择配偶。他们常常比新客更相信门当户对的重要性。因此，土生华人比新客重视将"好的家庭背景"作为选择配偶的一个极其重要的标准。③

到 20 世纪 30 年代，荷印人口调查显示，在吧城出生的华人中有 2346 个适婚女性和 4769 个年龄在 15— 50 岁之间的未婚男性，这意味着为女儿选择土生华人女婿对吧城华人父母而言是有很大的选择空间的。④

四　华人男女成婚年龄的较大差距

正如荷兰学者包乐史及厦大教授吴凤斌所著的《18 世纪末巴达维亚唐人社会》一书所载，18 世纪末 19 世纪初吧城华人男女成婚的年龄结构具有一定的特点，即男性多晚婚迟婚，而女性则早婚早育。关于这一点，陈萌红博士也曾进行过相关研究，她对 1807—1894 年间吧城华人婚姻注册的情况进行统计，发现 19 世纪吧城华人婚姻登记中男女年龄有一个明显的对比，见表 3—6、表 3—7、表 3—8。

表 3—6　　　　　　1807—1894 年吧城华人男性成婚年龄　　　　　单位：岁

时期	最年轻新郎的年龄	最年长新郎的年龄	新郎的平均年龄	25—34 岁之间新郎的占比（%）
1807—1812	17	66	29. 95	43. 9
1824—1831	15	62	30. 37	41. 5
1849—1851	11	61	26. 90	34. 1
1869—1873	17	63	27. 18	40. 1
1891—1894	17	52	27. 94	35. 5

资料来源：〔荷〕陈萌红：《在中国传统与荷兰殖民体制之间：19 世纪巴达维亚的华人婚姻》，《南洋资料译丛》2004 年第 2 期，第 68 页。

---

① 吴凤斌、聂德宁、谢美华编纂：《雅加达华人婚姻——1772—1919 年吧城唐人成婚注册簿》，厦门大学出版社 2010 年版，第 705—714 页。

② Hans Grooszen, "Migrants and Marriage Partners, The Chinese in Colonial Batavia", pp. 10 - 11.

③ 〔美〕G. W. 史金纳（G. William Skinner）：《爪哇的中国人》，第 29 页。

④ Hans Grooszen, "Migrants and Marriage Partners, The Chinese in Colonial Batavia", pp. 8 - 9.

表 3—7　　　　　　　　　1807—1894 年吧城华人女性成婚年龄　　　　　单位：岁

时期	最年轻新娘的年龄	最年长新娘的年龄	新娘的平均年龄	妇女初婚时的年龄	15—24 岁之间新娘的占比（%）
1807—1812	13	56	20.09	19.22	81.8
1824—1831	14	54	19.92	19.13	86.0
1849—1851	9	58	19.69		89.2
1869—1873	15	43	19.90		91.3
1891—1894	14	39	20.59		87.6

资料来源：［荷］陈萌红：《在中国传统与荷兰殖民体制之间：19 世纪巴达维亚的华人婚姻》，《南洋资料译丛》2004 年第 2 期，第 68 页。

表 3—8　　　　1807—1895 年间吧城成婚注册华人夫妻年龄差距

（新郎年龄—新娘年龄）　　　　　单位：岁

时期	最大年龄差距：丈夫更年轻的	最大年龄差距：妻子更年轻的	配偶之间平均年龄差距	配偶之间平均年龄差距（妇女初婚的情况下）
1807—1812	11	40	9.86	10.00
1824—1831	6	38	10.45	10.50
1849—1851	6	28	7.21	
1869—1873	6	38	7.28	
1891—1894	3	34	7.34	

资料来源：［荷］陈萌红：《在中国传统与荷兰殖民体制之间：19 世纪巴达维亚的华人婚姻》，《南洋资料译丛》2004 年第 2 期，第 69 页。

　　由上面几个表格可见，1807—1812 年、1824—1831 年、1849—1851 年、1869—1873 年、1891—1894 年这 5 个时期，吧城成婚华人男女的平均年龄差值分别约为 9 岁、11 岁、7 岁、8 岁、7 岁，其中女性最小的成婚年龄为 9 岁，男性最晚的成婚年龄为 66 岁。吧城华人女性初婚的年龄要远远低于男性，15—24 岁之间的新娘的比率也远远高于 25—34 岁之间的新郎的比率。所有成婚华人男女中，96.4% 新郎比其新娘年长，而夫妻双方的平均年龄差达到 10 岁左右，最大的年龄差距达 40 岁。这种悬殊的年龄差距必然对婚姻的稳固造成冲击。如档案号 51008《成婚注册存案》

（1790 年 9 月 15 日—1791 年 9 月 25 日）中记载：1791 年 3 月初 2 日成婚的男家黎运观时年 46 岁，女家廖金娘时年 18 岁，其婚簿补注："乾隆五十七年二月廿二日和 1792 年叁月十四日黎运①、廖金娘为夫妻不睦，齐到公堂恳乞分离，列台再三劝合不听，力求将婚字拆破各适别配，情愿花押为凭，终无反悔，列台乃准，供详在案簿内（二人花押）。"该档显示，此夫妻双方年龄差距为 28 岁，两人因不睦而离婚。

再如档案号 51325《成婚注册存案》（1861 年 9 月 27 日—1864 年 5 月 10 日）中的第 59 条成婚注册记录中，男方刘吉庆年 45 岁，女方陈锡娘年 25 岁；第 87 条记录为男方吴日升年 44 岁，女方黄抄娘 23 岁，这两对夫妻的年龄差距都在 20 岁左右。

如何看待吧城华人男女成婚时年龄差距之大呢？应该说，吧城华人男女成婚年龄的差距大与中国传统习俗密切相关，也与吧城作为华人移民社会的特殊背景密切相关。男性晚婚说明华人多属经济状况不佳的下层，特别是那些初来乍到的新客，他们往往需要经过多年努力才能实现结婚的目标，如 20 世纪 70 年代新客丈夫结婚平均在获得居留证 3.5 年之后，当然也可能这些晚婚者是再婚的。②

华人男女成婚年龄悬殊的情况到 20 世纪稍有改观，这与吧城华人数量的增加与华人的本土化有一定关系，但新客晚婚的情况仍较常见。如1919 年的吧城华人成婚注册存案中，共有 42 对新人登记，其中新郎为"吧生"（即出生在吧城）的有 31 人，新娘为"吧生"的有 34 人，其中年龄差距最大的夫妇是男方 60 岁，女方 27 岁。③

五　媒妁人对华人婚姻的重要性

作为中国文化在海外的延续，吧城华人在婚姻大事中同样重视媒妁人这一角色。因为"虽然在巴达维亚合法婚姻是受荷兰体制的影响，每对

---

① 即黎运观。

② Hans Grooszen, "Migrants and Marriage Partners, The Chinese in Colonial Batavia", pp. 6 – 7.

③ 吴凤斌、聂德宁、谢美华编纂：《雅加达华人婚姻——1772—1919 年吧城唐人成婚注册簿》，第 705—714 页。

夫妇需要一个媒人来使他们的婚姻有效"①。而 Myra Sidharta 在 The Role of The Go-Between in Chinese Marriages in Batavia 一文中指出：媒妁人有一个重要的功能，在那些日子里，即适婚年龄的女孩和男孩之间的自由交往几乎是不可能的。在这种情况下，有适婚年龄的男孩或女孩的一个家庭必须依靠一个中间人介绍合适的对象。媒妁人在巴达维亚语言被称为"tjoh mlang"或"comblang"，她（他）被认为是非常重要的，他们在最初的活动中扮演了一个角色，当他们被男孩的父母联系以为他们的儿子找一个合适的妻子。然后他们的第一个任务是找到一个不同姓氏的女孩，因此，那些血系遥远的家庭的女儿的信息被汇总起来。他或她必须带着目的到女孩家向她的家人询问女孩的生辰八字。如果女孩的家人向媒妁人提供女孩的"八字"，这意味着女孩家人初步同意结亲意向，于是男女双方的八字被提供给算卦的，以考虑男孩和女孩是否彼此适合。一旦他们的八字很相配，订婚的日期就会被确定。然后媒妁人继续进行有关彩礼的协商。② 在协商达成一致意见后，媒妁人于是安排派遣由男方的家庭成员构成的一个代表团到女方家求婚，代表团必须包含偶数位老年女性亲戚，因为她们熟悉适合这种场合的语言和风俗，媒妁人作为中间人当然被包括在代表团内。黄道吉日很快被选定，媒妁人的工作就快结束了，除了一些可以持续到婚礼前夜的小细节。在成功地做媒之后，媒妁人一般会有一些利益所得，如一个红包，其数额通常是偶数的；一只猪腿，上面贴着红纸；一堆裹着红纸的红蜡烛，蜡烛至少重 1 个 katti③。如果男方家庭够慷慨的话，还会给媒妁人两瓶酒，酒瓶上当然也贴着红纸。④

　　这一点在公馆档案《成婚注册存案》中得到体现。媒妁人的名字在婚姻簿中必须注明，同时他们必须签名或画押（通常为一个圈或一个叉）。一般而言，媒妁人是女性，有些甚至是职业媒人，甚至有些可能是

　　① ［荷］陈萌红：《在中国传统与荷兰殖民体制之间：19 世纪巴达维亚的华人婚姻》，第 69 页。

　　② Myra Sidharta, "The Role of The Go-Between in Chinese Marriages in Batavia", IIAS (International Institute for Asian Studies) Workshop, "Chinese Archival Sources and Overseas Chinese Communities (1775－1950)", 9－10 December 1999, the Netherlands：Leiden , pp. 1－2.

　　③ 即 600 grams。

　　④ Myra Sidharta, "The Role of The Go-Between in Chinese Marriages in Batavia", pp. 3－4.

当地人，如 1775 年的《成婚注册存案》中，有"谢钱官""李意官""林镇官""胡江官""戴随官""程赤官"等男性名字出现，有"林贤娘""蔡金娘""林瑞娘"等女性名字，还有诸如"妈邓""妈登岸""妈明牛""猫厘白月"等似乎为当地人名字的媒人名字。而档案号 51309《成婚注册存案》（1840 年 11 月 28 日—1841 年 11 月 9 日）中载：1841 年 3 月 27 日成婚注册的男家谢两（时年 60 岁）和女家郑良娘（时年 69 岁）以及 3 月 27 日成婚的男家谢文福（时年 27 岁）和女家杨永娘（时年 25 岁）的媒妁人都是"猫厘白月"。整体而言，女性媒妁人的比例较高，其中一些人的名字还反复出现，如该年档案中"林贤娘"出现了 9 次，1776 年的档案中她又出现 15 次，1777 年又出现 8 次之多，1778 年出现 7 次，1779 年出现 10 次，到 1783 年成婚注册的 98 对新人中她做媒高达 18 次。而在 1889 年的成婚注册的华人男女共 119 对，其中由"赖二娘"做媒的达 93 对；1890 年成婚注册的 126 对新人中由"赖二娘"做媒的高达 101 对。这可能说明，已经有一群专职人员充当媒妁人，因此"此时期较以往媒妁人名字的变动程度小了好些"[①]。

六 主婚人对华人婚姻的重要

相关档案显示，吧城华人成婚时同样重视主婚人这一角色。男女双方都需要证婚人，他们必须在《成婚注册存案》及《结婚证书》上签字，这在华人文化历史上还是首次。一般而言，证婚人是男女双方的年长的家庭成员，《成婚注册存案》档案显示，吧城华人成婚注册时出现的证婚人有男女双方的"堂兄""堂叔"，"族兄""房叔""房兄""房叔祖""宗叔""宗兄""从兄""胞兄""父""叔""祖叔""宗叔祖""胞伯""堂叔祖""祖父""从伯""从叔""宗伯""母""养母""公公""胞侄""外妈""母舅""外祖母""从堂兄""胞姊""再从兄""从堂叔""养成姊夫""叔公""功兄""功叔""胞姑""同兄""母姈""大姐""大姨""同伯""大炽"等角色。有时候这些人的官衔也被标注，如"宗兄武直迷""房叔甲必丹""父甲必丹""宗兄雷珍兰""父甲大"

---

① ［荷］陈萌红：《在中国传统与荷兰殖民体制之间：19 世纪巴达维亚的华人婚姻》，第70 页。

"宗伯甲必丹大""宗叔大朱""族叔雷珍兰""族兄甲必丹大""功叔雷""堂叔雷"等，有时候仅仅因为这些人是官员而被委任为主婚人，并不一定与新郎或新娘有亲戚关系。这些复杂多样的称谓，体现了吧城华人社会中错综复杂的血缘关系和地缘关系的网络结构，也体现了吧城华人社会已发展到成熟的阶段。

有时主婚人是夫妻自己，但一般是在以下情况中出现，即：

一是夫妻一方为再婚的情况下。如档案号 51332《成婚注册存案》（1875 年 8 月 30 日—1877 年 6 月 1 日）中载，1875 年 12 月 7 日成婚注册的男家许德慎时年 42 岁，住结石珍，女家陈敬娘时年 42 岁，主婚人都是他们自己。"据陈敬娘供云，前夫李子龙已故至今十六年，有螟蛉一男名李倩朝，今年廿一岁，已经娶妇。因子妇别居，绝不恳养顾，氏寡守无计难以度日，因此再醮与许德，愿结同喜偕老。案曰按唐例凡寡妇欲再醮，前夫所有遗业合当交换儿子叔掌，敬娘遵从。"

再如档案号 51333《成婚注册存案》（1877 年 6 月 6 日—1878 年 12 月 2 日）中载，1877 年 9 月 10 日成婚注册的男家康碧水，时年 23 岁，住砖仔桥，女家陈茶娘，时年 21 岁，主婚人都是他们自己，交寅丁年八月初四日，系旧婚。"据盖默曾山西来单云，康系吧生长，又云陈茶娘前从黄大文子为妾，住公司后，而大文子无利路，经放手二年矣。今甘愿交寅于康碧水为妻，永结同心偕老。"

一是在新郎是公堂官员的情况下，这时候往往没有证婚人，或者是新郎认为没有必要，或是因为其家族成员中没有人地位比新郎显赫，因此新郎新娘自己做主婚人。

一是在新郎是新客的情况下，因为他初来乍到，没有家族长者可以充当他的证婚人，此时只能自己做主婚人。如档案号 51333《成婚注册存案》（1877 年 6 月 6 日—1878 年 12 月 2 日）中载：1877 年 11 月 8 日成婚的男家史云章，时年 28 岁，住丹仔望，女家曾汉娘，时年 24 岁，主婚都是他们自己，交寅丁丑十月十三日。"据默钟西山来单云，婿系旧港生长，今在吧，无宗亲为主婚，因此自己押号，查其旧港路字和 1877 年叁月廿七日在旧港给第 129 号。"

一是在父母双亡且没有其他宗亲的情况下，如档案号 51323《成婚注册存案》（1855 年 1 月 17 日—1857 年 1 月 5 日）中载：1856 年 12 月 17

日成婚注册的男家柳登岸，时年25岁，女家蔡勤娘，时年17岁，男家的
主婚人就是自己，交寅日期为丙十二月初二日，旁注为"据男家柳登岸
云，据查无该亲且父母早故，批炤"。

陈萌红博士同样曾对吧城华人的主婚人的情况进行统计，具体情况见
表3—9。

表3—9　　　　**1807—1894年吧城华人婚姻主婚人情况统计**　　单位：人

时期	祖父母/ 叔公	父母	叔叔/ 婶婶	堂兄弟 （年长的 男性）	兄弟/ 姐妹 （年长者）	自己	其他人	总数
1807—1812	59	419	422	191	138	167	22	1418
1824—1831	73	453	487	298	157	147	3	1618
1849—1851	27	402	326	186	137	31	1	1110
1869—1873	57	615	418	210	208	10	2	1520
1891—1894	31	375	178	77	141	1	3	806

资料来源：〔荷〕陈萌红：《在中国传统与荷兰殖民体制之间：19世纪巴达维亚的华人婚
姻》，第70页。

由表3—9可见，19世纪中期以前，华人自己做主婚人的情况较常
见，19世纪中期以后这种情况渐少，这或许与上述的土生华人数量的增
长有一定的关系。

吧城华人对主婚人的重视也体现在《公案簿》中有许多因为主婚人
身份问题而发生的纠纷。如1825年2月4日雷珍兰黄永绿官为黄荣兴以
路人为主婚而娶宋杞娘请知公堂一案：宋杞娘乃是刘添叔之襟侄女，自幼
父母双亡，由刘添叔抚养成人。当宋杞娘长大成婚时，刘添书叫宋亚庆为
其主婚人，添叔表示宋亚庆为伊宗亲，而杞娘别无亲戚，所以让宋亚庆为
主婚人。后来，华人宋长生向公堂投诉说，宋亚庆不知是何处的无赖，怎
么能为他人主婚？又况且宋杞娘有胞兄宋新客，而刘添叔在宋杞娘成婚需
要主婚人时并未告知宋新客，却以不知来路的宋亚庆为主婚人，这是没有
道理的。公讯询问刘添叔说宋亚庆为何人，刘添叔表示，是自己在路上随
便叫的，不知对方居住何处。公堂训斥他做事糊涂，并将其收禁，公堂还

表示，"婚姻大事，刘添叔档案罔法妄结姻亲，著路人作主婚，难免瞒上之罪愆，发押禁中，庶乎不枉……兹添叔之妻宋桂娘，恳求公堂乞赦其夫愚昧无知之罪，列台仁慈恻隐，念添叔有抚养杞娘之恩，将功补过，开恩赦出"[1]。

再如1868年2月26日陈金娘（年41岁，住新把杀）到公堂控告谢京来，她说自己的姪女陈二娘自其父亲陈亚二故后，于前一年正月廿一日起即由自己养育。现如今姪女陈二娘年22，已订婚于黄新英，议定贴婚费银200盾，此事陈金娘曾告知陈二娘的堂叔陈金生，陈金生已表示依允，陈金娘又让陈二娘将情况告知其继兄谢京来（年30岁，住臭桥），谢京来表示任从其便。但前几日陈金娘向默氏讨单以到公堂进行成婚注册时，谢京来却出来挡阻，并且把陈二娘带到自己家居住。对此，谢京来向公堂表示，陈二娘是自己的同母异父妹妹，自继父故后，家内费用之项全由自己支理。现在陈金娘将陈二娘许配于他人，且取费银200盾，却没有告知自己，因此当自己看见陈金娘向默氏讨单要给婚字就出面阻挡。况且订婚人的母亲刚刚过世不久，尚守丧制，而且黄新英与自己素有嫌隙，因此，自己要求默氏不可出单，因为自己不愿与黄新英结亲。对此，公堂最终判决曰："盖陈二娘者乃谢京来同母异父妹也。名虽兄妹，究实乃别人耳。陈金娘虽是伊姑，然已嫁出，亦属别人。惟陈金生系陈亚二之弟，即是亲叔，合式当主婚料理婚事，按理而论，陈金娘并谢京来二人不得争执，但许婚黄新英，现守制未终，当待阙方可成婚。"[2]

七 成婚日期的不同标注

现存《婚姻簿》档案显示，1825年以后《成婚注册存案》开始标注新人的成婚日期，但值得注意的是，关于成婚日期的标注还有几种特殊的情况。

（一）标注为"旧婚"的情况

根据现有《婚姻簿》档案判断，一般标注为"旧婚"的是在以下情况：一是在再婚的情况下：如档案号51309《成婚注册存案》（1840年11

---

① 袁冰凌、[法]苏尔梦校注：《公案簿》第2辑，第158—159页。

② 聂德宁、吴凤斌、[荷]包乐史校注：《公案簿》第11辑，第223—224页。

月 28 日—1841 年 11 月 9 日）中载：1841 年 3 月 27 日成婚注册的男家谢两，时年 60 岁，女家郑良娘，时年 69 岁，他们的交寅日期标注为"旧婚"，男方主婚为他自己。而档案号 51310《成婚注册存案》（1841 年 12 月 8 日—1843 年 1 月 9 日）中载：1842 年 3 月 23 日成婚的男家陈长光（时年 56 岁）和女家李蒙娘（时年 26 岁），男家主婚人为他自己，交寅日期标注为"旧婚"；1842 年 4 月 27 日成婚的男家林远水（时年 34 岁）和女家蒋进娘（时年 18 岁），其交寅日期为"三月十五日，旧婚"；1842 年 6 月 15 日成婚的陈良（时年 36 岁）和女家林淑娘（时年 29 岁），女方为"再醮"，其交寅日期标注为"旧婚"，主婚人都是他们自己。

根据主婚人是自己的情况可以断定，这些交寅日期被标注为"旧婚"的是再婚的情况。

二是在补给婚书的情况下：如 1854 年 9 月 4 日成婚的男家韩扎（时年 68 岁）和女家张申娘（时年 44 岁），主婚人都是他们自己，交寅日期为"旧婚"，其成婚注册存案上标注到："据张申娘称：自 16 岁与韩扎结发，生儿子不育，仅有一女名丁娘，年 9 岁，第念夫妻许久未给婚字今愿各给字，以固终身之好。"①

（二）标注为"未择日"的情况

如：1844 年 10 月 7 日成婚的王溪水（时年 20 岁）和女家黄发娘（时年 19 岁），其交寅日期为"未择日"，其成婚注册记录的补注为："和 1844 年十一月廿二日拜五，公堂案夺，准王鹤年为伊儿王溪水与黄发娘退亲，将婚字邀回美色甘，俾黄发娘遵伊先祖母黄门故黄金娘遗命，改配蒋鼎元为夫妇，伊该亲黄碧梧主婚，谨此批炤。"②

该档案显示，王溪水与黄发娘在 1844 年 10 月 7 日成婚注册后，并未敲定交寅日期，但很快就因为女方祖母的遗命而离异，女方改嫁他人。综观现存 60 多册的《成婚注册存案》，标注为"未择日"的情况并不多见，可见吧城华人的传统观念中，还是觉得只有办了结婚仪式才能被大众接受

---

① 《成婚注册存案》（1853 年 9 月 16 日—1855 年 1 月 12 日），荷兰莱顿大学汉学院馆藏，档案号 51322。

② 《成婚注册存案》（1844 年 4 月 6 日—1845 年 8 月 20 日），荷兰莱顿大学汉学院馆藏，档案号 51312。

为真正的已婚，成婚登记只是一个程序，所以吧城华人无论贫富一般都比较重视婚礼。

（三）标注为"幼婚未定"的情况

如档案号 51318《成婚注册存案》（1850 年 6 月 23 日—1851 年 3 月 17 日）中载：1850 年 8 月 14 日成婚注册的男家刘海郎（时年 13 岁）和女家陈二妹（时年 11 岁），他们的交寅日期标注为"幼婚未定"；同日成婚的男家刘康郎（时年 11 岁）和女家陈三娘（时年 9 岁），他们的交寅日期标注为"幼婚未定"。这两条成婚注册记录显示，男女双方成婚年龄都非常小，因此他们办婚礼的日期并未敲定。这种情况在《成婚注册存案》中并不很罕见，这也印证了上文述及的华人成婚年龄较小的现象，尤其是土生华人。

第三节　荷印吧城华人婚俗探析

根据 Myra Sidharta 的研究，中国传统婚俗在荷印吧城华人社会中得到较好延续，这表现在以下方面。

一　成婚仪式力求隆重

Myra Sidharta 在《巴达维亚华人婚姻中的媒妁人地位探析》[①] 一文中指出：吧城华人婚礼严格遵循"六礼"（the "Six Rites"）习俗，即纳采、问名、纳吉、纳征、请期、亲迎。纳彩即男方家去女方家提亲，女方家答应议婚后，男方家备礼去求婚。问名，即男方家请媒人问女方的名字和出生年月日。纳吉，即男方将女子的名字、八字取回后，在祖庙进行占卜。纳征，亦称纳币，即男方家以聘礼送给女方家。请期，即男家择定婚期，备礼告知女方家，求其同意。亲迎，即新郎亲至女家迎娶，在这个过程中媒人的作用很重要。[②] 媒人可以是男性或女性，这可以从《成婚注册存案》中出现的名称看出。有些媒人在《成婚注册存案》中出现的频率很高，如在 1891—1894 年 403 个婚姻登记中，"张荣娘"这个名字出现了

---

① The Role of The Go-Between in Chinese Marriages in Batavia.

② Myra Sidharta, "The Role of The Go-Between in Chinese Marriages in Batavia", pp. 1 - 2.

293 次，其次是"赖二娘"，出现了 49 次，其他 21 个名字出现了 10 次或更少。这些人中有些可能是专业媒人，他们掌握大量适婚男女的信息，通过做媒以获得丰厚回报。[①]

就婚礼仪式而言，吧城华人的婚礼是隆重的。曾任荷兰东印度公司军医的克里斯托费尔·弗里克（Christopher Fryke）在其所著《东印度航海记》（1680—1686）一书里这样描述华人婚礼："华人的婚礼是公开举行的，男女来宾列队而行，亲友们都带着礼品送给新娘新郎，新婚夫妇则将所有的财宝向大家展示。门前设有宴席款待宾客，并搭置一座漂亮的戏台供乐队演奏……只要养得起，他们要多少妻妾就可以有多少。"[②] 而 Myra Sidharta 曾描述到："在婚礼前三天新郎家就打扫房子和装饰上壁挂和灯笼。新房里装饰着地毯、窗帘和鲜花。床单换新，床上有豪华亚麻枕头和长枕，上面精美地刺绣着有长寿和生育能力的象征物，婚宴准备也会在这一天进行。婚礼前的第二天，朋友会来帮助准备烹饪和制作蛋糕。婚礼当天的高潮是交换礼物，新郎这一方将带着结婚礼物在适当的时间到达新娘家，礼物根据双方的地位而不同，但肯定会包括新娘的首饰，如戒指、耳环、手镯、发夹、项链，是金属的或宝石的根据新郎的社会地位而不同，富有的人家可能有黄金的和钻石的珠宝及玉手镯。还有一些给新娘和最亲近的家庭成员的衣料，以及四种混杂的食物，包括大量的猪肉，有时多达半头猪。迎亲队伍要带着新娘的家人给新郎的礼物返回。在结婚那一天日出前新娘必须打扮和准备祭拜，她的头发在人生中第一次被盘起来，然后她的父亲带领她进行祭拜。与此同时，新郎在自家吃完早饭并祭拜祖先后，和他的同伴出发去新娘家接新娘。一对新人在新娘家完成祭拜仪式和其他礼节后回到新郎家，在新郎家进行祭拜后，他们被宣布为合法的丈夫和妻子。"[③]

由此可见，吧城华人社会看重婚礼仪式，只要经济条件许可，都力求隆重。这一点在 1848 年 1 月 14 日公堂审理黄亚求继女曾壬娘与夏亚满旷婚一案得到体现。黄亚求向公堂控诉说，夏亚满在去年 4 月与曾壬娘定

---

① Myra Sidharta，"The Role of The Go-Between in Chinese Marriages in Batavia"，pp. 7 – 8.

② 吴凤斌、[荷] 包乐史：《18 世纪末巴达维亚唐人社会》，第 281 页。

③ Myra Sidharta，"The Role of The Go-Between in Chinese Marriages in Batavia"，pp. 3 – 4.

聘，但从 6—12 月间自己屡次催夏亚满完婚，他都没有回复，而曾壬娘已年 17，女大当嫁，不好拖延。因此黄亚求要求解除婚约、讨回女儿的生辰八字。对此，夏亚满表示，"原约潦草完婚，即定期于八月，奈他（指黄亚求）欲用热闹礼仪，晚系贫人，未敢许允，是以恳求宽缓"。最后，因亚满表示实在无力支持隆重的婚礼，公堂判定二人婚约解除。

二 遵循中国传统婚姻礼法

在《公案簿》中随处可见对中国婚姻礼法的遵循。

（一）父母丧期未满不得婚娶的原则

如 1883 年 8 月 17 日 "公堂回复高礼义致问《大清律例》居丧嫁娶之条" 一案载：李宝兴于和 1883 年 5 月 26 日娶文登林茂义甲之女林吟娘为妻，甲必丹高琼瑶表示，因为李宝兴之父李潭于和 5 月 14 日身故，而李宝兴却于 5 月 26 日就成婚，"此乃明犯《大清律例》居丧嫁娶之条，断断不得承受"。公堂对此表示，《大清律例》中关于居丧嫁娶事项的规定中，果然有载明说，"凡男女居父母丧而嫁娶者，杖一百，并离异"。但它又补充注明说，"若男女系亲在之日订婚，于居丧之时嫁娶，则是有父母之命，只坐罪不离异"[1]。

再如 1893 年 10 月 21 日，因为吧城许家在其嫡母逝去未满周年时就急着要嫁娶，对此，管孤子业衙之甲必丹认为可以，而参议者则表示，中国的律法规定 "斩衰者服三年"，且 "凡父母之丧未满，女嫁夫，男娶妻，忘衰戚之心，不孝之大者也"。为此，孤子业衙向公堂请求，"如该主婚人有向贵公堂请给成婚券者，祈依规例弗给，以免伤礼制为是"。公堂回答说："按《大清律例》，子为嫡母居丧斩衰三年，计二十七个月终，方准嫁娶。"[2] 可见，吧城华人沿袭中国的传统，嫡母丧要斩衰三年，其间不得成婚。

（二）同姓不婚的原则

G. W. 史金纳在《爪哇的中国人》一文中指出："同姓不结婚几乎是

---

① 聂德宁、吴凤斌、［荷］包乐史校注：《公案簿》第 13 辑，厦门大学出版社 2014 年版，第 419 页。

② 吴凤斌、［荷］包乐史、聂德宁校注：《公案簿》第 14 辑，第 175 页。

中国宗法遗留的痕迹。"① 而上文述及，媒妁人在为适婚男女寻找对象时，一般到不同姓氏的家庭去询问，由此可见，同姓不婚这一中国封建传统在吧城华人社会中也得到沿袭。对此，《公案簿》档案中也有诸多记载。北茄浪挨实嗹在 1855 年 3 月 30 日致书给吧城挨实嗹询问说，在北加浪有 2 名华人因为婚礼一事起争执，一个说同姓不可为婚，一个则说在中国是这样，但是在吧城则不必拘执此礼，两人争执不下，为此要求吧国公堂决断是非。公堂经过议决，回答道："按古礼所载，同姓不婚，此周家元圣之所定也。……我吧自大明万历年间建设公堂，一切婚事载在简书，不但未见其事，且亦未闻其语。若谓在夷不拘此礼，则吾侪辈亦可服夷之服矣。既无服夷之服，则同姓为婚，断乎不可。"②

（三）妻妾尊卑不同的原则

如 1849 年 7 月 6 日公堂审理陈鸾娘、戴三阳离婚一案中，陈鸾娘向公堂控诉说，其与丈夫结发三年，未有儿女。前一年农历十一月因其染病，丈夫租赁马车让她母亲将她带回家休养，至今将近一年，丈夫从未前来探望，也没有提供任何资费。而今他又再娶吴丁仔钑之闺女，用马车、彩旗、灯、吹班（和兰吹），在干冬圩出门，往鉴光务唠由进赘，甚是热闹。丈夫对自己如此无情，因此她恳求公堂判离。公堂官员表示，根据中国封建传统，正娶明婚的为妻，暗娶的为妾。因此，公堂认为戴三阳有三个过错，即"一、伊妻陈鸾娘染病许久，绝无照顾；二、正室尚在，而再娶妻；三、再娶之时，妻③敢用彩旗、灯、乐器、车马，置正室于何地？"公堂最后议决："有此三过，违我唐规，宜责其罪，以警后人方可。兹本堂判付离过，各从别适，则陈鸾娘便可改嫁，而戴三阳之与再娶之妻亦可给《婚字》，较为两便，各无所误。"④

上述档案显示了华人婚姻习俗中遵循妻妾有别的传统，《公案簿》中类似的记载还有很多。

（四）亲戚不婚的原则

如 1875 年 5 月 11 日公堂审理茂物人吴奇生与陈惜娘之婚事一案。在

---

① ［美］G. W. 史金纳（G. William Skinner）：《爪哇的中国人》，第 29 页。

② 吴凤斌等校注：《公案簿》第 9 辑，第 100—101 页。

③ 应指妾。

④ ［荷］包乐史、刘勇等校注：《公案簿》第 6 辑，第 93—94 页。

公堂上，吴奇生（年22岁，住茂物）向公堂控诉说，自己娶陈思显之女名惜娘为妻至今已年余，本打算要去公堂成婚注册领取婚字，结果被自己的兄长吴奇平诬陷说自己娶了亲属，吴奇平还阻挡相关机构给出婚字，而自己与惜娘确实不是亲戚关系。公堂为此召集一些华人前来讯问，证人陈思显（年49岁，住茂物）表示，吴奇生的姐姐吴良娘是自己的弟妇，也是吴奇生的胞姐，吴良娘为吴奇生求亲于陈思显之女惜娘，陈思显本人觉得无害于婚义，就答应了。癸酉年四月廿二日两人依礼成婚，那时有禀报茂物甲大，也有宴请宾客。证人陈惜娘（年24岁）表示，自己与吴奇生依礼成亲，结为夫妇，是遵从父命。证人吴良娘（年35岁，住茂物）表示，自己的兄长吴奇平曾为弟弟吴奇生求亲于蔡文丁之女，吴奇生不愿意，吴奇平很生气，将吴奇生逐出，使其无容身之地。自己念及骨肉亲情，将吴奇生纳家中抚养，现已成年，所以自己为奇生求亲于陈思显之女惜娘，并有媒妁人仔申落从中牵线。当时自己也曾派奇生将求亲之事告知吴奇平，吴奇平表示听凭吴良娘做主，自己不管。后来，良娘曾请奇平为奇生的主婚人，奇平表示没空不愿出面，让良娘寻找同姓之亲者为主婚人。定聘之后约三个月要完婚时，陈思显同奇生曾前往潘甲大处恳给婚字，潘甲大表示，可先完婚后日再给婚字。等到完婚后，陈思显及奇生还有媒人再找潘甲大求给婚字时，潘甲大却说，奇生未成年，不肯给婚字。而吴奇平（年39岁，住茂物）则在公堂上表示，自己在1872年4、5月间，已经为自己的弟弟吴奇生求亲于蔡文丁之女，对方应允，只是尚未定聘。后来吴奇生被姊夫陈思裁引诱与其侄女私合，自己不知道情况，现在他们要成亲，自己当然不愿意为主婚人。因此，"至于亲戚之事，实无干碍。……彼时舍弟有请潘甲大，欲与此女成婚，晚亦以不愿主婚答之"。最后，公堂会议："细勘诸人之供词，灼见吴奇生与陈惜娘之婚姻皆无所碍，况吴奇平之所嫌，不见其明，不足为凭。本堂酌量，吴奇生合当准给婚字。"① 本条案例中，奇平以亲戚不婚为由反对奇生与惜娘的结合，虽然与事实不符，但从侧面说明了在当时吧城华人社会中存在亲戚不婚的原则。

---

① 聂德宁、吴凤斌、［荷］包乐史校注：《公案簿》第13辑，第162—165页。

三　对殖民地社会的适应性改变

在荷兰殖民统治下，由于身处异国他乡，并与当地人长期共居，吧城华人的婚姻不可避免出现一些新现象，华人的婚姻制度与习俗也有些适应性改变。

（一）对与异族通婚的包容

在与欧洲人及当地人的长期相处中，华人与其他民族之间的通婚也时有发生。如华人女子违抗荷兰殖民政府1717年2月9日"唐人不得入番"法令，而与土著私自联姻；1788年10月29日钟辰向公堂控告其妻廖庚娘随高奢番私奔，恳乞休离；① 1846年5月1日公堂奉挨实嗹命查勘陈滔控妻黄浩娘私从土著喏嚛民一案；② 1849年3月9日吴恩控土著工人老唠若与女儿吴珠娘私通一案；③ 1850年5月31日马来妇女尧、唐人杨亚五同居纠纷一案；④ 1851年7月18日王山、黄娇娘离婚一案；⑤ 等等。

对此类婚姻，公堂最初是严厉禁绝的。如上文述及的1788年8月13日华人蔡捷明入字禀告公堂说，他欲与荷兰人新桄吉立之女婢（名唠吉，在吧出生，已改中文名为陈贤娘）成婚，曾数次求甲必丹蔡敦官给付交寅字，但甲必丹执意不许。对此，公堂决议说："据自古以来，蒙上人案定：凡唐人男女结婚，着唐人甲必丹查问二家来历，果无奸拐重婚，准给婚字，付其成亲。未尝有提起异色人等及各色出身婢亦准给字。况数年

---

① ［荷］包乐史、吴凤斌校注：《公案簿》第1辑，第87页。

② 此案中，陈滔表示，其与妻子黄浩娘本有交寅字且尚未折（拆）破（即离婚的意思），因夫妻不和，妻子回到父亲黄仙的房子居住5个月之久，且与土著惹嚛民通奸。公堂最终会议到："论黄浩娘未曾分离，而敢背夫从番，此不得为无罪。若论番惹嚛民，敢私从浩娘，无请知该地唐首领或该地鉴光头目，兼无给字，灼见率走是实，亦不得为过。本堂细想，男女一体同罪，宜藤责手卦牌示众，以警将来，免致唐、番混杂，宜各守其道，以正风化。若浩娘责罪以后，须判付离过，将情并其婚字申详。"

③ 此案中，吴恩之女吴珠娘因被龟里老唠若奸淫，并私奔到乌堡土库，吴恩无奈恳求公堂将女儿配与老唠若，公堂表示："岂有此理！他系番人，又无利路，若可如此所行，则从之者众，不亦伤风败俗乎？"见［荷］包乐史、刘勇等校注：《公案簿》第6辑，第28—31页。

④ 此案中，把东地区的土著女性尧"与杨亚五野合已经有十五年，有生二男，一名便，一名八桂"，见［荷］包乐史、刘勇等校注：《公案簿》第6辑，第235—236页，第245页。

⑤ 此案中，黄娇娘供称："自夫受罪之日，诚有私奔陈森一年，而森齐世，后二年与番人茄音苟合，始而小产，今复怀孕将娩，……无颜再合，誓死不归。"于是，公堂判离。

前，土库内上人有出示，不许番、唐结婚。"①

再如 1847 年 6 月 25 日公堂审理刘己娘再醮一案中，刘己娘向公堂诉说，自己很爱失峇人②名叫迦于，但自己的父亲亚二不允许自己加入伊斯兰教而嫁给迦于，而自己之前曾先后嫁给华人和荷兰人，加上自己的母亲本来就是回教徒，因此，自己与迦于相爱不关父亲的家事，所以敢于自己做主。对此，公堂议决："论我唐人规例，为父母者，为其女主婚只是一次而已。及后若欲再醮，任从伊女所择何人，但务必不可玷辱祖宗方可。若是背籍改姓，伊父及宗亲有所阻止，则自不可。今己娘欲入失峇，便失背籍改姓，玷辱祖宗，如何其可也？"因此，"其所恳不得承受，宜仍归林如日为是。祈挨实嗹作主，凡唐、番人等宜各守其道，免致乱籍，以伤风化。"③

上述案例足以说明公堂对华人与异族通婚的反对。但到 19 世纪中期以后，面对不可避免的跨族群通婚现象，公堂的态度也做出一些调整。如 1849 年 6 月 8 日住小南门的朱才娘请示公堂说："舍侄女朱喜淡年十六岁在敝处逃走……现在芝弄莩，于鉴光严望，即大社该管。"大社淡仔字云："伊④父身故于今约十四五年，从伊母姨番婆名茄诗抚养成人，经被顺叻入失峇籍，改换其名喜喃。"朱喜淡供言："甘愿入失峇，况已顺叻明白，兼与失峇人已经许定亲事，是以愿回鉴光入失峇籍。"由此可见，朱喜淡的姨妈兼养母茄诗是土著，那么朱喜淡的生母也是土著，朱喜淡的母亲与唐人通婚，生下朱喜淡，朱喜淡后来也与土著通婚。这两个案例说明，在荷印时期不少华人男子与土著女子通婚，同时也有华人女子与土著男子通婚的现象，而这些婚姻也得到公堂的承认。⑤

（二）对同居等行为的包容

在吧城这个移民社会里，各族群间的通婚渐渐为人所接受。同时，同居后进行成婚注册的行为也见容于世人。如 1854 年 8 月 18 日公堂审理杨

---

① ［荷］包乐史、吴凤斌校注：《公案簿》第 1 辑，第 71—73 页。

② 失峇，马来语 Selam，回教、伊斯兰教的意思，失峇人即回教徒，见吴凤斌等校注：《公案簿》第 5 辑，第 154 页。

③ 吴凤斌等校注：《公案簿》第 5 辑，第 153—155 页。

④ 指朱喜淡。

⑤ 聂德宁等校注：《公案簿》第 7 辑，前言，第 3—4 页。

奎炳三子是否为明婚之子一案中，杨光荣（年 26 岁）、杨光水（年 22 岁）、杨光艳（年 21 岁）等人供称，他们是杨奎炳与施睦娘的亲生儿子，最初父母并没有成婚登记领取《婚字》，到 1849 年 6 月 7 日才补办《婚字》。而施睦娘则供称，自己的前夫林武光住文登，自己与他结发三个月，无给《婚字》，未有儿女。后来林武光不幸身故。此后自己改嫁给杨奎炳，至今已 25 年，但从未领过《婚字》。基于自己与杨奎炳同心年久，故恳求公堂补给《婚字》。公堂议决："据施睦娘给《婚书》时所言，已适杨奎炳廿五年，计今卅年矣。其长子年已二十六岁，遵唐人规矩，虽《婚书》后给，亦可谓明婚之子。"① 该案例显示，杨奎炳与施睦娘同居 25 年，先后生下三子，后因为三子要继承杨奎炳遗产，因此恳公堂补给《婚字》，以使三子成为明婚之子，好继承遗产，公堂表示同意。

再如 1868 年 5 月 13 日公堂审理陈彩四与刘辛娘争子一案。陈彩四（年 39 岁，住大南门）向公堂控诉：自己与刘辛娘结合 16 年之久，虽无经婚字，然相爱如夫妻一体，并已生下一女一子，长女名毛额娘，年 10 岁；次子名丙癸，年 3 岁。5 月 7 日刘辛娘无故离家出走，并带走子女二人，因此，恳请公堂定夺。但当初自己与刘辛娘结合时，双方都是单身，而且遣媒郑永保通言，求其父许允，然后成事。现如今如果刘辛娘若回心转意固然好，如果不肯，自己希望能恳追回子女。对此，公堂议决："论陈彩四与刘辛娘争子一案，已勘其二比所供，共住有十六年之久，且相待如夫妻一体，而子女亦其二人所生，合式当依旧和好为妙。况陈彩四自愿给婚字，刘辛娘亦愿承受，恳抽出此案，可以依准。"② 该案例中，男女双方并未到公堂成婚注册，却共同生活 16 年，在他们闹分离时，公堂劝和并最终给予他们婚字，这种对未婚同居的包容在当时的中国国内应该是难得一见的。

吧城华人甚至对婚前性行为也较为包容，如 1866 年 3 月 9 日公堂审理蒋成元（年 40 岁为商，住波纹面猫腰兰）、张登娘（年 19 岁，即张亚润之女）偷情苟合一案。张亚润（为打铁生理，住惹致）向公堂控告：2 月 7 日夜间八点张登娘离家出走，自己四处寻找未果。第二天再寻找时，

---

① 吴凤斌等校注：《公案簿》第 9 辑，第 21 页。
② 聂德宁、吴凤斌、［荷］包乐史校注：《公案簿》第 11 辑，第 253—254 页。

竟然在猫腰兰蒋成元家找到她。张登娘则说："蒋成元招氏登车仔回伊家，至家是夜，蒋成元竟强行奸事。"对此，公堂表示："唐人婚姻，男女必由父母之命。若乃钻穴逾墙，而为濮上桑中之约，致贻父母羞，合当究责。但碍蒋成元年过四十而未有家，张登娘年登十九而未有室，况山居浅室而有两下偷情，亦为父母者防闲不密所致耳。今蒋成元既愿依礼纳聘并给婚字，永结终身之好，张亚渊亦既愿从。本堂细按，情有可原，亦法所不加也。"①

（三）对《婚书》的日益看淡

1913 年 4 月 3 日，公堂会议并召集诸默氏商议胡勃实②须往人家作婚书之事，副朱丘绍荣提出胡勃实须往人家作婚书，雷珍兰李千俊并黄金龙二位表示这执行起来有难度。李千俊表示：三月间自己任值月员时，时常数次往人家作婚书。自己到人家家里时，新人已不在，或其主婚人也不在，让自己无事久等。雷珍兰黄金龙则表示：外人传言，说胡勃实到人家家里作婚书，只是为了要看新娘长得咋样。副朱丘绍荣则表示："最难者往在无礼义之家耳，如往在有礼义之家，虽须等待新任，或他人未来，定必将我邀到与举止温雅之人并坐。如往卖鱼者，或排印字人之家，我等将欲与谁叙谈乎？"对此，他觉得极为不快。甲必丹梁辉运表示，"因有此许多难处，宜将要作婚书者皆请到公馆为妥"。李千俊又表示，如果要到人家家里作婚书也行，但是对方必须事前准备好相关材料，以免华人官员久等。大玛瑶③表示："我等往人家作婚事，原是两家主婚人之所请也。不论如何，我亦谓其大、二朱爷之过也。"雷珍兰梁亚瓒表示："如有人求我往其家作婚书，再敢如此待慢不预设备者，其使费须算更多也。"大玛瑶表示，最好让正、副两位朱葛礁预先告知将作婚书之人，要求其预先做好准备，以免胡勃实到其家中时他们还没准备妥当。但甲必丹梁辉运、雷珍兰许庆隆都坚持要新人来公堂作婚书，而副朱丘绍荣建议任命一位大朱或二朱及要婚嫁之人所在街区的默氏引导胡勃实到所在人家作婚书。公

---

① 聂德宁、吴凤斌、［荷］包乐史校注：《公案簿》第 11 辑，第 32—34 页。
② 胡勃实，指有官阶品位的华人，如甲必丹、雷珍兰、大朱、二朱、武直迷等，见侯真平等校注：《公案簿》第 8 辑，第 352 页。
③ 即玛腰。

堂最后判决："此事须静候而已，而于正、副朱葛礁祈于每有人将作婚书，须盘问其日子并其句钟明白，俾免胡勃实去时又再等也。"公堂还敲定了作婚书的官员安排："每值双月即副朱之论期，二每值单月即正朱葛礁也。"①

上述档案说明，到 20 世纪初华人不再像从前那样主动到公堂作婚书，反而是公堂官员到华人家里作婚书，且有些华人态度不好，这也反映了华人对婚书的日渐看淡。再如 1916 年 3 月 3 日公堂会议上，代理雷珍兰陈进木提出，现在华人中有极多结婚而不作婚书者，这种情况是否应该阻止？大玛瑶回答说，此种无法勉强，他还表示，"况务喜力均实丹②之例，于我华人不日将设施矣，宜我等姑暂待耳。"③ 1916 年 9 月 6 日公堂商议正副朱葛礁作婚书及其分工之事，副朱葛礁丘绍荣向公堂提出："第因有许多华人皆求我等到其家作婚书，虽须还银如廿盾、十盾并五盾，伊等亦愿还也。故我等设例往人家作婚书，将其得婚资扣除各使费之后，分作四股，公堂得二股，正、副朱各得一股也。"④ 可见，华人倾向于让公堂官员到家里作婚书，而不愿意去公堂办理。对此，G. W. 史金纳在《爪哇的中国人》一文也指出，虽然 1919 年以来法律上要求中国人结婚都要登记，但只有受教育的一小部分人履行登记，甚至只是第一次结婚和合法结婚才登记。⑤

（四）在殖民地社会的调适

由于身处荷印殖民地社会，吧城华人的婚俗在保持中国传统的同时，还是结合当地的实际情况进行了一些调适。如 1861 年 12 月 13 日，唐美色甘委问公堂关于叶甕充当其养女叶望娘与甘文进婚姻主婚人是否合适一事，公堂的答复是：就婚姻一事而言，在中国是以婚书礼帖为重，此礼既行，则成夫妇矣。在吧城则以给婚字为重，婚字既给，则成夫妻矣。即使后悔，也无法更改。至丁宴客拜神，不过是遵行古礼，这种礼仪举办过就

---

①　吴凤斌、［荷］包乐史、聂德宁校注：《公案簿》第 14 辑，第 571—573 页。

②　务喜力均实丹，荷兰语 burgerlijkenstand 音译，意为民事登记，见［荷］包乐史、吴凤斌、聂德宁校注：《公案簿》第 15 辑，第 256 页。

③　［荷］包乐史、吴凤斌、聂德宁校注：《公案簿》第 15 辑，第 256 页。

④　同上书，第 289—290 页。

⑤　［美］G. W. 史金纳（G. William Skinner）：《爪哇的中国人》，第 31—32 页。

算了，不像婚字那样可以长久作为凭证。如果遇到婚姻有变故，还能够在公堂上作为证据，这就是为何婚书那么重要。就叶甕作为叶望娘的主婚人而言，未尝不可。因为叶孝、叶元和父子相继去世时，叶望娘尚且年幼，寄养在叶甕家也有一些年头了。而古语云："生不如养。"因此，叶甕作为望娘的主婚人是合适的。因为"从唐例，准婚当父母，既无父母必由亲及疏，未有异姓之人可为主婚者也"①。

再如1882年11月14日公堂议处故许清泉甲之女出阁有碍律例之婚制事载，公堂官员有人问说，因为故许清泉甲之女不日出阁，但其三叔许清波甲刚刚辞世，未至期年。如果这个时候他们来公堂成婚注册，是否公堂应该给予婚字？在座官员经过讨论后议决："大凡婚姻之事，据吧居之俗，惟父母之丧服为重，宜遵律制。而行若伯叔之终服，则不须深究。今许家子女甚众，若必拘律例，一一待伯叔之服阙而后嫁娶者，此乃人情所难行，而女子有标梅②之欺矣。就礼义而论，或有守经，或当行权，推其轻重之分，无致大背于理，是亦可行业。故曰此事不必深究云云。"③

上述两个案例显示，公堂在婚姻案件的处理上并不那么固守成规，而是根据吧城的实际情况做出调适。而1900年吧城中华会馆成立后，也曾倡议改良婚俗，并提出一些建议，得到华人社会认可。如1912年7月3日，玛腰晓谕众默氏说，公堂最初设定的"婚离生死字式"必须每月末寄达公堂。1913年2月10日公堂定作婚书，要一边中华字，一边巫来由字。④此外，1913年11月3日万隆侨众致函求公堂干涉陈仁义之女同姓为婚之事。来函说，陈仁义之女已与一同姓男子结为夫妻，为此众人诟病纷纷，但陈仁义求助于音逸攀越森（Mr. van Walsem）讼师，且有僧人庇护陈仁义父女，说同姓可以为婚。因此，此事被置若罔闻。对此，公堂副朱葛礁对万隆侨众说，因为他们的来函都没有写上姓名，与无名氏之函无异，因此公堂认为不必干预其事为妥。⑤可见，到此时，吧城华人社会之

---

① ［荷］包乐史等校注：《公案簿》第10辑，厦门大学出版社2010年版，第340—341页。
② 旧时指女子已到出嫁结婚的年龄，见聂德宁、吴凤斌、［荷］包乐史校注：《公案簿》第13辑，第385页。
③ 同上书，第384—385页。
④ 吴凤斌、［荷］包乐史、聂德宁校注：《公案簿》第14辑，前言，第2—3页。
⑤ ［荷］包乐史、吴凤斌、聂德宁校注：《公案簿》第15辑，第372页。

前坚持的同姓不婚的原则已有所松动。

再如 1914 年 5 月 4 日中华会馆董事寄信给公堂，目的在于"恳求公堂须提防于哀愁之日辰，譬如清明日并至圣孔夫子忌辰，切莫为人作婚书也"。对此，公堂官员反应不一，如副朱葛礁表示，"此事其意甚不合"，因为"为子女完婚者，原非欢乐之事，乃关系孝焉，俾其子孙能接续也。故我想公堂亦不得干涉此事，犹如其余各节日或忌辰，公堂不准人作婚书，或如公堂能禁止，免致伊等设闹热之事以作乐，此则更妙矣"。雷珍兰李千俊赞成这个观点，他认为，"如于该二日（清明并孔夫子忌辰）公堂不为人作婚书，公堂亦宜敬于其他各大好日，或由中华人或由欧洲耶稣教也"。最后，公堂还是做了修改，官员们议决："于各大好日其政府已承认确实者，始由今日不得为人作婚书，而于至圣孔夫子之忌辰并清明节亦然也。"①

1900 年中华会馆成立后，提倡移风易俗，不少人提出改变婚礼传统和埋葬传统的建议。这些建议中有：询问手指的粗细以制作一个戒指；人们应该从一个年长的家庭成员那里寻求帮助而不是派出媒人；媒人没有必要把新郎和新娘的食物混合并喂他们；媒人的报酬应改为红包而不是礼物；废除锯齿的习俗以及喝花草茶（jamu）和用泥浆清洁身体；新娘坐在一个垫子上以证明童贞的做法是不必要的；新娘的礼服应换成旗袍；祭拜仪式上摆上剪刀、刀等是不必要的；派遣一个代表团去接新娘是好的，但没有必要带上各种种子，带一些蜡烛就足够了；婚床铺好后，没有必要在床前面进行祈祷，或让一个男孩在上面翻滚；对新郎撒黄大米等谷物和鲜花等迷信应废除；等等。②

而 G. W. 史金纳在其《爪哇的中国人》一文中也有如下记载："最近几十年来的经济变迁和现代化，使新式地方性结婚的迅速增加……关于家庭生活各方面，侨生中国人比新客较为保守。新客现已抛弃的某些中国传统事务，因为以前混杂在侨生中国人文化中还被保留下来。侨生中国人比新客更加相信父母有能力为他们选择配偶。他们常常比新客更容易确信门第相当的价值。为了适应定居人口的家庭，侨生中国人比新客重视'好

---

① ［荷］包乐史、吴凤斌、聂德宁校注：《公案簿》第 15 辑，第 103—104 页。
② Myra Sidharta, "The Role of The Go-Between in Chinese Marriages in Batavia", pp. 6 - 7.

家庭'作为选择配偶的一个极其重要的标准。另一方面，至于现在快要结婚的一代，侨生中国人比新客喜欢较小的家庭，这大概是他们较为西洋化的一个特征。"①

　　在提倡新式婚俗的社会氛围下，印尼各地华人婚姻很快呈现出一些新气象，如采取新式登记注册、集体婚礼等。此外，从 20 世纪初开始，荷印殖民政府就试图要规范吧城华人婚姻事务。如 1914 年 1 月 3 日，两荷官到公堂传达政府欲设立生死婚离之规条于华人事，为此大玛腰告知民众说："今日二位尊客驾临，盖有关系于政府之意旨，其欲设立生死婚离之规条于我华人也。"到 20 世纪 40 年代公堂解散后，华人的婚姻登记就由荷兰殖民当局负责管理。纵观吧城华人婚俗的演变，它在东南亚具有一定的代表性，囿于资料有限，迄今相关的学术研究成果还不多，期待本书能有抛砖引玉之效！

第四节　吧城华人的离婚管理

一　吧城华人离婚现象分析

　　由上述表 3—2 可见，吧城华人离婚的现象也并不少见。而陈萌红博士也曾对吧城华人的离婚情况进行过统计（见表 3—10）。

表 3—10　　　　　　1807—1894 年吧城华人离婚登记情况　　　　　单位：对

时期	以离婚告终的婚姻	婚姻登记总数
1807—1812	12	709
1824—1831	1	809
1849—1851	0	555
1869—1873	42	760
1891—1894	2	403

　　资料来源：［荷］陈萌红：《在中国传统与荷兰殖民体制之间：19 世纪巴达维亚的华人婚姻》，《南洋资料译丛》2004 年第 2 期，第 72 页。

---

　　① ［美］G. W. 史金纳（G William Skinner）：《爪哇的中国人》，第 29 页。

表3—10显示，19世纪中期后华人离婚现象较突出，而这一点在《公案簿》中也得到体现。如据《公案簿》第9辑统计，在1854年4月28日—1856年12月12日有离婚案件54件，离婚案件明显增加。同时公堂的判决结果也发生变化，在1787年10月—1790年之间的案件明确判离的并不多，而1854年4月28日—1856年12月12日之间离婚54个案件中最终判离的有41对，占75%。档案号51330《成婚注册存案》（1871年10月10日—1873年12月20日）中记载的离异情况也比较常见，甚至成婚几个月就离婚。如1872年12月7日成婚注册的男家庄清安（时年37岁），住望呀赖，女家兰曾娘（时年31岁），他们的交寅日期为1872年年底，但"和1873年八月十五日判离"，可见他们结婚仅8个多月就离婚。

而表3—10还显示，19世纪末20世纪初，华人离婚现象有所减少，这或许是当时华人婚姻状况的真实反映，也可能是因为19世纪末20世纪初华人结婚与离婚都较少到公堂登记有关。如在《公案簿》第14辑离婚案中，有结婚二三十年离婚者，其中结婚长达三十年而离婚者，如1904年6月16日，57岁刘俊秀与49岁陈苏娘（又名陈华英）的离婚案；也有仅一夜夫妻就离婚者，如1893年10月21日，41岁李金福与31岁李金娘的离婚案。有结婚半年离婚的，如1906年3月30日，24岁的詹怀能与张娘那的离婚案。有结婚七个月离婚者，如1901年4月10日，23岁邱宝与19岁梁菊娘的离婚案。结婚一年离婚者，如1898年3月11日34岁李福金与21岁张坤娘离婚案。结婚年余离婚者，如1894年3月10日36岁郑瑞拱与24岁陈海娘的离婚案，1901年4月10日22岁潘瑞生与21岁陈和娘离婚案。[①]

华人如果要离婚，也必须得到公馆的裁决，并须将他们的结婚申请和结婚证书归还公堂，由公堂在成婚注册存案簿上注明，不仅注明其离婚日期，有时甚至将离婚的理由及孩子的抚养问题也登记在案。如档案号51003《成婚注册存案》（1777年1月8日—1789年12月25日）中所载的1778年3月11日男家王廉使与女家林爱娘的婚簿上就补注到："乾隆庚戌年四月廿七日，和1790年十月初五日拜三，王廉使、施爱娘为夫妻

---

① 吴凤斌、［荷］包乐史、聂德宁校注：《公案簿》第14辑，前言，第2—3页。

不睦齐到公堂恳乞分离，列台屡次劝合，二比弗听，二比俱将婚字求批明在簿。"

同册档案记载的 1778 年 3 月 25 日成婚的男家黄元省及女家杨薇娘的婚簿上补注到："己亥十月初十日，和 1789 年十一月十七日，黄元生与杨薇娘夫妻反目，奉寔奎炳上台案夺泊割，兹禀明列位甲必丹大人台前知情，夫妻各情愿拆破交寅字，各择良配，花押为凭（黄元生签名，杨薇娘画圈）。"

同册档案记载的 1778 年 11 月 25 日男家汤穷官与女家陈世娘的成婚注册记录为："遵奉王制，为婚姻事，今据男家汤穷官，年三十三岁，女家陈世娘，年一十六，媒妁李俊官，合和琴瑟，结缔朱陈，禀明甲必丹、雷珍兰列位大人台前察夺，成婚注册存案，给照准此。乾隆四十三年十月初七日即和 1778 年十一月廿五日给。"其补注为："汤穷官与陈世娘夫妻反目，陈世娘恳寔奎炳嚷喳唠头斧断泊割，于己亥八月廿二日即和 1779 年十月初一日谕着汤穷、陈世娘夫妻到甲必丹府中拆破交寅字，二比花押为凭，特此存案（二人签字画押）。"

档案号 51006《成婚注册存案》（1783 年 11 月 5 日—1785 年 8 月 10 日）中记载的 1784 年 12 月 2 日男家钟辰官与女家廖庚娘的《成婚注册存案》中的补注为："乾隆戊申年十月初一日，和 1788 年十月廿九日，钟辰为其妻廖庚娘（与）陈高奢逃走特到公堂恳乞休离，其妻亦甘愿，供详在案簿，兹二比俱各情愿花押为凭、终无反悔"。（二人花押）

档案号 51002《成婚注册存案》（1774 年 12 月 14 日—1776 年 12 月 15 日）记录到："乾隆四十年十月初七日，即和 1775 年十一月廿九日，李乡老全伊妻曾月娘齐到甲必丹台前禀明，二比情愿泊割，各无反悔，花押为凭，特此存案（李乡老签名，曾月娘画圈）。"

档案号 51002《成婚注册存案》（1774 年 12 月 14 日—1776 年 12 月 15 日）中记录到："遵奉王制，为婚姻事，今据男家蔡伯奇，年四十六岁（住泊面横长），女家高友娘，年二十八岁（前夫甘赛官已经身故遗下一女，欲为抚养成人，无乃再醮凭），媒妁高六官，合和琴瑟，结缔朱陈，禀明甲必丹、雷珍兰列位大人台前案夺，成婚注册存案，给照准此。乾隆四十一廿三月廿八日即和 1776 年五月十五日。"其补注为："己亥九月十一日，和 1779 年十月廿日，蔡伯奇全高友娘齐到公堂禀明列位甲必丹台前知情，夫妻甘愿泊割，各无反悔，花押为凭（蔡伯奇签名，高友娘画押）。"

现存《成婚注册存案》档案显示，从档案号 51408《成婚注册存案》（1897 年 12 月 2 日—1899 年 12 月 4 日）开始，一旦华人夫妇离婚，公堂就开始在婚簿上注明"公堂准离"并在原婚簿上画"×"，而不再像之前的那样在婚簿上补注相关离婚信息。如上所述，现存《婚姻簿》档案中还有《离婚书》一册，即档案号 53201《离婚书》（1879 年 4 月 12 日—1897 年 4 月 26 日），因其数量有限，所以目前无法确定是否所有华人在离婚时公堂除了在其《成婚注册存案》上标注外，还另外颁给《离婚书》一纸。但有一点可以确定的就是，只有经过公堂成婚注册，以后离婚时才能在公堂办理。这一点在 1868 年 2 月 29 日公堂审理李月娘、黄德茂夫妻欲求分离一案可以证明，其具体案情如下。

李月娘（年 24 岁，住鉴光红兀），向公堂控告其丈夫黄德茂（年 27 岁，住圣望港），她说，其与丈夫结婚二年，已生下一男名凉水，年二岁。当初他们已向唐美色甘恳给婚字，但未向公馆求给婚字。2 月 24 日，其往母家省视，原定下午 1 点到 4 点便返回，有同伴三四人。但自己没有告知丈夫，因为他不在家。回家后的第二天，丈夫问其昨天去了哪里，她回到说去母亲家探望，且有同伴三四人。结果丈夫发怒，将她殴打遍身伤痕，且手执利器，只是尚未行凶而已。鉴于丈夫如此横顽，她恳求公堂判离。为此，公堂吊讯黄德茂，黄德茂表示因当时岳父病危，自己确实没有向公馆求给婚字。此礼拜三晚上，妻子说要回娘家省亲，就离家出走。妻子回来后，自己确实用手打了她，但没有执利器。现在既然妻到公堂要求离异，双方无颜再为夫妻，因此恳求公堂准离。对此，公堂议决："勘得二比所供，灼见无向公堂给下婚字，其欲离欲合，任从其意，本堂不得干舆。彼李月娘与黄德茂生端，任凭褒黎司裁夺可也。"①

上述档案显示，李月娘与黄德茂在当初结婚时，因为女方父亲病危，因而双方没有到公堂注册成婚。此后因夫妻不和欲离异，到公堂恳给离婚书，公堂表示不加干预，他们夫妻之间的矛盾交给警察处理。

———————

① 聂德宁、吴凤斌、[荷] 包乐史校注：《公案簿》第 11 辑，第 227 页。

二 吧城华人离婚原因分析

(一) 因女方贫穷无依导致离婚

一种情况是因为男方贫寒无力养家，妻子求离。如档案号51201《成婚注册存案》（1807年10月29日—1809年12月2日）中载：男家王贵和（时年22），住大南门外，女家李诚娘（时年19岁），两人在嘉庆十二年十二月初九日即和1808年正月初六日注册成婚，其婚簿补注为："嘉庆癸酉年四月廿六日，吧1813年五月廿六日拜三十点钟，公堂设嚁喳唠，因王贵和恳公堂称，伊前结婚李成娘[①]为妻，兹贫穷无奈不能赡养付他衣食，甘愿分离。公堂召李成娘审问，他[②]称自嫁从王贵和至今，并无得意之时，故今情愿恳公堂分离，公堂力劝夫妻如故和好，但二比俱各再极恳，不能和合，甘愿分离，为此公堂判准，各择别配，二比情愿花押为凭，终无反悔（王贵和签名，李成娘画×）。"

档案号51201《成婚注册存案》（1807年10月29日—1809年12月2日）中载：男家严银生（即登辉，时年21岁），女家郑雀娘（时年21岁），两人于1809年6月16日成婚注册，但"1824年六月十一日公堂判得严登辉不事生活，不能顾其妻室，伊妻郑雀娘不再与他为夫妇，即令二比拆破婚字，各从别适，永无反悔（二人花押）"。

再一种是因丈夫蓄养偏房、妻子不守妇道或丈夫对妻子的行为不满等情况导致感情破裂，丈夫不愿意再为没有感情的婚姻做出经济上的付出。如档案号51201《成婚注册存案》（1807年10月29日—1809年12月2日）中载：男家谢荣（时年42岁），女家左报娘（时年15岁），两人于嘉庆戊辰年九月十三日即和1808年11月1日成婚注册，但其婚簿的补注为："和1810年叁月初七日拜三，谢荣因报娘与许亚春和奸报告内淡，讼到公堂，询问事情，谢荣决要与妻分离，公堂准其所恳，二比俱各甘愿分离，花押为炤。"

(二) 因丈夫蓄养偏房导致离婚

吧城华人社会中一夫多妻的情况大量存在，华人男子或为"两头

---

① 原档如此，似乎应为李诚娘。

② 应为"她"，原档如此。

家"，或在当地娶妻纳妾。在娶妾之后，一些人往往就将妻子抛在一边，不予照顾，妻子在精神上受到创伤的同时，经济上也没有了依靠，只好诉诸公堂。再者，妻妾矛盾也是导致婚姻破裂的重要原因。如档案号51203《成婚注册存案》（1812 年 9 月 29—1813 年 12 月 21 日）中载，1813 年 10 月 26 日成婚注册的男家黄君生（时年 43 岁）、女家蒋泗娘（时年 24 岁），双主婚人都是他们自己。"据蒋泗娘称，伊前夫许育生经已弃世十年，并无遗业付氏掛帆，又无产下男女，今因贫乏无依，甘愿再醮与黄君生为夫妻，永结同心，终无反悔，二比甘愿各花押在婚簿内。"但后来"据蒋泗娘称，伊夫黄君生逞妾不能相安，恳公堂判断分离。公堂吊二比细详查讯，经判弃妾和妻，君生不肯从命，欲从妻之意分离，二比甘愿将婚字拆破，各花押为凭（其具体离婚时间档案中没有提体现）"。再如《公案簿》第 9 辑中 1856 年 4 月 25 日《钟丁娘、巫永元离婚一案》载，钟丁娘向公堂控诉其丈夫说："为交寅十三载，未有儿子。因拙夫宠幸偏房，待氏如仆婢一般，且不给资费。如此不良，伏乞分离。"[①]

（三）因人口高流动性导致离婚

吧城是一个移民社会，在吧两代或两代以上的土生华人，因父母、家庭及主要社会关系均在当地，其婚姻相对稳定；但华人新客，从小生长在中国，受中国传统文化影响，来吧城主要是为了谋生，因其父母亲戚多在中国，并相当一部分人在家乡已经成亲，他们在吧城并无牵挂，具有很大的流动性，这使得他们在吧结婚后对婚姻缺乏责任心，因而婚姻呈现出一种不稳定性。如《公案簿》所载的 1847 年 6 月 25 日《黄文娘叫伊夫陈再》一案中，黄文娘向公堂诉到："氏与拙夫结发四年，并无照顾衣食、资费，日前经请公馆，蒙甲必丹令拙夫税厝、照顾衣食，并无响应。自乙巳（道光二十五年，即 1845）年五月间，竟将婚字付氏，擅自回唐。氏恬处忍耐，于今三年。兹拙夫经自唐来吧，并无前来照顾，且亦未尝问及，绝情如此，乞判分离。"[②]

（四）因某些特殊原因导致离婚

如 1857 年 8 月 18 日公堂审理罗江夏、黄添淑恳追回手指办并拆破婚

---

① 吴凤斌等校注：《公案簿》第 9 辑，第 210 页。
② 吴凤斌等校注：《公案簿》第 5 辑，第 158 页。

字一案。罗江夏向公堂诉说到，自己的小女罗辛娘许配黄添淑之子黄丙水为妻，已于和 5 月 1 日在公馆给婚字，尚未合卺。岂料黄丙水近来有失神之病，恐后日又误小女终身。所以他恳乞公堂追回手指①，并拆破婚字。公堂为此吊讯黄添淑，黄添淑说罗江夏所说是实，且表示自己已经交还戒指，但婚字尚未拆破。因此，愿从罗江夏所恳。最后，公堂议决："论罗江夏、黄添淑恳追回手指办并拆破婚字一案，据男女两家供云俱愿从伊父所言。况二比主婚之人供称，虽给婚字，尚未过门。按理而论，未成亲，遂有口舌之嫌，恐日后更有深远之虑，合式准其所恳。"于是，公堂召集两位主婚人当堂拆破婚字，各花押在簿。②

（五）因其他原因导致离婚

在吧城华人社会中，丈夫殴打、虐待妻子的现象较普遍，因此造成夫妻不和而离婚的不在少数。如档案号 51002《成婚注册存案》（1774 年 12 月 14 日—1776 年 12 月 15 日）中载 1776 年 2 月 12 日杨结官与龚喜娘的成婚注册，其补注为："乾隆五十四年十月十六日，和 1789 年十二月初二日拜三，杨结、龚喜娘为夫妻不睦，齐到公堂恳乞分离，俱详在案，画押为凭，终无反悔。"

再如档案号 51201《成婚注册存案》（1807 年 10 月 29 日—1809 年 12 月 2 日）中载男家林銮（时年 27 岁）、女家陈绒娘（时年 16 岁）于 1808 年 11 月 15 日的成婚注册，但"吧 1814 年十二月初七日，吗宜寔力上台查陈戎娘、沈甲谦官一案，为陈戎娘被伊夫林銮扑骂，陈戎娘奔投公堂二次，未有判决，因此吗宜寔力案夺付公堂掛册，准二比拆破婚字，各从别适"。

再者，在当地土生华人家庭中，媳妇不能见容于翁姑也是导致婚姻破裂的一大原因。如档案号 51204《成婚注册存案》（1813 年 12 月 3 日—1815 年 3 月 26 日）中载，1815 年 1 月 4 日成婚的男家康芳生（时年 23 岁），女家陈和娘（时年 18 岁），其补注为："吧 1815 年九月廿八日，陈和娘不敬公姑，伊夫康芳生恳乞分离，二比甘愿各花押在婚簿内。"

因感情不忠而离婚的也不少。如 1840 年 3 月 26 日注册成婚的男家黄

---

① 手指，闽南语戒指的意思，见［荷］包乐史等校注：《公案簿》第 10 辑，第 63 页。
② ［荷］包乐史等校注：《公案簿》第 10 辑，第 62—63 页。

六满（时年 22 岁），女家钟金娘（时年 17 岁），交寅日期庚二月廿六日，他们在 1842 年 3 月 31 日离婚，离婚的原因是："公堂会议曰，审得金娘不顾廉耻，自认与亚九通奸，无怪其夫愧赧……"。[①] 此外，1845 年 8 月公堂审理黄亚满因妻子林戊娘与他人通奸要求与妻子离婚一案；[②] 1852 年 1 月蒋当向公堂控告妻子甘真娘通奸，并表示"妻既败行，长贻愧辱，虽究治亦难补过，恳乞分离"。公堂判决："论甘真娘所行不端，宜其为夫所弃；又念其夫不责其过，但求分离，于是判其当堂花押，任从别适，其女即判从父。"[③]

此外，甚至还有夫妻因房中之事而诉诸公堂，如《公案簿》之 1856 年《杨炳娘、陈卫离婚一案》中提到"值日适在同床，他欲戏氏乐事，但其所为大异于常人，虽禽兽亦莫如此"[④]。可见，妻子在控诉丈夫要求离婚的理由中房中之事成为重要原因。

三　公堂对离婚案件的判决依据

在审理华人离婚案件时，婚龄长短是公堂官员首先考虑的一个重要因素，对于婚龄较短的夫妻公堂一般会判离，但对于那些婚龄较长的夫妻，公堂往往会考虑其子女抚养、夫妻感情等问题，尽力对他们进行劝和。如《公案簿》第 14 辑档案有 144 案次离婚案，其中有个别案件经过多次审理。例如 1912 年 6 月 3 日，44 岁林长泉与 24 岁张文娘的离婚案件竟多达 7 案次。《成婚注册存案》档案显示，该夫妻于 1904 年 1 月 26 日成婚，到 1912 年 6 月 3 日女方诉诸公堂要求离婚，男方林长泉不肯离异，公堂于是决定将此案委托代理雷珍兰陈振木重新审讯，且要"详查林长泉所行为之事"[⑤]。7 月 3 日，公堂又决定将二人离婚案交由雷珍兰梁辉运查详。[⑥] 8 月 9 日，在"公堂既为之劝和，其夫已约定愿给他（她）薪水每

---

① 《成婚注册存案》（1839 年 10 月 16 日—1840 年 11 月 18 日），荷兰莱顿大学汉学院馆藏，档案号 51308。

② 侯真平等校注：《公案簿》第 4 辑，第 151 页。

③ 侯真平等校注：《公案簿》第 8 辑，第 140 页。

④ 吴凤斌等校注：《公案簿》第 9 辑，第 227 页。

⑤ ［荷］包乐史、吴凤斌、聂德宁校注：《公案簿》第 15 辑，第 466 页。

⑥ 同上书，第 475 页。

月25盾"的情况下，张文娘仍求控告求即判离，公堂仍决定将此案交由梁辉运妥善处理。① 11月4日，张文娘再次到公堂要求离异，公堂极力为之劝和，判定男方每月给女方资费30盾。② 12月3日，张文娘再次到公堂要求离婚，因为林长泉不再按照之前公堂约定的那样每月给她30盾。为此，公堂决定将此案"待到后期议场再讯"③。经过多次反复，此案直到1913年1月26日方才定案。④ 再如1912年7月3日开始审理的李金水、蔡金娘离婚一案，前后经过5次审理。此两人成婚于1893年9月15日，1912年7月3日女方到公堂要求离异，因为男方不到场，公堂决定后日再议。⑤ 8月3日公堂审判，因为男方不愿离过，公堂决定后期再讯，并委托甲必丹赵德顺进行审理。⑥ 8月9日，因为男方坚持不肯离异，要与妻子商量，公堂于是决定后日再议。⑦ 直到11月4日，公堂最终判定两人离婚。⑧ 此外，诸如1896年8月22日张南昌与黄有娘离婚案、1898年5月13日许金贞与简椿娘离婚案及1912年6月3日林顺炎与李珠娘等的离婚案等审理次数均达到3次。⑨ 而《公案簿》第15辑中也有类似记载，如1916年结石珍街区的薛云娘与黄益和的离婚案及1917年新巴杀街区的高春娘与黄秋涛的离婚案前后都经过6次审理，1914年审理的21宗离婚案件中，有半数以上为多次审理。⑩

其次，丈夫有无给妻子生活资费是公堂判断丈夫有无尽责的重要标准，如果丈夫不履行其义务致使女方生活无着落，公堂一般判离。如上文述及的张文娘与林长泉离婚一案，最终因为男方不再给女方提供资费而判定离异。

再次，夫妻分居时间长短是公堂考虑的另一个因素。一般而言，对于

---

① ［荷］包乐史、吴凤斌、聂德宁校注：《公案簿》第15辑，第488页。

② 吴凤斌、［荷］包乐史、聂德宁校注：《公案簿》第14辑，第517页。

③ ［荷］包乐史、吴凤斌、聂德宁校注：《公案簿》第15辑，第537—538页。

④ 吴凤斌、［荷］包乐史、聂德宁校注：《公案簿》第14辑，第2—3页。

⑤ 同上书，第474页。

⑥ 同上书，第486页。

⑦ 同上书，第487页。

⑧ 同上书，第520页。

⑨ 同上书，第2—3页。

⑩ ［荷］包乐史、吴凤斌、聂德宁校注：《公案簿》第15辑，第9页。

长期分居的情况公堂会判离。如 1790 年 11 月 3 日林恩娘向公堂控诉："氏与许远交寅才两个月，夫乃别氏回唐，今五年，茫无消息。……氏一女流，乏计营生，难以度日，恳乞再醮。"① 对此，公堂表示："且候至唐船到吧，汝夫若无消息，后可到堂投禀。"而按但当地风俗，男人离别妻子一年以上且不给资费者，女方可以休夫他求。②

最后，值得一提的是，在审理具体的离婚案件中，公堂时常会参照传统的道德伦理、《大清律例》等华人的风俗习惯来进行审判，正如印尼学者许天堂曾指出的，"华人的婚姻、纳妾、后裔世系、继承、遗产和过继，根据他们的习惯法处置"。③ 一般而言，公堂依据的华人风俗习惯有以下几种。

（一）依照"七出"来进行判决。"七出"是中国古代丈夫休妻的主要理由，妻子犯有其中任何一条，丈夫即可将其休掉。所谓"七出"即无子、淫佚、不事舅姑、口舌、盗窃、妒忌及恶疾。④《公案簿》档案中记载有不少因为"七出"问题而导致的离异。如 1851 年 10 月 24 日罗德春向公堂控诉说，自己与张和娘结婚已三年，妻子并无生育，从当年七月起至今自己卧病在床，妻子未尝对自己有照顾，且不肯做饭，自己如果对她稍加指责，她就收拾衣服离家出走，据说她寄居在其母舅之家，等自己去妻子母舅家寻访时，妻子又不在那儿。因妻子如此不贤，自己乞求公堂判定分离。公堂经审理后认为："论娶妻之道，有时为养；夫病不顾，又孑然而去，已失妇道，而犯七出之条。宜准分离，任从别适。"⑤

（二）依照《大清律例》等"唐法"进行判决。如 1850 年 9 月 3 日罗炳秀向公堂控诉说，自己的妻子邱江娘离家出走，据说是被高巴阳所拐带而走，现在他们居住在茄垅西隆高巴阳母亲家中，乞望挨实嗹命令自己的妻子回家。公堂审理后认为，邱江娘敢背着结发亲夫在寅夜与他人私奔，这是伤风败俗之举，情不可恕。而高巴阳拐带有夫之妇公然在逃，藐视国法，其罪不小。最后，公堂"斟酌我《大清律例》理宜各杖满百，

① ［荷］包乐史、吴凤斌校注：《公案簿》第 1 辑，第 353 页。
② 吴凤斌、［荷］包乐史：《18 世纪末吧达维亚唐人社会》，第 187 页。
③ 许天堂：《政治漩涡中的华人》，第 182 页。
④ 侯真平等校注：《公案簿》第 7 辑，第 377 页。
⑤ 同上书，第 274 页。

判其分离。今邱江娘、高巴阳既犯此科，恳依我唐法律徵责其罪，以警后来，然夫妇之情已绝，准其离异"①。

（三）依道德、伦理及从风化方面考虑而进行判决。如1854年11月21日公堂审理詹永娘、林位离婚一案。詹永娘向公堂控诉："因拙夫不遵风化，屡迫鸡奸，氏不从，便毒打难堪，致使投控干刀委验荷医。如此不法，乞判分离。"公堂经过审理认为："夫妇之道以顺为正，故闺中之事，或有于画眉者，乃以隐丑之情致播，反目而彰，夫道路之见闻，大伤风化，莫甚于此。既无风化又安望白首？理宜亟判离异，任从别适，各无反悔。"② 此案中，因林位出格的房事要求，妻子难以忍受而乞求分离，公堂以有伤风化判其离异。

从上述案例可见，公堂审判华人婚姻案件的时候，并未有一套严格的成文法律或条规可循，大多时候是由公堂根据不同的案情结合华人的风俗习惯进行判决。

---

① 侯真平等校注：《公案簿》第7辑，第59页。
② 吴凤斌等校注：《公案簿》第9辑，第57页。

第四章　吧城华人公共管理结构

　　社会公共管理是公共管理主体组成的管理体系对社会公共事务的管理。公共管理是在西方社会结构和理论体系中产生的概念。公共管理从产生意义上讲是公共组织的一种职能，包括以政府为主导的公共组织和以公共利益为指向的非政府组织为实现公共利益，为社会提供公共产品和服务的活动。在荷兰殖民统治时期，吧城华人社会的公共管理主要由公堂和美色甘进行。

　　在荷兰殖民统治下，爪哇华人处于一个特殊而尴尬的地位：在经济上，华人占据重要地位；在法律上，荷兰人强迫华人成为荷兰属民（onderdaan），却将他们归类为"外来东方人"，在法律上不享有平等权利。在荷兰东印度公司时期，华人社会拥有一定程度的法律自主权；在荷印殖民时期，殖民者逐步将华人社会纳入欧洲法制体系的轨道，华人的法律地位日益低下。吧国公堂正是荷兰殖民者"分而治之、间接统治"策略的产物，作为殖民政府控制下华人实行自治的"权力机构"，公堂具有相当广泛的权力，涉及华人社会生活的方方面面，但它同时必须服从荷兰的殖民统治。因此，对吧城公堂和荷兰殖民政府之间关系的探析就成为本书研究的另一重点。[1]

　　此外，美色甘是殖民时期吧城华人社会公共管理的另一重要机构，它与华人公堂之间既有合作，也有纠纷。美色甘负责吧城华人的遗产管理、遗产税的征收和孤贫救济，吧城公堂负责除遗产管理和孤贫救济以外的其他事务。利用未刊的《冢地簿》《寺庙簿》《公堂通知、通告簿》《公堂清册簿》等，我们可以对它们之间的关系进行细致梳理。

---

[1]　关于这一点，本书将在第五章进行论述。

第一节　美色甘的建立及其职能分析

一　美色甘的建立

迄今，吧城美色甘创建的时间并没有定论，有人认为它成立于 1640 年①，也有人认为它成立于 1690 年。② 1619 年荷兰总督即任命福建同安人苏鸣岗为甲必丹管理当地华人，并赐给他一块地以修筑府第。苏鸣岗不仅想方设法招徕华人往吧城谋生、经商，还加强了吧城与周边地区的联系，并在 1640 年前后出任华人遗产局局长。在同年的荷兰文档案中有提及唐人病厝的建立，并说明该病厝是提供给那些境遇悲惨的老人、孤儿、寡妇及生病的穷人以照顾，③ 这可视为是美色甘建立的起源。1690 年甲必丹郭郡观（1669—1696 年在位）曾向荷兰总督申请："凡唐人有疾病癫狂失性无依倚者，盖筑美色甘厝以居之，唐番之人，不论甲必丹、百姓，若死无做字者，上人将他财物、奴婢、家器一尽叫卖，将钱落美色甘病厝，以为诸病人饮食之资。设和兰蛮律④一人掌理病厝事；立和兰一人为美色甘朱总理钱银出入。或有男女幼少，其父母临终时做字，愿将其财物寄美色甘为公衙生放之本，每发其利息给饲此人儿女，候长成完娶后入字讨出前寄银额，美色甘朱逐一查算清还，不可混为乌有。至若唐人父母弃世无人教导及贫乏之儿，建一义学，请一位唐人先生以教之，如此则病人有可延其性命，贫儿不致艰于读书。王同众双柄商议倒案，是年鸠工盖筑美色甘病厝义学，美惜甘嘧喳唠厅⑤，工毕乃立郭郡观为武直迷氏，王赐银印一颗，会同美色甘朱⑥查理银项出入及病厝事，议定三年一任，任满更立他人代之，始有武直迷之称，武直迷之设乃自郭郡观所由始也。唐人氏曰

---

① 傅吾康主编，［法］苏尔梦、萧国健合编：《印度尼西亚华文铭刻汇编》（第二卷上册），新加坡南洋学会 1997 年版，第 54 页。

② 吴凤斌、［荷］包乐史：《18 世纪末巴达维亚唐人社会》，第 250 页。

③ Bataviaasch Genootschap van Kunsten en Wetenschappen, "Nederlandsch-Indisch plakaat-boek. 1602–1811", Vol. 1, Batavia: Landsdrukkerij, 1885–1900. p. 446.

④ Mandor，头目、督工者的意思，见侯真平等校注《公案簿》第 8 辑，第 461 页。

⑤ 美惜甘嘧喳唠厅，马来语 Bicara，意为公庭、审判庭，见侯真平等校注《公案簿》第 8 辑，第 464 页。

⑥ 美色甘朱，即朱葛礁之简称，荷兰语 Secretaris。

义学，美色甘病厝之设，大有益于我唐人，是郭郡观德被死生、恩及孤独贫穷，其功伟矣。后裔必有兴者矣。"① 可见，在吧城，美色甘中并不只有华人管理员，还有荷兰人管理员，共有两位荷兰人与一位华人，而且武直迷一职一般情况下不可连任。至 1696 年荷兰政府添设一位华人武直迷。1742 年又增设"番仔一人，戈奢②一人，为武直迷氏，在美色甘厝在位，参议美色甘厝事"③。

值得注意的是，美色甘华人官员经常同时也是公堂官员，或曾经是公堂官员。如 1859 年 1 月 14 日雷珍兰黄清渊（吧生，住八厨沃间）上书给荷印殖民总督说，他听闻荷兰美色甘要用华人为窒④，所以斗胆向总督求任此职。因为他是故甲丁黄永禄之儿子，娶唐美色甘窒雷珍兰王元龙之女为妻，又是雷珍兰陈浚哲的内弟，家世背景不一般。其父自和 1819 年任理公事，至和 1846 年告老，计有 27 年，前任雷珍兰职，后升甲丁粉方僆烈⑤。此外，他曾跟随岳父王元龙帮理唐美色甘数⑥事，对美色甘的事务很熟悉。加上自己家业丰厚，无须担心薪金问题。与此同时，朱葛礁赖观澜也上书荷印总督求任此职。赖观澜表示，自己祖籍中国漳州，时年 53 岁，1824 年来到吧城，后任教读先生六年，诸位家长都很信赖他。后来又充当船主掌理船事，商贩四方，事业兴旺，且未尝与人有什么纠纷。此后又承包劳冉媚一地十年，从未冒犯褒黎司，又兼遵法而行。到 1853 年蒙总督案夺，被推举为公堂二朱。1856 年又升为公堂大朱，每月得俸 120 盾，至今已五年。在任职期间，"公堂列台未尝毁言致谴，即外员首领亦爱悦无间"。他还表示："虽俸金较之现时有减，然罕遇有缺可升。今闻敢文明欲举一窒兼以雷职，任事和美惜甘，每月得俸金 100 盾。末职前已叙明能知唐字及数法，又知礼义，因敢上书致恳。伏乞王上俯赐雷珍兰之职，理和美惜甘窒事。"公堂议决认为，朱葛礁赖观澜所言皆属实，"况

---

① 许云樵校注：《开吧历代史记》，第 34 页。

② 戈奢，Khoja，指从印度南部来的穆斯林，见侯真平等校注《公案簿》第 8 辑，第 415 页。

③ 许云樵校注：《开吧历代史记》，第 46 页。

④ 窒，即窒力突，或称厘力突，荷兰语 Directeur，局长，主任的意思，这里应指财税长官，见侯真平等校注《公案簿》第 7 辑，第 360 页。

⑤ 甲丁粉方僆烈，即甲必丹知厨礼，即荣誉甲必丹，见［荷］包乐史等校注《公案簿》第 10 辑，第 164 页。

⑥ 数，闽南话，指账簿，见侯真平等校注《公案簿》第 7 辑，第 388 页。

年纪老成，为人醇厚朴素，诚可取信。且深知唐字以及数法，虽不识和字，然可令人传写。此乃据理而荐，可堪任职"。同时公堂认为，黄清渊"谓伊系故甲丁黄永禄官之子，唐美色甘武直迷王元龙官之女婿，雷珍兰陈潘哲官之内弟，果然实情。察其为人年登23岁，少年诚实，可取信。但其唐字、数法以及巫唠由字颇知些少，惟冀上人裁夺，谨此详复副挨实嗹裁夺"①。此外，1867年12月升任为唐美色甘雷珍兰的高琼瑶也曾是公堂官员。②

可见，吧城美色甘是将华人遗产局与养济院合并起来而成立的，这样的美色甘在爪哇其他地方是没有的，这也决定了它的功能是遗产管理和公益服务。

二 美色甘的经费来源

一般而言，美色甘的经费来源主要是各式各样的捐赠，但有几点值得注意。第一，由于荷兰是近代最早征收遗产税的国家之一，所以在其治下的东印度均要配合荷兰当局法令对遗产征税。华人遗产管理局征收的税收，不太可能交给病厝及义学，用以维持其运作。第二，《开吧历代史记》中有载："乾隆四十三年（1778年）……王立黄绵公为武直迷，本年终武直迷陈富老、黄绵公同人字，请将咖钞票③付其管理，王与双柄商议，二位武直迷逐年掌理此条僆仔，每月该纳公班衙僆仔银4200盾。"④到1793年"武直迷所赏咖钞票亦是年辞还，从公班衙发叫也"⑤。此项承包给武直迷的咖钞票，是用来给美色甘工作人员发薪俸用的。第三，如上所述，郭郡观在建立美色甘时曾提议"若死无做字者，上人将他财物、奴婢家器，一尽叫卖，将钱落入美色甘病厝，以为诸病人饮食之资""或有男女幼少，其父母临终时，做字愿将其财物寄美色甘为公班衙生放之本，每发其利息，给饲此人儿女，候长成完娶后，入字讨出前寄钱额"。也就是说，生前没有立遗嘱的人的财产没收罚入美色甘病厝以及华人遗产

① ［荷］包乐史等校注：《公案簿》第10辑，第163—164页。
② 聂德宁、吴凤斌、［荷］包乐史校注：《公案簿》第11辑，第239页。
③ 咖钞票，即营业税票，见侯真平等校注《公案簿》第4辑，第385页。
④ 许云樵校注：《开吧历代史记》，第56页。
⑤ 同上文，第61页。

寄存的收益等是美色甘的重要经费来源。但到 1780 年美色甘已无法单靠这种经费来源进行维持了。第四，美色甘经费最主要来源是捐赠，包括自愿性捐赠和强制性捐赠。一是自愿性捐赠。1780 年为解决美色甘经费问题，殖民政府决定从唐人寄钱回唐批银中抽银一钫作为美色甘厝费用，甲必丹大黄衍观即同几位雷珍兰联名请求总督取消该计划，并发动华人富户逐户捐赠，最终使殖民政府取消该税收计划。① 此后，公堂几乎每年都会发动富户给美色甘捐金一次。如《公案簿》第 1 辑中记载："1788 年 6 月 25 日，唐人美惜甘和本年抽去批银，列位捐金录存案底：甲必丹蔡敦官捐金壹佰文、雷珍兰王珠生官捐金五十文、雷珍兰唐编舍捐金五十文、雷珍兰杨款官捐金五拾文……黄长生捐金壹拾文、吴瓒绪捐金壹拾文。以上五十一位，总共计钱壹仟零贰拾文，将钱交大朱帽直咯②收入。"③ 1789 年 7 月 7 日吧城华人为美色甘捐金情况如表 4—1 所示。

表 4—1　　　　　**1789 年吧城华人为美色甘捐金列表**　　　　单位：文

姓名	数额	姓名	数额	姓名	数额
甲必丹蔡敦官	100	涧仔低甲必丹王任官	10	刘砥官	15
雷珍兰王珠生	50	陈顺光官	50	陈报官	10
雷珍兰杨款官	50	钟加郎官	30	黄普官	10
雷珍兰黄绵舍	50	黄董官	25	林理官	10
雷珍兰陈富官	50	黄脱官	25	蔡月西	10
雷珍兰林汉丹官	50	刘七官	20	陈素官	10
抚直迷④陈泌官	50	陈宽官	10	林长生	10
抚直迷陈水官	25	吴海官	15	蔡友生	10
朱葛礁林春光官	10	郭清官	15	邹利官	10
朱葛礁林荣祖	10	陈钩官	15	蔡园官	10
阮长生	10	李东旺	10	李潭官	10

① 许云樵校注：《开吧历代史记》，第 56 页。
② 帽直咯，荷兰人，曾任美色甘大朱，总理钱银出入，见［荷］包乐史、吴凤斌校注《公案簿》第 1 辑，第 389 页。
③ ［荷］包乐史、吴凤斌校注：《公案簿》第 1 辑，第 60—62 页。
④ 即武直迷。

续表

姓名	数额	姓名	数额	姓名	数额
严众官	10	袁满官	10	林光荫	10
黄继老	10	黄心诚	10	杨汶水	10
杨南超	10	傅应瑞	10	林绸生	10
吴瓒绪	10	徐交官	20	陈画官	15
李琏官	10	杨华封	10	林长光	10
蔡伴闹	10	杨利官	10	黄光允	10
城内陈水生	10	陈天送	10	合计	53 人，1000 文

资料来源：吴凤斌、[荷] 包乐史：《18 世纪末吧达维亚唐人社会》，第 250—252 页。

此外，1799 年养济院搬到城外南边的 Pasar Bambu，"公班衙抽唐人美惜甘柜内捐钞 7000 文"[1]，并在华人中募捐，共有 53 位人士捐款，募得 100392 文。[2] 自愿性的捐赠由捐赠者依据自己的意愿来决定是否参与及准备捐赠的数额，因此，此部分捐赠的数量不稳定，不能成为美色甘的主要经费来源。

二是强制性捐赠，它是美色甘经费的最主要来源，主要有如下几种。

1. 结婚捐赠

1706 年 12 月 7 日荷兰东印度公司发出公告，宣布除穷人外，华人结婚都要向市政府交 5 文（1 文等于 2.5 盾），还要交 1～2 文给美色甘病厝。1717 年 3 月 31 日至 4 月 6 日又公告说：华人，包括寡妇在内，不许随便结婚。要结婚先要有甲必丹与雷珍兰的许可证，甲必丹与雷珍兰每周会安排一次时间接见要结婚的人，他们认为没有问题才给许可证。拿到许可证的人，要到武直迷那里交结婚费。1742 年 11 月 26 日公告说：要结婚的人须到武直迷处申请许可证，收费是 4 文，其中 3 文给东印度公司政府，1 文给武直迷秘书（即朱葛礁），如果有赠送其他财物的话，办事人要好好写下来，以便转交给美色甘病厝。[3] 1747 年 11 月 17 日公告说：结

---

① 吴凤斌、[荷] 包乐史：《18 世纪末吧达维亚唐人社会》，第 253 页。

② [德] 傅吾康主编，[法] 苏尔梦、萧国健合编：《印度尼西亚华文铭刻汇编》（第二卷上册），第 55 页。

③ 吴凤斌、[荷] 包乐史：《18 世纪末吧达维亚唐人社会》，第 38 页。

婚的人要付给政府 3 文至 8 文，还要送钱给美色甘病厝，金额一般在 10—25 文之间。与此同时，丧葬等其他费用都废除。1760 年公告严禁华人娶亲时乘坐轿子，违者罚银五百文，收入美色甘。① 1767 年 11 月 20 日、1805 年 9 月 13 日的公告还规定对结婚时僭越规定使用仪仗的唐人，也要进行罚款，其中也有部分罚款是要交给美色甘病厝的。② 1786 年 5 月 12 日至 22 日公告说：不进行成婚登记就结婚的华人罚款 50 文，充入美色甘病厝。③

2. 丧葬捐赠

华人向来重视丧葬，因此与丧葬有关的捐赠也是美色甘重要的经济来源。如 1641 年 12 月政府公告说，华人死亡埋葬前要交半个里尔④税；死者遗产中抽取 5% 的税，贫穷者除外。1660 年 6 月又规定，华人葬礼税从半里尔改为 2 里尔，再改为 3 文，另收立有墓碑者 12 文。1669 年 12 月颁布公告说，禁止挖土造新坟，禁止把墓弄得过高，否则罚款。1700 年 6 月规定，在吧城城外蔗园的华人去世，要马上报知武直迷，否则罚款。1705 年 6 月规定，华人在医院死亡由政府出钱埋葬者，葬费从原来的 3 文增加到 6 文。⑤ 1705 年"武直迷邱祖观乃立法，凡人之女婢死者，令报美色甘买给出葬字，若隐瞒无字被执者，罚钱二十五文"。这个规定一直持续到许纯观任吧城武直迷为止。⑥ 1755 年 8 月 25 日殖民政府发布公告说：要运枢回唐安葬的华人，要按他遗产的多少付给武直迷 50 文至 100 文钱。⑦ 1791 年 8 月 9 日发布公告说：各色人等需遵守坟墓的建置规定，违反者罚 500 文，罚款的三分之一给检举人，三分之一给美色甘病厝，三分之一给秘书。1797 年 2 月再次重申相关规定。⑧ 1800 年规定，在葬礼上要按照中国风俗习惯擎高灯者，须向武直迷申请，并交 500 文给美色

---

① 许云樵校注：《开吧历代史记》，第 51 页。

② 吴凤斌、［荷］包乐史：《18 世纪末吧达维亚唐人社会》，第 39 页。

③ 同上书，第 39 页。

④ Real，西班牙银币。

⑤ 吴凤斌、［荷］包乐史：《18 世纪末吧达维亚唐人社会》，第 41 页。

⑥ ［德］傅吾康主编，［法］苏尔梦、萧国健合编：《印度尼西亚华文铭刻汇编》（第二卷上册），第 36 页。

⑦ 吴凤斌、［荷］包乐史：《18 世纪末吧达维亚唐人社会》，第 42 页。

⑧ 同上。

甘病厝。甲必丹的葬礼可以举两盏高灯及其他仪仗，但也需要申请，并交500 文给美色甘病厝①。1871 年 8 月 23 日公堂又议决说，"因是时常见我唐人有极贫至死不能葬其身者，许多四处乞棺，若随逢有喜舍者，甚幸。恐或迟而无可得者，则难免尸体败露。其惨苦莫此为甚。于是，本堂触目伤心，细想美色甘原有设唐人病厝，凡唐人疾病有入病厝医治者，至身故，皆美色甘为出棺收埋。但贫人有病在外者，虽无入病厝而死，其惨苦一也。宜乎美色甘发棺木周济贫苦之人，庶免有怆惶遍乞之难矣。万望挨实嗹发恻隐之心，庶几美色甘开方便之路，则省事均感靡涯矣。"②

3. 其他类型的常规捐赠与非常规捐赠

如华人得到"钦赐甲必丹""雷珍兰智厨礼"③ 等头衔时必须要向美色甘交纳一定的费用，获封"钦赐甲必丹"则要捐 1900 盾，"雷珍兰智厨礼"要捐 600 盾，还必须交缴不同价格的印仔纸④作为纳捐证明。⑤ 此外，公堂也会对美色甘进行固定捐赠，如《公案簿》第 10 辑记载："1860 年 10 月 4 日公堂设嘧喳唠。1855 年起到 1860 年 6 月终止，兑塚地风水一半额当缴入唐美惜甘。"⑥ 非常规的捐赠则经常出现在民事纠纷案件中，例如要求理亏的一方捐金给美色甘以示赔偿等。⑦ 如 1833 年 4 月 6 日殖民政府定移民担保人的新规，公堂补充规定到："如新客入于病厝，不论厝税、衣食、药方等费，安咀人须清还于公班衙，苟新客无利路、不守规矩而为非妄作，上人知情欲吊其人，而安咀人须预备 500 盾付礼罚，充入唐人病厝，然安咀人之终身并其家业，俱皆耽戴，从此例而行。"⑧

通过这些记载可见，美色甘是一个集慈善、行政功能于一身的机构。

---

① 吴凤斌、[荷] 包乐史：《18 世纪末吧达维亚唐人社会》，第 43 页。

② [荷] 包乐史、聂德宁、吴凤斌校注：《公案簿》第 12 辑（下），第 354—355 页。

③ 荷兰语 Luitenant itularir，指名誉雷珍兰头衔，见侯真平等校注：《公案簿》第 4 辑，第 366 页。

④ 即印花税票，见侯真平等校注《公案簿》第 4 辑，第 409 页。

⑤ 翁频、水海刚：《巴达维亚华人孤贫养济院美惜甘初探——以〈公案簿〉为中心》，《历史教学》（下半月刊）2010 年第 12 期，第 47 页。

⑥ [荷] 包乐史等校注：《公案簿》第 10 辑，第 306—309 页。

⑦ 翁频、水海刚：《巴达维亚华人孤贫养济院美惜甘初探——以〈公案簿〉为中心》，第 47 页。

⑧ 聂德宁等校注：《公案簿》第 3 辑，第 69—70 页。

三　美色甘对华人遗产的管理

美色甘最重要的职能就是替荷兰当局管理遗产税的征收。一般而言，在遗产管理中，美色甘是与公堂密切合作的。

首先，吧城华人一旦死亡，无论其性别、年龄、婚姻状况如何，其法定继承人或知情人必须要到美色甘报知其死亡情况，并在规定限期内将其遗产清单上交给美惜甘，再由美色甘派出华人官员对其遗产进行核对，并征收相应的遗产税。

如《公案簿》档案还显示，公堂需要将每月华人死亡情况告知美色甘，"照常，凡有唐人身故，即报鉴光默，而默出单报美色甘"①。到 19 世纪中后期，美色甘曾对公堂上报华人死亡情况的格式提出要求，如"和 1872 年 11 月 4 日，付挨实嗹致书公堂为唐人身故逐月详报唐美色甘之格式事"载："今凡有唐人身故，祈公堂逐月详报唐美色甘，从本月 19 日第 5916 号之书而行。兹附其详报之实哩式列下：死人姓名，生长年纪，经纪，死日并其死处，掛些②人，其亲眷即子女之未长成者，做帽老礼斤③，或无，及何时做的。"④ 由此可见，该公堂申报的内容包括死者的姓名、年龄、丧葬理事人、死亡日期和死亡处所、代理人、子女情况、是否有作遗产清单等。或许是执行起来比较困难，到 1873 年 5 月美色甘又致书公堂说，"自今以后，凡唐人身故，不必详闻，惟在鍊间病厝死亡者，逐月可录详闻。"⑤

可以推断，公堂需向美色甘申报华人死亡情况，以与华人自己向美色甘申报的死亡情况相对照，可防止有人死而不报以逃避缴纳遗产税的情况。如美色甘于 1844 年 7 月 17 日致书公堂云："兹附赖亚奇住大港前墘有唐信一封，据云巫亚奇在唐已经身故，但此巫亚奇生前在吧自和 1842

① ［荷］包乐史、聂德宁、吴凤斌校注：《公案簿》第 12 辑（下），第 475 页。

② 掛些，亦作掛咖，马来语 Kuasa 对音，意思为委托、代理，见侯真平等校注《公案簿》第 8 辑，第 420 页。

③ 荷兰语 Boedelrekening，遗产清单之意，见［荷］包乐史、聂德宁、吴凤斌校注《公案簿》第 12 辑（下），第 489 页。

④ 同上书，第 488 页。

⑤ 同上书，第 599 页。

年 8 月 26 日第 102 号梁礁缎碨律①有做达心民字。祈查勘其唐信如何，可能取凭乎，具词详复，原信寄回。"公堂表示："细查唐信一份，内外并无印记，难以取凭。"② 由此可见，美色甘依靠公堂核实华人生死情况。

在死亡申报后，公堂将负责华人遗产的核对工作。如 1857 年 8 月 30 日美色甘致书公堂，委托公堂查勘陈森的遗产情况，并附上陈森的相关账簿。③

有时吧城华人在异地死亡，当地的美色甘也会将遗产情况汇报给吧城公堂，让公堂代为寻找其继承人，以征收相应费用。如美色甘在 1850 年 8 月 30 日寄给公堂总单一纸，说：有人存遗业在安汶美色甘，希望公堂调查一下，并通知相关人士入字认领，存遗业者名单如下：洪操，1813 年去世，存遗业 13.515 盾；吴石哥，1818 年去世，存遗业 448.135 盾；梁亚才，1812 年去世，存遗业 56.6 盾；余注，1826 年去世，存遗业 95.965 盾；吴凤娘，1842 年去世，存遗业 6083.87 盾；王旁光，1834 年去世，存遗业 6365.15 盾；许亚德，1818 年去世，存遗业 1395.465 盾；黄亚求，1822 年去世，存遗业 1653.665 盾；郑亚春，1840 年去世，存遗业 6728 盾；陈沙，1842 年去世，存遗业 71.16 盾；田保，1841 年去世，存遗业 174.3 盾；叶奚哥，1811 年去世，存遗业 96.71 盾；振茄，1818 年去世，存遗业 286.95 盾。公堂委公勃低甲必丹高俊杰官、钦赐雷陈广元官吊谕诸各鉴光默氏："职等将情抄录，各鉴光诸默氏每人各分一张，令其查询有此存遗业者之该亲否，以一礼拜为限须到公馆报知。"后据诸默氏回报说，各鉴光并无此该亲之人。对此，公堂议决："此案凭公勃低已将名次分给各默氏谕知人等，至今未有登堂报息。嗣后若有来报者，自当再详。"④ 该记录显示，这是安汶美色甘向公堂汇报华人弃世留在安汶的遗业，公堂帮助查找这些死者的亲属，以便认领遗产。

其次，如果华人立下遗嘱，美色甘一般会遵照执行。如 1787 年 6 月

---

① 缎碨律，人名。
② 侯真平等校注：《公案簿》第 4 辑，第 3—4 页。
③ ［荷］包乐史等校注：《公案簿》第 10 辑，第 231—233 页。
④ 侯真平等校注：《公案簿》第 7 辑，第 63—64 页。

雷珍兰高根官在吧做遗嘱字，其内容如下："付女婢五名出身……惟春梅、吗哖须抚养其子，候至成人。或回家，方准出去改适。一付双柄伴陶公令公子钱壹仟文。一、付母亲王连娘钱三千文。一、付高金官钱二十五文。一、付高蒲官钱二十五文。一、付妻陈审娘钱五千文。一、付妻郭瑞娘厝一间。并女婢一名（唤碧桃，本地人）。一、付妻黄志娘（万兰人）钱二十五文。一、付曾邻乡钱五百文。一、付张春官钱二百文。一、付掛沙人雷珍兰王珠生、高潭官、柳扬官各钱五百文；并鉴光里毛蔀得利之钱，俱付掛沙均分。一、做出身之女婢春梅、吗哖、当寅，每名付钱一百文。又武讫人名唤罗果，付其终身收西门外一间厝税前。罗果若卒，此厝付女儿高意娘。一、付男高荣全钱贰万文。万一荣全早衰，此钱付男高荣杰、高荣辉、高荣叠三人均分。其余所有物业尽付高荣全（年才六岁，系春梅所生）……又，女儿三人，一名高意娘（年十二岁，系罗果所生）。高添年（年十八岁，系故妻李荫娘所生）。高变娘（年十五岁，系妻陈审娘所生）。共付钱九千文，就总承项下抽出均分。又，女儿高清娘（系郑栋官之寡妇）。付钱壹仟文。另前已付粧奁物件，不得取回。兹付雷珍兰王珠生、高潭官、柳扬官掛沙料理，陈审娘掛沙掌财帛，并抚养子女。又，男在唐山，付母亲掛沙抚养。其余诸事开明于后……"①

该档案中，高根官对死后妻妾及孩子们的遗产分配做了详尽的安排，防止相关纠纷的发生，同时也有利于美色甘对其遗产的管理。可以说，死前立下遗嘱是吧城华人对荷印殖民制度的一种适应。因为"唐人祖家常例，无做遗嘱字。凡人身故，儿子幼稚，财业其妻执掌。若妻改适，付其本夫亲长暂掌抚养。其儿子长成，即将业交还执掌。然我唐人住吧，属公班衙辖下，公班衙有设立梁礁②做掛沙字，此法甚佳……"③

如果死者生前没有立下遗嘱，则美色甘有权对其遗产进行自行处理，但美色甘一般会与吧国公堂一起协理。如果逝者相关继承人对美色甘的遗产分配持有异议，也须到公堂进行申诉，先由公堂裁决，然后由美色甘酌

① ［荷］包乐史、吴凤斌校注：《公案簿》第1辑，第8—11页。

② 梁礁，荷兰语 Notaris 音译，荷印时代掌书契、书写讼状者，后为政府承认之公证人，见聂德宁等校注：《公案簿》第3辑，第348页。

③ ［荷］包乐史、吴凤斌校注：《公案簿》第1辑，第8—11页。

定实行。如 1850 年 9 月 13 日魏宗向公堂控诉说，1848 年 12 月 19 日余伦娘身故，无做《达心民字》①，而余伦娘是余南风之女，余南风是余曲娘之兄，其妹余曲娘系魏宗父亲魏孙之妻，那么余南风就是其母舅，而余伦娘即魏宗的表姊妹，且平时也是以表姊妹相称呼，对此陈威仪和彭知滑可以作证。因余伦娘身故并无儿女，又无至亲兄弟，因此魏宗认为自己应该得余伦娘遗业，但其遗业已入唐美色甘，虽然魏宗曾入字恳美色甘要求继承余伦娘遗业，而美色甘说他的削视②不明，不能得其遗业。为此，魏宗恳求兰得力③案夺自己可以得到余伦娘的遗业。对此，公堂官员讨论到，"论魏宗及削视所言，与原字自相矛盾，又不知戚属之源，本堂细思，不得承受"④。

此后，余进元（住小南门）和余青貌（又名其汪，住观音亭）也入字兰得力要求获得余伦娘遗产，他们说：1848 年 12 月 19 日余伦娘（系周炎光之寡妻）去世后，无立字⑤，又无儿女以承其业。由亲而论，他们与余伦娘最亲，因此该领其业，各分一半。他们有 4 个证人，即吴黎西（医生，住五脚桥）、赖丁哥（住丹蓝望）、蔡盛祖（住八多桡）、余德生（住观音亭），此四人都证明说，余伦娘之父余风连娶林思娘（单生余伦娘），俱已弃世；余风连有一弟余风老（娶黄软娘，生余大傲），亦已弃世，则余大傲与余伦娘是堂兄妹，余大傲娶江浮娘生余婆光，余婆光娶李望娘生儿子余青容、余青貌是也，余青容娶刘桂娘生余进元。今余青貌尚在，而青容已故。因此，余青容、余青貌是余伦娘之侄孙，余伦娘即余青容、余青貌之姑婆矣。因为子能承父业，所以余进元代故父余青容同伊叔余青貌入字求领余伦娘之业，但美色甘不接受他们的要求，因此，他们也到公堂来投诉。公堂在经过一番调查后，最后的回复是："余青貌、余进元二人所控不得承受。"⑥ 美色甘根据公堂的判决，没有将余伦娘的遗产

---

① 达心民字，也作达心蛮字，荷兰语 Testament，遗嘱、遗书的意思，见侯真平等校注：《公案簿》第 8 辑，第 402 页。

② 削视，马来语 Saksi 音译，意为证人，见同上书，第 509 页。

③ 兰得力，荷兰语 Landraad，荷印地方法院，始于 1824 年，见［荷］包乐史、刘勇等校注《公案簿》第 6 辑，第 298 页。

④ 侯真平等校注：《公案簿》第 7 辑，第 53—55 页。

⑤ 字，指文书、证件，这里应指遗嘱，见同上书，第 422 页。

⑥ 侯真平等校注：《公案簿》第 7 辑，第 256—261 页。

交于上述人等。

再次，如果死者的合法继承人未成年，且死者生前未指定相关遗产监管人，则由美色甘照会公堂，由公堂协商解决，相关继承人再到美色甘报案；如果因其继承人尚未成年而死者愿将财产托付美色甘管理的，美色甘将按月发放利息或者生活费给其继承人，直至其成年，再将遗产交还。[①]如 1847 年 8 月 21 日挨实嗹致书公堂说：死者林元益之子林溪胜入字美色甘说自己已成年，故要讨其业项（即遗产），希望公堂进行相关调查。林溪胜向公堂供诉：自己已经十九岁，在该年农历四月廿四日已成家，自幼过房给林元益为继子，但元益仙逝之时自己三岁；十一岁时，自己的过房母亲也去世，自己就由庶母名苏美娘抚养长大。现在自己已成家，也已向美色甘取领 50000 盾用来做生意，但还存在美色甘 125000 盾。他还说，"晚思生理 50000 盾已足，若将 125000 盾再领回，则以有用之财置之无用之地，故恳美色甘将项留存，仍行利息，意欲若遇有地头，自可将项领来置买。……经入王字，恳为再行利息，若王上恩准，便将项存在美色甘，仍行利息，倘不肯恩准，便要将留存之项一并领回。"公堂议决："论在唐规例，为男子者年登十六岁便称为丁，二十则为弱冠。若既娶妻有十六岁者，虽未及冠，亦可称为已冠，而况于娶妻者乎？"[②] 可见，公堂认为林溪胜年十九已成年，且已娶妻，完全可以领取其养父遗产。

最后，如果死者相关继承人不在吧城，则需要在异地的甚至在中国的继承人提供相关证明材料，在得到公堂承认之后，才能到美色甘处承领遗产。[③]

如 1850 年 8 月 9 日，唐美色甘致书公堂，询问是否仅据一封中国来信就可确认林宇已死。美色甘说："为读汶挨实嗹于和 7 月 6 日第 1675 号之字，云及林宇之掛咖人接唐信一封缴入美色甘，而美色甘于和 6 月 19 日第 513 号将唐信委君眉司查勘，据君眉司于和 7 月 6 日第 140 号详复云：'林宇在唐身故有一年之久，可观其唐信便知。'兹将唐信一封，祈

---

①　翁频、水海刚：《巴达维亚华人孤贫养济院美惜甘初探——以〈公案簿〉为中心》，第 48 页。

②　吴凤斌等校注：《公案簿》第 5 辑，第 214 页。

③　翁频、水海刚：《巴达维亚华人孤贫养济院美惜甘初探——以〈公案簿〉为中心》，第 48 页。

公堂酌量可承受否？林宇果有死否？"公堂议决："若论理法，父无死而子报死者其罪甚重，在唐则斩首示众，在吧则藤责问流，且自古及今亦未之闻。若论唐信可承受，则不敢知，因无带信之人可查问故也。"①

再如 1850 年 9 月 20 日美色甘致书给公堂，说华人李发外向其要求领取故者李番哥遗留的业银 10000 盾寄回中国，据说，这笔款项是李番哥遗嘱中要交付给李恒聪（实名李聪）与李恒格（实名李格哥）的，李发外还向美色甘提供了几份中国来信、李恒聪与李恒格的"婚书"以及证人刘永、陈五粒等的证词。美色甘向公堂征询说，此二人经已婚娶，但不知是否可以仅凭书信就接受他的要求，希望公堂帮忙查勘，并尽快回复。公堂经过一系列的调查后，回复说："此事可以取信……甚然允当。本堂细思，此事宜可承受。"②

四 美色甘的孤济救贫功能

美色甘的另外一个重要的功能是慈善功能，即管理华人医院，负责其日常事务；抚养、照顾孤贫老人、小孩、寡妇；负责教育孤儿及穷人的小孩等，这些在《公案簿》档案中也有体现。如 1871 年 8 月 23 日公堂曾议决："因是时常见我唐人有极贫至死不能葬其身者，……本堂触目伤心，细想美色甘原设有唐人病厝，凡唐人疾病有入病厝医治者，至身故，皆美色甘为出棺收埋。但贫人有病在外者，虽无入病厝而死，其惨苦一也。宜乎美色甘发棺木周济贫苦之人，庶免有怆惶遍乞之难矣。"③ 这从侧面说明了美色甘的慈善功能。但是，如前所述因美色甘 6 名工作人员中华人武直迷只有两个，因此在办公中其官员要与其他种族的官员进行更多的交流，其办事流程与方式应更倾向于荷兰殖民政府，而不是以华人传统或公认的方式来处理华人内部的各种问题，这使得它在华人社会中的认可程度没那么高。

对于美色甘在当地华人社会中的认同程度问题，《公案簿》档案中有诸多记载。如武直迷陈巧郎曾于 1760 年入字荷兰总督，严禁华人娶亲时

---

① 侯真平等校注：《公案簿》第 7 辑，第 19 页。
② 同上书，第 62—63 页。
③ ［荷］包乐史、聂德宁、吴凤斌：《公案簿》第 12 辑（下），第 355 页。

乘坐轿子，违者罚银五百文，收入美色甘。华人对其行径大为不满，私下评论："不仁哉，陈巧郎也。不巧于为善，而巧于贼民，娶婚乘轿，礼之大者也，禁轿，夏变夷之兆萌矣。罚钱五百，落美色甘，启王责罚之心，以害同类，是播其恶于众也。哀我父母国之道去矣！"[①]

可见，美色甘虽然名为养济院，但它显然不同于明清时中国政府官办的养济院，又不同于明末清初中国江南广泛兴起的民间自发组织的善会善堂。它属于两者的中间形态，从理论上说，它应该获得成功，但事实并非如此。究其原因，这与吧城作为一个华人移民的社会有着非常密切的关系。首先，从美色甘服务的对象来说，其服务对象主要是生病、精神失常、孤儿、老人、寡妇等没有经济来源的人。而吧城华人的主体是男性、青壮年，他们不愿也不太能够享受得到这些服务。再如1856年4月荷兰医生缎厨生曾入字给副挨实嗹说，华人"贫寒之家不得用和医，且不得服和药，纵有唐人先生有过，于贵富裕之人用之，贫寒之人全然不恤。……无如药价太高，徒枉和医之心力……余经查察美惜甘干刀每年所入之项，有加于所出至蓄积任人借贷……美惜甘干刀蓄积有加之项，合当用以济人焉。倘艰难莫措之人，皆得便宜医方之治，而美惜甘掌理钫项目，容易得一和医为唐人所合意者……"对此，公堂经讨论后表示："美惜甘蓄积病厝之项，所入有加于所出，其言亦是。但欲捐唐人之乐助，此实难为……今列位上人如是怜念下民之疾苦，孰若将美惜甘储积之项发下，任病人自裁，或要用和医，或要用唐医，要食唐药、和药，暨免还费。此则大方便之至也。"[②] 此档案显示，美色甘收入多于支出，但其用于资助贫苦之人的支出很少。

此外，还体现在美色甘与公堂之间的财务纠纷上。如1828年公堂向华人美色甘借款5000盾，向和（即荷兰）美色甘借款10000盾，购买吧城外西南郊式厘坡冢地，年息为9八仙。[③] 政府提出将来公堂如还清欠和美色甘款项，则将此地块过名到唐美色甘名下，由公堂继续清还唐美色甘剩余款项，到15000盾的母、利银还清后，则此地块与唐美色甘无干系

① 许云樵校注：《开吧历代史记》，第51页。
② 吴凤斌等校注：《公案簿》第9辑，第212—215页。
③ ［荷］包乐史、［中］刘勇等校注：《公案簿》第6辑，第62—63页。

了。到 1849 年前后，公堂欠和美色甘的 10000 盾母银即将清还，而欠唐美色甘 5000 盾的利息则按时清还。但 1849 年 5 月唐美色甘突然要求公堂清还自 1828 年起式里陂冢地的获利，这让公堂难以接受，因此向荷印总督投诉。[①] 唐美色甘表示，根据当年荷印殖民政府的决定，公堂必须把所得一半利润缴入唐美色甘，然而公堂表示年代久远无法记清，要求唐美色甘提供荷印当局的这些文件的原件，1849 年 9 月唐美色甘抄寄来 1828 年部分文件，公堂表示无法采纳。1851 年 3 月唐美色甘致书公堂，限一个月内缴清借款、利息、利润，公堂则认为还清 5000 盾钱款本息可以接受，但利润则无法支付，1851 年 5 月唐美色甘向公堂抄寄来 1809 年荷印总督关于唐人墓地及筹款文件，1851 年 8 月公堂向荷印殖民政府表示，对唐美色甘要求获得式里陂冢地的相关利润"实难从命"[②]。

实际上，公堂对美色甘的不满其实早在此事之前已有所反映。如 1843 年 12 月 8 日挨实连致书公堂，说丹绒透到洪溪的大路毁坏厉害，危险难行，恐伤害马车，希望公堂务必修理，其费用可以从冢地出售收入中获得[③]。公堂则表示，从丹绒到洪溪的道路，平常如果有小的毁坏，都是公堂在修理，因为如果不修理的话，则不能通行棺柩、埋葬死人。自 1827 年丹绒港堵塞导致大水泛滥之时，此路毁坏计有七处，现任玛腰当时还只是雷珍兰，他因为要报亲恩埋葬伊父，出面修理此路，花去不少费用。此后，富家之人要葬其亲者，亦有出雷（即镭）修理，以尽孝心。而在以前，应该是由敉文明来修理此路。公堂还指出："彼时公堂因乏项建置此冢地，故向唐美色甘拨借，逐年纳还利息，至今尚未完楚。因其有欠，故将兑风水雷一半入美色甘得之。灼见公堂实无厚利留存。所兑风水雷一半，除费外，不上 1700 盾。又此冢不过五年之间，风水已满，为民上者，能不触目关心再置别地以防后来着乎？是以玛腰新买惹致地并费用 12500 盾之左，盖欲恳求王上恩展，以为唐人冢地。此项尚且不足，何处可取雷以修理丹绒之路许长也哉？"[④] 从公堂的回复中可见，因为购置冢

---

① 侯真平等校注：《公案簿》第 7 辑，第 249—251 页。
② 同上书，前言，第 3 页。
③ 关于吧城华人冢地问题，本书将在第七章进行论述。
④ 聂德宁等校注：《公案簿》第 3 辑，第 240—242 页。

地，公堂已背上沉重的债务，且每年冢地的相关收益还必须分一半给美色甘，这对于公堂开展公益活动是极大限制。

此外，如上文所述，荷兰殖民政府对华人新客的入境不时进行诸多限制，某些时期甚至不许华人新客前来吧城，亦不允许唐船来吧贸易，在这种情况下，吧城华人谋生困难，却还要为美色甘捐献大量钱财，必然会心存不满。如上述的 1789 年华人为美色甘的捐金活动中，共 53 位华人捐款，只占当时吧城 690 家商店的 7.68%，未捐款的华人店家都是自顾不暇的小商小贩。[①] 其次，如上所述，美色甘的经费有很多来自强制性捐助，而这也是美色甘与其他慈善组织最大的区别之处。因此，在某种程度上，美色甘的功能已脱离其创建人的本意，这也导致华人与美色甘之间因为遗产税问题纠纷不断。如 1854 年 3 月 17 日余进元、余青貌与美色甘争执余伦娘遗产继承权一案；[②] 1854 年 9 月 15 日，缎黎温掛呷朱深控美色甘掛呷故朱森元遗业一案；[③] 1855 年 9 月 26 日黄林坦控美色甘要讨其父黄东成遗业一案；[④] 1856 年 1 月 25 日林成娘、林柏娘控美色甘一案；[⑤] 等等。

可见，美色甘不受华人欢迎的根本原因在于它作为一个遗产税征收机关与作为一个慈善机构在功能上的对立。[⑥] 因此，吧城华人社会的慈善工作很多时候是由公堂承担起来的。

第二节　吧国公堂的社会公共管理职能

与美色甘不同，吧城公堂负责除遗产税管理和孤贫救济以外的其他公共事务管理。

---

① 吴凤斌、［荷］包乐史：《18 世纪末吧达维亚唐人社会》，第 253 页。
② 侯真平等校注：《公案簿》第 8 辑，第 311—313 页。
③ 吴凤斌等校注：《公案簿》第 9 辑，第 23—27 页。
④ 同上书，第 135—139 页。
⑤ 同上书，第 182—185 页。
⑥ 翁频、水海刚：《巴达维亚华人孤贫养济院美惜甘初探——以〈公案簿〉为中心》，第 49 页。

一 审理华人遗产纠纷

上文已经述及，华人在与美色甘发生遗产纠纷时，公堂会协助审理，有时华人彼此之间发生遗产纠纷，也需要公堂来审理，在《公案簿》档案中相关的案件记载有很多。如 1849 年 6 月 8 日陈淇泉控陈乌尚、陈逢义侵犯遗产管理权一案①；1849 年 11 月 18 日，苏天庇、陈潘哲、陈令、陈森、陈逢义等欲掌理陈光文遗产一案；② 1850 年 4 月 26 日，张宇娘控已故继母林福娘代理人缎心蜜、杨浩，申请追回继父张开哥馈赠诸物一案；③ 1850 年 10 月 18 日林英华代理许恒娘控遗产监督人李长衍拒绝移交遗产一案；④ 1851 年 5 月 23 日缎亚泊葛迷氏代理叶止控叶武违背叶妙德遗嘱一案；⑤ 1857 年 5 月 15 日公堂奉命查勘详复邱珠本果系邱光前付业之人否一案；⑥ 1862 年 7 月 25 日，公堂查勘详复林海娘果系林长庚亲生女子否一案等。⑦ 公堂在审理华人遗产分配和继承问题等民事纠纷中，往往会"从吧之例，遵国法"或"从和例"而行，并以"君得力书"⑧"梁礁字"⑨"达心民字"⑩ 等作为断案证据，⑪ 但同时也会遵循一定的唐人规矩，如 1873 年 9 月 29 日讼师缎高稽哼向公堂询问说："一、有一唐人尚未长成而死，无做达心眠字。从唐例，谁该领业？二、承业人如何分派？三、如无承业人，其业归谁？四、是何因故家业方可充公？五、若尚有母亲、姑母、舅，依唐例其业能充公否？"公堂于是查阅《大清律例》进行

---

① ［荷］包乐史、刘勇等校注：《公案簿》第 6 辑，第 69—71 页。
② 同上书，第 170—176 页。
③ 侯真平等校注：《公案簿》第 7 辑，第 23—25 页。
④ 同上书，第 86—88 页。
⑤ 同上书，第 191—192 页。
⑥ ［荷］包乐史等校注：《公案簿》第 10 辑，第 31—33 页。
⑦ 同上书，第 366—368 页。
⑧ 君得力书，源自荷兰语 Contract，即合同书的意思，见《公案簿》第 7 辑，第 354 页。
⑨ 梁礁字，即公证书，见侯真平等校注《公案簿》第 4 辑，第 369 页。
⑩ 达心民字，也称达心眠字，即荷兰语 Testament，遗嘱、遗书的意思，见侯真平等校注：《公案簿》第 7 辑，第 355 页。
⑪ 聂德宁：《冲突与兼容：荷印吧城华人遗产继承的法律适用问题》，《南洋问题研究》2009 年第 4 期。

相关解答。①

　　一般而言，美色甘在处理华人遗产问题时经常会向公堂征询相关的华人规矩。《公案簿》档案显示，吧城华人遗产继承主要会面临以下一些问题，不同的问题往往遵循不同的华人规矩。

（一）法定继承或遗嘱继承的问题

　　法定继承是指由法律直接规定继承人的范围、继承顺序及遗产分配原则的一种继承方式，是遗嘱继承的对称。根据《大清律例》，家庭财产（主要是田产）的继承"除有官荫袭，先尽嫡长子孙，其分析家财，田产不问妻妾婢生，止以子数均分"②。这一"唐人规矩"在吧城华人公馆查勘和审理华人遗产的继承案例中得以体现。如华人李珍寿（系日洛婆种地头主）在1850年4月10日曾向梁礁缎吉宁③立下《遗书》，其中写到，将武吃地、监光猫汝第、招望赖地，的价80000盾，并牛马、器具、米碹、厝宅由儿子李丹水（年15）、李日水（年14）、李荷莲水（年12）三人共得。三子中，有一不寿，则归其二；二不寿，则归其一；如俱不寿，则归长男李江水。此地永为子孙相继，不得发兑。又付长男李江水勿伦唠地勿宁宗地，的价约16000盾，并牛马、器具，如其不寿，则归伊子。此外，付其妻江金娘④每月可得50盾，又付番妇㕭添银250盾，又番妇㕭里银250盾，又番妇来当银250盾，即当现交，并伊自用物件。他还要求，所有家业尽付四子均分不得发兑，立长男李江水料理遗业及照顾诸子。⑤因此，1853年9月6日厘力突仁得唠⑥向公堂询问李珍寿四个儿子应该如何继承遗产一事，公堂的回答是："一、论我唐人在唐规矩，得业免还八仙，故分业无定制，嫡庶之业，多其父生前预定；或父死未分，则伯叔尊长公断；不约多寡，大抵嫡多二庶寡。今李珍寿既有《遗书》，实系生前预定。使无《遗书》，从我唐人规矩，庶子合当有分，但不宜与嫡

---

①　聂德宁、吴凤斌、［荷］包乐史校注：《公案簿》第13辑，正文第35—36页。

②　田涛、郑秦点校：《大清律例》卷八《户律·户役》，法律出版社1998年版，第187、179页。

③　缎吉宁，人名。

④　其三子之母。

⑤　侯真平等校注：《公案簿》第8辑，第254—256页。

⑥　厘力突仁得唠，即总厘力突，见侯真平等校注《公案簿》第4辑，第384页。

平等。"①

再如 1852 年 12 月 17 日公堂审理吴宗茂求分许裕娘遗产一案。吴宗茂（住廿六间）向公堂诉说到，已故吴晶哥之妻许裕娘是自己的祖母。其证据如下：一、许裕娘婚配吴晶哥，有公馆甲必丹同美色甘颁发的《婚书》为证。二、已故祖父吴晶哥在 1824 年 1 月 18 日向梁礁缎巫生立下《遗书》，其中写明将所有物业付伊妻许裕娘得之。三、许裕娘于 1846 年 5 月 31 日所立的旧《遗书》中也有写明她是已故吴晶哥之妻。四、有《梁礁削视字》质晚系吴和生之子，而吴和生即许裕娘之子，其证见二人俱敢立誓。又，吴和生婚娶郑咖钫，也有公堂及美色甘在 1824 年 1 月 9 日所立《婚书》为证。当吴晶哥在吧未娶之先，已认吴和生为己子，把吴和生从吧东带来，这一点在吴晶哥的《遗书》中有提及，又有出身婢桂花敢做证。因此，现在所有证据都证明说吴和生娶郑咖钫为妻，生了男孩吴宗茂、女儿吴宁娘。而根据华人规矩，先有子而后给《婚字》的，也可以算为明婚之子，因此自己可算是许裕娘的嫡孙，有财产继承权。谁料许裕娘在 1847 年 10 月 23 日竟然立下《遗书》，要把全部家业交付给其侄子吴兑，而嫡孙却没有资格获得任何遗产。因此，吴宗茂恳求兰得力出面要对吴兑结算其祖母遗业，做到与自己对半均分。经过调查后，公堂最后议决："夫我唐人规矩：'有子归子，无子归孙，或其孙别无兄弟，可以独得乃祖之业。'今许裕娘之遗业，合当由子及孙而归吴宗茂，非他人所能摇夺矣！"②

（二）夫妻间遗产继承问题

夫妻遗产继承纠纷是公堂经常遇到的问题。夫妻双方遗产继承在一般情况下，"论照唐人规例而行，凡无做字、无亲人及子女而死者，夫有业，宜归于妻得之；妻有业，宜归于夫得之"③。但如果该夫妻有孩子的话，则另当别论。如华人妇女陈福娘于 1840 年 10 月与黄丝牛成婚，1843 年 2 月 1 日丝牛身故，并无留下遗嘱，因此其遗产被充入美色甘。陈福娘认为，1825 年 12 月 13 日国法第 42 号、1832 年 6 月 22 日国法第 29 号以

---

① 侯真平等校注：《公案簿》第 8 辑，第 276 页。
② 同上书，第 123—128 页。
③ 侯真平等校注：《公案簿》第 4 辑，第 269 页。

及新定亚地国法第 11 号和总督在 1820 年 12 月 24 日所定之条规等都规定："凡唐人之寡妻，该得业，如伊兄所得之份额一般。"福娘因此向美色甘恳求获得其份额，而美色甘却不肯承受，福娘于是诉诸公堂。对此，公堂表示：按照中国的规例，凡是妇人死了丈夫，其丈夫的遗业须付其子得之，而该妇人及丈夫的姐妹及其女儿等都不能分得遗产。如果丈夫去世，该妇人没有儿子的，则必须听凭其该亲选择昭穆相当之子，作为继嗣以承其丈夫之遗业。若其夫有遗业，则由其该亲之人代收其利，妇人只能获得衣食之用而已。如果妇人改嫁的，则不得掌业收利。如果妇人有儿子，但其年尚幼，其该亲之人亦宜代理遗业，等孩子长成后，由该亲子及继子继承其父遗业，妇人不得继承。公堂还指出："若论在吧，虽有族亲，各居一方，看顾不及，又兼异姓复杂聚居一处，若要付孀守者掌业，甚然未妥。孰若付美惜甘掌管而寡妇但收其利息，以供其衣食更妙乎？……若从我唐之规例，则陈福娘不得分其业，如无改嫁，可得其衣食所费，足用而已。若伊该亲有为之立嗣，方可得其业。"① 1889 年 7 月 19 日芝安恤副淡又向吧国公堂询问说，因为芝安恤当地有华人男性欲将其遗业传给两个幼年的儿子，以及其妻子腹中未生之子，对此该如何定夺？公堂查阅了《大清律例》后回答说："父分业以遗妻腹未生之子，虽无明文，然未尝叙其有违法也。又查妇人夫亡无子守志者，合承夫分之条，则母亲当掌其遗业，抑或美色甘代掌之亦可。"②

　　到 1908 年 8 月 28 日，公堂又因华人身故者其产业应归何人一事回复缎罗蜜的询问。缎罗蜜的问题是：如果华人男子弃世，留下原配妻子，而男子生前没有作梁礁字的话，其产业何人该得？如果华人女子弃世，留下原配丈夫，而女子未作梁礁字的，其产业何人该得？如果华人男子弃世，留下妻子且妻子不是原配且男子没有作梁礁字的，其产业何人该得？如果华人女性弃世，留下丈夫且丈夫不是原配而女子生前无作梁礁字的，其产业何人该得？如果华人男子或女子弃世，他们都未曾作梁礁字，而彼此本是原配夫妻，且有儿子，其产业何人该得？对这些问题公堂的回答是：华人男性去世，留下原配妻子且没有做梁礁字的，如果此男子无儿无女，则

　　①　吴凤斌等校注：《公案簿》第 5 辑，第 388—390 页，
　　②　吴凤斌、［荷］包乐史、聂德宁校注：《公案簿》第 14 辑，第 18 页。

死者遗产由其兄弟合得，除非其原配妻与丈夫家族公同酌议，如意合便，夫家族人可为该遗孀立一嗣子以续夫家香火继承遗产，但也必须是同姓最亲者方可作承业人。如华人女性去世留下原配丈夫但女子未作梁礁字，则原配夫当得妻之产业，无论其子有无也。如果华人男性去世留下非原配妻子且该男子未作梁礁字的，则该男子的遗产由其兄弟继承，因为妻非原配者不得立嗣子。如果华人女性去世留下非原配丈夫且该女子没有做梁礁字的，如果之前夫妻恩爱，则该女子的遗产由丈夫继承。如果原配华人夫妇都去世，且未作梁礁字的，他们的遗产自然归他们的儿子所得，但如果是妻子身故者，则伊夫当得妻之产业。[1]

直到 20 世纪初，吧城华人在遗产继承中仍坚持这一原则。如 1916 年 8 月 3 日吧城美色甘致书公堂询问说，如果有 1 个华人辞世，却没有作缔辰联[2]之书而且除了他妻子之外全无亲戚，这样的话，其遗产应当给谁？代理雷陈进木指出，即使他有远亲，其遗业该由其妻获得。雷珍兰胡先情表示，其妻当得，但必须要供奉其夫之牌位。代理雷珍兰李新宁表示，虽然其妻宜得，但也必须以续嗣供奉其神主为妥。[3]

（三）养子遗产继承问题

吧城华人收养螟蛉子的风气颇盛，这也给遗产继承带来一些影响。吧城华人养子遗产继承纠纷案件在《公案簿》中很常见，从这些案件记录我们可以分析出吧城华人养子遗产继承的一些规则。如 1847 年 6 月 25 日挨实嗉曾向公堂询问华人社会关于过继子的遗产继承问题。公堂的回答是："一、凡过房子与亲生子均是一般；二、既已立过房书，便不得转付别人；三、若经过房于人，伊父母并无取利，不过贴其乳仪耳。然亦无定议若干，只凭其所贴多少而已。"[4] 到 1852 年 4 月 21 日，因为雷珍兰吴昭阳（无亲子）继子的继承问题，美色甘又向公堂进行征询，公堂的回答是：根据华人的规矩，过继子与亲生儿子无异，即使有亲子，父辈的遗业也要均分，更何况是吴昭阳这种没有亲生子的情况。只是在中国，没有

---

[1] 吴凤斌、［荷］包乐史、聂德宁校注：《公案簿》第 14 辑，第 382—383 页。

[2] 缔辰联，即 testament 音译，见［荷］包乐史、吴凤斌、聂德宁校注：《公案簿》第 15 辑，第 280 页。

[3] 同上书，第 280—281 页。

[4] ［荷］包乐史、吴凤斌、聂德宁校注：《公案簿》第 15 辑，第 162 页。

美色甘替华人掌管遗业,因此孩子年幼时,其夫遗业由其母代掌,等孩子长大后,遗业归此孩子,如果孩子不幸早逝,则伊母或其至亲应该再续一子。① 而 1857 年 2 月 26 日公堂审理缎实滑掛卅黄笨吉恳欲分不传之业一案时也曾指出:"论唐人规矩,父业子承,兄终弟及。此言有业之家,父当传子,兄可归弟也。盖以父视子,不论螟蛉庶出,直与亲生无异,而其兄弟相视,亦如同胞一般。故或兄弟中一有不禄而早亡者,其应得父业当归于同得业之兄弟。"②

可见,吧城华人养子的继承权是与亲子一样的。

（四）女儿遗产继承问题

在《大清律例》中对妇女的财产继承规定,只有在"户绝财产,果无同宗应继之人"的情况下,才可由"所有亲女承受"③。"从唐例,得业当在于男子,故年节祭祀在所不无。在唐妇人原无得业,惟得出嫁时首饰妆奁而已……"④ 然而在荷印殖民地实行的是"遗嘱继承优先"的原则,⑤ 华人女性继承人的权益得到了相应的保护。但在实际执行中,公堂有时还是会以"我唐规例"为准绳,以事实为依据,进行审理并提供判决建议。⑥ 如 1853 年 7 月 2 日唐美色甘致书公堂说,因为 1852 年 8 月 26 日华人汤照（住万丹）身故,他的《遗书》中指定侄子汤可继承其大部分遗产,而其婚内所生亲子汤骄（已故）的女儿汤远娘只能得到 83.4 盾。一般情况下,在遗产继承上应该是嫡孙居先而侄居后的原则,美色甘认为汤照的遗嘱甚无公道,因此向公堂咨询相关华人条例,并商量时候可以更改此《遗书》。公堂各位官员一致认为:"论我唐人规矩,嫡孙若男,当承祖业,但碍汤照之孙是女,则不如亲侄之得力。本堂酌量此情,当从

① 侯真平等校注:《公案簿》第 8 辑,第 246—247 页。

② ［荷］包乐史等校注:《公案簿》第 10 辑,第 11—12 页。

③ 田涛、郑秦点校:《大清律例》卷八《户律·户役》,第 187、179 页。

④ ［荷］包乐史等校注:《公案簿》第 10 辑,第 321—322 页。

⑤ L. Blussé, "Wills, Widows and Witnesses: Executing Financial Dealings with the Nanyang-Aglimpse from the notebook of the Dutch Vice-Consul at Amoy, Carolus Franciscus Martinus de Grijs", In Chin - Keong Ng & Gung wu Wang（eds.）, *Mari-time China in Transition 1750 - 1850*, Wiesbaden: Harrassowitz Verlag, 2004, pp. 317 - 334.

⑥ 聂德宁:《冲突与兼容:荷印吧城华人遗产继承的法律适用问题》,《南洋问题研究》2009 年第 4 期,第 45 页。

汤照之治命，而遵其《遗书》实当。"① 再如 1881 年 4 月 8 日讼师缎黎氏向公堂询问华人遗产继承的规例一事。讼师缎黎氏问道：华人男性过世且没有留下遗书的，尚有正妻及亲生女儿，但没有儿子，他还有胞叔兄弟及诸胞姪，在这种情况下，谁能作为其财产继承人？此外，按照华人规例，男性死后无子的可以立一个男孩为嗣子，还是无须立嗣子？若要必须要立嗣，那应该找谁的孩子来立嗣？如果立嗣成功，那该男子的女儿能否分得一些遗产？此外，该男子的亲属中谁该获得遗产？份额多少？对这些问题，公堂的回答是："总论唐例，一、死者有产业，当为立嗣。二、宜取其胞姪为嗣。三、若有立嗣，其女未嫁者，只得酌配其妆奁而已。四、若有立嗣，其余亲戚不得分其财产。"②

有时即使父母已立下遗嘱，公堂在断案中也未必遵照遗嘱执行。如 1874 年 11 月 24 日讼师缎兴哞致书公堂说：华人刘亚四前妻为何水娘，婚后生下三个女儿，即金娘、二不老和沙郎，且刘亚四生前已做达心眠字，要将遗产尽付其妻何水娘与三个女儿均分。后来，何水娘去世，刘亚四再娶沈春娘，又生下二男四女，儿子分别为德兴、生根，女儿为孝娘、来娘、文质、沙郎，俱未成年。现在刘亚四身故，且没有另做达心眠字，这样的话，其遗产要全部归前妻所生的三个女儿所有，后来妻子所生的两个儿子则无法继承。因此，讼师缎兴哞恳求公堂酌量，按照吧城华人规例，这两个儿子是否应该得到遗产？如应该得到遗产，又该如何分配？对这些问题公堂的回复是："按在吧唐人常例，如父母死后有遗书者，则从其遗书分业，但男子若无因故，不得忘致分外。况《律例》陈明，凡男子者合当为承业，其女皆无得业，父母惟配其嫁妆而已。本堂酌量，二男子合宜得业，盖刘亚四立遗书之时，尚未生男故也。至于四女子之未长成者，承业人均为抚养，至后日长成，担支其出嫁妆奁。"③

（五）明婚之子遗产继承问题

一般情况下，华人子女如要继承遗产，其父母必须是经过公堂成婚注册的。如 1856 年 1 月 18 日公堂奉命殖民政府之命查勘三宝垄华人吴仁承

① 侯真平等校注：《公案簿》第 8 辑，第 234—235 页。
② 聂德宁、吴凤斌、［荷］包乐史校注：《公案簿》第 13 辑，第 311—312 页。
③ 同上书，第 135 页。

恳求给《婚字》要入子女为明婚子女一案。吴仁成说，自己与陈种娘结合多年，且已生下二男一女，但未曾成婚注册。现在打算成婚注册获取婚字，因而向垄美色甘给字，欲将子女入为明婚子女，但垄美色甘竟不肯。对此，列台议决到："论唐例，父子之情，知子莫如父，知父莫如子。今其父母既愿认为子，子亦愿认为父母，行见父母子女之情切矣。苟吴仁成既无别室，陈种娘又无不端，诚居然夫妇也。纵未给字而生子女，现若给字则谓之明婚子女也可。"①

《公案簿》中还有许多关于求证孩子为明婚之子的记录。如 1854 年 8 月 18 日"委勘杨奎炳三子是否为明婚之子一案"②；1854 年 11 月 21 日"委勘杨奎炳三子是否为明婚之子一案"（续）③；1860 年 10 月 12 日"查勘详复韩青山甲二男子为掛咖韩怀仁、韩怀然系明婚所生之子或是过房子"④ 等。在这些案例中，申诉人力求将自己的孩子身份列为明婚之子，目的就在于能获得继承遗产的机会。

二　资助华人社会公益事业

公堂资助华人社会公益事业的例子在《公堂日清簿》档案中有诸多记载。如"和1916年式月初一日乙卯十二月廿八日拜二……义费：对开盲人并其子 8 名去艮 6 盾正，又开贫穷人 8 名去艮 4 盾正……本日收艮 500 盾，本日出艮 40 盾"⑤。又如 1918 年 10 月 9 日公堂"义费：对给陈金尧回芝里马也 4 盾；林开人回芝龟巴去艮 9 盾正；林清松回唐 2.5 盾"⑥。又 1926 年 2 月公堂曾"对贴女学校本正月份去艮 100 盾正，又对贴福建会馆本正月份去艮 25 盾正，又对贴丹那嘌本正月份去艮 50 盾正"；"对华人 4 名贫穷身故给施棺衣等费去艮 120 盾，又对济许绵芳之儿疾死

---

① 吴凤斌等校注：《公案簿》第 9 辑，第 175—176 页。

② 同上书，第 21 页。

③ 同上书，第 58—60 页。

④ ［荷］包乐史等校注：《公案簿》第 10 辑，第 309—312，

⑤ 《公堂日清簿》（1916 年 1 月 1 日—1916 年 12 月 31 日），荷兰莱顿大学汉学院馆藏，档案号 42003。

⑥ 《公堂日清簿》（1918 年 1 月 1 日—1918 年 12 月 31 日），荷兰莱顿大学汉学院馆藏，档案号 42005。

在医院等费去艮 100 盾正，又对本秋正给诸华人贫寒及八仙乌拔①125 名
166 盾。"②

由上述档案可见，公堂对华人社会公益事业的关注主要体现在以下几
个方面。

（一）为华人移民提供返乡路费

关于这一点除了上述《公堂日清簿》中有记载外，在《公堂通知簿》
中也多有提及。如档案号 11004《公堂通知簿》（1888 年 8 月 13 日—1892
年 8 月 24 日）载："……为因新客梁心服被逐出，因兰地外该逐客乏项
租船且在此无亲眷代支，诸位列宪愿各出艮 1 盾，其尚欠者，大玛腰补足
为伊船费，异时如有被逐无费无亲眷者，可给船租者并尊此议，伏祈将艮
付赖以买船单……和 1889 年七月十七日公堂朱（签名）启。"

此外，公堂还资助无力返乡的华人，如："承权篆玛瑶（即玛腰）
命，连甲大（即甲必丹）择和 1908 年七月初二日拜四早钟十二点，要会
议如左：一、议和 1908 年六月二十日第 49884 号副淡③来文，据谓现唐人
病屋有华人计 37 名，业经医治全愈，皆各愿回梓而苦无川资，欲求本公
堂公款乐助其川资，每名约五元至七元云……"④

（二）为华人提供医疗服务

早期吧城华人社会，卫生和医疗条件非常有限，加上华人多贫苦，因
此公堂在医疗服务方面为华人社会做出一定贡献。

首先，积极推广种痘防治天花。

公馆档案显示，天花流行曾是吧城华人社会面临的一大问题，公堂为
此积极推广种痘这一公益举措。如档案号 12001《公堂通告簿》（1877 年
6 月 9 日—1879 年 12 月 31 日）中多次提及公堂为种痘问题发布对吧城民
众的通告，如："1877 年六月十六日，承上命若界内有吐泻症，祈立速报

---

① 乌拔，荷兰语 Oppasser，差役、衙役的意思，见［荷］包乐史、刘勇等校注：《公案簿》
第 6 辑，第 337 页。

② 《公堂日清簿》（1926 年 1 月 1 日—1926 年 12 月 31 日），荷兰莱顿大学汉学院馆藏，档
案号 42014。

③ 副淡，即副淡板公，马来语 tumanggung 音译，管理国防、警察、司法、市场等事务，见
袁冰凌、［法］苏尔梦校注《公案簿》第 2 辑，第 422 页。

④ 《公堂通知簿》（1905 年 2 月 28 日—1911 年 11 月 29 日），荷兰莱顿大学汉学院馆藏，
档案号 11006。

命、亟切勿。"再如："和1877年十月七日承上命谕知，命人等如有初沾疟疾或出痘者均不可洗浴，不然定遭其害，仰列位默氏知悉。"以及"承上命，凡界内童子，每拜六日当付其种痘，虽已种者，照常亦宜再种，至切无惧，此达列位默氏通谕"①。

档案显示，1912年前后是吧城天花大流行的年份，公堂为此大力组织华人进行种痘。现存公馆档案中还有13本华人种痘簿（档案号34001—34013），它们真实地反映了当时公堂组织与安排华人儿童种痘的史实（见图4—1、4—2）。

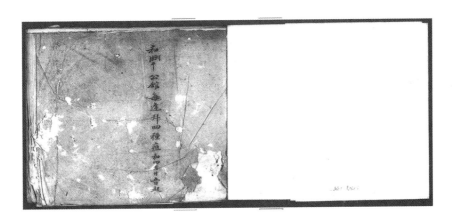

图 4—1

图4—1、图4—2原档解读为：

和1872年公馆每逢拜四种痘，和四月廿五日起，第壹，中港仔、新厝仔、廿六间，正、五、九月；第二，公司后、亭仔脚、八茶碿，二、六、十月；第叁，大港墘、旧把杀、三间土库，三、七、十一月；第肆，小南门、东西势，四、八、十二月。

和1872年四月廿五日拜四种痘：小南门东势默纪兰桂报蓝森树之女名水娘，年乙岁；小南门西势默黎发兴报徐亚恩之子名朝尉，年

① 《公堂通告簿》（1877年6月9日—1879年12月31日），荷兰莱顿大学汉学院馆藏，档案号12001。

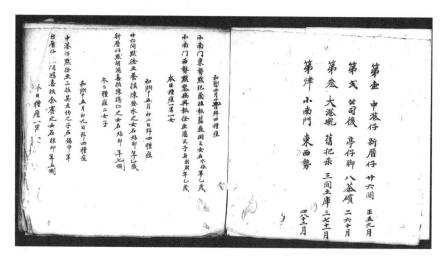

图 4—2

资料来源：《公馆种痘簿》（1872 年 4 月 25 日—1875 年 8 月 4 日），荷兰莱顿大学汉学院馆藏，档案号 34001。

乙岁，本日种痘一男一女。

和 1862 年五月初二日拜四种痘：廿六间默徐亚养报陈登水之女名娘那年，乙岁；新厝仔默胡鸿喜报陈妈仁之女名娘那，年七个月，本日种痘二女子……

和 1875 年七月二十八日拜四种痘：大港墘默蔡润泽报钟喜名之女名福娘，年七个月；小南门默纪兰桂报叶清溪之男名冬窝，年一岁，本日种痘一男一女（全册共种痘 317 人）。

而档案号 31002《公馆种痘簿》（1875 年 8 月 12 日—1875 年 11 月 25 日）中载：

和 1875 年八月十二日拜四种痘，小南门西默叶庚淑报梁亚相之男名祯郎，年乙岁；小南门东默林金钟报黄海汉之女名福娘，年乙岁，本日种痘一男一女；

和 1875 年八月十九日拜四种痘，小南门西默叶庚淑报薛亮之男名文昌，年乙岁；小南门东默林金钟报郭亚兴之女名娘仔，年乙岁，本日种痘一男一女；

和 1875 年八月廿六日拜四种痘，小南门西默黎发兴报吴过才之男名韩北，年乙岁；小南门东林金钟报林德海之男名胜和，年二岁，本日种痘二男子……（该册中共种痘 36 人）。

由上述档案可见，34001 号、34002 号种痘簿内容包括种痘华人儿童所在街区、街区负责人、儿童父母姓名、儿童姓名及年龄、种痘时间安排、每日种痘数量统计等。而档案号 34003《1874 年种痘申报书》（共 5 件），则是各华人街区默氏为街区内儿童种痘提交给公堂的申报，其内容格式如下：

兹报八茶磦界内赖显耀之女儿赖娘仔，年乙岁，（欲）种痘，合应禀明，尚此奉公堂甲必丹大人电照，和 1874 年九月廿六日默（签名）禀。

再如：

兹报亭仔脚界内杨应四之男子杨日添，年三岁，欲种痘，合应禀知，奉呈公馆甲必丹大人电鉴，和 1874 年九月廿四日默氏林坤佑禀。

从上述档案可见，申报书内容包括所在街区、儿童姓名和年龄、其父母姓名等信息，其余种痘簿格式与内容如下所示：

档案号 34004《1875 年 3 月种痘申报书》（共十件），其格式如 34003 号档案；

档案号 34005《1875 年 4 月种痘申报书》（共 7 件），格式仝上；

档案号 34006《1875 年 5 月种痘申报书》（共 6 件），格式仝上；

档案号 34007《1875 年 6 月种痘申报书》（共 9 件），格式仝上；

档案号 34008《1875 年 7 月种痘申报书》（共 8 件），格式仝上；

档案号 34009《1875 年 8 月种痘申报书》（共 7 件），格式仝上；

档案号 34010《1875 年 9 月种痘申报书》（共 10 件），格式全上；

　　档案号 34011《1875 年 10 月种痘申报书》（共 8 件），格式全上；

　　档案号 34012《1875 年 11 月种痘申报书》（共 7 件），格式全上；

　　档案号 34013《1875 年 12 月种痘申报书》（共 5 件），格式全上。

一般而言，公堂在接到申报书后，会加以核实和统计，再分街区安排种痘事宜。《公案簿》档案显示，公堂组织华人种痘的工作主要体现在以下几个方面。

　　1. 督促种痘：如档案号 12002《公堂通告簿》（1885 年 7 月 16 日—1904 年 8 月 23 日）中载："承甲必丹张命，为遵副淡谕，务须逐月初一、十一、廿一至月终三十或卅一日，即每月三次切报各界急难病症，如出痘、发疹、喉症、吐泻等病，逐次报单，要提明前单所报，病未疗者尚有几人，祈列位默氏知悉，和 1885 年九月廿二日公堂大朱徐（签名）启。"

公堂玛腰甚至亲自过问和督促种痘情况。如 1913 年 7 月 3 日大玛瑶（许金安）命令诸位默氏说："于和本月 5 日拜六下午五句钟，在八茶碛中华会馆处有设挑刺之事，各默氏鉴光有附近于该处者，须带其人挑刺也。至如结石珍之界，于本和 1913 年 7 月 7 日拜二已准定设挑刺于该处也。"[1] 同年 10 月 7 日大玛瑶又命各默氏"须告知其鉴光人，伊等必须刺药以种痘也"[2]。1914 年 12 月 3 日大玛瑶又嘱咐诸位默氏要更加勤于种痘之事，他说："种痘之事宜更为之勤家施行也……因倘有一人得痘疾，其家中众人皆须带往鼠疫医院。"他还责备那些不积极种痘

---

① ［荷］包乐史、吴凤斌、聂德宁校注：《公案簿》第 15 辑，第 22—23 页。
② 同上书，第 42—43 页。

的吧城民众说："盖今日虽已为之设备有男种痘万直厘①，并女种万直厘，公堂发给辛金者。而每辄届期来于各人之家，而伊等何以不肯挺身种痘乎？"②

2. 留意防范：如1913年6月11日公堂商议防范天花疫情事宜，会上大玛瑶许金安表示，副淡大人在6月10日致书公堂说，因为要提防过厉唠③疫情，所以下令所有厝界及水沟须扫除洁净。公堂因此委任副朱丘绍荣巡查此事，大玛瑶还嘱咐诸位胡勃实要喜力助以行此令。④ 到1914年9月3日大玛瑶许金安又提醒诸位胡勃实及默氏留心洁净之事以提防天花疫情，他要求"各鉴光汝等各默氏善为之提防，而留心于洁净之事也。如有敢不遵者，宜默氏为作一控词实据字⑤以寄上兰希力⑥官厅处，然该控词实据字须细心为之，免致因其实据字写错，而该人不被责罚也，盖该官厅今甚谨细于凡控词之字也。……而其确据孰不留心着，可看默氏黄亚三其不留心以禀报有得痘症者，也被革职矣"⑦。1914年10月6日大玛瑶又说："众默氏须布告于其鉴光人欲求安康者无他，惟须种痘以提防该症耳。……为此，深望众默氏当不惜其心力，务求以得多人于此种疫也。……又倘至有人得此恶症，势必默氏亦多辛苦。故于尚未发生之先，默氏当预早隄防也。"⑧

3. 安排种痘：如1914年10月6日公堂开始安排在各默氏家里进行种疫的时间，具体如下："礼拜二，1914年10月6日，在默氏钟昌兴之家，在下午四句钟。礼拜三，1914年10月7日，在默氏陈进木之家，在上午八句钟。礼拜三，1914年10月7日，在默氏陈梦林之家，在下午四句钟。礼拜四，1914年10月8日，在默氏林金水之家，在上午八句钟……"⑨1914

---

① 万直厘，荷兰语 vaccinatrice，疫苗接种员的意思；也即马来语 mantri，医士的意思，见［荷］包乐史、吴凤斌、聂德宁校注《公案簿》第15辑，第203页。

② 同上书，第148—149页。

③ 荷兰语 variola，天花，痘症，见同上书，第148页。

④ 同上书，第13—14页。

⑤ 实据字，荷兰语 Process-verbaal 音译，警方的报告，见同上书，第134页。

⑥ 兰希力，荷兰语 Landsgerecht 音译，土地法院，见同上书，第134页。

⑦ 同上书，第134页。

⑧ 同上书，第140—141页。

⑨ ［荷］包乐史、吴凤斌、聂德宁校注：《公案簿》第15辑，第140—141页。

年 11 月 3 日公堂又安排了各街区的种痘时间，具体如下：1914 年 11 月 6 日，默氏林金水及吴源发所在鉴光之人，下午四句钟；1914 年 11 月 6 日，默氏陈进木所在鉴光之人，上午九句钟；1914 年 11 月 7 日，默氏丘顺源所在鉴光之人，下午四句钟；1914 年 11 月 7 日，默氏杨锦荣所在鉴光之人，下午四句钟；1914 年 11 月 7 日，默氏杨宗基及陈显志所在鉴光之人，下午四句钟；1914 年 11 月 9 日，默氏钟昌兴所在鉴光之人，下午四句钟；1914 年 11 月 9 日，默氏刘水轩及吴长桂所在鉴光之人，下午四句钟；1914 年 11 月 9 日，代理默杜文舫及松巷所在鉴光之人，下午四句钟；1914 年 11 月 10 日，默氏吴玉豹、韩开仁及冯青元所在鉴光之人，下午四句钟。[①]

4. 派华人女性学习种痘：因"政府厉行种痘，吏操至激，往往令妇女褪衣道旁，殊不雅观，有伤风化，即为另设女婆，自行种痘，所以重廉耻而保国体也"[②]。为方便华人女子种痘，公堂甚至选派华人女子去学习种痘之术。如 1913 年 12 月 18 日公堂决议推荐二女子学习种痘手艺。因为医生会长现在乐于接纳各路学徒以学种痘之艺，其年岁要求在 20—30 岁之间。公堂玛腰在得知此消息后，即随时传单于各默氏，以寻觅喜学此艺者并掌该职任也。各位默氏也积极在华人民众中宣传，并挑选出一些候选人。在诸位候选人中，玛腰认为默氏杨锦英所推荐的陈赞元之女比较合适，因为她在荷兰学堂读书至第六班，另一个合适的人选是林戊娘，因她是耶稣教徒，也通晓荷兰语。在座官员纷纷赞同，玛瑶又提议给这两人相关费用，即她们在求学过程中每日 5 钫至 1 盾，各位官员表示无异议。[③]到 1915 年 8 月 3 日公堂商议拟于 1916 年再选派几个女生去学习种痘。大玛瑶表示，"俾于和 1916 年正月间，我等要再寄几个女学生以再学此种痘之术，俾陈事久娘[④]倘一婚嫁，则我等另有女万直厘矣"，在座官员纷纷

---

① ［荷］包乐史、吴凤斌、聂德宁校注：《公案簿》第 15 辑，第 145 页。
② 许云樵：《吧国公堂与华侨史料》，《南洋学报》第 11 卷第 2 辑，1955 年，第 21—22 页。
③ ［荷］包乐史、吴凤斌、聂德宁校注：《公案簿》第 15 辑，第 72 页。
④ 已由公堂出资学会种痘之术的华人妇女，此时因为届婚嫁之龄，且因种痘待遇问题与公堂起冲突，公堂不得不另做考虑，见［荷］包乐史、吴凤斌、聂德宁校注：《公案簿》第 15 辑，第 203 页。

赞同。①

值得一提的是，这些女痘官的辛金（即薪金）往往是由公堂所负担的，这一点在《公堂日清簿》中有诸多记载。如"1914 年十一月初五日甲寅九月十八日拜四……抄义费对开女痘官和 10 月份辛金去艮 60 盾正"；②"和 1917 年四月卅日丁巳三月初十日拜一……对开女痘官去艮 85 盾"③。

在公堂的努力下，吧城华人的天花防治工作取得一定成效。到 1916年 9 月 6 日，副淡发文告知吧城的天花疫情已暂告结束，虽然如此，"大玛瑶仍嘱各默氏须洁净，于鉴光内之默氏仍须常查勘云"④。

其次，公堂为华人提供其他医疗服务。

如 1885 年 12 月 29 日公堂发布通告说："承大妈腰命，为遵副淡谕，除本簿和本九月廿式日所叙各等病症，又须每十日一次缴报疹症及伤寒症，此达列位默氏知悉。"⑤ 1908 年 3 月 13 日公堂又议定："一、自今以后，凡有病人恳入病院者，不必更求关都⑥，公馆出字便可，向其甲必丹或雷珍兰求字。倘甲必丹或雷珍兰不在，其书记亦可出字。但须盖其甲必丹或雷珍兰之印。二、议西医在病院，如遇有病人急促之时要入病厝者，便可受纳医治之，不必有甲必丹或雷珍兰之字可也。但纳后，须报副淡或公堂知道……又命西医所出之人，其名姓须报副淡关都知道。副淡约将其名录寄来公堂，俾各胡勃实知照。"⑦ 可见，公堂此举的目的是便于华人民众就医。

①　已由公堂出资学会种痘之术的华人妇女，此时因为届婚嫁之龄，且因种痘待遇问题与公堂起冲突，公堂不得不另做考虑，见［荷］包乐史、吴凤斌、聂德宁校注《公案簿》第 15 辑，第 201—203 页。

②　《公堂日清簿》（1914 年 1 月 1 日—1914 年 12 月 31 日），荷兰莱顿大学汉学院馆藏，档案号 42001。

③　《公堂日清簿》（1917 年 1 月 1 日—1917 年 12 月 31 日），荷兰莱顿大学汉学院馆藏，档案号 42004。

④　［荷］包乐史、吴凤斌、聂德宁校注：《公案簿》第 15 辑，第 287 页。

⑤　《通告簿》（1885 年 7 月 16 日—1904 年 8 月 23 日），荷兰莱顿大学汉学院馆藏，档案号 12002。

⑥　即干刀。

⑦　吴凤斌、［荷］包乐史、聂德宁校注：《公案簿》第 14 辑，第 360—361 页。

（三）维护华人社会公共设施

吧城建立初期，仅是荒芜之地，华人披荆斩棘，为吧城的建设做出重要贡献。如早期华人与各族人一起修建吧城城池，1631—1632 年建大南门，1633—1639 年建东门，1638 年建小南门，1652 年建北门。1651 年建西门。潘明岩任甲大时，开水钜顶港。1673 年于城内开港四处，建 14 座石桥，并在东门造三角桥。此后，又在城内建市场、磨麦间、水闸、圩场、寺庙、礼拜堂、码头、城墙、石桥，等等，这些建设基本都采用承包方式，公堂对每项承包制定详细合同，承包者多为华人。① 如 1825 年公堂订立"丹绒义塚祠坛、大伯公祠承建合约字、君得力字"，内容有十条之多，并要求承包者"凡工夫等事，俱遵公堂所定之君得力书②而行"③。再如 1855 年 9 月 19 日，公堂议决"创修唐人鉴光路灯招标事项""付挨实嗳命当速兴工修整牛郎沙里地一事""甲必丹高俊杰告知牛郎沙里修路事项"等。④

对这种承包的招租，《公堂通知簿》中有诸多记载。如"1879 年四月初一日早九点钟在尾达寔呾干刀，要黎垅付人色包修理港墘，祈如期到处在座，即此报知"。及"和 1879 年五月初六日早九点钟在尾达寔呾干刀，要黎垅付人色漆公班衙学间在水锯社，至期可到其黎垅处，在茄礁巷口，即此报知。又五月九日在全上之干刀，要黎垅付人色做喷井，在些览岜，价艮 7240（盾），又在茄览抹近桥要做浴间，价艮 11167（盾），至期可到处在座，即此报知"⑤。

可以说，华人为吧城的建设做出重要贡献，如华人杨昆甚至为承建城池而负债破产。⑥ 有时候，公堂也带头并发动华人议捐，来改善华人社会

---

① ［荷］包乐史、吴凤斌：《18 世纪末吧达维亚唐人社会》，第 66 页。

② 君得力书，源自荷兰语 Contract，指合同、协议，见侯真平等校注：《公案簿》第 4 辑，第 362 页。

③ 袁冰凌、［法］苏尔梦校注：《公案簿》第 2 辑，第 198—200 页。

④ 吴凤斌等校注：《公案簿》第 9 辑，第 293—294 页。

⑤ 《通知簿》（1879 年 3 月 7 日—1880 年 9 月 1 日），荷兰莱顿大学汉学院馆藏，档案号 11001。

⑥ 见［荷］包乐史著，庄国土、吴龙等译《吧达维亚华人与中荷贸易》，广西人民出版社 1997 年版，第 23 页。

公共设施。如 1833 年 4 月公堂诸位官员共捐款 290 盾以资助圣墓港渡桥。① 再如 1855 年 9 月 19 日，公堂谕知唐鉴光各默氏创修路灯条款一事，要求 "本鉴光每户出银 1 盾，每厝主出银 2 盾"②。

经过一段时间的建设，到 19 世纪中后期，公堂主要在维护吧城的公共设施方面出力颇多。如 1892 年 3 月，公堂遵副淡之命，要修理二角桥及甘光兀致瓦木所筑之水沟，公堂立即召集此工程的税主③邱枝头，要求他 "就紧修理"。④ 1894 年 3 月因惹致大路 "现极塌陷泥泞，深逾几尺，全然不可行动"，公堂决定立即修理，并一定 "工脚可用惹致之公番，着万律邱思珍督工"，并委托公勃低雷珍兰林长辉董理其事。⑤ 1916 年 5 月 5 日大玛腰表示，吧城过厉劳肆虐的原因是 "因我等在吧城未有清水并好浴池以供众人饮并洗身之故耳……故亦因此，我等吧城华侨宜竭力筹谋以图得该没伦画达丽冷⑥也"⑦。

（四）维护华人社会公共卫生

荷印吧城华人社会，卫生状况堪忧。19 世纪初英国医生罗伯逊曾报告说，吧城中国居民 "因为他们的居住条件非常恶劣，……加之饮食条件又粗陋不堪……中国居民死亡人数之多是多到难以置信的地步"⑧。对此，吧城西医曾表示，华人社区卫生条件原因有五："一、由各污秽什物臭气所致，遇有雨至，雨水停滞不留，因居人不以时清沟窦。二、华人村落居者过满。三、华人居宅彼此太密，至无间隙之地可通气纳凉。四、贾肆多蓄货物，有能以其臭气触人致病。五、华人居肆置货过满，其秽杂又不以时扫清或洗净，其第宅惟每年只扫洗一次。又遇死丧，停尸家内

①　聂德宁等校注：《公案簿》第 3 辑，第 74 页。

②　吴凤斌等校注：《公案簿》第 9 辑，第 293—294 页。

③　税，闽南话租赁、租金的意思，税主应指承包者，见聂德宁等校注《公案簿》第 3 辑，第 363 页。

④　吴凤斌、［荷］包乐史、聂德宁校注：《公案簿》第 14 辑，第 119—120 页。

⑤　同上书，第 186 页。

⑥　画达丽冷，荷兰语 waterleiding，自来水厂的意思，见［荷］包乐史、吴凤斌、聂德宁校注：《公案簿》第 15 辑，第 265 页。

⑦　同上书，第 265 页。

⑧　黄文鹰、陈曾唯、陈安妮等著：《荷属东印度公司统治时期吧城华侨人口分析》，第 140 页。

过久。"

为改善吧城卫生状况，公堂也做出很多努力。如1852年1月，挨实嚏下令要在华人鉴光各港垱及厕池处筑墙（高34脚距）遮蔽以壮观瞻，玛腰陈永元和各位官员表示这样做不合适，因为"夫门外筑墙，我唐人甚忌拥塞而气不通，一未当也。昏夜之间，难妨匪类，二未当也。逐年遇清水道，墙外既无积土之地，墙内外又犯马车之途，甚至污秽，阪墙又将滥费，三未当也……所可从命者，惟是厕池碍目，筑墙遮蔽，庶几壮观之一助也"①。

1883年6月19日玛腰又通谕吧城民众说："凡在吧城内一切暨粪扫②窟自莪罗落界起将于后礼拜尽欲毁析，仰布告本辖人始于后拜壹和廿五日，毋得依旧以粪扫仍掷诸粪窟，依保黎司第拾条款规例所叙令，一暨城中精致光洁，须各居人随所居住或在港垱或在大路或自家闲地置木箱，抑或竹笼，以便将秽粪弃此，每早晨七点包理安哞吗人自将各处所置秽粪弁去，违者仰妈腰解押赴保黎司案前，若包理安哞吗人至十一点早时不将各居人所置诸秽粪尽行收拾，切祈妈腰缴知，并祈逐日遣人巡检，庶几包理安哞吗人无干犯以上所叙规条。"③ 这条通告是要更改华人对秽粪问题的处理方法，以净化吧城环境。

1883年11月公堂针对华人社区卫生问题又提出整改意见，即"一厕池，二粪扫窟，三浴池，四自来水井，五各港水浅，务需浚深，并不时照视。此五者所当设立，以其大益于本堡之人，并为别堡人来者之所其甚便也。至若唐人丧葬之事，本公堂仰副淡大人为之扶持，俾无更立新例，此其故……"④ 1912年6月3日公堂会议，妈腰许金安告知"各监光须每半年清洁卫生大扫除"，违者将"或罚自一盾至廿五盾"⑤。1913年6月10日副淡致书公堂，要求"发令所有厝界及水沟须扫除洁净"，大玛腰即要

---

① 侯真平等校注：《公案簿》第8辑，第4页。

② 粪扫，闽南话，垃圾的意思，见侯真平等校注：《公案簿》第7辑，第328页。

③ 《公堂公文挂号簿》（1883年1月2日—1883年9月1日），荷兰莱顿大学汉学院馆藏，档案号13001。

④ 聂德宁、吴凤斌、［荷］包乐史校注：《公案簿》第13辑，第440—442页。

⑤ 吴凤斌、［荷］包乐史、聂德宁校注：《公案簿》第14辑，第457页。

求各位胡勃实喜力助以行此令。①

（五）孤老抚恤

上文述及，美色甘的抚恤成效并不理想，因此很多时候这种事情就由公堂承担起来。如 1912 年 3 月 5 日公堂议定给老妇陈养娘、谢金娘养老银每月三盾。② 1913 年 10 月 7 日"公堂决议济助一癫妇名杨英娘每月十五盾"一案载："杨英娘，即张金福之妻住结石珍者，今其癫病已愈。第因伊极困穷，故副淡祈公堂济助于该人也。大玛要即为读公堂规条之第八章，有云济助各贫困之华人，固公堂之责任也。……为此，列议员都意合。遂判定：公堂应给助此银每月十五盾，而使默氏陈进木需交与之。"③ 再如 1914 年 8 月 4 日，曾白娘、黄银娘、李提娘等向公堂恳乞养老月银，"列议员皆无挂碍，遂判准其所恳"④。

此外，公堂还关注孤贫儿童，如 1916 年 4 月 3 日公堂讨论说："今在吧城已有一会名亚治士志（Ati Soetji），其宗旨将欲养育各妇人或孤贫之儿女其难以过活者。……大玛瑶请公堂可扶助以每月贰佰盾之费款于该会，当伊尚未有力之时。其最紧要者，须养育华人孤贫之儿女。而停止此费款，迨伊等有自己之屋也。列议员皆首肯，遂判准可以助之至一年之久为限，聊先试耳。"⑤

《公堂日清簿》档案中也有许多关于公堂资助保良局⑥的记载，如"1919 年十月初七日乙未八月十四日……义费：对贴保良局本月份去艮贰佰盾"⑦，以及"和 1920 年十一月初式日庚申九月廿二日……义费：对贴

---

① ［荷］包乐史、吴凤斌、聂德宁校注：《公案簿》第 15 辑，第 12—13 页。
② 吴凤斌、［荷］包乐史、聂德宁校注：《公案簿》第 14 辑，第 434 页。
③ ［荷］包乐史、吴凤斌、聂德宁校注：《公案簿》第 15 辑，第 43 页。
④ 同上书，第 130 页。
⑤ 同上书，第 262 页。
⑥ 原译为华人孤贫女儿院、中华保良局，由甲必丹李千俊及其夫人在 1914 年创办的一个慈善团体，其创立的宗旨在初期主要是遏止诱拐妇孺，为受害者提供庇护及教养，见同上书，第 262 页。而根据许云樵先生的记载："本埠设良保局专收无依女孩，以教以养，嘉兹善举，议拨公款，每月二百盾，以期支持长久，使此日一贫无告之女婴，承将来四德俱娴之贤妇。"见许云樵：《吧国公堂与华侨史料》，第 21—22 页。
⑦ 《公堂日清簿》（1919 年 1 月 1 日—1919 年 12 月 31 日），荷兰莱顿大学汉学院馆藏，档案号 42006。

保良局本月份去艮贰佰盾"①。而在 1916 年 6 月 3 日，公堂还曾议决派员
寻觅一厝宅作为吧城孤儿院："其前公堂曾约将给助以费款每月贰佰盾
者，第今该总理②再问曰如公堂代买一屋，其利息与该费款相匹敌者价约
银四百盾，岂不更妙乎？"代理雷陈进木表示赞成，他认为还必须立约如
下：1. 凡是公堂寄养的华人儿女，此孤儿院必须永远受留。2. 公堂有权
可以监督该处之事务。3. 公堂议员中须有一位充当亚治士志会的董理员。
公堂诸员都赞成陈进木的意见，因此委任代理甲必丹许庆隆及雷珍兰黄金
龙寻觅厝宅。③

　　公堂的其他公益扶助，诸如施棺、资助教育、扶持华人社团等方面，
将在相关章节中叙述，此处不作赘述。值得注意的，公堂一直坚持其公益
扶助功能，甚至在 1931 年经济危机迫近、华人经济不景气的背景下，公
堂仍坚持支付相关义费，如："和 1931 年式月十三日庚午年十二月廿六日
拜五，对给孀妻曾什年贫穷过正④去艮 15 盾……和 1931 年式月廿四日辛
未年正月初八日……义费：对丹那望中华学堂和正月份去艮伍拾盾正；对
给养黄亚安 70 岁孤穷自去年和十一月至本年式月止计去艮捌拾盾正；学
堂：对贴老巴杀学堂和正月份去艮伍拾盾正……和 1931 年式月廿六日
……义费：对给贫穷人及 12 名去艮 5 盾 25 角。"⑤

---

① 《公堂日清簿》（1920 年 1 月 1 日—1920 年 12 月 31 日），荷兰莱顿大学汉学院馆藏，档
案号 42007。

② 指音逸攀瓦森（Mr. van Walsem），他是即勃黎哖馨亚智士志的总理（President dari ve-
reeniging Ati Soetji），见［荷］包乐史、吴凤斌、聂德宁校注：《公案簿》第 15 辑，第 273 页。

③ ［荷］包乐史、吴凤斌、聂德宁校注：《公案簿》第 15 辑，第 273—274 页。

④ 指正月，新年。

⑤ 《公堂日清簿》（1931 年 1 月 1 日—1931 年 2 月 28 日），荷兰莱顿大学汉学院馆藏，档
案号 42019。

第五章　吧国公堂行政结构

第一节　吧城华人甲必丹制度的演变与公堂的购置

一　华人甲必丹制度的源起与演变

甲必丹制度（Capitan System），是"西方殖民者在马六甲、印度尼西亚、菲律宾等地对不同种族（华人、印度人、阿拉伯人等）社会集团实行的'分而治之'的管理制度，其中以华人甲必丹制度最为重要"[1]。葡萄牙人于1511年占领马六甲之后，要处理诸多繁杂的港贸事务，因而出现"甲必丹末"（Capitao-Mor）这个多由葡萄牙本国贵族充当的当地官衔，此即为甲必丹之原型。[2]　此后，荷兰、英国殖民者等也相继沿用这一官衔，但"荷属东印度的甲必丹制度（The Kapitan Cina）有其独特之处，其实行的时间最久且与外来殖民政权的关系最为密切"[3]，所以最值得研究。"荷兰东印度公司设甲必丹（Kapitein）始于一六一九年之苏鸣岗，亦称甲大。"[4]　荷兰人于1619年占领雅加达后，将其改名为巴达维亚，极力企图把其建成公司在印尼的商业贸易中心。由于当时荷兰殖民者尚处在和万丹政府激烈争夺阶段，劳力缺乏，因此它千方百计诱拐招揽华人到吧城参加建设。为了实现目的，荷兰人一方面"对华侨便采取了宽大政策，同时也赋予各种权利，以笼络他们"；另一方面，又委托华商苏鸣岗为第

---

[1]　姚楠主编：《东南亚历史词典》，上海辞书出版社1995年版，第102页。

[2]　周怡君：《荷属时期爪哇华人甲必丹华人经济研究》，硕士学位论文，台湾成功大学，1999年，第8页。

[3]　Mona Lohanda, *The Kapitan Cina of Batavia* 1837 – 1942, Jakarta：Djambatan, 2001, p. 72.

[4]　许云樵校注：《开吧历代史记》，第3页。

一任甲必丹，作为华人领袖，采取"以华治华、分而治之"的办法，管理华人事务"以增强及维持法律与秩序"①。苏鸣岗的委任状如下："一六一九年十月十一日星期五，今因有华人约四百名居住于此地，在吾人保障下，故应委其一人为首领，以增强及维持法律与秩序。为此之故，已由华人方面公推一人名鸣岗者主之。……现核准该鸣岗应委为华人之领袖，有权处理一切民事，并与吾人共策进行。"② 因此，"万历四十八年，庚申九月，即荷一六二零年十月十三日，祖家王令甲板船赍文来吧，交大王庇得郡（当时的吧城总督），令议一位唐人为甲大，庇得郡即擢苏明光（即苏鸣岗）为唐人甲必丹大，公班衙敕赐金印符节，和兵一劳甲（十三人之称）把守大门前"③。此后，随着荷兰殖民统治的不断深入，吧城华人官员头衔不断增多。"一六三三年，始设雷珍兰（Luitenant）以佐之，并设唐人卒兵一名，曰达氏（Soldaat），以供甲大使唤。迨一六三九年增设一雷，一六九六年，增设二雷，一七零六年，再增二雷，共计六雷。一六八九年，添设武直迷一人，专理孤贫福利，所谓美色甘（Weeskamer），三年一任；一六九六年，增设一人以佐之。吧国公堂创设于一七四二年，……一七五零年添设书记一名，曰朱葛礁（Secretaris），即大朱；一七六六年，甲大林辑光请增副书记一人，是为二朱。一六五零，雷珍兰郭氏昆仲，酿金值地，始立土公一人，以理葬事；后于一七四五年，增置地二所，乃加立土公二人。"④ 19 世纪中期，吧城甲必丹职衔之上又出现了"玛腰"（Majoor）一职，公堂之有玛腰，始自 1837 年，甲大陈永元之升任。其时甲大一人，雷珍兰七人，协雷二人，书记二人。第二任玛腰陈濬哲（1865—1879）时因之。第三任李子时（1875—1896），则有甲大四人，雷珍兰六人，书记二人。第四任玛腰赵德和时（1896—1907）也有甲大四人，雷珍兰六人，书记二人。唯连福全代理玛腰时（1908—1910），则有四甲、四雷、二朱。至郑春色代理玛腰时，仅一甲、六雷、二朱。第五任玛腰许金安时（1925—1941），最初减雷珍兰为三人，1930

---

① 蔡仁龙：《荷属东印度时期的承包制与华侨》，《南洋问题》1983 年第 3 期，第 4 页。
② 许云樵校注：《开吧历代史记》，第 25 页。
③ 同上。
④ 同上书，第 3 页。

年 7 月又减存甲、雷、朱各一人。① 1942 年日本侵占东南亚后，吧城的甲
必丹制度才被废除。②

　　吧城历届华人甲必丹、玛腰及雷珍兰等重要官员的任命情况在《开
吧历代史记》中有详尽记载（见表 5—1、5—2、5—3）。

表 5—1　　　　　吧城历代华人甲必丹人名录（1619—1837）

姓名	任命时间
苏鸣岗	1619 年 10 月 11 日
林六哥	1636 年 7 月 21 日
潘明岩	1645 年 3 月 4 日
颜二官	1663 年 4 月 10 日
蔡焕玉	1678 年 6 月 14 日
郭郡哥	1685 年 8 月 3 日
林敬观	1695 年 6 月 10 日
陈穆哥	1707 年 4 月 11 日
郭昂观	1719 年 3 月 3 日
郭春观	1733 年 1 月 6 日
连富光	1736 年 9 月 11 日
林明光	1743 年 6 月 28 日
黄箴观	1747 年 4 月 21 日
黄市闹	1750 年 7 月 7 日
林缉先	1756 年 8 月 27 日
唐恩观	1775 年 1 月 31 日
黄衍观	1775 年 12 月 19 日
蔡敦观	1784 年 11 月 26 日
王珠生	1790 年 6 月 8 日
黄绵舍	1791 年 10 月 11 日

①　许云樵校注：《开吧历代史记》，第 3 页。

②　Mona Lohanda，*The Kapitan Cina of Batavia 1837 – 1942*，p. 65.

续表

姓名	任命时间
吴瓒绪	1800 年 12 月 27 日
陈炳郎	1809 年 10 月 26 日
陈毕郎	1810 年
李东旺	1811 年
李宙观	1812 年
陈永元	1828 年

资料来源:许云樵校注:《开吧历代史记》,《南洋学报》第9卷第1辑,1953年,第15—16页。

表5—2　　　　　　　吧城历代华人玛腰人名录（1837—1941）

	姓名	时间	部属
第一任	陈永元	1837—?	甲大 1 人,雷珍兰 7 人,协雷 2 人,朱葛礁 2 人
第二任	陈濬哲	1865—1879 年	甲大 1 人,雷珍兰 7 人,协雷 2 人,朱葛礁 2 人
第三任	李子凤	1879—1896 年	甲大 4 人,雷珍兰 6 人,朱葛礁 2 人
第四任	赵德和	1896—1907 年	甲大 4 人,雷珍兰 6 人,朱葛礁 2 人
代理玛腰	连福全	1908—1910 年	甲大 4 人,雷珍兰 6 人,朱葛礁 2 人
代理玛腰	郑春色	时间不详	甲大 1 人,雷珍兰 6 人,朱葛礁 2 人
第五任	许金安	1925—1941 年	最初雷珍兰由 6 人减少为 3 人,1930 年 7 月减少为甲大、雷珍兰、朱葛礁各 1 人

资料来源:许云樵校注:《开吧历代史记》,第3页。

表5—3　　　　　　　吧城历代华人雷珍兰人名录（1678—1809）

序号	姓名	任命时间	序号	姓名	任命时间
1	林祖使	1678 年 6 月 14 日	6	王五哥	1694 年 3 月 26 日
2	李祖哥	1679 年 5 月 16 日	7	郭乔哥	1695 年 6 月 10 日
3	黄舅哥	1682 年 1 月 12 日	8	陈穆哥	1702 年 6 月 16 日
4	郭包哥	1685 年 8 月 3 日	9	郭训观	1705 年 5 月 5 日
5	林敬哥	1685 年 8 月 4 日	10	李容哥	1705 年 5 月 5 日

续表

序号	姓名	任命时间	序号	姓名	任命时间
11	何莲哥	1707年6月10日	43	刘成光	1764年6月5日
12	林春哥	1720年6月28日	44	黄珩哥	1765年2月19日
13	林森哥	1720年6月28日	45	郑隆观	1769年5月26日
14	陈荣光	1725年12月28日	46	陈彩观	1769年10月3日
15	陈忠官	1725年12月28日	47	林德郎	1770年6月22日
16	连禄哥	1729年6月8日	48	吴泮水	1772年10月2日
17	王应使	1729年6月8日	49	王籍观	1772年11月17日
18	杨成光	1729年10月21日	50	郑奢观	1772年12月15日
19	连富光	1733年2月6日	51	蔡敦观	1775年1月31日
20	季和哥	1733年6月23日	52	王珠生	1775年8月4日
21	郭威哥	1734年3月12日	53	唐偏舍	1775年12月19日
22	杨简观	1734年12月31日	54	高根观	1775年12月29日
23	黄箴观	1736年9月28日	55	杨款哥	1777年7月8日
24	许进生	1738年5月27日	56	陈富老	1783年12月2日
25	连钟观	1738年6月13日	57	黄绵舍	1784年11月26日
26	黄提哥	1740年1月26日	58	林汉丹	1787年10月12日
27	黄箴观	1743年6月28日	59	黄继老	1789年12月22日
28	陈怡哥	1743年6月28日	60	陈报观	1790年7月8日
29	林国使	1745年5月7日	61	林春观	1790年10月26日
30	苏俊生	1747年4月21日	62	吴瓒绪	1791年2月8日
31	陈远生	1748年12月10日	63	陈宽观	1791年10月11日
32	黄市闹	1748年12月10日	64	林长生	1792年3月16日
33	林辑哥	1749年6月3日	65	陈炳郎	1792年11月13日
34	王荣使	1750年12月29日	66	黄薰观	1795年1月9日
35	林健老	1751年6月15日	67	戴弘哥	1795年
36	林钗观	1754年11月8日	68	吴科观	1798年4月20日
37	许芳良	1756年8月27日	69	陈水观	1800年12月27日
38	戴弁观	1759年12月18日	70	江波纹	1801年1月6日
39	许燦老	1762年6月10日	71	苏广生	1809年10月26日
40	卢郎观	1762年6月10日	72	李东旺	1809年11月30日
41	吴文观	1763年12月30日	73	陈妈抱	1809年11月30日
42	唐恩观	1764年4月6日			

资料来源：许云樵校注：《开吧历代史记》，第16—18页。

公堂理事会成员一般由甲必丹、雷珍兰、朱葛礁、武直迷、达氏、土公及默氏组成，不同时期理事会成员有所不同，对此，《公案簿》档案中多有提及。如《公案簿》第4辑中"承挨实嗹命，重新查勘详复今昔吧城玛腰、甲必丹、雷珍兰及其名誉头衔，以及武直迷、朱葛礁数目"一案载：1808年时没有现任玛腰，只有甲必丹1人，雷珍兰6人，武直迷2人，朱葛礁2人，共计11人。此外，钦赐玛腰无，（钦赐）甲必丹无，（钦赐）雷珍兰无。原任甲必丹无，（原任）雷珍兰无，（原任）武直迷1人，（原任）朱葛礁无。到1848年时仍没有现任玛腰，有甲必丹1人、雷珍兰6人、武直迷2人、朱葛礁1人，共计10人。此外，钦赐玛腰无，（钦赐）甲必丹2人，（钦赐）雷珍兰18人。原任甲必丹3人、（原任）雷珍兰6人、（原任）武直迷3人、（原任）朱葛礁无。到1830年时仍没有现任玛腰，有甲必丹1人，雷珍兰6人，武直迷2人，朱葛礁2人，共计11人。此外，没有玛腰；有钦赐甲必丹陈1人，钦赐雷珍兰9人。原任甲必丹1人，原任雷珍兰4人，原任武直迷2人，原任朱葛礁1人。1839年时有现任玛腰兼甲大①1人，雷兼甲必丹②3人，雷珍兰3人，武直迷2人，朱葛礁2人，共计11人。此时没有钦赐玛腰和钦赐甲必丹，只有钦赐雷珍兰8人。此外，原任甲必丹无，原任雷珍兰2人，原任武直迷1人，原任朱葛礁1人。1845年时有现任玛腰兼甲大1人，雷兼甲必丹2人，雷珍兰4人，武直迷2人，朱葛礁2人。钦赐玛腰无，钦赐甲必丹1人，钦赐雷珍兰7人，原任甲必丹无，原任雷珍兰无，原任武直迷3人，原任朱葛礁1人。③

二 吧国公堂的购置及其演变

关于公馆的建立与演变，现存于荷兰莱顿大学汉学院图书馆的公馆当年所悬木牌之一如是记载："追溯初，乃和一七四二年，即我大清乾隆七年，大王伴熊木命甲大维翰林公④营置一厦为公堂。吧城之北，簿面通

---

① 玛腰兼甲大，指具有玛腰头衔的甲必丹。

② 雷兼甲必丹，指具有甲必丹头衔的雷珍兰。

③ 侯真平等校注：《公案簿》第4辑，第96—97页。

④ 即林明光，见许云樵校注《开吧历代史记》，第15页。

衢，高数仞，轮奂备美，庭前建大势，扉扇绘荼垒，俨然唐官衙之威风云
尔。其时匪氛初清，涣然市熙，同堂论事，一甲二雷，皆当世知名之士，
用能政绩丕著，民赖以康。厥后，两黄甲大先后继作，则一甲四雷一朱，
觉贤才日有盛焉。再传甲大林廷藻公授政，遂一甲六雷两朱，迄今上下百
十七年间，计历甲大十有二位，典制因因，无所损益。……自我唐人就寓
城南，则中港仔（Tongkangan）为辐集之冲。甲大大栋陈大公莅任，虽就
近而备一公馆，为日日勘案之所，倘遇开封符印诸大典，及重事大嘧①，
仍在城北公堂，旧典犹存。迨甲大高敏亭公继职，乃恳敕文明虚地一区，
营筑为公馆，察事设密，则就其私第，昔者林公所建之壮丽华美，从兹废
矣。……至和一八六一年，玛腰甲必丹大事陈永元公秉领吧政已卅有余
年，悉心筹虑，特以公堂未置为隐忧。高敏亭公舍人钦加甲大高位，卿公
登遐，子琼瑶舍承业公馆，将欲变置，爰乃设密会议。玛腰上位，从甲大
雷七员，协雷二员，大二两朱，同声相应，咸曰此业无归公堂，终为后世
虑。于是上书敕文律仁得唠②，陈请恳准发公堂蓄项共八千五百余盾，从
和一八六一年八月初九日第二千九百十八号挨实嗤书，遵往上和一八六一
年八月初二日第三十五号案夺，已于和一八六一年九月初十日，叻柔实低
司台（即高等法院）前过名公堂矣。嘻！此举之成，甚为公堂幸，亦深
为先后进之有为者幸也。"③ 可见，1861 年公堂迁到吧城城南中港仔，较
宽敞的房屋一直保留到 20 世纪 50 年代被拆除。

　　而吧国公堂的购置历史在《公案簿》中也有记载。公堂于 1861 年所
购买的公馆原为甲必丹高长宗所置私第。高长宗任甲必丹期间（1822—
1829），把它作为公堂在吧城城南的办公场所，故称"公馆"，但仍属于
高家私人产业。高长宗去任后，公堂继续借用其宅第为公馆，高长宗之子
高俊杰及孙高琼瑶继承此业后，将公馆宅第产权变卖过名给公堂。如
《公案簿》第 10 辑曾载 1857 年 2 月 14 日"玛腰告知公馆过名一事"：玛
腰陈永元向公堂诸位官员请示说："前月封印之时，晚弟已请公馆过名一

① 嘧，即"嘧喳唠"，马来语"Bicara"，"商议、议事"之意，见侯真平等校注《公案簿》
第 4 辑，第 375 页。
② 即荷印总督，见侯真平等校注《公案簿》第 7 辑，第 301 页。
③ 许云樵：《吧国公堂与华侨史料》，第 19 页。

事。据高（俊杰）甲大云：待赎回，自当过名。兹查和 1835 年 5 月 19 日本堂案牍议买公馆事……计价银 3500 盾……令恳甲大先立一约字言定，后日过名与公堂。"到 1861 年 4 月 27 日公堂各位官员又审议购买公馆厝宅之事，《公案簿》档案载："公堂已向掛呷故高（俊杰）甲大、高甲西川官恳买公馆，议定价银 8000 盾。字费，过公堂自支。上手之事不与，惟做君得叻字之费，卖主支理。其既往之事，二比俱不得寻究，各自甘愿。即午十二点钟，玛腰（陈永元）同朱葛礁及物主高琼瑶同到梁礁干刀立字。"至此，公堂最终从高琼瑶手中完成了公馆过户到公堂名下的公证程序，但购买公馆的价钱从 1835 年的"议定价银 3500 盾"增加到了 1861 年的"价银 8000 盾"。此外，在 1863 年 8 月 14 日公堂审案记录中详细记载了公堂为置买公馆而上书荷印总督的陈情书原件，其内容摘录如下："曩因公堂有未蓄积，无力置屋永为公馆，故两次播移。初在旗杆脚，后移中港仔，致公堂案籍、婚簿多有遗失。其时公堂列位先公岂不知公馆累移之不善，其如有志未逮，何及和 1809 年、1828 年公堂乃上书王上，恳赐准告贷于和、唐二美惜甘之项，始置丹绒、式里陂二地以为原本。嗣后卖坟收税开支公堂该用，余累年抨还二处欠项，至和 1854 年才的清楚。余存之项，又置惹地致价银两万伍仟盾。自此之后，逐年费余之项蓄积至今，存在柜内。虽日不多，约而计之肆拾仟盾矣。此中不特兑冡之项而得鸠集若是，且有兑逐年收取田园租税，现时每年尚有三千余盾参入在内。……今承来书，谓公堂兑冡之项，不得开用外。此惟有蓄存逐年收税之项，参存柜内。恳挨实嗹原情，准可开出公堂蓄项银捌仟盾，以还买公馆之价。如不许允，恳挨实嗹将情转奏王上，恳发敖文明库项备还卖价，更为感德靡涯矣。"据此可知，此次置买公馆的 8000 盾公堂多年来的全部蓄项。其来源有二：一为"兑冡之项而得鸠集"，二为"逐年收取田园租税"。可谓来之不易。但是基于"为国为民为公堂建万世无疆之福"的考虑，公堂不惜倾囊而出，置购公馆。可见，公堂历时几十年筹措资金才最终将公馆购置为其永久之业，在这个过程中，首任玛腰陈永元（1837—1865 年在职）的功劳不可忽视。①

---

① ［荷］包乐史等校注：《公案簿》第 10 辑，前言，第 4—5 页。

第二节　吧国公堂与荷印殖民政府关系探析

据吧国公堂内悬挂于 1861 年与 1893 年的木刻牌记云："公者平也，平公察理；堂者同也，同堂论事。情有真伪，事有是非，非经公堂察论，曷以标其准。"① 可见，公堂设立的最初目的是同堂公平议事，它是在荷兰殖民政府管辖下并委任华人首领以中国律法与习惯处理华人社会内部事务的机构。② 因此，它具有一定程度的自治权。由《户口簿》与《新客簿》可见，公堂日常事务涉及吧城华人社会的方方面面。除了处理公案与婚姻登记等较重大的事情外，它还对华人入境进行审查，对华人的户口、职业、住址等进行登记与统计，甚至对各街区的马匹、车辆等进行登记。因此，公堂作为一个介于荷兰殖民政府与华人社会之间的半自治机构，发挥着多元的社会功能。

一　公堂对荷印殖民政府的依赖性

（一）公堂官员的选任和罢黜由殖民政府决定

根据《开吧历代史记》1742 年所载，公堂官员的任命及职位更替一般由荷印总督下令推选德才兼备的华人任职，其程序一般是个人申请或公堂向殖民政府推举，然后殖民政府会委托公堂对人选的情况进行考察，提出意见，最后由殖民政府决定官员选任与否。到 19 世纪末 20 世纪初，华人官员的选任变成由荷兰公班衙内定众议到直接指定，特别是甲必丹和雷珍兰的职位。这样就使这些职位可能转变为终身制，只有殷实之家才能承袭。

首先，华人向殖民政府提出申请。相关记载在《公案簿》档案中非常多见。如 1854 年 2 月 24 日，因雷珍兰陈启淮、陈荣乔逝世，郑兆基、陈逢义、李梓福、林光琼、高西川等人申请承袭他们的职位；③ 1854 年 7

① ［荷］包乐史、吴凤斌：《18 世纪末吧达维亚唐人社会》，前言，第 1—3 页。
② ［荷］包乐史著：《巴达维亚华人与中荷贸易》，庄国土、吴龙等译，广西人民出版社 1997 年版，第 75—77 页。
③ 侯真平等校注：《公案簿》第 8 辑，第 295—299 页。

月 26 日，因雷珍兰陈启淮、陈荣乔逝世，李梓福、林光琼、郑兆基、陈逢义、高西川、陈长溪等又申请雷珍兰职务或名誉雷珍兰头衔一案；① 1854 年 9 月 21 日，黄仲润、郑肇基、林光琼恳补协理雷珍兰之缺一案；② 1855 年 12 月 15 日，林光琼、张体昌、连文章、庄其宗、林新建、徐金炉、王元隆诸人恳补武直迷之职一案。③

其次，公堂受殖民政府委托进行考察。此类记载在《公案簿》档案中也非常多见。如 1833 年 4 月郑若思、黄燎光、陈光文、高俊杰、柯文章、蒋白水、吴到、陈角、吴铭铉等上书王上，求补雷珍兰职位。挨实嗹于 1833 年 4 月 13 日致书公堂，说"还求逐名细查，其所言有余、不足之间，谁堪是任，务宜明澈指陈，细详回复"④。

此外，还有 1833 年 6 月 5 日公堂承挨实嗹命，委查戴甲明基官入字求钦赐甲必丹一事；⑤ 1844 年 10 月 30 日，承挨实嗹命，查勘详复王文显申请名誉甲必丹头衔一案；⑥ 1844 年 10 月 30 日，承挨实嗹命，查勘详复吴南阳申请名誉雷珍兰头衔一案；⑦ 1844 年 11 月 23 日，承挨实嗹命，查勘详复苏天庇申请名誉雷珍兰头衔一案；⑧ 1845 年 4 月 25 日，承挨实嗹命，查勘祥详复因甲必丹衔雷珍兰黄永禄官辞职，原任武直迷徐金炉官、现任朱葛礁陈荣乔、商人雍传光、商人兼食糖业主陈俊德（又名俊哲）、猪与糖税承包商黄宣虎申请补雷珍兰之缺五案；等等。⑨

一般情况下，公堂主要考察官员人选的年龄、世系、所行、家教、家资、交友等方面的情况。如 1849 年 4 月 13 日黄淡峇、吴南阳向殖民政府入字，申请名誉雷珍兰头衔。黄淡峇在 1849 年 1 月 19 日入字荷印总督，说自己是钦赐甲必丹黄待老唯一的儿子，因为父亲曾任此官职，因此，如果政府赐予自己同样的职位应不过分，所以敢恳求获得雷珍兰致厨礼之

---

① 侯真平等校注：《公案簿》第 8 辑，第 355—356 页。
② 吴凤斌等校注：《公案簿》第 9 辑，第 36—38 页。
③ 同上书，第 157—161 页。
④ 聂德宁等校注：《公案簿》第 3 辑，第 78—81 页。
⑤ 同上书，第 91—92 页。
⑥ 侯真平等校注：《公案簿》第 4 辑，第 11—12 页。
⑦ 同上书，第 12—13 页。
⑧ 同上书，第 17 页。
⑨ 同上书，第 108—111 页。

职。而且明年自己要前往荷兰殖民宗主国，如果没有官职，恐到处不能如意邀游。对此，公堂众官员议论说：黄淡峇年仅十九岁，在吧城出生长大；就世系而言，他家族有官职，其父黄待老曾是钦赐甲必丹；就家教而言，他自立自强，因自幼其父身故；就品行而言，他现在还年幼未定型；就与乡邻相处而言，不知详情；就交友而言，多是一些少年；就家资而言，他有继承其父之业；就相助乡党而言，未曾听闻有什么举措；就对殖民政府的贡献而言，他去年有承包鱼蜩税偶仔，其余方面的表现未曾有听说。因此，公堂最后表态："淡峇年尚犹轻，后会有期。"此外，吴南阳也于 1849 年 3 月 23 日入字荷印总督，说其为吧地头主，是吴文信之子。先父生前曾为朱葛礁，升雷珍兰，料理敖文明事二十年，并无小疵。自己想像先父吴文信一样料理政府事宜，所以恳求替补武直迷陈绍周之空缺，如政府不允许自己所恳之职位，希望能给予自己其他职位。如果陈绍周官复原职，自己则恳求政府赐予雷珍兰智厨礼之职。他表示，"盖晚敢自谓一生并无小疵，且亦未尝有一人言晚之小疵。若王上不信，晚敢入一书，并援削势视以自明"。对此，公堂讨论："论吴南阳年三十六岁，吧生长；世系有官爵，伊父吴文信前曾任雷珍兰之职；家教尽美；所行良善，惜乎有时酒醉。和睦乡里；结交正人；家资富有；相助乡党；若有益于敖文明，则未闻。"公堂最后表示："吴南阳其为人也实系良善，虽好酒醉，现实有解酒，况所恳系是荫雷，无任理敖文明之事，若王上欲准其所恳，可也。"①

一般情况下，公堂经过考察后，会向殖民政府提出自己的意见。如 1847 年 1 月 4 日，挨实嗹致书公堂说："因吴南阳、林三水、陈俊哲、陈逢义、刘渭滨、苏天庇、王元隆、徐金炉等所恳雷珍兰之事，祈作速详复。"1847 年 1 月 7 日挨实嗹又致书玛腰"为要举朱葛礁事，迄今未有回息，祈略速详复"。公堂经过调查比较后，答复说："就七人中而论，举陈俊哲甲、苏天庇、徐金炉等三人可堪是职，其余后会有期。将情申详挨实嗹裁夺。"②

最后，由殖民政府批准或否决相关人选。1854 年 3 月 22 日，荷印总

---

① ［荷］包乐史、刘勇等校注：《公案簿》第 6 辑，第 44—45 页。
② 吴凤斌等校注：《公案簿》第 5 辑，第 71—78 页。

督批准陈思聪、许清泉为署理公堂事务的名誉雷珍兰；陈濬祥为武直迷加雷珍兰之职务，任理美色甘事务及韩青山为名誉雷珍兰一案；① 1855 年 1 月 24 日，公堂职位补缺；② 1859 年 4 月 1 日"挨实嘈谕知公堂：浪甲丁：黄永羡恳伊子黄长生为浪雷珍兰知厨礼之职不得承受"；③ 1891 年 4 月 14 日"荷印政府擢唐人邱春昌为唐人雷珍兰之职"；④ 1897 年 1 月 22 日"荷印政府擢雷珍兰连福全舍升补甲必丹之职"；⑤ 1899 年 3 月 1 口"荷印政府擢赵德顺、庄文德、许温惠、黄景兴诸位雷珍兰之职"⑥；等等。

殖民政府批准后，会将信息反馈给公堂，由公堂向吧城民众宣布官员选任情况。如 1915 年 1 月 4 日，大玛腰宣布十二位入选的默氏及其副默与巡役名单，涉及洪溪然哖、八厨沃间、戈罗窟、班芝兰、大公司、小南门、毛六甲、槟榔社、望加勿杀、新巴杀、结实珍、丹那亚望等街区。⑦

而官员辞退或告退等也先报公堂知晓，再由公堂报知殖民政府批准。如 1849 年 8 月 3 日荷印总督批准名誉甲必丹、实职雷珍兰黄燎光原职退休；⑧ 1879 年 5 月公堂发布通知说："兹饶奕才身故，其子饶火郎前任西垅雷珍兰之职，因病辞任，今恳要用其职衔以葬其父，玛腰查其辞任之字，系优意告退，并无犯碍，若列台同意者，即可押号，特此布达列位寅兄，和 1879 年五月十七日朱启。"⑨ 再如 1891 年 6 月 19 日"甲必丹李晋郎提请公堂革退达氏陈启淮"一案载：李晋郎指责陈启淮"奉公无状，进退无礼，且吸洋鸦，志气懈怠。每当公堂差遣，携带公文出入烟馆，漏泄公事。且时因公到敝，伊显不耐烦"。公堂表决："此等无状，合应革职。即召谕罢职，限十日迁居别处。"⑩

---

① 侯真平等校注：《公案簿》第 8 辑，第 370—371 页。

② 吴凤斌等校注：《公案簿》第 9 辑，第 85—91 页。

③ ［荷］包乐史等校注：《公案簿》第 10 辑，第 191 页。

④ 吴凤斌、［荷］包乐史、聂德宁校注：《公案簿》第 14 辑，第 89 页。

⑤ 同上书，第 266 页。

⑥ 同上书，第 298 页。

⑦ ［荷］包乐史、吴凤斌、聂德宁校注：《公案簿》第 15 辑，第 160—161 页。

⑧ ［荷］包乐史、刘勇等校注：《公案簿》第 6 辑，第 106 页。

⑨ 《公堂通知簿》（1879 年 3 月 7 日—1880 年 9 月 1 日），荷兰莱顿大学汉学院馆藏，档案号 11001。

⑩ 吴凤斌、［荷］包乐史、聂德宁校注：《公案簿》第 14 辑，第 96 页。

（二）公堂在经济上对荷印殖民政府具有依附性

公堂在经济上对荷印殖民政府具有依赖性，需要依靠殖民政府拨付公堂华人官员相关俸禄。如公馆档案号 41008《公堂总清簿》（俸银簿）（1883 年 1 月—1901 年 7 月）详细记录了这些年荷印殖民政府提供给公堂官员的薪俸变化。如：

> 和 1883 年正月份，敖文明来俸银伍佰盾正，值月公馆公勃低甲必丹许焕章官、雷珍兰吴经纶舍；
>
> 和 1883 年式月份，敖文明来俸银五百盾正，（上半月）值月公馆公勃低甲必丹陈文炳官、雷珍兰沈景坤官（代）亚诰甲大；（下半月）雷珍兰陈文贵舍，又大朱葛礁礼氏郑宴祥、二朱葛礁徐秉章舍……
>
> 和 1883 年十二月份，敖文明来俸艮五佰盾正，公馆值月司员甲必丹吴经纶舍、雷珍兰郑春色舍，又大公堂朱葛礁徐秉章舍、二公堂朱葛礁陈开堤官……
>
> 和 1901 年七月份，敖文明来俸艮 1000 盾，大玛腰俸艮 500 盾，值月员邱春昌、赵德顺、大朱葛礁李新宁、二朱葛礁连凉水。

此《俸银簿》档案显示，1883 年 1—7 月殖民政府拨给公堂的俸银为 500 盾正，1883 年 8—9 月份为 380 盾，1883 年 11—12 月为 500 盾正，1883 年 12—1889 年 2 月一直为俸银 500 盾。1889 年 3—6 月俸银改为 1000 盾，1889 年 7 月开始又改为 500 盾，此后基本维持每月在 500 盾，1891 年开始又增加为 1000 盾，有些年份为 880 盾，直到 1901 年 7 月。[①]此后，再无关于殖民政府对公堂官员薪俸拨款的档案记载，也许是这种拨款停止，也可能是因为相关档案的遗失。

（三）公堂是殖民政府移民政策的执行者

上文述及，荷印政府对华人入境有诸多限制政策，而公堂则是这些政策的具体执行者。根据《新客簿》记载，华人新客入境时，比较完整的

---

① 《公堂总清簿》（俸银簿）（1883 年 1 月—1901 年 7 月），荷兰莱顿大学汉学院馆藏，档案号 41008。

记录有王字批文、玛腰文、副淡文、朱葛礁文及案夺字、吧路字等，而其中来自荷印殖民总督的王字批文才是最重要的。一些新客的入境记录中可以没有玛腰等侨领的批文，但一般都有王字批文。《户口簿》与《新客簿》对华人及其新客的情况记录在案，目的也在于方便殖民政府的控制与统治。

如 1833 年 4 月 26 日，公堂奉挨实嗹之命，审查陈龙、陈南生、陈亚合、陈贤四人的入境资格，结果公堂认为"南生等所入字无讹，理宜付其来吧。谨此详复，存案"[①]。此外，如 1833 年 7 月 19 日，公堂又"承挨实嗹来书，委查陈经娘入境资格"一案。[②] 1834 年 1 月 29 日公堂又规定，凡是从中国来的帆船及甲板船到吧进港，必须有 2 位雷珍兰、1 位朱葛礁以及 1 名达氏到船检验，公堂官员从癸巳年 12 月 21 日算起，每阄 2日，照阄轮流，周而复始。假如官员另有公务在身，则依前所定之例而行。如果中国帆船或甲板回棹，则由公堂值月公勃低到船查验，公堂官员的轮值情况为：一阄：黄甲永禄官、黄甲燎光官。二阄：杨甲汉官、陈甲彬郎官。三阄：叶甲选官、戴甲明官等。[③]

公堂还严格执行居住区条例和通行证制度，这可以从公堂不断向吧城官员和民众发布的寻人通知中得到体现。如 1877 年 8 月 27 日公堂发布通知说："因要寻一唐人陈允登，原籍万隆，且此人已来吧矣，祈查界内若有此人，立即报知，仰列位默氏知悉。"[④] 1878 年 3 月 7 日又通告民众说："祈寻界内沈金城，原是葛人，由浪来吧，如获此人，可寄来公馆，此达列位默氏通谕。"[⑤] 1878 年 11 月 5 日玛腰下命，"要求各默氏录报本年总甲人数，定限至本十式月上旬止，各宜录报勿悮"[⑥]。1879 年 6 月 17 日妈腰又下令："祈诸默氏宜严嘱示谕各界内人等知悉，因保黎司查自此三个月以来我唐人从新加坡到此者甚众，然未见有到保黎司干刀，恳给六月恳

---

① 聂德宁等校注：《公案簿》第 3 辑，第 76 页。
② 同上书，第 103 页。
③ 同上书，第 149 页。
④ 《公堂通告簿》（1877 年 6 月 9 日—1879 年 12 月 31 日），荷兰莱顿大学汉学院馆藏，档案号 12001。
⑤ 同上。
⑥ 同上。

居之字，故自今日起诸默氏宜为严着其人切宜往保黎司给领此六月之字。"① 1885 年 4 月 16 日玛腰下命："祈立即寻究一唐人，名沈从，或宋，因此人前日曾寄居于甲必丹张朝福官处，他于和本月廿三日七点早当到兰直叻为证人，为鞫狱沈免事。故仰寅台待遣此人依时到兰直叻，即祈花押。"② 1885 年 9 月 19 日，公堂又发布通告说，"副淡谕一唐人名蔡奇由芝唠马也茄唠旺辖入王字垦居燕地，今因王上不准所垦，如有此人，拿送甲必丹张朝福官府上，列位默氏知悉。"③

（四）公堂是殖民政府饷码制度的维护者

公堂还积极维护政府的饷码制度，对破坏政府饷码经营的行为进行打击。如档案号 12001《公堂通告簿》（1877 年 6 月 9 日—1879 年 12 月 31 日）中载：

> 兹和 1877 年十二月廿九日承副淡之命谕知界内人，从和 1876 年国例第 228 号及 244 号所叙，不论何人不准带并收藏土以及熟膏，如非向赎买或挂些所付者皆禁，虽是向赎买之膏（一两以外），惟准换赎之日起可收藏至十四日之久而已耳，过十四日搜得收藏或带膏之人皆有罪。

再如档案号 11003《公堂通知簿》（1884 年 5 月 28 日—1886 年 9 月 7 日）中载：

> ……承大玛腰之命为遵副淡谕，此一二日之间照见各界烟馆亚片异常减兑，烟价降落，料应私烟太多之故，为此仰诸位胡勃实为助一臂，从严密缉，如有匿藏私烟及兑者，即祈严拿，谨此达知列位寅台。

---

① 《公堂通告簿》（1877 年 6 月 9 日—1879 年 12 月 31 日），荷兰莱顿大学汉学院馆藏，档案号 12001。

② 《公堂通知簿》（1884 年 5 月 28 日—1886 年 9 月 7 日），荷兰莱顿大学汉学院馆藏，档案号 11003。

③ 《公堂通告簿》（1885 年 7 月 16 日—1904 年 8 月 23 日），荷兰莱顿大学汉学院馆藏，档案号 12002。

上述档案显示，为维护政府的鸦片饷码，公堂严禁私下购买或收藏鸦片，违者需治罪。为了减少鸦片的私下交易，公堂还要求诸位胡勃实严加稽查。

（五）公堂官员以身作则尊崇殖民政府

一般而言，公堂官员对殖民政府的尊崇主要体现在以下几个方面。

首先，每逢荷历新年，公堂都要向荷兰官员拜新年。如档案号11002《公堂通知簿》（1880年9月1日—1882年9月27日）中载：

> 承玛腰命，兹和1881年正月初一日早九点半，祈列台帽靴齐集在副淡府，然后全往大淡府以贺新年，即此布闻列位寅兄。

其次，每当新荷印总督上任时，公堂官员总要亲自前往迎接并护送到王府。如档案号11002《公堂通知簿》（1880年9月1日—1882年9月27日）中载：

> 承玛腰命谨达于列位寅台得悉，兹有接大淡实息，新王登岸定于和本四月十式日拜式早六点钟正刻，祈列位寅台各穿公服顶戴齐集在城火烟车馆迎接，新王驾到则护送至王府，至十点半钟正即往新干刀朝见，恭贺新王升任理政矣，即此报闻列位寅台，和1881年四月十日二朱（签名）启。

此外，每逢荷兰国王生日，公堂都要树立彩旗表示庆贺。如1878年2月19日公堂发布通告说："祖家王圣诞，祈照常备彩旗为祝寿之庆，此彩旗和十八日可交丹那望寔九蔚管领，即此达结石珍默（捌对）、丹那望默（四对，钟西山）、新把杀默（四对、黄壬癸）、高劳屈默（四对，黄庚瑞）。"[①]

再次，公堂官员一般需要统一着装。到20世纪初，着装的样式也受

殖民政府的管制。公堂日常会议时一般是着常服，如"和1880年3月31日拜三早八点钟，承玛腰台命，定于和4月初二日拜五早十点钟公堂会议，祈列位寅台常服齐到在座，即此报闻列位寅台，和3月31日朱启"①。但在与荷印政府官员打交道中，公堂则对着装有专门的规定，如"承权理玛腰事甲必丹赖，为遵大淡宪谕，今日新任燕地督宪由司马直唠②火船到吧，但闻大铳三声为据，其翌日早晨定要登陆，伏祈公服齐集吧城旧火车馆迎驾，顺于巳刻十点半诣新关都谒见制台，预此奉闻，庶各有备，俟有定期，另行速报，启者要往新关都谒见新督宪，祈于巳刻十点正在新巴杀赖甲大府等齐，勿误！列位寅台电及，和1888年九月十八日公堂朱启"③。又"承大玛腰命，于和1890年12月初三日拜三（其点声俟后再详），王之丧，遵副淡命，务须在督宪处新关都，作吊服，上用京帽乌不动缨挂顶，身由乌外套（乌布），内用素袍（马蹄袖），又再内用白长衫靴，若无乌布照常用靴亦可，谨遵列位钦赐甲必丹、雷珍兰，和1890年12月初一日朱启"等。④到20世纪初，公堂官员的公服也由政府指定。如1901年3月22日公堂官员呈请恳求大淡申达王上拟定唐官服式，公堂官员表示："为我唐人官长至今并无衣冠，为众人所识，不如恳求大淡申达王上，为唐官服式：一、用常服金钮仔刻碨字。⑤二、用软帽挂金辫，大玛腰、甲必丹及雷珍兰、朱葛礁所用，照品级而已。"⑥到1916年9月6日副淡拟定华人默氏之大小公服式样如下："小公服为日日之常服，即白衣白裤，其衣用五个卫字之钮XX，而其帽亦是白者，可用基运⑦或用英近达⑧。其大公服即黑衣黑裤，其衣袖正默可用二条实知立⑨，副默氏可用

---

①　《公堂通知簿》（1879年3月7日—1880年9月1日），荷兰莱顿大学汉学院馆藏，档案号11001。

②　船名。

③　《公堂通知簿》（1888年8月13日—1892年8月24日），荷兰莱顿大学汉学院馆藏，档案号11004。

④　《公堂通息簿》（1885年7月16日—1904年8月23日），荷兰莱顿大学汉学院馆藏，档案号12002。

⑤　即荷兰语字母W。

⑥　吴凤斌、［荷］包乐史、聂德宁校注：《公案簿》第14辑，第318页。

⑦　［荷］包乐史、吴凤斌、聂德宁校注《公案簿》第15辑，第284页。

⑧　英近达，荷兰语eikentak音译，像树枝的意思，见同上书，第285页。

⑨　实知立，荷兰语streep音译，条纹的意思，见同上书，第285页。

一条实知立，而其裤亦用实知立也。此事业已委任于大玛瑶料理，如紧要可以改良或增添也。"①

（六）公堂要求华人民众尊崇荷印殖民政府

早期华人出国，多抱着叶落归根的思想，认为自己在异乡仅仅是寄居。因此，吧国公堂官员始终坚持认为"我唐人所居斯地，系是羁旅附居，蒙和嘞人②福荫，各宜尊敬于和嘞为是"③。《公案簿》档案显示，公堂多次为华人立规矩，要求他们明白自己的身份，尊崇荷印政府。如1847年9月6日挨实嚏向玛腰投诉说，自己自任理吧国以来，多次有荷兰人向自己告状，说华人胆敢肆侮荷兰人的车马或独辇，甚不知规矩。而华人如此不知规矩，是跟侨领的监督与教育缺失有关。挨实嚏还表示，荷属东印度其他地方的华人没有像吧城华人如此嚣张跋扈，因为吧城华人比较富裕，所以敢于藐视荷兰人。"然而和兰更胜于所居亚地之唐人者也。唐人虽富有，而和兰有受命可居此地，唐人系羁旅，不过附居而已，故唐人终不得比于和兰，须自认本份，当在正和兰之下。"因此，他希望公堂玛腰要"以法度感化诸唐人，庶免过分，以从旧法，须自认离乡之人附居此地，宜在和嘞之管辖"。公堂随即表态说，"自当告戒诸唐人，令其各遵教化，以行五达道而尊敬于和嘞。"公堂还表示，如果有华人违背以上规矩的，公堂自必请知上人究治其罪。此外，公堂还"严谕诸默氏，各附其字一纸，并令其四处鸣金，宣谕诸唐人知悉"④。到1847年12月3日玛腰又议定吧城华人19条规矩，即：1. 凡在家为子弟者，务宜孝友于父兄，且各尊敬于母姊；2. 朝夕须当问安；3. 出必告，反必面；4. 所为必有常；5. 出言须和顺；6. 步履宜仔细；7. 尊上敬长、卑以自牧；8. 含忍宽容、毋得角口；9. 在外勿交淫朋；10. 勿饮酖酒；11. 勿见利忘义；12. 勿损人利己；13. 父兄须当钦敬子弟，切宜教笃；14. 交关务必忠厚，接人须有礼；15. 出入不可妄昧，持己当以恭；16. 所行道路，男左女右；17. 衣服朴素；18. 饮食俭约；19. 各凛规矩，以行五达道，凡在途中，

① 基运，荷兰语 kroon，花冠的意思，见［荷］包乐史、吴凤斌、聂德宁校注：《公案簿》第15辑，第284—285页。
② 即荷兰人。
③ 吴凤斌等校注：《公案簿》第5辑，第210—213页。
④ 同上书，第210—213页。

或者骑马或者乘车，若果前面有车马，华人不得赶超对方，如果遇到荷兰官员尤其应该钦敬，如果遇到荷兰显赫人物，或骑马或坐车，须逊而旁行，不可在前，如果遇到总督则必须马上停车、下马，不可犯上。此外，凡各界内华人如有不遵如此禁令者，命令该街区默氏须速前来请知，立即将情请上人究治其罪，决不姑宽。①

二　公堂管理华人社会内部事务的相对独立性

（一）在华人官员任免上具有一定的话语权

如上所述，除了华人向荷印政府自荐外，公堂可以向殖民政府推荐人选。如 1894 年 6 月 25 日"公堂荐举李新宁宜补二朱葛礁一缺"；② 1833 年 11 月 1 日公堂会议唐人鉴光诸默氏人选更换事宜；③ 1833 年 12 月 27 日，"承挨实嘛命，公堂议陈潚哲求'钦赐雷珍兰'衔之申请"等。④

此外，如上所述，政府一般会先由公堂对这些人选的具体情况进行考察，因此公堂在华人官员的任免上具有一定话语权，这一点在庄济螺⑤的个案中得到充分体现。1851 年 9 月陈永元举荐庄济螺代理二朱职位，到 1852 年 1 月 3 日庄济螺被荷印殖民政府批准成为二朱，"料理公堂事务，其俸银于和 1852 年 2 月行起"⑥。茄荖旺挨实嘛于和 1853 年 1 月 12 日第 44 号致书于吧挨实嘛说："为和 1852 年 12 月 18 日第 955 号所寄之书，若要详复，并祈酌量公堂之二朱庄济潒有上书王上求袭本处雷珍兰之职，速速申详。"公堂经过调查说："若夫二朱庄济潒，论其职分，合当袭职；论其理事，尚未可堪。"⑦《公案簿》显示，此后公堂与庄济螺之间发生一系列纠纷。荷印政府 1853 年 3 月 18 日第 13 号《案夺革职字》中说庄济潒"懒惰，不顾公事"。3 月 30 日庄济潒上书王上说，"推其情由，必玛

---

① 吴凤斌等校注：《公案簿》第 5 辑，第 228—230 页。

② 吴凤斌、［荷］包乐史、聂德宁校注：《公案簿》第 14 辑，第 193 页。

③ 聂德宁等校注：《公案簿》第 3 辑，第 133—134 页。

④ 同上书，第 138 页。

⑤ 马来语作 Tjung Tie Lak，祖籍闽南，住吧城小南门，商人，在玛腰陈永元府中掌理书记 3 年，其间陈永元曾上书举荐他为三朱，但未果。1851 年 9 月 25 日陈永元上书举荐他代理二朱之职，获殖民政府批准。1851 年 10 月申请二朱之职，1952 年 1 月荷印殖民政府批准。

⑥ 侯真平等校注：《公案簿》第 8 辑，第 20 页。

⑦ 同上书，第 149—152 页。

腰（陈永元）生情故也"，恳求王上"细查此冤"。公堂公开审讯庄济漯，陈永元当堂指出其 10 条过失：1. 值外务时，他在 1 个月内有 20 天过点方到，剩下的 10 天都没有来，每次有人指出他的过失，他都不以为然。2. 蔡三朝要诗礁新把杀欠地租，公堂屡次令他抄录申详挨实嘻，求量地官指明，他把相关资料收藏许久，致使三朝推迫数次。3. 陈启淮甲四五次君眉司，每至过点，方知其息，致使公事落后。4. 黄锦章甲君眉司亚片，亦至过点得息。5. 陈潐哲甲、黄锦章甲屡次向玛腰投诉说，每次与庄济漯值月公馆，他总是每天 11 点都未到。6. 公堂审理婆厘司委勘林福情一案时，值月公勃低在 1853 年 2 月 23 日已经将案情申详公堂，他本应该结案以荷兰文抄录，即使他不会抄写也应该将原案交付相关人员，但他把案宗收藏 1 个月才拿出来。7. 厘力突询问鱼蜩饷码承包条规，他收藏不抄，直到大朱徐金炉查出此事，他才告诉徐金炉让其代抄。8. 公堂、公馆《公案簿》及《婚书簿》①，俱无规矩抄录或放置。9. 因为他办事懒惰不谨，恐怕因此违背了殖民政府的命令，玛腰陈永元曾微言责之，使知自省，他便粗鲁回话，毫无尊卑之分。10. 他要求承袭茄荖旺一职位，这事需要公堂诸位官员公堂商议，不是玛腰一人所能独断专行的，他就口出恶言，说玛腰不让他承袭该职。此外，他要做芝荗糖饷码的担保人，因为承包者庄西溪欠余数 100 盾尚不能还，恐累公班衙僆仔，又因济漯与陈广元作为庄西溪的担保人不太可靠，所以玛腰认为不妥，不让承包。以上过失，都有真凭实据。但庄济漯这些指控百般狡辩，最后公堂议决："据玛腰（陈永元）所指，及公勃低所请，与庄济漯自认，有误公事是实，且自言'所行直道，不肯曲意徇私'，则又未能指明，以此论之，革职无亏矣，谨此申详。"② 庄济螺于是向荷印政府控告说陈永元与许多公堂官员是亲戚，他们同心遮蔽对己不公，导致自己被革职。③ 1853 年 4 月 20 日庄济漯反而向荷印总督控诉陈永元的所行不端，列举陈的诸项问题，并说陈永元"为唐人之长，不知爱国爱民，反敢妄作威福，顺生逆死，以至诬言欺罔上台，种种不一……至于蠹国害民，伤风败俗、怠惰荒淫、糜所

---

① 即《成婚注册存案》。
② 侯真平等校注：《公案簿》第 8 辑，第 172—178 页。
③ 同上书，第 199—200 页。

不为……无奈公堂之人，多其亲戚；即有非其亲戚者，亦弗敢言，恐言之亦将似罪，是以其事无得上闻"①。陈永元在公堂上对庄的指责逐条驳斥，公堂还讯问庄济螺提到的各证人，指出"庄济螺出言不逊，实无尊卑之分，唯挨实嗏裁之"②。由此可见，庄济螺未能撼动陈永元的地位。

公堂在这方面的话语权一直保持到 20 世纪初，如 1914 年 12 月 30 日大玛腰还宣布改良默氏职任择优黜劣的五条标准，即"一、其催收吧酌③项进步者。二、其行为端正并善良者。三、其任职勤谨者。四、其有胆识才干者。五、凡已明知其任事忠诚者。此五事为选择之旨，则必定诚难具备也"。公堂还表示，现在荷印政府给默氏俸银达五十盾，因此必定不肯用一个全无才能者充任一默氏，希望现任各默氏要恪尽职守。④

但值得注意的是，有时候荷印殖民政府也会对公堂官员的建议置若罔闻。如 1912 年 8 月 3 日大淡欲举杨锦英充任新吧杀正默一职，对此，玛腰表示，"举杨锦英作新吧杀正默者，原非我自己之本意……大淡大人本熟识杨锦英，致欲举其作默氏，殊非我之本意也。……其实我自己之意，本要举副默陈秀金以作正默。奈因有此势逼我，须再暂等耳……"⑤ 可见，这反映了公堂影响力的减弱和荷印殖民统治势力的增强。

（二）自主安排华人官员的日常工作

公堂对华人官员日常工作的自主安排表现在以下几个方面。

1. 制定公堂官员行为规则

如档案号 11002《公堂通知簿》（1880 年 9 月 1 日—1882 年 9 月 27 日）第 109 条载："一、会议之期僚友咸集，所以权轻重论情理而折衷焉，如其虚位不到，彼此效尤，则会以乏人，何以会议？其不到者或有事故，须当预早报知，俾好临时裁决；二、公勃低掌大铁柜锁匙壹支兼管总案簿柜项，可以无异，案簿又当有赖是柜项与案簿并重，逐月轮流周而复始；三、会议机密事关系国务，而我同寅无非同志，各宜慎重不可外扬，或者有所外扬，一经察出，势必申详大淡，莫怪余言不早；四、会议案牍

① 侯真平等校注：《公案簿》第 8 辑，第 201—204 页。
② 同上书，第 209—212 页。
③ 吧酌，一种税，见袁冰凌、［法］苏尔梦校注《公案簿》第 2 辑，第 421 页。
④ ［荷］包乐史、吴凤斌、聂德宁校注：《公案簿》第 15 辑，第 153—154 页。
⑤ 吴凤斌、［荷］包乐史、聂德宁校注：《公案簿》第 14 辑，第 476—477 页。

草稿为先经余查阅妥当及窒斟酌合宜，然后登载案簿，所谓铁笔不易；五、朱葛礁职管簿书，若有公务发命，则奉余之命而行，或以公勃低之命为准，遵循规矩，不得自专，列位寅兄，和 1881 年十二月式日玛腰李（签名）启，和 1881 年十二月初五日早打八点钟，兰直叻密查唠即此报知值月公勃低（签名）。"

此外，公堂规则还规定，每当有新官上任，公堂其他官员必须公服到堂恭贺。如 1879 年 3 月 2 日公堂发布通告说，本月 5 五日周三早九点半钟，因为"大淡要付旧妈腰与新妈腰李子凤舍交盘在干刀，祈公服如期到处，即此报知钦赐甲必丹、钦赐雷珍兰、美色甘甲必丹武直迷、小商雷珍兰"①。

1892 年 12 月 6 日公堂又发布通知说，"承大玛腰命，遵大淡和 1892 年十二月初三日第 8900 号谕、从燕地督宪和 1892 年十一月廿九日第 20 号谕，二朱葛礁张心正官升补大朱葛礁之缺，即擢陈德生补二朱葛礁之缺，定于和本月初九日拜五早十点钟上任，祈依时公服齐集，即请列位寅台电鉴，和 1892 年十二月初六日朱葛礁（签名）启"②。

1889 年 6 月 4 日公堂又发布通知说，"承权理玛腰事甲必丹沈命，为承大淡于和本五月廿八日第 2989 号、遵燕地督宪于和五月廿二日第二号，经擢雷珍兰李晋郎官升补公堂甲必丹之职，为此特定于兹和六月初七日拜五早十点，请该员在公堂升任，伏祈蟒服依时赴处以昭慎重，谨达列位宪台，和 1889 年六月初四日公堂朱（签名）启。"③

2. 制定公堂官员轮岗制度

一般而言，吧国公堂官员实行轮岗制度，当值的官员被称为公勃低。《公案簿》档案中有许多关于公堂安排公勃低工作情况的记录。如 1851 年 2 月 20 日，公堂确定本年值月公馆、兰得力、外务名单，并规定公堂官员依阄轮流，周而复始。④ 1874 年 3 月 8 日公堂又定应值公勃低阄声，

① 《公堂通告簿》（1877 年 6 月 9 日—1879 年 12 月 31 日），荷兰莱顿大学汉学院馆藏，档案号 12001。

② 《公堂通知簿》（1892 年 9 月 1 日—1896 年 8 月 28 日），荷兰莱顿大学汉学院馆藏，档案号 11005。

③ 《公堂通知簿》（1888 年 8 月 13 日—1892 年 8 月 24 日），荷兰莱顿大学汉学院馆藏，档案号 11004。

④ 侯真平等校注：《公案簿》第 7 辑，第 156—158 页。

依阄而行，周而复始。当时的轮值安排如下：

壹阄：甲必丹高西川舍、雷珍兰陈文炳舍。公馆：3 月、8 月；外务：4 月、9 月；干刀：5 月、10 月；闲月：1 月、6 月、11 月；兰得叻①及挨实嗹司叻：2 月、7 月、12 月。

二阄：甲必丹黄清渊舍、雷珍兰韩怀人舍。公馆：4 月、9 月；外务：5 月、10 月；干刀：1 月、6 月、11 月；闲月：2 月、7 月、12 月；兰得叻及挨实嗹司叻：3 月、8 月。

三阄：甲必丹连文清官、雷珍兰李子凤舍。公馆：5 月、10 月；外务：1 月、6 月、11 月；干刀：2 月、7 月、12 月；闲月：3 月、8 月；兰得叻及挨实嗹司叻：4 月、9 月。

肆阄：甲必丹陈江流官、雷珍兰李子昌舍。公馆：1 月、6 月、11 月；外务：2 月、7 月、12 月；干刀：3 月、8 月；闲月：4 月、9 月；兰得叻及挨实嗹司叻：5 月、10 月。

伍阄：雷珍兰吴荣辉官、雷珍兰陈光华官。公馆：2 月、7 月、12 月；外务：3 月、8 月；干刀：4 月、9 月；闲月：5 月、10 月；兰得叻及挨实嗹司叻：1 月、6 月、11 月。

公堂还规定到："上录诸公勃低分为五阄，每阄二员，轮流而行。如首月值公馆，次月则值外务，第三月则值干刀，第四月则值闲月，以代有阙，第五月则值兰得叻及挨实嗹司叻。由此互推轮遍而行。应值之人，各有上下半月之分，而各员值阄二人同理其事。倘应值各员有事故者，然后值闲月者代之，次则值干刀之闲者代之，次则值公馆值之闲者代之，其次则值兰得叻之闲者代之……若逢有急务，则在公馆之员者行理其事。惟值外务，免得轮代。"此外，公堂还："定掌冢公勃低"：1、2、5、7、9 月。定掌庙宇公勃低：2、4、6、8、10 月。定各掌公勃低：1、2 月，水淬②；3、4 月，买办；5、6 月，工役；7、8 月，代理各掌事；9、10 月，掌街衢。③ 由此记载可见，公堂将公勃低分为五组，每组两员，抓阄负责在公馆值班、处理外务、干刀、兰得叻及挨实嗹司叻值班等，当然每阄官员还

---

① 兰得叻，荷兰语 Landraad，指地方法官，见侯真平等校注《公案簿》第 4 辑，第 364 页。

② 水淬，指灭火器，见吴凤斌等校注《公案簿》第 5 辑，第 51 页。

③ 聂德宁、吴凤斌、［荷］包乐史校注：《公案簿》第 13 辑，第 81—82 页。

有放假的闲月。此外，公堂还安排好掌管冢地和寺庙、防火、买办、工役、街道工作等官员的工作，以确保吧城华人社会诸项事务的平稳运行。

（三）维护华人社会治安

华人社会的治安维护多由公堂负责，公堂一般会安排相关人员到各华人街区轮值巡夜。如 1862 年 9 月 10 日，因为有官员表示白天上班晚上还要轮值公馆非常累，希望能取消夜间值班的做法。对此，公堂诸位官员讨论说，在公堂安排华人胡勃实值夜公馆是非常有必要的。而自古以来就有此先例。因为夜间各街区华人民众，或者因为夫妻口角，或者因为盗窃、失火以及争斗诸事，可以随时到公堂投告，值班官员也能及时处理。如果要废除这种值夜班的做法是断然不可的。公堂觉得，如果要官员轻松些，可以规定每天晚上 8—12 点应值胡勃实应该在公馆顾守巡察，12 点以后，因为夜深人静，突发事件不多，则值夜胡勃实可以回家休息，以预防明早办理公事无法到场。而坚守公馆的达氏则必须一直在公馆伺候，以防有人前来投告，能立即报知应值之人到处勘察，如此这般，则应值公勃低就不会那么累。[①] 可见，此前公堂公勃低轮值夜班的做法已经实行了。此外，公堂还决定"依旧例自四雷至八雷及二员协理雷珍兰，计有七员，每礼拜七日，依阄轮流，周而复初。如应值之人有事，则首二三雷代之。如代人俱不暇，则大二两朱可代，如此安顿，人数足矣……"[②] 1862 年 9 月 10 日副挨实嘞批复公堂所详公馆值夜条规，并指出："公馆该值夜，当轮流承理，共雷珍兰七员：陈逢义官、高西川官、郑肇基官、陈江水官、黄清渊官全协理二雷连文清官、陈文速官。如该值夜有事故，则甲大潘哲官、雷珍兰黄锦章官、陈思聪官当代之；或陈甲大、黄锦章甲、陈思聪甲又有事故，即大二两朱代之。"[③]

公堂对社会治安的维护也体现在《公堂通知簿》档案中，如档案12001 号《公堂通告簿》（1877 年 6 月 9 日—1879 年 12 月 31 日）中载："和 1879 年正月廿九日拜三，承上命，有芝吧明桔，即茂物界人，名刘觉逢，又名翁，因杀人而逃，其人身矮而肥、皮黄，约年廿一岁之左，祈寻

---

① ［荷］包乐史等校注：《公案簿》第 10 辑，第 371—372 页。
② 同上书，第 371—372 页。
③ 同上书，第 372 页。

访界内，如获此人，即可提报，此达列位默氏通谕（签名）。"

再如1881年1月24日公堂发布通告说："承玛腰命，敬达列寅台知悉，兹有接到副淡文于和本正月廿式日第426号，为设夜市事，于是日夜市者，保黎司务宜细心关防不测之虞，恳祈列位寅台偕同巡察诸务，免致滋事，幸甚……"①

1885年9月11日，公堂又发布通告说："承甲大张命，为遵副淡谕，凡大路巡夜人始于夜间八点起行至五点半止，须仔细搜检所遇恶人及疑其为恶人身上，因现时复多盗窃故也，至切勿愓，达列位默氏知悉。"②1885年12月8日公堂发布的通告说："承副淡和1885年十月初六日第7093号谕，即遵甲必丹命，谨定逐夜大副默氏总巡玛腰辖内，应值者须到公馆及各处更寮，在便纸花押轮流到末，各宜严谨纠察，毋俾守夜人倦疲安睡，是所至仰，林朝生拜壹夜，黎发兴、叶金山拜式夜，徐亚六拜叁夜，张顺郎拜四夜，张俊高拜五夜，李松龄拜六夜，吕添丁礼拜夜。"③

值得注意的是，到20世纪初，吧城公堂的治安权逐渐被荷印殖民政府收走。如1914年3月3日大玛腰告知公堂诸位官员说："始于和1914年4月1日凡默氏之巡夜者，须归阖黎令习④调遣，即通吧城之保黎司光媚沙里分为两阖黎令，作其头者乃各一位第壹等光媚沙里也。……因此限三日内默氏，须各寄其巡夜人之实达字而须足详也。又将设阖黎令侦探，总共要用本地番人侦探四十八名，华人侦探十二名，荷人侦探六名。从此，我等不得再饲侦探矣。盖因如有紧要之事，我等即刻可索于保黎司馆寄人来也。……故始自和本年4月，凡所有保黎司事务，皆归大光媚沙里⑤掌握也。"⑥ 这说明从当年4月1日起，华人社区的治安由政府派员负

---

① 《公堂通知簿》（1880年9月1日—1882年9月27日），荷兰莱顿大学汉学院馆藏，档案号11002。

② 《公堂通告簿》（1885年7月16日—1904年8月23日），荷兰莱顿大学汉学院馆藏，档案号12002。

③ 同上。

④ 荷兰语afdeeling chef，指警察局专员，见［荷］包乐史、吴凤斌、聂德宁校注《公案簿》第15辑，第91页。

⑤ 荷兰语Hoofdcommisaris，总督察，总监的意思，见［荷］包乐史、吴凤斌、聂德宁校注《公案簿》第15辑，第92页。

⑥ ［荷］包乐史、吴凤斌、聂德宁校注：《公案簿》第15辑，第91—92页。

责，公堂不得插手其间。

（四）维护华人社会权益

如 1907 年 12 月 31 日，公堂会商华人保黎司[①]政事归番官后之对策，庄文德甲大对众默氏说："今日公堂请集诸默会议者，只因此时副淡将保黎司政事，无论唐、番，一概命番官公门兰审讯约束，则我华官无权矣，将来华民被番人欺凌受害者不浅也……今幸诸默人众齐集，内中定有识见高明者，不妨向前直陈，拯救我华人免遭番官日后之虐。"默氏陈振木表示，面对这种情况，只能发动华人民众联合起来，向关都[②]抗告以陈明利害、苦诉冤屈，说土人官员贪酷而华人官员廉直，希望能保留保黎司政事依旧仍归华人执掌。或许大淡、副淡见华人民众多数不接受土人官员，考虑到华人万一造反，或许殖民政府会改变主意。甲必丹梁辉运表示陈振木言之有理，应该命令诸位默氏发动其街区华人民众联合起来呈禀荷印殖民政府。甲必丹黄文水表示，全体公堂官员还可以分头向大淡投诉，说如果今后华人保黎司政务尽归土人官员掌理，那么华人、华官会被人耻笑极矣，这一点谁能忍受？甲必丹许金安表示，如果要分头向大淡陈诉的话，务求陈词有理有据。他说："盖昔自副淡焕石泥机[③]手起，吧城华民保黎司政归我华官掌者，迄今二十余年矣。政平讼理，凡有上命，百姓无不乐从，未曾有敢逆命或反叛，做大不法之事。且华官虽不得俸，都是清廉正直办事，未闻有一华官肯受财贿者。此乃实据，真可谓官清命顺久矣。今无故华人之政一旦交于公门兰手上，则我华官有名无实，岂不辱乎？"甲必丹邱亚桓表示："盖公班衙政道亦以省事减讼为上。彼公门兰管我华民虽有极小之事，亦必押去关都上律矣。况彼不谙华人教门风俗礼法，又不晓华语，何能服我华人乎？"他建议说，要推举华人官员中才德兼优者二三人去找大淡投诉即可，但不知何人能胜任。各位官员商议后，决定推举郑春锡、庄文德二位甲大，与许金安甲必丹三人同往面见大淡陈情申诉。[④] 由此可见，此时殖民政府企图将华人社会的警察事

---

① 保黎司，荷兰语 Politie，警察、警察局的意思，见聂德宁等校注：《公案簿》第 3 辑，第 315 页。

② 关都，即干刀，见侯真平等校注《公案簿》第 7 辑，第 329 页。

③ 焕石泥机，人名。

④ 吴凤斌、[荷] 包乐史、聂德宁校注：《公案簿》第 14 辑，第 347—348 页。

务交由当地人来管理，这对于华人社会来说是难以接受的，因此公堂积极商议各种对策。

（五）自主审理华人社会相关案件

一般而言，在华人社区中，凡"华人有口角斗殴等事皆质之甲必丹"[1]，而"至犯大罪，并嫁娶生死，俱申报荷兰定夺"[2]。由于荷印当局对华人实行分而治之、间接统治的殖民政策，客观上使华人在社区治理方面脱离正规的统治体系，另一方面也使公堂在自己社区内部有较大自由度进行民事范围内的自我管理。如档案号 11006《公堂通知簿》（1905 年 2 月 28 日—1911 年 11 月 29 日）中载：

> 奉权篆玛瑶连甲命，于兹和 1909 年叁月十三日拜六上午钟鸣十一点，本公堂要会议如左：一、议张密娘乞与其夫钟葤祥（又名英才）离异事；二、议邱汉生乞与其妻田德娘离异事；三、议新吧杀中华学堂来函，恳将已经建立学堂在牛郎沙里之地阔 336 峇、长 834 峇计共贰佰 34 峇四方永远为学堂借用，免还地税云：四、议甲必丹许金安来函并附来贫家老妇户口表，计有 123 名，意诏此等人本堂宜有以怜恤之，每月给助薪各多少俾免饥寒云；五、蒋妈助前曾任副默氏八年，从优告退，恳赐荫地十二脚距；六、议丹那望人恳公堂为买汝龟茄列地以为冢地之用；七、议本吧城默氏会馆所恳四件事。祈列台届期齐集在座，此请甲必丹雷珍兰列位老大人钧照，和 1909 年叁月十一日公堂朱邱（签名）启。

可见，公堂可自主审理涉及华人社会的婚姻、宗教、教育、经济、社团、丧葬等相关案件，而审理华人经济纠纷（包括商业纠纷、遗产问题、债务纠纷等）相关的记载在《公案簿》档案中也屡见不鲜。如 1860 年 7 月 11 日，掌理华人陈允盛遗业的和美色甘[3]向公堂控诉说，叶楼欠银

---

① 温广益等编著：《印度尼西亚华侨史》，第 154 页。
② 王大海：《海岛逸志》，姚楠、吴琅璇校注，香港学津书店 1992 年版，第 4 页。
③ 吧城美色甘有和（荷兰人）美色甘和唐（华人）美色甘之分，见［荷］包乐史、刘勇等校注：《公案簿》第 6 辑，第 309 页。

165.16 盾，希望公堂追查，让叶楼归还母利①并支付各项诉讼费用。叶楼则表示：自己并没有欠陈允盛钱款，而且根据自己的账簿来看，陈允盛反而还欠自己银 1.68 盾，对此，有数②可查。公堂于是委托公馆值月官员高某、陈某察勘，此二人奉命委托查叶楼和陈允盛的账簿，其中叶楼的账簿有：辛亥年（1851 年）协成《日清》一本，又《总簿》一本，又合兴《总簿》一本，又壬子年（1852 年）、癸丑年（1853 年）合兴《总簿》二本。陈允盛的账簿则有：庚戌年信记《总簿》一本，辛亥年捷记《总簿》一本，壬子年至丙辰年捷记《总簿》五本，丁巳年（1857 年）永和《总簿》一本。此外，和美色甘还给公堂寄来陈允盛《日清》八本。公堂查阅二者的相关账簿后表示："论和美色甘掌陈允盛遣项控叶楼欠银 165.17 盾一案，查陈允盛之数，有法可凭，惟失壬子年《日清》一本而已。其叶楼之数无法，不得凭。本堂所按，合式叶楼当凭数而算，该还银 162.894 盾为是。"③ 公堂这种对荷印殖民政府在经济上的既依赖又相对自主的情况，恰恰是公堂半自治机构性质的体现。但是，公堂主要处理民事纠纷，大型经济案件或刑事案件则交由荷兰政法部门处理。到 20 世纪初，随着荷兰殖民统治的加强，公堂的自治权力逐渐被削弱。

值得一提的是，荷兰殖民统治早期的吧城华人社会中存在着一种处理纠纷的法律形式，即盟神罚誓。这种风俗长期存在于中国东南沿海和台湾地区的汉人社会，它认为天上地下由神明主宰世界，能洞察人间善恶真伪，因此谁也不敢在神明面前造次。④ 该风俗"被广泛应用于解决各种民间冲突和争议中"⑤，随着华人移民吧城而传入，作为当地华人社会协助判案的一种特殊手段，同时也是公堂相对自主权的一种表现。当公堂在处理华人口角、斗殴等案件中，在无法确定某一方有理或无理，乃至有罪或无罪时，就会按照中国人的习惯到神庙斩鸡发誓，祈请神明裁决。据《公案簿》第 1 辑记录，从 1787 年 10 月至 1791 年 2 月，有案可查的共有

---

① 母即本钱，利即利息，见同上书，第 311 页。

② 数，闽南话，即账目、账簿，见聂德宁、吴凤斌、[荷] 包乐史校注：《公案簿》第 11 辑，第 169 页。

③ [荷] 包乐史等校注：《公案簿》第 10 辑，第 278—279 页。

④ [荷] 包乐史、吴凤斌：《18 世纪末吧达维亚唐人社会》，第 25 页。

⑤ 夏之乾：《神判》，生活·读书·新知三联书店 1990 年版，第 21—44 页。

580 起案件，其中涉及盟神审判的有 44 起，占公案簿记录案件总数的 7.59%（见表5—4）。

表5—4　　　　　《公案簿》第1辑有关盟神审判案件情况

序号	诉讼双方	开堂时间	序号	诉讼双方	开堂时间
1	许望观叫陈壮观	1788 年 1 月 16 日	14	李光赞叫何永观	1789 年 4 月 1 日
2	谢晚官叫陈是	1788 年 3 月 5 日、12 日、26 日、4 月 2 日	15	周雪观叫李鉴观	1789 年 4 月 8 日
3	陈观叫林近观	1788 年 6 月 4 日	16	蔡文观叫徐永观	1789 年 4 月 29 日、5 月 6 日
4	陈美观叫陈金观	1788 年 6 月 11 日	17	温海兴叫郭旋玉	1789 年 4 月 22 日、5 月 6 日
5	朱琛观叫朱金观	1788 年 6 月 25 日	18	林兴观叫李宁义	1789 年 5 月 20 日
6	陈顺观叫姚同观、李出观	1788 年 8 月 20 日、27 日、9 月 3 日	19	杨连观叫徐考伯	1789 年 6 月 17 日、6 月 24 日
7	叶寿观叫陈秀义、黎汉元、李宁柏	1788 年 9 月 10 日	20	谢来凤叫郭庆明	1789 年 6 月 17 日、24 日
8	林团观、黄威观叫陈按观	1788 年 11 月 12 日	21	陈癸观叫钟鸣凤	1789 年 6 月 24 日
9	黎宏振叫林昌云、张日同、宋玉九、黎丙观	1788 年 11 月 12 日	22	李艳观叫黄蚌观	1789 年 7 月 7 日
10	雅历居叫陈霸观	1788 年 11 月 26 日	23	王甲挂沙高甲根官叫高坤观	1789 年 8 月 19 日
11	杨济观叫林佛殿、林万观	1788 年 11 月 26 日	24	林甲汉丹请欲与王甲珠生官理会高甲根官账项	1789 年 8 月 19 日
12	钟俊秀叫张洪伯	1789 年 1 月 14 日	25	高籁观叫林镇观	1789 年 8 月 29 日、9 月 2 日
13	张伙观叫陈透观	1789 年 3 月 4 日	26	高嵩观叫黄杭观	1789 年 8 月 12 日、9 月 2 日

续表

序号	诉讼双方	开堂时间	序号	诉讼双方	开堂时间
27	何应麟叫何恭观	1789 年 9 月 30 日、10 月 21 日	36	吴魏观叫吴正好	1790 年 7 月 7 日
28	徐振祖叫陈永和	1789 年 10 月 28 日	37	蒋维观叫陈成观	1790 年 8 月 4 日
29	林纯光叫朱达观	1789 年 12 月 16 日、1790 年 1 月 20 日	38	李金娘叫阮寿娘、黄坛观等	1790 年 8 月 11 日、18 日
30	郭绍观叫王长观	1790 年 3 月 17 日	39	黄沧观叫杨兴观、杨桂娘	1790 年 8 月 11 日、18 日、9 月 1 日
31	魏福林叫魏兰声	1790 年 3 月 24 日、4 月 14 日、28 日	40	黄低观叫蒋当观	1790 年 9 月 1 日
32	黄官应叫张阿潘	1790 年 4 月 14 日	41	李桃观叫李㝡观	1790 年 9 月 22 日、10 月 6 日、20 日、27 日
33	张道成叫许郡老	1790 年 5 月 5 日、12 日	42	黄金富叫陈绍友	1790 年 12 月 8 日
34	颜岱山叫林猛观、黄天生	1790 年 5 月 19 日、6 月 23 日	43	李佑赞叫柯合源	1790 年 12 月 29 日
35	杨节观、林卑观叫韩评观	1790 年 5 月 19 日、6 月 2 日	44	黄忭观叫林恭观	1791 年 1 月 26 日

资料来源:纪宗安:《试析吧国公堂的盟神审判》,《东南亚研究》2004 年第 3 期,第 68 页。

由表 5—4 可见,盟神罚誓在早期吧城华人社会中运用较为广泛。一般而言,敢不敢到亭盟神罚誓是作为判断是非的试金石。如 1790 年 3 月 24 日魏福林向公堂投诉说,自己为家叔兰声协理药店,家叔欠自己工钱 41 文 1 钱 2 方不肯还。兰声则表示,福林不辞而别,且店中丢失茯苓、淮山、黄芩、泽泻等药材,肯定是被福林拿走。福林表示没有拿,兰声表示没有诬陷对方,甘愿盟神罚誓。双方约定次日早上到亭盟神,结果兰声爽约,公堂判决兰声免还钱。[①] 除了个别恶人也敢盟神罚誓外,这种风俗在当时的华人社会中具有一定的约束力。这说明,吧城华人俨然是一个缩微型的中国小社会,这也促成了中国民间风俗盟神方式在吧城华人社会的

① [荷]包乐史、吴凤斌校注:《公案簿》第 1 辑,第 257、260 页。

顺利传承，在华人公堂成立后，它顺理成章地成为解决民事纠纷的辅助手段。① 虽然 1835 年荷印当局明令禁止这种习俗，但它在华人社会中的影响还存在。② 如档案号 11001《公堂通知簿》中载："兹和 1879 年十月初七日早约九点，有干冬圩人要在金德院盟誓，祈可如期到处在座，即此报知。"

第三节　吧国公堂簿记制度探析

账簿，又称簿记，在我国有悠久的历史。研究表明，"中国传统簿记编制方法先后经历计量记录、三柱结账法、四柱结账法、龙门账和四脚账等五个阶段，并随着单式簿记和复式簿记的发展而不断改进和完善"③，"至明清之户部红册及四柱清册，规模尤为严整"④。而明清之际正值西方殖民者开发东南亚的时期，在殖民政府的招徕下，中国人开始大规模移民东南亚，并在 19 世纪中期达到高潮。在某种意义上，华人社会就是中国封建社会在海外的一个复制，随着华人社会的不断成熟，中国一些传统的制度也在东南亚得到传承与发展，簿记制度就是其中一个范例。

迄今，国内不同学科都先后对账簿作过研究，并取得一定的成果。但在已有的研究成果中，民间簿记史的研究相对薄弱，多数情况是用同时期的官厅簿记推演民间簿记的发展情况，其主要原因是民间簿记史料相对匮乏。⑤ 在已有的华人民间文献中，华人账簿具有重要的史料价值。一方面，对华人账簿的爬梳、整理、分类与解读，可拓展东南亚殖民地时期华人经济史的研究领域。另一方面，对海外华人账簿的研究可以补充和佐证国内已有账簿研究的成果，并为中国经济史的研究提供新资料与新视角。然而，由于保留下来的东南亚华人账簿非常稀少，加上华人账簿在阅读与整理上的难度，目前海内外学界对此类数字文献的关注与研究非常有限，

---

① 纪宗安：《试析吧国公堂的盟神审判》，《东南亚研究》2004 年第 3 期，第 67 页。
② 纪宗安：《试析吧国公堂的盟神审判》，《东南亚研究》2004 年第 3 期，第 68 页。
③ 郭兆斌：《新发现的清代民间复式簿记报告试析——以乾隆十六年晋商年终决算清单为例》，《财会月刊》2016 年第 30 期，第 27 页。
④ 李梦白：《对中式簿记原理之另一贡献》，《会计杂志》1935 年第 6 卷第 5 期，第 11—12 页。
⑤ 郭兆斌：《新发现的清代民间复式簿记报告试析——以乾隆十六年晋商年终决算清单为例》，第 27 页。

除了厦门大学曾玲教授的"以数字实录华人社会的历史图像：华人社团账本与'二战'前东南亚华校研究"一文①外，几乎没有其他相关的研究论著。公堂档案之《公堂清册簿》（1838—1945 年）则是现存为数不多的、保存较为完整的珍贵华人账簿一手史料，对它的研究能在一定程度上填补相关研究的空白，但迄今国内外学术界的相关研究几乎阙如。本书试图梳理《公堂清册簿》档案的主要内容，并通过档案分析荷印华人簿记制度的特点以及吧国公堂的经济职能。

一 《公堂清册簿》内容简介

《公堂清册簿》就是吧国公堂的日常账簿，它分为《公堂总清簿》《公堂日清簿》《公堂年结册》及《其它账簿》共 4 个部分，总计 80 册（见表 5—5）。

表 5—5 《公堂清册簿》内容简介

档案名称	时间、内容
《公堂日清簿》（档案号：42001—42019，共 19 册）	1914—1931 年历年日清簿，内容相对完整，但 1931 年的档案仅截止到 2 月 28 日
《公堂总清簿》（档案号：41001—41027，共 27 册）	《公堂总清簿》（1840 年 2 月 3 日—1841 年 1 月 22 日）； 《公堂总清簿》（1852 年 11 月 16 日—1885 年 11 月 2 日）； 《公堂总清簿》（1865 年 3 月 21 日—1865 年 12 月 29 日）； 《公堂总清簿（合发号）》（1866 年 3 月 12 日—1866 年 4 月 26 日）； 《公堂总清簿》（炽昌号）（1866 年 2 月—1872 年）； 《公堂总清簿》（1878 年 1 月 4 日—1880 年 12 月 31 日）； 《公堂总清簿》（1881 年 1 月 3 日—1882 年 12 月 31 日）； 《公堂总清簿》（俸银簿）（1883 年 1 月—1901 年 7 月）； 《公堂总清簿（品香大公司）》（1884 年 8 月 14 日—1886 年 1 月 27 日）； 以及 1901 年、1914—1931 年历年全年公堂总清簿

① 该文发表于《文史哲》2015 年第 3 期。

续表

档案名称	时间、内容
《公堂全年结册》 （档案号：43001—43033，共 33 册）	《公堂全年结册》（丹绒塚风水结册）（1838 年 1 月—1843 年 6 月）； 《公堂全年结册》（式里陂风水结册）（1838 年 1 月—1843 年 6 月）； 《公堂全年结册》（丹绒风水结册）（1843 年 7 月—1852 年 12 月）； 《公堂全年结册》（式里陂风水结册）（1843 年 7 月—1847 年 12 月）； 《公堂全年结册》（式里陂风水结册）（1862 年 1 月 1 日— 1862 年 12 月 24 日）； 《公堂全年结册》（炽昌号）（1876 年）； 以及 1861 年、1866 年、1870 年、1875 年、1882 年、1883 年、1885—1894 年、1896—1903 年以及 1906 年《公堂全年结 册》
《其它账簿》 （档案号：44001—44012，共 1 册）	《1821—1822 年买卖账单》； 《方国老借雷手折》（1830 年前后）； 《1839 年日用品物价》； 《1859 年录用工人的开支》； 《1862 年振茂号取账手折》； 《1871 年购物单据》； 《1928 年巴达维亚银行单》； 《1929 年巴达维亚银行单》； 《收支账单》（1931 年）； 《人寿保险书》（1939 年）； 《租赁脚踏车合同书》（1940 年）； 《邮便贮金通账》（1942—1945 年）

由表5—5 可见，《公堂清册簿》覆盖的时间主要集中在晚清民初，虽然现存公堂档案中还有以荷兰文和马来文记录的账簿，共计 90 多份，其起讫年代是 1900—1974 年，为中文账簿的重要补充，但囿于语言的障碍，本书的研究未能使用这些外文档案。

从内容上看，所谓"日清簿"，即指"逐日誊清的账目"①。现存的《公堂日清簿》年限较短（1914—1931 年），但档案内容相对完整，其记账规则是每年年初先记录上年的余额，然后逐月逐日记录收支情况，每月月底再结算承上月余额多少、本月收艮②多少、本月出艮多少、本月存银多少等，由此而往循环进行记录（见图5—1、图5—2 所示）。

图 5—1

资料来源：来自《公堂日清簿》（1914 年 1 月 1 日—1914 年 12 月 31 日）第 1、12、13 页，记录了 1914 年正月月初和月末的收支情况，莱顿大学汉学院馆藏，档案号 42001。

"总清簿"则指"誊清后的总账目"③，现存《公堂总清簿》时间跨度近百年（1840—1931 年），其间有些年份的档案缺失。就内容而言，不同年份总清簿的内容有所不同，且记账方式也有所不同。19 世纪中后期的总清簿基本上是按"上收下支"的规律逐月逐日进行记载（如图5—3、图5—4 所示）。到 20 世纪初，每本账簿的开头会先罗列出收支项目，然后分项目进行记录并总结盈亏，但同样遵循"上收下支"的记账规律。

而 1852—1885 年的《公堂总清簿》记录了这些年里华人饷码承包的情况（包括饷码项目、承包人姓名、住址、担保人及承包税额等信息）。

---

① 侯真平等校注：《公案簿》第 7 辑，第 380 页。
② 艮，即"银"，见侯真平等校注《公案簿》第 8 辑，第 298 页。
③ 侯真平等校注：《公案簿》第 8 辑，第 525 页。

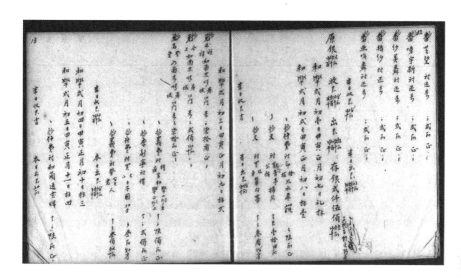

图 5—2

　　资料来源：来自《公堂日清簿》（1914 年 1 月 1 日—1914 年 12 月 31 日）第 1、12、13 页，记录了 1914 年正月月初和月末的收支情况，莱顿大学汉学院馆藏，档案号 42001。

　　此外，关于"合发号"（商业账簿）、"炽昌号"①（记录向炽昌号借款者的姓名、住址、担保人以及借款数量）及"俸银簿"等的总清簿是一些比较特殊的账簿，其记账方式不具代表性。

　　"全年结册"则指全年收支结算，现存的《丹绒冢风水结册》（2 册）及《式里陂风水结册》（3 册）是这两处华人冢地全年风水买卖及冢地管理收支情况的记录，而 1861—1906 年公堂全年结册（其中一些年份缺失）则是对公堂全年收支情况的记载。这些账簿也遵循"上收下支"的记账规律（如图 5—5、图 5—6、图 5—7 所示），但值得注意的是，不同年代里冢地的销售价格有所变化，且公堂的收支项目也随时代变迁而变化。

　　而《其它账簿》则包括一些零星的账簿，虽然为数不多，但史料价值同样不可忽视。如《1839 年日用品物价》向我们反映了当时吧城的物

---

　　① 炽昌，意指贷款，见袁冰凌、［法］苏尔梦校注《公案簿》第 2 辑，第 139 页。炽昌号，亦作炽昌干刀，19 世纪吧城华人公馆集资兴办和经营的商行之一，见侯真平等校注《公案簿》第 7 辑，第 317 页。

图 5—3

资料来源：来自《公堂总清簿》（1878 年 1 月 4 日—1888 年 12 月 31 日）第 1、16、17 页，为 1878 年正月初和农历十二月末的档案记录，莱顿大学汉学院馆藏，档案号 41006。

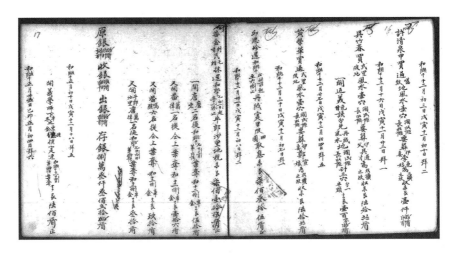

图 5—4

资料来源：来自《公堂总清簿》（1878 年 1 月 4 日—1888 年 12 月 31 日）第 1、16、17 页，为 1878 年正月初和农历十二月末的档案记录，莱顿大学汉学院馆藏，档案号 41006。

价水平，而 1928 年和 1929 年的《巴达维亚银行单》及 1939 年的《人寿保险单》则一定程度上反映了华人金融保险业的发展水平。

综上所述，吧国《公堂清册簿》档案体系较为完整、内容较为丰富，

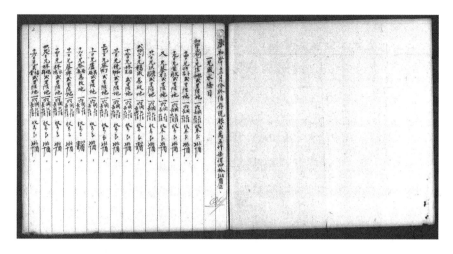

图 5—5

资料来源：来自《公堂全年结册》（1887 年）第 1、7、8、13 页，记录 1887 年公堂主要收支项目，莱顿大学汉学院馆藏，档案号 43016。

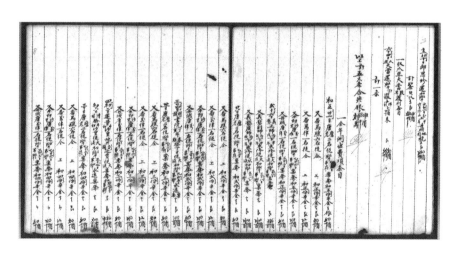

图 5—6

资料来源：来自《公堂全年结册》（1887 年）第 1、7、8、13 页，记录 1887 年公堂主要收支项目，莱顿大学汉学院馆藏，档案号 43016。

对我们研究荷印吧城华人的簿记制度及吧国公堂的经济职能有不可忽视的史料价值。

二 《公堂清册簿》中吧城华人簿记制度的特点

（一）中国传统簿记制度的推行

如上所述，明清时期中国簿记制度得到进一步发展。随着中国人不断移民吧城，簿记制度也在当地华人社会得到推行。1847 年 7 月公堂论及华人数簿规例时曾提到：在吧城，“一、凡为大商所用数簿之规例，该用《草清》《日清》《总簿》《货清》《钱清》计五本，务必符同，其《草清》及《日清》所出入现项须登记大本字，惟出入往来货项的价，则打傌[①]而已，其所抄过《总簿》及《货清》一概打傌，其所抄过《钱清》一概打本字，因此《钱清》系是茄实[②]所掌。若中商所用数簿，多用二本，《日清》一本，《总簿》一本，或用三本，或加《草清》一本，或加《货清》一本。为无用茄实，所以无设《钱清》，其数法亦如上所陈，内中诸数惟《草清》《日清》取凭为要。至于作小可生理[③]者，多不识字，又无倩[④]财副，不过用一本记为自知而已，此非数法之所行。二、凡唐人作生理所用数簿，不过登记岁首，及自己之字号而已，务必照数法如上所陈方可取凭。三、凡数簿务必查其字迹、笔势及其数簿如何，并查其人品所行如何，方能取凭；为吧唐人多不识字，兼其财副多不能深知其数法，故也。”[⑤]

1847 年 7 月 30 日公堂又规定：“凡商人须设置《日清》，逐日登记出入等事，不得超格记数，又不得添记并乱批字样，务要次第方可，其余该用之数簿，亦当设置；若有接得书信，当收存得宜，及至所寄批信须存其批稿在批簿；至逐年六个月，务必届数，算明得失如何，便当花押为凭。

① 打傌，闽南话，做记号。一般以竹制的毛笔头打红圆圈作标记，见吴凤斌等校注：《公案簿》第 5 辑，第 67 页。

② 茄实，荷兰语 Kassier 音译，财副、账房、会计的意思，见［荷］包乐史、刘勇校注《公案簿》第 6 辑，第 297 页。

③ 生理，闽南话，生意、买卖之意，见侯真平等校注《公案簿》第 4 辑，第 387 页。

④ 倩，闽南话，聘请、雇用的意思，见同上书，第 381 页。

⑤ 吴凤斌等校注：《公案簿》第 5 辑，第 167—168、170 页。

以上所定三条之例，敖文律仁得唠①当处自权衡，除白皮人②以外，若失畓人③等能从此例甚妙，抑要令诸人切从此例亦可，若不然诸人等可各从其例而行。"④

值得注意的是，由于吧城华人处于荷兰殖民统治之下，为监督华人簿记情况，荷兰殖民政府曾要求华人以荷兰文或印尼文记账，对此，1863年1月13日公堂代表华人社会进行积极抗议，公堂表示："唐人数簿用和⑤字实艰生理之人，因唐人者多略知唐字，用以此记数，一观便晓。况唐人生理不比土库⑥，凡事必身必躬，遇事随手而记，甚为便易，且小可生理，觅利无几，若用和字，必别请书记，辛金何由而出？兼之本主不识和字，不知所记是非，又恐生端于后来。本堂细按，不若从旧，唐数用唐字为妙，但当字画分明，人人一见而知，则可。如不聪明，后来若有争较，叻叻勿受，其数无亏，可谓自作之咎也。"⑦

正是在公堂的努力下，中国传统簿记制度得以在吧城大小华人商家得以推行，甚至公堂本身在经济上也实行较严格的簿记制度，因此才会有保留至今的日清簿、总清簿、年结册等体系较为完整的档案资料。

（二）　苏码记数法和中国传统四角账法的运用

从上面诸例图可见，《公堂清册簿》各类账簿记账方式有以下共同点。

1. 苏码记数法的完美再现

苏码，即"苏州码子"，是明清以来流行于民间的一套商用数字，它广泛应用于中药店、裁缝店、日用杂货店、五金店、屠宰场及钱庄、银号等经商场合，又称为"草码"或"码子字"，一般认为它最初产生于中国明代工商业最发达的城市——苏州，因而得名。在苏码中，从一到十依此写作〡、〢、〣、〤、〥、〦、〧、〨、〩、十。可以说，在阿拉伯数字

---

① 敖文律仁得唠，荷兰语 Gouverneur Generaal 音译，指荷印总督，见侯真平等校注《公案簿》第4辑，第320页。

② 白皮人，闽南话，指白种人，欧洲人，见吴凤斌等校注《公案簿》第5辑，第170页。

③ 失畓，马来语 Selam 音译，指回教，失畓人即回教徒，见侯真平等校注《公案簿》第7辑，第385页。

④ 吴凤斌等校注：《公案簿》第5辑，第170页。

⑤ 即荷兰，下文中"和历"即公历，如和1887年即公元1887年。

⑥ 土库，马来语 Toko，货栈、仓库之意，见侯真平等校注《公案簿》第4辑，第394页。

⑦ ［荷］包乐史等校注：《公案簿》第10辑，第387—388页。

推广以前，苏码是中国民间最为通用的数字符号。① 13—14 世纪时阿拉伯数字传入我国，被称作洋字码，但并未得到及时推广和应用。到 20 世纪初，随着外国资本的不断入侵，我国国内旧式银行逐步萎缩而新式银行兴起，旧的记账方式也随之被新的记账方式取代，阿拉伯数字在我国逐步开始推广使用，经过一个时期的阿拉伯数字与"苏码"并用，至新中国成立初期"苏码"渐渐退出商用而消失。② 苏码作为中国数字文化的一个代表，其虽已逐渐消亡，但对它的研究不无一定的历史价值和现实意义。从上面诸例图可见，在《日清簿》《总清簿》《年度结册》乃至其他账簿档案中，苏码记数法得到普遍运用，举凡年月日、具体数字等，都广泛使用苏码记数法，③ 如图 5—3、图 5—4 原文摘录解读为：

承上本和 1877 年十弍月终结存现银柒万柒仟壹佰 44.945 盾④。和 1878 年正月初四日丁丑十二月初二日拜三，番⑤盒到唠民毛蚶抹⑥还和 1877 年柒月初一日起至十二月终止牛郎沙里⑦地税⑧来银柒佰壹拾 5 盾；和 1878 年正月卅一日丁丑十二月廿九日拜四，一开唐磨老⑨二名从和 1866 年七月十三日第 17 号案夺，和正月份辛金去艮五

①　邱建立、李学昌：《并不神秘的民间速记文字——"花数"》，《华东师范大学学报》2011 年第 2 期，第 57—58、64 页。

②　《苏州码子——淡出历史的记数系统》，2015 年 11 月，邢台日报网（http://www.xtrb.cn/epaper/xtrb/html/2015‑11/24/content_648978.htm）。

③　苏州码子是一种进位制记数系统，以位置表示大小。记数符号写成两行，首行记数值，第二行记量级和计量单位。例如：当苏州码的前 I、II、III 位数组合遇到并列时，为避免数字连写混淆，可将偶数位写作横式，见《苏州码子——淡出历史的记数系统》，2015 年 11 月，邢台日报网（http://www.xtrb.cn/epaper/xtrb/html/2015‑11/24/content_648978.htm）。

④　盾，荷兰语 Gulden，荷兰的货币单位，见侯真平等校注《公案簿》第 8 辑，第 408 页。

⑤　番，华人对当地土著的称呼，见［荷］包乐史、刘勇等校注《公案簿》第 6 辑，第 271 页。

⑥　盒到唠民毛蚶抹，人名。

⑦　牛郎沙里，吧城华人冢地之一，见［荷］包乐史、刘勇等校注《公案簿》第 6 辑，第 314 页。

⑧　税，闽南话，租金之意，地税即地租，见［荷］包乐史、吴凤斌校注《公案簿》第 1 辑，第 377 页。

⑨　磨老，似与"帽老"同，马来语 Pokto 音译，代办人之意，见袁冰凌、［法］苏尔梦校注：《公案簿》第 2 辑，第 436 页。

拾盾，又开番万律①一名从全上案夺和正月份辛金去艮壹拾六盾；又开番吗礁②六名从全上案夺和正月份辛金去艮玖拾盾，又开牛郎沙里唐万律一名从和 1875（年）七月份第 4475 号案夺和正月份辛金③去艮叁拾盾；又开义学师下半冬之束金从挨寔嗹④和 1871（年）三月十四日第 1575 号、公堂和 1878（年）正（月）廿二日嗞⑤内案夺去艮四百盾。原银 77144.945 盾，收银 715 盾，出银 586 盾，存银柒万七仟式佰七拾□盾⑥……和 1880 年十二月卅一日庚辰十二月初一日拜五，王凉海对当厝换和 1880 年八月初九日起至十二月终止算五个月来利息艮四佰盾正；王凉海对还当厝利息错算追回去艮四佰盾正，王凉海对当厝还和 1880 年八月初九日起至十二月终止计四个月廿二日来利息艮叁佰七拾 8.665 盾；林江南还和 1880 年七月初一日起至十二月终止牛郎沙里地税来艮捌佰四拾伍盾；一开唐磨老式名从和 1866 年七月十三日第 17 号案夺和十二月份辛金伍拾盾；又开番万律一名从全上案夺和十二月份辛金去艮壹拾 6 盾；又开番吗礁六名从全上案夺和十二月份辛金去艮九拾盾；又开牛郎沙里万律一名从和 1875 年七月廿六日第 4475 号案夺和十二月份辛金艮叁拾盾。原银 77178.205 盾，收银 1911.365 盾，出银 586 盾，存银七万八仟 503.57 盾。下年和 1881 年承在别本数簿⑦批明。

上述档案中，举凡以阿拉伯数字进行解读之处在原档中均采用苏码记数法。由此可见，《清册簿》档案是苏码记数法的完美再现，为我们提供了研究该记数法的重要的一手史料。

2. 传统四角账法的广泛运用

众所周知，明末清初中国出现了一种新的记账法——龙门账法。它是

---

① 万律，与"满律""蛮律"同，马来语 Mandor 音译，指负责地方治安的看守人或典狱长，见袁冰凌、[法] 苏尔梦校注《公案簿》第 2 辑，第 432 页。

② 吗礁，马来语 Mata 音译，眼睛的意思，这里指警察，见同上书，第 426 页。

③ 辛金，闽南话，薪金、工钱的意思，见聂德宁等校注《公案簿》第 3 辑，第 361 页。

④ 挨寔嗹，即挨实嗹。

⑤ 嗞，即嘧、嘧喳唠，马来语 Bicara，意为诉讼、审判，见《公案簿》第 6 辑，第 310 页。

⑥ 原档此处污损。

⑦ 数簿，闽南话，账簿之意，见聂德宁等校注《公案簿》第 3 辑，第 363 页。

山西人傅山根据唐宋以来"四柱结算法"原理设计出的一种适合于民间商业的会计核算方法，其要点是将全部账目划分为进、缴、存、该四大类。到了清代，在龙门账法的基础上设计发明了"四角账法"，它是一种比较成熟的复式记账方法。① 四脚账法，又名"天地合账"，它采用中式账簿通用的格式，即一张账页以中线为间隔，上收下付，或上来下去。相关账页及账页之中记录方向的选择，完全遵循相关经济业务所引发的资金流动方向而定，资金的来源方向记录在相关账页的来账方向，也即账页的上方，收方；资金的终极去向则记录在相关账页的去账方向，也即账页的下方，付方。一般在账簿之末行按"原"（旧管）、"合"（旧管＋新收）、"出"（开除）、"存"（实在）摆列各自的数额。② "四脚账"所编会计报告为结册或红账。结册分为两种，一为"彩项结册"，用于反映经济主体的经营活动过程及其结果，其性质相当于西式簿记的"损益计算书"；一为"存除结册"，反映经济主体资本来源与资本占用状况，其性质相当于西式簿记的"资产负债表"。两种"结册"的基本格式与"总簿"相同，分为上下两格，上格列示一切来账，下格列示一切去账。③

在《公堂清册簿》档案里中，四角账法得到广泛运用。如图5—1、图5—2所示档案号42001《公堂日清簿》（1914年1月1日—1914年12月31日）中，其起始部分先标明："承上年和1913年12月终日清尾结存来银贰佰陆拾壹盾34方"④，接着从1914年正月初一开始按日记载每日收支情况，采取四角账方式进行记载，分别在页面上角和下角以"来艮""去艮"的形式标明，然后总结本日收艮若干，本日出艮若干，若没有收支，则以"吉"字表示。如"和1914年正月初二日癸丑年十二月初七日拜五⑤，抄兑⑥

---

① 郭道杨：《"会计"的足迹——从"龙门账"到"四角账"》，《新理财》2017年第1期，第94—95页。

② 百度百科网站编辑：《四角账》，2018年1月，百度网（https：//baike.baidu.com/item/%E5%9B%9B%E8%84%9A%E8%B4%A6/10057252）。

③ 同上。

④ 方，即钞，荷兰语Penning，指荷兰小额辅币，也泛指金钱，见［荷］包乐史、刘勇等校注《公案簿》第6辑，第272页。

⑤ 拜五，即星期五，拜即礼拜，见［荷］包乐史、刘勇等校注《公案簿》第6辑，第253页。

⑥ 兑，闽南话，买卖、交易之意，见聂德宁、吴凤斌、［荷］包乐史校注《公案簿》第11辑，第252页。

刘亚四吃郎 4 号风水①一穴来艮 35 盾，抄兑陈瑞山如南末 4 号风水一穴来艮 35 盾，本日收艮 70 盾，本日出艮吉"。此后逐日记载，每月月底会进行总结，如 1914 年 1 月的总结是："原银 261.34 盾，收艮 4906.5 盾，出艮 2635.86 盾，存银贰仟五百 31.98 盾。" 1914 年 2 月的总结是："原银贰仟五百 31.98 盾，收艮 4551.5 盾，出艮 3955.76 盾，存银叁仟 128.72 盾。" 依据如此格式，按日按月进行记录，到 1914 年 12 月底的总结是："原银 2.74 盾，收艮 8742 盾，出艮 7363.61 盾，存银壹仟 381.13 盾。" 此后，在档案 42002 号《公堂日清簿》（1915 年 1 月 1 日—1915 年 12 月 31 日）的开头又标明："承上年和 1914 年十二月终日清尾结存来银壹仟叁佰 81.13 盾"，然后开始新一年的账目登记。

　　此外，四脚账法所编会计报告即为众所周知的结册或红账。一般而言，"结册"的基本格式与"总簿"相同，分为上下两格，上格列示一切来账，下格列示一切去账，而这也在《公堂全年结册》档案中得到体现，如图 5—5、图 5—6、图 5—7 的原文摘录解读为：

　　　　承和 1886 年十弍月终结存现银壹万伍仟贰佰四拾 5.69 盾。
　　（收）一、兑风水条目：和 1887 年正月初三日，兑陈振和里陂地一穴，阔 12 脚距长 24 脚距，收来银 67.7 盾；（正月）十四日，兑许子昌式里陂地一穴，阔 12 脚距长 24 脚距，收来艮 67.7 盾……弍月初二日兑杨威惹致地一穴，阔 16 脚距长 32 脚距，收来艮 220 盾……计 67 条共收来银 5602 盾……②
　　（支）一全年开出费项条目：和正月卅一日唐磨老二名从 1866 年七月 × 日第 17（号）案夺和正月份辛金去银 50 盾；又番吗礁六名从仝上和正月份辛金去艮 90 盾……计 79 条共去银 9244.66 盾，对除外结存来现银叁拾叁陆佰式拾 5.53 盾。③ 连上计二大条仍存股票、物业及现项合共该银贰拾捌万壹仟陆佰零 553 盾。……通算符合，谨

　　① 风水，闽南话，墓地之意，见吴凤斌等校注《公案簿》第 5 辑，第 208 页。
　　② 原档中还开列有：收利息条目共 8 条收来银 1410 盾；收地税条目共 5 条收来银 4562.5 盾；收爪亚（即爪哇）大当股当获利条目共 1 条来银 30 盾，以上计五大条合共银 42870.19 盾。
　　③ 原档中还开列出列出所置股票条目及典厝者条目及所置地头厝宅各条目，计三大条共该艮 247980 盾。

此奉呈公堂列位大人均鉴，和 1888 年正月初一日。

原档中，收与支分上下两格分别记录，让人一目了然。

三　《公堂清册簿》中吧国公堂的经济职能

（一）公堂收支情况分析

《公堂清册簿》采用四角账的记账方法，清晰地反映了公堂的收支情况，无论是《公堂日清簿》还是《公堂总清簿》都能为我们提供相关的明晰记载，下面仅举 3 例为证。

1. "和 1879 年五月廿三日己卯四月初三拜五，吴灶娘买过式里陂地风水一穴，阔 12 距长 24 距①，要葬伊夫黄永良为双圹之坟②，收来艮 68.7 盾。一开③唐磨老④二名，从和 1866 年 7 月 13 日第 17 号案夺⑤和 5 月份辛金去艮 50 盾；又开番万律一名，从全上案夺和五月份辛金去艮 16 盾；又开番吗礁⑥六名，从全上案夺和五月份辛金去艮 90 盾；又开牛郎沙里唐万律一名，从和 1875 年七月廿六日第 4475 号案夺和五月份辛金去艮 30 盾。"⑦

2. "和 1915 年十一月卅日乙卯十月二十四日拜二，挨实公多⑧来艮 500 盾正，新宁⑨还来艮 200 盾正，兑刘昌承惹致 4 号风水一穴来艮 30.5

---

① 距，亦作"脚距"，马来语 Kaki，长度单位，《公案簿》第 1—6 辑关于唐人购买墓地的记载中，墓地 1 穴的标准面积为长 12 脚距，宽 23 脚距，周长 72 脚距，见侯真平等校注《公案簿》第 7 辑，第 351 页。

② 指双人合葬之坟。

③ 闽南话，支付的意思，见聂德宁等校注《公案簿》第 3 辑，第 343 页。

④ 磨老，同"帽老"，马来语 pokto，代办人的意思，见袁冰凌、［法］苏尔梦校注《公案簿》第 2 辑，第 427 页。

⑤ 案夺，意为裁决、判决，见聂德宁等校注《公案簿》第 3 辑，第 311 页。

⑥ 吗礁，马来语 Mata Mata，侦探、巡警的意思，见同上书，第 351 页。

⑦ 《公堂总清簿》（1878 年 1 月 4 日—1880 年 12 月 31 日），荷兰莱顿大学汉学院馆藏，档案号 41006。

⑧ 挨实公多，指殖民政府行政机构，荷印时期殖民政府机构多以"挨实"开头，有诸如挨实嗹、挨实泽力公勃垄、挨实铎洛书等，见《公案簿》第 7 辑，第 300 页。

⑨ 人名。

盾正。辛金：对开大朱译报哟①本全年去艮 300 盾正；又开和才副② 1 名去艮 90 盾正；又开番才副 3 名去艮 100.20 盾；又开达氏③ 1 名去艮 40 盾；又开二朱理账去艮 30 盾；又开番差役头去艮 20 盾；又开番差役 5 名去艮 70.50 盾；又开唐差役 1 名去艮 20 盾；又开吓二山立长粮④去艮 20 盾；又开李顺意（20）、戴江水（10）去艮 30 盾正；又开吴振炎去艮 20.50 盾；又开黄宽兴去艮 20.5 盾；又钟善文去艮 20.50 盾；又开代芝望⑤名去艮 10.50 盾；又开守吃郎庙去艮 5 盾；又开守夜番 4 名去艮 60 盾；又开帮助番 1 名去艮 5 盾正。付什费：对二朱全月车水去艮 40 盾正；又对达氏全月车方⑥去艮 5 盾正；又对钟善文饭方⑦去艮 5 盾正。义费：对开观音亭和尚去艮 70.50 盾；对开女痘官去艮 80.50 盾。本日收艮 835 盾，出艮 1150，（该月）原银 117.48，收艮 1845，出艮 1604.22，存银 358.26。"⑧

3. "和 1919 年正月初一日戊午十一月三十日拜三，兑李意娘如南末 4 号风水一穴来艮 35 盾。义费：对贴本城女学校和上年十二月份艮 125 盾；又贴唠吧杀学堂全上去艮 50 盾。什费：对买日总清计 2 本去艮 25 盾。本日收艮 35 盾，本日出艮 177.5 盾。"⑨

从上述档案可见，公堂的收入主要是来自冢地的出售和冢地周围土地的出租与管理。关于这一点，《公堂清册簿》档案里的记载比比皆是，如：

　　　　和 1882 年六月卅日壬午五月十五日拜五，……□文淼买过式里陵地风水一穴，阔 12 距长 24 距，要葬伊母招娘为双扩之坟，收来艮

67.7 盾；黄成娘买过式里陂风水一穴，阔 12 距长 24 距，要葬伊女张增娘为双圹之坟，收来艮 67.7 盾；陈永禄买过式里陂地风水一穴，阔 12 距长 24 距，要葬张体昌为双圹之坟，收来艮 67.7 盾；廖江贤买过式里陂地风水一穴，阔 12 距长 24 距，要葬伊母余福娘为双圹之坟，收来艮 67.7 盾……①

同时，公堂也将所属冢地的田园出租给承包人，以获得较可观的收入，这体现在《公堂通告簿》中有诸多催缴地租的通知，如"和 1877 年六月十七日承上命，祈达知界内人等，兹和六月份各人当照常纳还其地租，耑此通达……"② 又"和 1877 年 12 月 22 日承上命，祈达知界内人等，和本月内各人当还其地租"等。③

此外，上文已述及，公堂的另一重要收入来源是殖民政府拨给华人官员的俸禄。档案显示，1883—1889 年 7 月以前公堂每月俸银改为 1000 盾，1889 年 7 月开始又改为 500 盾，此后基本维持每月在 500 盾，1891 年开始又增加为 1000 盾，有些年份为 880 盾，直到 1901 年 7 月。④ 以上主要收入项目在荷印殖民时期没有太大变化。此外，根据 1901 年（此后年份缺）以及 1914—1931 年历年的《公堂总清簿》档案，除了冢地管理、俸禄收入外，公堂的收入来源还有厝税、众人谢佛物件、诵经红包、抽阄来银、收香烛添油、收作先生红包、送山入木（一种殡葬仪式）、做佛事、题缘、收厝税、卖烛尾等。

而在支出方面，根据厦门大学李明欢教授的研究，冢地出租所得租金收入主要用于以下三个方面：（1）约 50% 收入用于弥补唐美色甘的支出⑤；（2）约 10% 收入用于弥补公堂的日常花费，包括办公用品、馆舍建筑物及周边道路桥梁的修理与维护；（3）余下 40% 的收入用于华人寺

---

① 《公堂总清簿》（1881 年 1 月 3 日—1882 年 12 月 31 日），荷兰莱顿大学汉学院馆藏，档案号 41007。

② 《公堂通告簿》（1877 年 6 月 9 日—1879 年 12 月 31 日），荷兰莱顿大学汉学院馆藏，档案号 12001。

③ 同上。

④ 《公堂总清簿》（俸银簿）（1883 年 1 月—1901 年 7 月），荷兰莱顿大学汉学院馆藏，档案号 41008。

⑤ 关于这一点已在本书第四章论述。

庙的修葺及资助华人文教事业，诸如华人义学明诚书院校舍及课桌椅的维修和购置，以及教书先生的教学用品等费用，[1] 上述清册簿档案也印证了这一点。

在上述支出外，辛金支出是另一重要支出。为维持公堂的日常运作，公堂需雇用各色人等开展工作，包括华人及当地雇工，如上述的万律、才副、差役、守夜番、帮助番等，这些人的薪水自然就占据公堂支出的重要比例。如上述第 2 条档案显示，该日出艮 1150 盾，其中辛金支出为831.70 盾，所占比例在七成以上。

此外，公堂的支出还包括诸如置办家器、添香烛寿金、置土油、火油、推用、福食付菜友、杂用（如买花、买茶、买红纸帖等）及义费（用于教育、医疗、民政等公益事业）、地租八仙[2]、什费（即杂费）等。1916 年以后甚至出现"现买国债票"的支出项目。档案号 41022《公堂总清簿》（1926 年）中出现了"律师费"支出。档案号 41023《公堂总清簿》（1927 年）中不仅有律师费，还有"保火险"支出。1929 年的《公堂总清簿》中出现"津贴费"（主要是公堂诸官员的车费）支出和"报纸费"支出，即订阅诸如《爪哇和报》《燕致报》《乌姝画报》《警察报》《天声报》《工商日报》《爪哇报》等。1930 年《公堂总清簿》又出现了"厝业修理""和水和饼""水电火费"等支出，当然这些项目的支出多为小数额的、不定期的。以上这些支出不仅反映了吧城社会经济的发展变化，也体现了公堂经济职能的发展变化。

（二）公堂经济职能分析

《公堂清册簿》不仅清晰地反映公堂的收支情况，也清晰地记载了各项收支的比例，根据这些比例我们可以分析公堂的经济职能。

如 1925 年公堂的收支情况如下，收入：兑风水收入"计全年总共艮5260 盾"；兑寿域[3]地"共艮 22023 盾"；现买国债票"对除外结尚伸国

---

① Li Minghuan, "From 'Sons of the Yellow Emperor' to Children of Indonesian Soil: Studying Peranakan Chinese based on the Batavia Kong Koan Archives", *Journal of Southeast Asian Studies*, Vol. 34, Issue. 2, 2003. pp. 215 – 230.

② 八仙，荷兰语 Percent，原指百分比、比率，引申为费率、税率、收费、收税等，见侯真平等校注：《公案簿》第 7 辑，第 302—303 页。

③ 寿域，指生前建造的坟墓，见吴凤斌等校注《公案簿》第 9 辑，第 460 页。

债票乙张艮 500 盾正"；牛郎沙里地税收入"共艮 2198.14 盾"，兑如南末地来艮"共艮 3085 盾"，观音亭庙全年"对除外结尚伸（即剩余）来艮 1705.95 盾"，把杀亚庵（地名）厝业的厝税"对除外结尚伸艮 135 盾"；支出：辛金支出"全年总共艮 16151.9 盾"；什费支出（如对贴大朱车税；订阅《燕地报》；自来水费；电灯费；各项修理等）"计全年总合共艮 5055.23 盾"；义费（如对贴保良局、对给老贫妇资助、对贴义成学堂、丹那望学堂、老巴杀学堂、广仁学堂、女学校，对贴中华会馆，给身故的无依无靠者提供棺衣）等支出"合共艮 20062.35 盾"；还地租八仙"对除外结尚还去艮 6204.37 盾"；厝宅大路地租"去艮 60 盾"；安恤庙去艮 15 盾，牛郎沙里庙（诸如支付园丁辛金，祭年节义冢并祭祠堂，保火险等）"去艮 400.3 盾"；丹绒吃郎庙（如祭年送神、祭清明义冢，坟墓打扫，买金纸等）共去艮 342.98 盾；新把杀厝业"对除来外结尚不敷去艮 3034.8 盾"。① 综合而言，该年总收入为 35267.1 盾，其中兑风水、寿域及相关冢地、房屋出租的总收入为 34767.1 盾，是重要的收入来源。而在支出项目中，辛金支出为 16151.9 盾，义费支出 20062.35 盾，寺庙支出为 758.28，可见当年公堂的收支情况是入不敷出，用于公益事业的支出占很大比例。而 1931 年公堂兑风水、收利息及收厝税总收入为 2810.5 盾，当年的辛金支出共艮 1781.5 盾；义费支出 1095 盾；学堂费 1700 盾，其他各杂费支出为艮 2701.04 盾，② 也是一个收支不平衡的情况。

由此可见，公堂的经济职能涉及对吧城冢地、宗教、教育、公益等事务的管理。③ 因此，正如厦大聂德宁教授曾概括的那样，吧国公堂是"一个集司法、民政，以及公益福利事业等诸多社会功能为一体的半官方的自治管理机构"④。

一般而言，"四脚账"实行记账、账册一贯到底的账项记录原则，由

---

① 《公堂总清簿》（1925 年），荷兰莱顿大学汉学院馆藏，档案号 41021。

② 《公堂总清簿》（1931 年），荷兰莱顿大学汉学院馆藏，档案号 41027。

③ 公堂的公益职能本书已在第四章论述，公堂对冢地、宗教、教育等的管理本书将分别在第六、第七和第九章论述。

④ 聂德宁：《荷印吧城华人文化的传统与变迁——以"吧国公堂"的司法行政职能为视角》，《东南亚研究》2013 年第 2 期，第 96 页。

流水簿到总簿，由总簿到结册，其记账内容不变、记账方位不变，各类账目之间的结算关系也不变。① 因此，《公堂清册簿》各类档案之间可相互关联和印证。此外，《清册簿》也与吧国公堂的其它档案资料如《公案簿》《移民簿》《公堂通知簿》《冢地簿》等互相印证，为我们研究荷兰殖民政府时期吧城华人社会各方面提供重要史料。20 世纪 20 年代以后，西式记账方式逐渐在吧城得到运用，中国传统记账方法日益被取代，这一点也在《公堂清册簿》中得到体现。吧城华人社会簿记制度的这种变化一方面体现了印尼华人社会与祖籍国的联系，另一方面也体现出海外华人社会在当地的调适与发展。

第四节　吧国公堂华人官员制度的废除

19 世纪中后期，随着荷兰殖民统治地位的稳固，吧国公堂的管理职能开始逐渐呈弱化的态势，这一点也得到了《公堂通知簿》的印证，体现在 19 世纪末 20 世纪初《公堂通知簿》的内容日益简单，有些甚至几日合在一起通知，如"兰直叻祈和 1905 年四月初一日又初三日、又初六日、又初八日、又初十日、又十三日、又十五日各捌点钟祈赴该处，即请值月员（花押），和 1905 年叁月卅日朱启"②。或一次会议同时审议几件案件，如"奉权篆玛瑶连甲大命，于和 1908 年十弍月十八日上午十一句钟要公议如左：一、议陈金安要当伊屋在五脚桥本郎号头 882（又）2258（又）3414，又在八厨沃千本郎头号 371（又）4719，要当 50000 盾；二、议公堂所得由陈炳哥在八戈然无用空地一段拟归送公班衙收用，以免年年还 72 盾之粪扫钞；三、议勿唠氏丁君突腰缎然申请由列宪中公举的屋租光媚诗一员；四、议要具禀本吧和督，恳请列宪每人可以用两只马兔还其租（勿唠氏丁）；五、议或谐同僚带来之事，届时祈齐集在座，此请列位

① 百度百科网站编辑：《四角账》，百度网（https：//baike.baidu.com/item/%E5%9B%9B%E8%84%9A%E8%B4%A6/10057252，2018 年 1 月）.

② 《公堂通知簿》（1905 年 2 月 28 日—1911 年 11 月 29 日），荷兰莱顿大学汉学院馆藏，档案号 11006。

宪台电照，和 1908 年十式月十七日公堂朱邱（签名）传"①。

此外，此时期的《公堂通知簿》不断显示，华人官员因各种缘故不到堂会审，相关记录比比皆是。如："承大玛腰之命，为遵本大淡谕知，于和本四月初三日拜六中午十一点，新署吧城大淡缎麻泥栗②在大淡关都登任，伏祈公服依时到处迎接，谨达。"③ 相比之前的盛装迎接荷兰官员的场面，此时华人官员以各种理由推脱，如"钦赐玛腰黄清渊舍（眼疾不到）、钦赐甲必丹、高西川舍（内痔）、高琼瑶舍（脚痛）、许焕章官（小痢）。黄福章舍、吴经纶舍、钦赐雷珍兰郑肇基官（常患头炫）、吴南阳舍（衰老）、苏绍宗舍、李子昌舍（脚痛）、陈玉长官（衰老）、陈奖礼官（往芝安恒）、陈琼瑞舍（往茄泊）、黄长楠舍（往芝恤）、王碧宏官（其父因脚痛不能着靴）、李千森舍（身不快恬），和 1886 年正月卅日公堂朱葛礁徐启"等。④ 可以说，公堂华人官员普遍缺席的这种现状在一定程度上反映了公堂管理职能的弱化，导致官员工作热情的丧失。

值得注意的是，20 世纪初公堂甚至开始雇用荷兰职员。如 1908 年 8 月 10 日公堂曾议定新擢丹绒和兰福申律⑤职章程，这说明此前公堂已经雇用荷兰人任福申律一职。⑥ 此外，如 1913 年 5 月 6 日公堂决议聘用和人缎马逸做公堂书记，大玛腰表示，自从公堂书记丘端贵告退后，自己已经求缎唠巴力治（Toean Lavalette）助理公堂之事务，但他似乎对公堂诸事不甚通晓，现在听说有一个荷兰人名叫缎马逸，他之前曾在干冬圩作过副淡的书记，现在正在寻找新的生计。于是自己就把此人招来，问他愿不愿充任公堂书记，而且跟他说最初薪水为 80 盾，后来可添至 120 盾。此荷兰人认为 80 盾不够用，因此恳求公堂从其任职一开始就给予 120 盾的薪

---

① 《公堂通知簿》（1905 年 2 月 28 日—1911 年 11 月 29 日），荷兰莱顿大学汉学院馆藏，档案号 11006。

② 缎麻泥栗，人名。

③ 《公堂通知簿》（1905 年 2 月 28 日—1911 年 11 月 29 日），荷兰莱顿大学汉学院馆藏，档案号 11006。

④ 《公堂通息簿》（1885 年 7 月 16 日—1904 年 8 月 23 日），荷兰莱顿大学汉学院馆藏，档案号 12002。

⑤ 荷兰语 Opziener，巡视员、督察员之意，见吴凤斌、［荷］包乐史、聂德宁校注：《公案簿》第 14 辑，第 379 页。

⑥ 同上书，第 379 页。

水，以后也无须添加。玛腰表示，自己已经临时答应此人所求，但不知各位在座官员意下如何？在座各位官员皆表示此人可以任用。[①] 可见，此时吧国公堂作为华人社会半自治机构的族群色彩开始淡化。此后，经历过二战的摧残和日本的占领，公堂的社会职能进一步受到削弱，战后初期公堂逐渐失去了之前的诸多社会职能及所遗留的地产，公堂被解散并被重组到各个分散的寺庙基金会和义冢社团中，最终退出了吧城华人社会的历史舞台。

---

① ［荷］包乐史、吴凤斌、聂德宁校注：《公案簿》第 15 辑，第 11 页。

第六章　吧城华人宗教活动

第一节　吧城华人寺庙的建立

由于受原乡传统的影响，海外移民在迁徙过程中，通常都会携带着传统的宗教信仰。他们"起初所'携带'的是一种民俗性的混合型的中国传统宗教信仰，这是一种杂糅了儒释道传统的小传统信仰。在这种信仰形态中，佛教是其主流……"① 因此，自有唐人定居吧城之时就"有人必有庙"。② 据南怀瑾《中国佛教史略》一书记载，早在公元45—50年就有高僧在爪哇传播佛教。公元414年晋代法显泛海求经时在爪哇耶婆提停留五个月。③ 唐僧义净于公元6世纪航海求经时，曾先后在印尼停留六年，此后中印尼佛教交往十分频繁。④ 宋代时，印尼各地华人就普遍供奉观音菩萨，并称之为"飞来佛"。元明时期，华人庙宇遍布印尼各地。如吧国公堂名下有华人四大佛教庙宇，即观音亭、完劫寺、安恤神庙和玄天上帝庙。观音亭又名金德院，正座崇祀佛祖像，右为关帝君，左为天后圣母，并祀众神像香火，是吧城华人最早的寺庙。完劫寺亦称牛郎沙里寺，1760年建于牛郎沙里冢地内，由甲必丹林缉光与广大华人捐资6000银元购地立寺设亭，它祭祀观音，主要用于清明祭奠亡魂，后因市区扩展义冢而消失。⑤ 安恤神庙，亦称安恤大伯公庙，1754年新任雷珍兰林钗观首倡会捐而建，祀

① 张云江：《观音信仰在新马华人社会网络构建中的作用》，《平顶山学院学报》2017年第1期，第95页。

② ［荷］包乐史、吴凤斌：《18世纪末吧达维亚唐人社会》，第76页。

③ 朱杰勤主编：《印尼华侨史》，广东高等教育出版社1987年版，第32页。

④ 同上书，第48页。

⑤ ［荷］包乐史、吴凤斌：《18世纪末吧达维亚唐人社会》，第78页。

奉福德正神（土地公）①。玄天上帝庙，亦称丹绒上帝庙，1669 年建于丹绒冢地内，由戴上薰任丹绒蔗厂主时所建，供奉玄天上帝（又称北极大帝、真武大帝），为祈晴祷雨以求风调雨顺的庙宇。② 此外，吧城还有诸如报恩寺（1660 年建，1740 年毁）、大使庙（1755 年建）、陈氏祖庙（1757 年建）、清水祖师庙（1759 年建）、妈祖庙（1784 年建）、地藏院（1789 年建于牛郎沙里新冢附近，主要用于清明祭奠）、丹绒加逸大伯公庙（1792 年建）、鲁班爷庙（1794 年建）、关帝庙（建于何时不知）、唐人庙（1774 年建）等。③ 总体而言，观音亭在吧城华人社会中的影响较大。

相关史料显示，观音亭的建庙与重修多与当地的郭氏家族有关。《开吧历代史记》记载："按观音亭建自顺治七年庚寅年，即和 1650 年，雷珍兰郭训观同兄郭乔观合议，倡首募捐建置未备，至郭郡观必甲大始就成功，崇祀佛像及众神像香火，延僧住内礼佛诵经，调护列众神像洁净，后进崇祀郭六观爷像位。"④ 观音亭完工于 1669 年，供奉观音、十八罗汉、佛祖、泽海真人郭六官（即郭六观）等。据杨浚《凤山寺志略》一书，广泽尊王的祖庙在福建南安县诗山，后向各地传播。可见，建造观音亭的郭氏家族祖先应来自福建南安县，且泽海真人郭六官有可能也是南安人。⑤ 而把庙宇叫作"亭"，这是闽南人中流行的习惯。因而，观音亭这一名称反映了它与闽南故乡的联系。观音亭还崇祀来自闽南泉州的清水祖师，院里的惠泽庙祀奉惠泽尊王，其故乡在南安县金淘镇。⑥

1755 年甲必丹黄市闹（1751—1755 年在职）游观音亭，破题作赋，名曰金德院。⑦ 1846 年玛腰陈永元（1837—1864 年任职）曾为发动民众为修建金德院道路题捐而作序，序文中写道："我吧先人创立金德院，明诚书院，以及造桥铺路，无非为吧人整齐风俗计也。故每逢朔望之期，男妇老幼，文人学士，拈香礼神，必由此道以行，现际路途崩坏，崎岖险

① 安恤庙，亦称"大伯公庙"，建在吧城东北 4 千米的安恤（Ancol），见［荷］包乐史等校注：《公案簿》第 10 辑，第 53 页。

② 许云樵：《吧国公堂与华侨史料》，第 22 页。

③ ［荷］包乐史、吴凤斌：《18 世纪末吧达维亚唐人社会》，第 76—80 页。

④ 许云樵校注：《开吧历代史记》，第 31 页。

⑤ 徐晓望：《雅加达金德院与闽南原乡》，《闽台文化研究》2010 年第 1 期，第 13—14 页。

⑥ 同上，第 15—16 页。

⑦ ［荷］包乐史、吴凤斌校注：《公案簿》第 1 辑，第 422 页。

阻……意欲请工修理，以便吧人之来往，然家无千金之积，有其心而无其力，于是遍劝巴人，欣心帮助，聚毛成裘，以成其事，如有不及费用者，余愿承之，今着低者补之，坏者修之，道路平坦，行走无虞矣，是由前任创之于前，而后人修之于后，有一点之善心，申明谅必报应之，余愿望后人，修心积德，凡此路中，若有崩坏之处，亦乐捐修理，神人共鉴，未必无少补云，是为序。"从该序文看，早期吧城华人创立金德院，铺桥筑路，兴学重教，为民众谋利，为后人着想，功绩昭然。[①] 3 个多世纪以来，金德院几经修葺，据考察，在李子凤任玛瑶期间，金德院首次整修，第二次整修在光绪十六年（1890），时任玛腰赵德和曾出资修葺。[②]

第二节　公堂对华人宗教活动的管理

为管理与维护上述四大寺庙，公堂曾设置有专门的"掌庙宇公勃低"一职，还定期安排官员轮值管理不同的寺庙，如 1882 年 7 月 26 日公堂审理更易掌庙宇及掌冢事一案，公堂的安排是：一、陈文炳甲大全许焕章甲大、陈亚诰甲大、陈文贵甲四员，掌丹绒、式里陂及吃嘟庙。二、黄福章甲大全吴经纶甲，掌城内观音亭。三、张朝福甲全李亚二甲，掌上帝爷庙塚。四、赖长辉甲全沈景坤甲，掌牛郎沙里冢及完劫寺。[③] 可见，公堂对吧城主要的几个华人寺庙都派专员负责管理。概括而言，公堂对吧城华人宗教活动的管理工作主要体现在以下几个方面。

一　主持宗教活动

公堂惯例，每年有清明、七夕春秋二祭，分别在牛郎沙里冢地和丹绒冢地举行。对此，《公案簿》档案有许多相关记载，如 1873 年 9 月 1 日，八茶贯（即八茶碛）炉主[④]吴天因中元节缘银题少恳公堂主裁，公堂对此

---

① 孔远志：《中国印度尼西亚文化交流》，第 58—59 页。

② 同上书，第 55—56 页。

③ 聂德宁、吴凤斌、[荷] 包乐史校注：《公案簿》第 13 辑，第 372—373 页。

④ 炉主，闽南语，指华人神庙、庙会每年轮值主祭之人，负责祭祀费用、祭品准备、僧道延聘及戏班等所有与祭事活动有关事项。通常每年选举一次，炉主下设一副炉主及若干头家做助手，俗称"会副"，见吴凤斌、[荷] 包乐史、聂德宁校注：《公案簿》第 14 辑，第 349 页。

祭祀费用作出了原则性的规定，指出"普渡之事，奠祭为重。既缘银题少，不必奢用，可以从省是也"。1874 年 3 月 8 日公堂召开会议，因为清明节将临，公堂要主持丹绒义冢及牛郎沙里义冢之祭祀，在座诸位官员议定照常求开公堂柜项，由玛腰与二朱押号，秋季祭祀亦然。每年春秋二祭的费用为 800 盾。①

类似活动在《公堂通知簿》中也有反映。如档案号 11002《公堂通知簿》（1880 年 9 月 1 日—1882 年 9 月 27 日）中载：

> 兹七月十五日及十九日午三点钟，要致祭中元普度，祈列台带公服齐到金德院，即此佈闻列位寅兄，和 1881 年八月六日（签名）启。

档案号 11003《公堂通知簿》（1884 年 5 月 28 日—1886 年 9 月 7 日）中载：

> 承署理玛腰甲必丹李命，于丙戌七月十五日、十九日观音亭普度，伏祈公服齐集礼佛，又先前一日晚间宜出彩旗灯以赴放水灯，谨此呈上列位宪台钧鉴，和 1886 年八月初九日朱葛礁（签名）启。

再如档案号 11004《公堂通知簿》（1888 年 8 月 13 日—1892 年 8 月 24 日）中载：

> 承大玛腰命，兹卜本年十月廿四日辰时观音亭开门，众神像开光，午时神像出游，未时、申时安座，祈预备公服拈香展拜，又廿五晚放水灯，祈各出姓灯旌彩，廿六下午三点祭孤，公服展拜，祈依时到观音亭，谨此。

以及档案号 11005《公堂通知簿》（1892 年 9 月 1 日—1896 年 8 月 28 日）中载：

---

① 聂德宁、吴凤斌、[荷] 包乐史校注：《公案簿》第 13 辑，前言，第 9—10 页。

承权理玛腰事甲必丹郑命，于兹癸巳年二月十八日巳刻十点钟，节届清明，致祭牛郎沙里庙及义祠，祈备公服依时赴该处拈香，谨此预闻列位寅台电鉴，和1892年叁月廿五日朱葛礁（签名）启。

由上述档案可见，每逢中元节、清明节等重要华人节日，公堂官员便会组织民众到观音亭等华人寺庙举行宗教活动。

二　寺庙重修与维护

公堂为华人庙宇及其周边道路的修缮与维护付出很多。现存《公堂通知簿》档案中有许多关于公堂官员会商庙宇修缮与维护事项的记载，如档案号11002《公堂通知簿》（1880年9月1日—1882年9月27日）中载：

兹定和本十四日拜一早九点半钟，祈列位公眉司齐到牛郎沙里完劫寺，要议修理庙事，即此达闻陈文炳甲大（签名）、许焕章甲大（签名）、李亚二甲（签名）、赖长辉家（签名）、沈景坤甲（签名），和式月十二日朱（签名）启。

在庙宇维护及庙宇周边道路的修建上，公堂会积极发动并参与题捐活动。在经费不足的情况下，有时会动用公堂柜项。1874年3月8日玛腰向众位官员询问关于动用公堂柜项以修理观音亭佛像的意见，他说："观音亭佛像今被漏雨所伤，经着人修饰。若修完好，宜作庆成。但修饰之赀及庆成之费，此项未知。当题缘于众人，或入字求开公堂之柜项乎？"众官员表示："自昔以来，凡观音亭佛祖乃公众立置，有该修理以及庆成，此亦公众之事，务必题缘，遂人喜捐。如开用不敷，然后上字求开公堂柜项，方为合式。目下要先用工赀诸费，可暂拨公堂柜项是也。"[1] 到1874年9月10日挨实嗹致书公堂，批准开公堂柜项为修理金德院佛像支出1000盾。[2] 1881年1月28日公堂为修牛郎沙里完劫寺题缘银计9960盾，但包修庙宇、祠堂以及护厝的实际开支达10185盾，与所题之银尚差225

---

① 聂德宁、吴凤斌、［荷］包乐史校注：《公案簿》第13辑，第83页。
② 同上书，第118页。

盾，再加上油漆并祭费等约 2275 盾，共欠银 2500 盾。公堂会议曰："当恳大淡案夺，开公堂柜项以补其缺。"同年 4 月 8 日，大淡定夺道："准公堂开柜项 2500 盾，以为添补修理牛郎沙里完劫寺。"1882 年 4 月 14 日玛腰提议，今丹绒及上帝爷（庙）两条路已齐坏，公堂合当修理，在座官员表示赞同，并提出要将公堂十位官员"分作两路公眉司，先查其路途如何修治，然后再议妥当而行"①。

有时，公堂还会向殖民政府争取相关费用，如挨实嗹于 1833 年 9 月 18 日致书甲必丹大，命令公堂负责修理完劫寺前桥事宜，9 月 27 日公堂会议曰："论此桥本堂实欲修理，奈数年来履修丹绒大路，破费匪轻。虽有收冢地微资，所入几乎不足所出。兹故欲恳挨实连存恤，对上台拨付该用之枋（钞），本堂然后出所修工钱，实为幸甚！如其不然，此桥故非经由要路，免用此桥，无所损益；更求撤毁，无致后患，甚然了捷。"②

此外，公堂会对具体的修缮与维护事务监督到位。一般公堂会将相关事宜承包出去，同时会制定细致的承包条规以保障诸事宜的落实。如 1851 年 7 月 9 日公堂曾确定重修丹绒上帝庙条规一案，其内容如下：1. 大小工要付人承包，其砖、灰、砂、柴料、铁器一概由公堂自理。2. 正殿中落，必须翻盖；殿后墙壁一片须拆平，也要重新盖。3. 正柱、封柱、水槽各二枝，两边楹四枝，摵四枝，都要换成新的。4. 中亭，柱一枝，掩廉枋三片，右边大小通柱各一枝，摵员楹各二枝，也要换成新的。5. 亭左边楹柱摵内有毁坏的也要更换为新的。6. 外亭要拆平，无须再筑，但须拆下七寸左右，才能开埔砖。7. 两边护厝及后落的盖土也要翻盖。如果墙上有破痕者，应该是地基软弱，那就要拆平修补。梁楹、桷力，及门窗廉前中有毁坏者也要换新的。8. 后落左房须筑灶，大灶门二空，小灶门五空；门外还要凿井一口，以为取水之用。9. 后盖土墙外要开厕池一穴，深到可以看见泉水，周围要修筑砖围长 8 脚距、阔 6 脚距，隔作两间，都要盖瓦、张门。10. 周围厝后要筑附砖以巩固墙壁。11. 以上所列诸项，不论是砖墙，还是所有柴料，或宜换新，或宜修补，宜听从公堂公勃低调度。12. 载工由公堂自理；其余火食、茶、油、烟，

① 聂德宁、吴凤斌、［荷］包乐史校注：《公案簿》第 13 辑，前言，第 9—10 页。

② 聂德宁等校注：《公案簿》第 3 辑，第 124 页。

及灰桶、锄头、粪箕诸器具,都由工程承包人自出。13. 其钱项,每大工可先领 5 日额,小工 2 日额,但包理人须逐日登记大、小工各若干,付公勃低查察。逐礼拜一次分发,每大工可领 1.5 盾,小工 4 方,其余等完工之时,才可找完。14. 包理人须援二人安呾,担戴戏本等情。15. 定四个月须宜完竣。① 由该合约可见,从用料、做工、伙食、辛金到完成期限无不涵括在内,公堂的用心可见一斑。

三 募集善缘

(一) 为观音亭募缘

公堂为诸寺庙募集善缘的情况在已刊《公案簿》档案中多有记载,其中比较多的是为观音亭募缘。如现存公馆档案 82001—82006 号分别为《重修观音亭题捐簿》(1890 年,大南门、小南门、中港仔、八茶贯、大公司、三间土库、美色近等地);《重修观音亭题捐簿》(1890 年,茂物);《重修观音亭题捐簿》(1890 年,江东圩);《重修观音亭题捐簿》(1890 年,庞茄勿虱);《重修观音亭题捐簿》(1890 年,新巴虱、结石珍、丹那庞等地);《重修观音亭题捐簿》(1890 年,文登),这些档案记载了 1890 年公堂主导的吧城各地为重修观音亭而积极捐赠的情况。如公堂在《倡修观音亭募缘序》中指出:

> 吧城庵寺原非一处,其最著者惟观音亭,原其始建在乾隆初年……历年久远,古刹虽存而梁栋摧颓,砖瓦分裂,礼佛者能不抚今思昔,兴嗟风雨之飘飖乎,本公堂因人所虑而虑之,因人所好而好之,但略加补葺之功,仍莫保永远之固,爰议垂新弗铿,縻费约计所需殆将三万,念斯亭屋在吧府,则巨费合谘同人,经本台请命上司,蒙请谕准捐府辖,期善信之输,酌愿随缘以倾助……焉知不因是举而可卜欤,遂书以并叩首。光绪庚寅年和 1890 年三月□日启。②

可见,公堂在此序中呼吁民众"随缘以倾助"重修观音亭可期待

---

① 侯真平等校注:《公案簿》第 7 辑,第 223—225 页。
② 《重修观音亭题捐簿》(1890 年,茂物),荷兰莱顿大学汉学院馆藏,档案号 82002。

"福禄来降"，这具有极大鼓动性，相关档案也证明公堂的发动取得一定的效果。如档案号 82001《重修观音亭题捐簿》共 559 份捐助，总额 1933.6 盾，捐题者有官员、商家及个人，每份捐款数额不大，但积少成多，如钦赐雷珍兰吴思亮捐银壹拾伍盾正、杨济生捐银伍方；谢亚钧捐银壹盾；黄福进捐银贰盾伍方；新和盛（商号）捐银贰盾伍方、广合盛捐银壹盾正等等（见图6—1）。

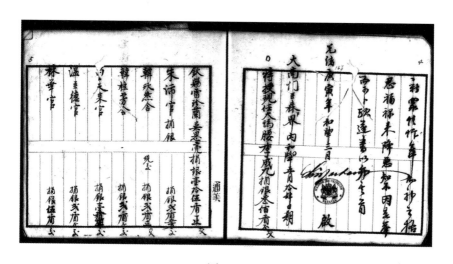

图 6—1

资料来源：《重修观音亭题捐簿》（大南门、小南门、中港仔、八茶贯、大公司、三间土库、廿六间、美色近，1890 年），荷兰莱顿大学汉学院馆藏，档案号 82001。

而档案号 82002《重修观音亭题捐簿》（1890 年，茂物）共 88 笔捐助，总额共 119.2 盾，其中载有："陈源普甲大捐银壹拾盾正；许金璋甲台捐银壹拾盾正；刘添还捐银壹拾盾正；同安堂捐银式盾口钞正；黄谋捐银壹盾正；萧在新银式盾伍方；江合源栈捐银式盾伍方；廖命捐银壹盾伍角……和顺号捐银伍方；陈庚相捐题银伍方……刘和然捐艮伍方；天和堂奉银式盾。"可见，乐捐的吧城民众包括上至甲大，下至普通商家和百姓。

此外，档案号 82003《重修观音亭题捐簿》（1890 年，江东圩）共 72 份捐助，总额 367.5 盾；档案号 82004《重修观音亭题捐簿》（1890 年，庞茄勿虱）共 342 份捐助，总额 874.75 盾；档案号 82005《重修观音亭题捐簿》（1890 年，新巴虱、结石珍、丹那庞等地）共 251 份捐助，总额

216.8盾；而档案号82006《重修观音亭题捐簿》（1890年，文登）中共124个商家和个人捐助者，共捐款355盾。由这些题捐簿可见，吧城民众广泛地为观音亭捐助，虽然捐款总额不大，但其乐助的行为是长期的。

此外，每逢观音亭诸神圣诞等重要日子，吧城民众也积极捐输。如档案号71001《金德院山西夫子圣诞题捐簿》（1900年2月12日）中载：

> 涓①庚子年正月十三日演戏恭祝金德院山西夫子②圣诞，伏祈诸善信士女乐助芳名捐金于左：特授大玛腰正堂赵府大翁大人捐银叁盾（十弍月廿四日交）；特授甲必丹郑府春锡舍捐银叁盾（即交）；特授甲必丹刘府清祥舍捐银叁盾（十弍月廿五日交）；特授甲必丹林府长辉官捐银叁盾（十弍月廿八日交）……特授雷珍兰邱府春昌官捐银叁盾（十二月初四日交）、特授雷珍兰庄府文德官捐银叁盾（交）……钦赐甲必丹王衔碧宏舍捐银叁盾（十二月十九日交）、原任甲必丹黄府玉昆舍捐银叁盾（交）……大珠爷③李府新能捐银叁盾（交）、二珠爷④连府良税官捐银弍盾（交）、大舍简府增绪捐银叁盾（交）……裕和兴半盾（交）、益南昌半盾（交）、丰源顺壹盾交、余和合25⑤方（交）、李和丰壹盾（交）……高梓成半盾（交）、根源号壹盾（交）、新德发壹盾（交）、丰金号壹盾交……刘西25方、刘明25方、刘清奇壹盾。

由此可见，积极捐款的有公堂官员、有普通百姓，还有商家。他们中最多的捐3盾，少的仅仅0.25盾，总共527笔捐助，总额约272盾。而档案号71002《金德院天上圣母圣诞题捐簿》（1900年4月22日）中共记载捐助642笔，总额为281.95盾。其中捐款的有公堂官员，有普通百

---

① 涓，"捐"的通假字，见侯真平等校注《公案簿》第7辑，厦门大学出版社2007年版，第354页。

② 山西夫子，即关圣帝君，民间称之为"关公、关帝爷"，见吴凤斌、[荷]包乐史、聂德宁校注《公案簿》第14辑，349页。

③ 即大朱，朱葛礁的俗称，见侯真平等校注《公案簿》第8辑，厦门大学出版社2009年版，第404页。

④ 即二朱，即第二朱葛礁，见同上书，第409页。

⑤ 此处原档使用苏州码，故本书将其直接以阿拉伯数字表示出来，下同。

姓，还有商家。最多的捐 3 盾，少的仅仅捐 0.25 盾。此外，事后有收到一些捐款，"合共实艮 40.05 盾正"①。

而档案号 71003《金德院观音亭山西夫子圣诞题捐簿》（1902 年 1 月 13 日）中载：

> 涓壬寅年正月十三日演戏，恭祝观音亭金德院山西夫子圣诞，伏祈诸善士信女喜出缘金开列于左，当事炉主居小南门吧杀内广华号，清光绪廿七年十弍月十一日，大和兰壹仟玖佰零弍年正月廿日，公堂朱连（签名）给。特授大玛腰正堂赵府德和翁银 3 盾（十弍月十柒日交）、特授甲必丹大郑府春锡官 3 盾、特授甲必丹大林府长辉官 3 盾……原任甲必丹大许府金宝舍 3 盾（交）、原任甲必丹大王衙碧宏官 3 盾（交）……特授甲必丹许府金掌官 2 盾（交）、大舍许府维成舍 2 盾……丰金号 1 盾（交）、长发号 25 方（交）、德发号 25 方（交）、丰源顺 1 盾（交）、余和合 25 方（交）……

此簿共 629 笔捐款，数额也不多，但事后还有一些临时性捐助，如：

> 辛丑年拾弍月十二日收来实艮 6 盾；拾叁日收来实艮 5.38 盾；十四日收实艮 3.8 盾；十五日收实艮 3 盾；十柒日收实艮 3 盾；十八日收艮 2.1 盾；十九日收艮 2.15 盾；廿日收艮 3 盾；廿弍日收实艮 2.17 盾，廿三日收 2.75 盾；廿四日收实艮 2.05 盾；廿五日收实艮 2.15 盾；廿六日收实艮 2.25 盾；廿七日收 1.5 盾；廿八日收 1.5 盾；正月初五日收艮 2 盾；初六日收艮 1.8 盾；初七日收艮 1.5 盾；初八日收艮 1.4 盾；初十日收艮 1 盾；十一日收艮 1 盾。

档案号 71004《金德院观音佛祖庆典题捐簿》（1902 年 8 月 18 日—8 月 22 日）中共记载 828 份捐金，数额不大，从官员到老百姓到商号都有捐助。档案号 71005《金德院山西夫子圣诞题捐簿》（1903 年 1 月 13 日）

① 《金德院天上圣母圣诞题捐簿》（1900 年 4 月 22 日），荷兰莱顿大学汉学院馆藏，档案号 71002。

共记载 637 份捐金，其数额不多。此外，在庆典前，还有几笔临时性收入，如"……十二月十二日收银 13.83 盾；十七日收银 8.73 盾；十八日收银 6.9 盾；廿一日收银 8.2 盾；廿二日收艮 6.1 盾；廿三日收银 4.35盾；廿四日收银 6.22 盾；廿五日收银 5.6 盾；廿六日收银 7.6 盾；廿七日收银 4.18 盾"。档案号 71006《金德院伽蓝大士、福德正神圣诞题捐簿》（1903 年 10 月 5 日）共记载 455 份捐金，此外，在活动的前几天还有几笔捐金，如：八月初七日收银 11.56 盾；初八日收银 9.5 盾；初九日收银 8.7 盾；初十日收银 6.55 盾；十一日收银 8.3 盾；十式日收银 5.7盾；十三日收银 5.2 盾；十四日收银 3.95 盾。

档案号 71007《金德院山西夫子圣诞题捐簿》（1905 年 5 月 13 日）中所载的捐助者有特授大玛腰、特授甲必丹大、特授雷珍兰、原任雷珍兰、原任甲必丹大、原任雷珍兰、原任玛腰、大舍、商号、普通百姓，共530 份捐金，数额不大，此外还有一些没有留名的临时捐助，共 22 条，艮 49.35 盾。档案号 71008《金德院玉皇上帝圣诞题捐簿》共载 277 份捐金，此外还有一些没有留名的捐助，如："……十一月十八日收艮 7 盾；廿日收艮 6.5 盾；廿一日收艮 5.1 盾；廿式日收艮 5.1 盾；廿五日收艮2.9 盾；十二月初式日收艮 3.4 盾；初三日收艮 2.1 盾；初五日收艮 2.6盾；初七日收艮 3 盾；初八日收艮 2.2 盾；初十日收艮 3 盾。"

档案号 71009《金德院山西夫子圣诞题捐簿》（1907 年 1 月 13 日）全簿共 163 份捐助，此外还有临时性捐助 22.25 盾。档案号 71010《金德院山西夫子圣诞题捐簿》（1907 年 5 月 4 日）中共载 318 份捐助，数额也不多。而档案号 74001《金德院日清簿》（1896 年 1 月—1896 年 12 月）则记录了该年捐助年缘的诸位善男信女的芳名：

> 玛腰赵一侯艮 20 盾；甲大苏慎□①艮 20 盾；甲大许金宝艮 10盾；甲大许耀基艮 10 盾；甲大刘清祥艮 10 盾；甲大吴瑟亭艮 10 盾；甲大李子昌艮 10 盾；甲大连福全艮 5 盾；甲大林永义艮 5 盾；娘仔许清溪艮 5 盾；丰源顺艮 6 盾；福和栈艮 6 盾；益南栈艮 5 盾；兴隆公司艮 8 盾；福源号艮 2.5 盾；联益栈艮 2.5 盾；源兴号艮 2.5 盾；

---

① 原档模糊不清。

义盛号艮 2 盾；镇盛号艮 2 盾；德成号艮 1 盾；龙兴号艮 1 盾；锦盛号艮 1 盾；合成号艮 1 盾；鼎丰兴号艮 1 盾；德隆栈艮 1 盾。

（二）为其他华人寺庙募缘

公堂还为其他华人庙宇积极募集善缘。如 1851 年 7 月，为重修丹绒上帝爷庙、洪溪祖师公庙以及金德院祠坛，玛腰陈永元曾亲自作序劝捐。其中《劝捐重修丹绒上帝庙序》写道："先哲郑君崇奉香火，始基丹绒，山明水秀，庙貌森严，是以年丰物阜，国泰民安，迄来七十余年矣。……第因日久年烟，栋折榱崩，又将垂敝。誉①等忝为民牧，责在继往，爰倡捐题，义举重修，仰诸公襄助玉成，庶几载德鸿庥，永绥多福。"《劝捐重修洪溪祖师公庙序》中写道："夫祖师者，西方之正派，潮阳之五祖也。……是以先哲林老先生，尊崇妙相，肖像洪溪，立庙临流，环境奠安。自乾隆庚辰②迄今九十二年，榱栋崩折，风雨不蔽。誉等忝居民上，职修废墜，爰倡义举，捐题重修，伏冀给孤长者布金襄成，则功载禅堂，德垂梵刹，千秋万载，琉璃不减。"而《劝捐重修金德院祠坛序》中写道："夫祠坛者，鬼神之所凭依，而慎终之至意也。有其人，则有其神。……是以先哲立祠祭祀，未尝不深心而体先王之道者也。今历年已久，土崩墙塌，凄风冷雨，夜台何安？誉③等忝为民牧，惟神所主，目瞀心伤，责任难辞，是以倡率同人捐题重修，望诸公赞助共襄，庶几人慰神安，无复遗恨。"④ 从这三篇序文可见，玛腰陈永元对吧城民众动之以情、晓之以理，具有很大说服力，而且公堂官员常常以身作则，这极大地推动了募缘活动的进行。如 1853 年 6 月为丹绒上帝庙重修费募捐中，"甲必丹高俊杰官捐钞 50 盾；雷珍兰陈荣乔捐钞 25 盾；雷珍兰苏天庇官捐钞 50 盾；雷珍兰陈濬哲捐钞 50 盾；雷珍兰黄锦章捐钞 20 盾"。6 月 24 日公堂会议时，玛腰（陈永元）又说："数年来唐船不发，逐年圣母⑤寿诞费无从出。晚弟

---

① 即陈永元。
② 乾隆二十五年，即 1760 年。
③ 即陈永元。
④ 侯真平等校注：《公案簿》第 7 辑，第 225—226 页。
⑤ 指观音亭供奉的观音菩萨。

已捐题诸商贾计银719.24盾，候后再题成数，而后开发。"[1]

而1856年下半年，因安恤庙墙壁毁坏，公堂发动群众募捐重修此庙，从公堂官员到普通老百姓都积极捐输。如特授玛腰一誉捐钞银壹120盾；特授甲必丹高俊杰捐助钞银25盾；特授雷珍兰苏天庇捐助钞银50盾；特授雷珍兰陈濬哲捐助钞银25盾；特授雷珍兰黄锦章捐助钞银25盾；特授雷珍兰陈思聪捐助钞银25盾；特授雷珍兰陈逢义捐助钞银60盾；协理雷珍兰高西川官捐助钞银15盾；协理雷珍兰郑肇基捐助钞银贰15盾；赌饷武直迷陈濬祥捐助钞银100盾；钦赐雷珍兰王庆云捐助钞银100盾；钦赐雷珍兰韩碧峰捐助钞银100盾；钦赐雷珍兰黄仲润捐助钞银80盾；亚片源合公司捐助钞银200盾；蒋灯光捐银100盾；鱼饷承包商许清溪捐助银100盾；简敬忠捐助银80等，共有47人捐助，共捐缘银2380盾，折合雷2856盾。而此次重修的支出如下："一开付赖亚喜包修安恤庙工料，去雷1600盾；一开付赖亚喜包修圣望公庙[2]工料，去雷300盾；一开付赖亚喜做旗杆壹对，去工雷180盾；一开去另贴赖亚喜包修，去人工雷120盾，计4条，共去雷式仟式佰盾。对除外，尚剩雷六百五十六盾正。"诸位官员决议："捐资修庙既然有余，可暂存。若别处庙宇有坏，可将此项充入为用可也。"[3]

华人社会积极为寺庙捐助的风气经久不衰，如档案号83001《安恤庙大伯公圣诞题捐簿》（1907年5月26日）载：

> 涓丁未年四月十五日演戏，恭祝安恤大伯公（妈）圣诞千秋，伏祈诸男女信题缘，芳名开列于左：大清光绪卅叁年正月十七日、和兰壹仟玖佰零七年叁月初壹日公堂朱连（签字）。特授大玛腰赵府正堂老大人捐艮10盾；甲必丹大林府长辉官捐银3盾；甲必丹大王衙碧宏观捐银□盾；甲必丹大黄府玉昆官捐银3盾正……雷珍兰黄府景兴官捐银3盾正；雷珍兰洪府光聘官捐艮3盾……联兴公司捐银1盾；瑞兴公司1盾；合成栈半盾；济安栈捐银5方；泉成号1盾；潮

① 侯真平等校注：《公案簿》第8辑，第217—218页。
② 圣望公庙：荷印华人崇奉先贤的寺庙。
③ ［荷］包乐史等校注：《公案簿》第10辑，第53页。

记号 20 方；张振昌 1 盾正；龙兴栈 1 盾；锦隆泰半盾；纶昌号题银 1
盾；增兴号题银半盾；张福源 50 方；南冒号 1 盾；同和号壹盾；盛
泰号 25 方；存济堂题银伍方即交……

全簿共 609 份捐助，总额 328.58 盾。

由上述题缘情况可见，吧城民众虽广泛捐输，但他们多为贫困百姓，
因此他们的题缘来之不易，故公堂对题缘的开支上也会加以控制。如
1849 年 7 月 13 日叶丁五曾向公堂提议建造义冢祭坛并树立《题缘碑》，
他说："由粤南来，水远山遥，不知几千万里，得利回唐者固甚多，丧身
殒命者亦不少！嗟乎！一朝入梦，故园长辞，未有子孙，阿谁祀奉？虽有
魂魄，何所式凭？此无祀之名所由成，而义冢之祭所由立。"故"酌议修
造坛冢，及置祀产，以成永久不废之基"。并恳求公堂"将冢地左边恩施
地基，长 12 脚距、阔 24 脚距，以为题缘碑坟，方能显众善题缘之芳名"，
最后公堂同意建立冢坛祭祀，但不同意立石碑，认为它只有美观的作用，
没有什么实际意义，且费钱。①

四　监管寺庙工作

（一）向荷印殖民政府申请僧人移民来吧

19 世纪中期以后，随着华人数量的增多，华人庙宇的信徒也与日俱
增，为维持其日常运作，有时需要从中国引进僧人，公堂在其中起了重要
作用。如 1855 年 10 月 10 日，公堂官员商议当奉书致恳王上可从中国提
拔僧人四名来吧一事，公堂指出："吧之有金德院也，承先人之建立，继
后世以钦崇故神之赫，思而能庸保民以无疆。然所藉以整肃而勿坠，亦因
供祀之有人焉。是故有寺必有僧，僧犹当备以足用。兹院内之僧三人，遇
作佛事必用五人，是此三人用做佛事且不足，而何有于供祀神佛者乎？"
因此公堂认："当奉书致恳王上可在唐提拔僧人四名来吧，恩准居住。如
有不遵法纪，本堂自当戴革回原籍。"②荷兰殖民政府对华人实行"分而
治之、间接统治"的政策，对华人的宗教信仰活动并不过多干涉，因此

① ［荷］包乐史、刘勇等校注：《公案簿》第 6 辑，第 104—106 页。
② 吴凤斌等校注：《公案簿》第 9 辑，第 143—144 页。

对公堂的类似请求一般会予以批准，如《公案簿》载："王上于和 1856 年 3 月 20 日第 26 号案夺，准挨实嗹所详公堂恳和尚日升、本性居吧；又准可在唐提请和尚一人到吧赴用。"①

（二）负责僧众的选任、离职和监管

一般而言，公堂名下四大寺庙的住持及普通僧人的选拔、更替及日常监管都由公堂负责，这一点在《公案簿》档案中多有记载。

选任：如 1875 年 11 月 4 日，因金德院住持僧建寅身故，僧人允岩、启顺及志愿三人向公堂请求恩准掌理金德院。允岩自我介绍说："盖今偶步抵埠，适因东道登西，岩不揣固陋，欲充掌理，暮鼓晨钟，朝夕罔敢忽懈，礼佛敬神，时刻祗守规矩。"② 启顺自我介绍说：自己在咸丰十年③来到吧城，在金德院任事至今已有 5 年，"其亭内诸事，顺虽不敏，亦经领受。故老当家指蒙，颇得熟娴法轮。胆恳公堂列位元甲台大人恩准代理，使其有条而不紊，并查亭内家器物件，以呈电鉴。倘有贤能来吧，自当逊谢献忱……"④ 志愿自我介绍说："窃自故僧建寅羽化以后，囊如悬磬，葬菲无赖，愿不忍坐视不救，竭力募缘几十盾收殓埋骸，安顿明白。敬护亭内菩提慧业，焚香供饭，扫地烹茗，菽水不虚，亭众有赖。伏乞大玛腰暨公堂甲台、朱葛礁大人电照恩准，俾愿得意权理等务……"公堂经审议认为："允岩虽年少新到，察其人品才情，可堪暂理东家事。至于启顺，可使暂理首席。其志愿仍旧帮理亭事。"⑤ 然而不到一年，允岩就"所行颠倒，不守僧道，放僻邪侈，无所不为"。因此，1876 年 10 月 19 日公堂会议讨论说："允岩所行，绝无僧规，甚然可恶，现时就可革出。暂令启顺摄理董家务，以待后日若唐山有新来者，就中择其善者，立为董家是也。"⑥

为了推选合适的僧院主持，公堂甚至可以摒弃地域之见。如 1882 年 6 月 23 日，金德院住持僧麒麟等一干僧人怠慢公堂之令，未按时到牛郎

---

① 吴凤斌等校注：《公案簿》第 9 辑，第 215 页。
② 聂德宁、吴凤斌、［荷］包乐史校注：《公案簿》第 13 辑，第 205 页。
③ 即 1860 年。
④ 聂德宁、吴凤斌、［荷］包乐史校注：《公案簿》第 13 辑，第 205—206 页。
⑤ 同上书，第 206 页。
⑥ 同上书，第 273—274 页。

沙里以赴祭骨骸之事。据说，麒麟在外又有娶妻，及在亭内又有吃鸦片烟。①1882 年 6 月 26 日公堂召开会议，列举麒麟的诸多不端行径，即"一则不遵公堂之令；二则显然有娶妻。出家人犯此二罪，律所不容，宜即革出，以警其余。至于亭内诸事，暂可与麟铿僧及安忍僧掌理"②。到 1884 年 2 月 16 日，公堂又"因金德院住持僧麟铿辞出，荐三个和尚以为自代。经佥议取僧名量进为住持，文德为首席"。据说，量进为嘉应（客家）籍僧人。对此，甲必丹陈文贵有云："住持乃董理院内，固当择一些有才能兼文墨者。而三和尚之中，惟此嘉应颇有文墨，且均是出家人。即嘉应、福建，又何论焉？"③

由于上述不法僧人的先例，后来公堂在僧众选任上会多加考察，并因材任用。如 1891 年 6 月 3 日从中国刚来的四名和尚正莲、崇庆、增福、苍松向公堂恳请料理金德院，"公堂会查四僧，俱无吸食洋鸦，则日如其禀所称。举正莲为住持，崇庆为首座，增福接往来宾客，苍松清客"④。

离职：如 1834 年 3 月 28 日金德院住持僧喜庆入禀公堂，乞求公堂批准他告退返乡。喜庆表示："溯自末纳承命主持一来，夙夜匪懈，兢兢业业，唯恐不效，于兹四年矣。近因去岁秒，疾魔屡欺，动辄得恙，虽有辛勤之意，其如手足不仁，难以从心便为，且又年过花甲，每在愁病之中，辄思本寺烟祀、故土顽徒，是以意诚志决，乞准回乡，俾得寺烟续祀，顽徒相见。……伏乞放归！"公堂表示说："据住持僧喜庆禀恳回山，词虽婉转，情多逶曲。如出于亭众悔慢，本堂自当作主，切勿首鼠惊疑，因果莫办；抑果故梵深邱首，切念务必举妥以代，方准告退。"⑤

惩处：除了从中国招募僧人前来，公堂还负责僧众的监管与惩处工作。如 1856 年 10 月 31 日，钦赐雷珍兰陈逢觉为肃清寺宇恳请公堂裁夺，他说，佛刹金德院，崇奉观音大士，为诸善男信女香火之林，因此延立僧众，设有主持、首座、殿主等名额。不料僧人林德陞从住持升任首座并承殿主之缺，大权独揽，渐行不轨，"藉禅房作烟馆，结烟友于灯火之前。

---

① 聂德宁、吴凤斌、[荷]包乐史校注：《公案簿》第 13 辑，第 363—364 页。
② 同上书，第 367 页。
③ 同上书，第 446 页。
④ 吴凤斌、[荷]包乐史、聂德宁校注：《公案簿》第 14 辑，第 93 页。
⑤ 聂德宁等校注：《公案簿》第 3 辑，第 161 页。

寺庭则任生荆棘，绿满不除，佛案则减。没香花尘封欲掩，客来主不顾，日高三丈犹眠，问签诗必候于卧房门。首上慢下，受残金欠全年不发。被告请，反求于息蚉头人"。此外，该院僧人林日昇也行为不端，"无给字敢招遊异地骗人，几至害人。更有坤殿甲大捐金奉佛，名姓不录于香牌。复又和嚼禅师给钞买香，人氏莫传于笔记。以至养导啷有子之娘亲，将寺中公务为私下米粮。通油车有夫之民妇，致更寮捉奸。至半途求好下元乃高秋之节，竟以烧余烛炬为排场，满寺尽清净之区，复被秽贱妇人来肆辱。……"陈逢觉表示，自己对他们的所作所为时有耳闻，屡次进行劝告但无果，因此只能请知公堂加以处理。公堂各位官员听说后，认为僧人林德陞所犯过错，"尚在屋漏微词之间"，因此公堂决定立即委托大朱次日早上悬字于金德院，告诫林德陞等僧人，希望他们引以为戒，能够警省，顿改前非。① 再如 1859 年 4 月 1 日金德院主持僧林德升自己向公堂举报说，院内和尚青莲、宽佑、三友 3 人不守僧规，吃鸦片、蓄养妓女、赌博浪荡，无所不为，恳请公堂查勘定夺。公堂经过查勘后，议决："凡属僧人，当净心寡，慇奉祀神明，庶馨香斯无惭式。今院内僧人青莲、宽佑、三友已经自履秽行，合式当寄回唐……致恳伏望挨实嗹作主施行赐下案夺，可寄上陈三僧回唐，准本堂可在唐再召三僧道吧以代。"② 1859 年 4 月 8 日公堂向荷印政府请求，将和尚青莲、宽佑、三友 3 人遣返回唐，得到批准。③

再如 1876 年 10 月 19 日玛腰通知公堂众位官员说，金德院主持允岩倒行逆施，不守僧道，放僻邪侈，无所不为。而其余众僧也没有一个洁身自好的，但没有像允岩那样大为犯戒。玛腰想将这些僧人全部逐出金德院，又担心院内无人料理，因此想问各位官员意见如何。在座各位官员一致表示："论董家允岩所行，绝无僧规，甚然可恶，现时就可革出。暂令启顺摄理董家务，以待后日若唐山有新来者，就中择其善者，立为董家是也。"④ 1891 年 6 月 3 日掌理观音亭属员雷珍兰连福全舍、吴铿然舍向公

① 吴凤斌等校注：《公案簿》第 9 辑，第 279—280 页。
② ［荷］包乐史等校注：《公案簿》第 10 辑，第 194—195 页。
③ 同上书，第 195—196 页。
④ 聂德宁、吴凤斌、［荷］包乐史校注：《公案簿》第 13 辑，第 273—274 页。

堂呈禀说："因住持僧道提及清众僧道汉，每当职等到亭巡视，未尝在院，且于和本 4 月 20 日，职等巡视亭内，正遇道汉吸烟。道提、道汉亦不时招聚外人在亭吸鸦。是庄严之地，等于烟馆矣。出家人似此模样，不宜留住院内。伏祈公堂革退为是。"公堂官员齐声表示："合当革退。"①

类似的情况在《公堂通知簿》中也有体现，如档案号 11001《公堂通知簿》（1879 年 3 月 7 日—1880 年 9 月 1 日）中载：

> 兹金德院主持僧四果禀请，妙法僧不修僧戒，外党匪类，内辱佛门，今日亭内被搜亚片事莫非妙法外同恶累之所致也。察其情，妙法与四果已成冤仇，势不两立，若不革出妙法，则恐亭内有争端之患，因是昨日委许焕章甲全大朱勘察其情，据二位回云，实系妙法所行不端，第思一獭不除，众鱼不宁，祈列台速为斟酌，若众意可逐妙法者，即可押号，以便立时逐出，至于亭规诸事，待后再会议定夺而行，特此佈闻列位寅兄。……和 1879 年五月初三日早打八点钟兰得叻，值月公勃低（签名）。

（三）维护寺庙利益

公堂对华人寺庙利益的维护首先表现在允许寺庙所属土地及房屋出租以维持日常运作，如档案号 81001《完劫寺地租》（1871 年）记载了 1871 年完劫寺土地出租收入情况，该簿中共 84 条记录，其中第 26 条记录为：

> 蛮律然②，每年园税艮 60 盾，和 1871 年正月（起），和 1871 年十式月初一日还来艮 6 盾；和 1872 年十式月卅一日还来艮 6 盾；和 1874 年式月初一日还来艮 6 盾；和 1874 年十式月初七日还来艮 6 盾。

第 84 条记录为：

---

① 吴凤斌、[荷]包乐史、聂德宁校注：《公案簿》第 14 辑，第 93 页。
② 蛮律然，人名。

艮木①，每年园税 12 盾，和 1871 年柒月起，和 1871 年十式月卅一日还来艮 12 盾；和 1872 年十式月卅一日还来艮 12 盾；和 1874 年式月廿二日对伊菓（园）来艮 7 盾；（1874 年）三月初八日来艮 5 盾；和 1875 年三月十七日还来艮 12 盾；和 1876 年还 1875 年来艮 12 盾；和 1877 年八月初六日还 1876 年来艮 12 盾；和九月初三日还和 1878 年全年田税来艮 12 盾。

而档案号 72001《金德院厝税、器具簿》中则记载了 1875 年—1880 年金德院房屋出租的收入情况，其内容如下：

和壹仟捌佰柒拾六年立，小南门有厝壹间，合义号税，每月该租银叁拾肆盾；大使庙后巷内左片第壹间，吴传娘税，每月该租铜雷贰盾；第贰间，黄贞结（税），每月该铜雷贰盾；第叁间，陈惜娘税，每月该铜雷贰盾；右片第壹间，吴文月税，每月该铜雷贰盾；第贰间，黄佛佑税，每月该铜雷贰盾；第叁间，蒋丁巳税，每月该铜雷贰盾；第四间，黄菊娘税，每月该铜雷贰盾；巷口司税，每月该铜雷四盾，巷口上片壹间（其下文为以上个人交租数额与完租情况说明）。

其次，在寺庙与华人发生纠纷时，公堂会维护寺庙的合法权益。如 1834 年 3 月 4 日，金德院主持僧喜庆向公堂控诉说，城外地主柯连以往每年向金德院进贡中元节香花资雷 60 盾，现在只想进贡 50 盾，却仍要求照常登记在簿为 60 盾，院内诸僧认为不妥。对此，柯连表示，不是自己不愿交 60 盾，而是因为自己在金德院做功德时，僧人没有诵读《梁皇忏》②，而已故林甲元益做功德时就有僧人诵读《梁皇忏》，因此自己不愿交 90 盾③，只肯交 50 盾而已。对此，住持喜庆表示，僧人不读《梁皇忏》实在是不能读，而不是不愿读。因为已故林甲元益做功德时，有院外僧人瑞和相帮，才能成其事。僧人瑞和则向公堂供诉说："前年僧多，

---

① 艮木，人名。
② 《梁皇忏》，佛教忏语的一种，见侯真平等校注《公案簿》第 8 辑，第 453 页。
③ 似乎应为 60 盾，原文如此，估计系谬误。

则有读《梁皇忏》，今也一二年来僧寡，岂能读之哉? 若故林甲元益做光德，果有读《梁皇忏》，末纳做在其中，应份得 40 盾之左。至于去年末纳，亦有在亭帮理，无读《梁皇忏》，盖为僧丁无几也。"公堂则认为："论前年知厨僧自义开手亦逐年拜读《梁皇忏》，今虽丁众无几，不得拜读，理宜预先请知本堂，何故意默默致炉主不顾? 当礼罚 20 盾，以修亭路。"公堂随令柯连找足 70 盾以还于喜庆。[①]

（四）管理寺庙器具

公堂会对属下寺庙的器具进行核实并登记在册。如 1851 年 6 月 29 日公堂公勒低奉命查勘牛郎沙里及其庙宇器具，其器具情况登记如下："一、佛祖大小八身。又，神帐一领。又，几桌贰只。又花矸[②]壹对。又，柴香炉大小贰个。又，签筒壹个。又，柴烛台小三对。又，柴烛架壹个……。一、大伯公五身……。一、石佛大小二十身……。地藏王壹身……。一、直校椅十二只。一、椅条十八只。一、八仙桌十一只。一、柴蚊渠壹对。一、桌平壹只。一、四方桌壹只。一、孤枰壹副。一、水砚壹个。一、坏厨大小三个。一、坏架仔大小贰个。上计 50 件，经已交盘付与胡受光官收掌。"[③]

值得注意的是，公馆档案中还有专门的寺庙器具登记簿，如档案号 72001《金德院厝税、器具簿》中载 1875—1876 年金德院器具情况:

和桌共三只，几桌共三只，大小桌计 36 只，佛殿内桌大小九只，庚九月十二日交麒麟师、麟铿师。佛殿公用:柴椅头伍只，玻璃灯叁对，琉璃灯式枝，花盆拾捌盆，和兰桌三只。佛事坛用:佛像新十三幅，旧十三幅;袈裟肆领;大衣式领;铜锣壹个;小锣壹面;佛事笼壹脚;鼓壹个。启顺房:桌叁只。志愿房:几桌壹支，小桌平壹只。首座房:桌平壹只，八仙桌壹只，眠床壹张。东家房:檀炉壹个，淡宝唧壹对，镜厨壹个，茶碛叁枝，铃伍枝，烛枒壹对，桌柜式只，大

① 聂德宁等校注:《公案簿》第 3 辑，第 153—154 页。
② 闽南话，花瓶的意思，见侯真平等校注《公案簿》第 7 辑，第 342 页。
③ 侯真平等校注:《公案簿》第 7 辑，第 215—216 页。

茶碪壹枝，桌平壹只，眠床壹张，柴箱式部，机桌壹只，花矸①壹个，禅床壹只。油烛间：玻璃灼拾式块，烛檯肆对，锣叁面，琉璃灯式枝，玻璃盏肆个，铃伍枝，宣炉壹个，破锣捌面，大灼枱壹对。

而档案号 73001《金德院器具杂物簿》（1886 年 6 月 1 日）则载：

光绪十二年六月初一日查存，一存大殿及厅房共几桌壹拾玖只，又三界桌全座（旧），又大殿及厅房共桌屏五只，又大殿及厅房共八仙桌壹拾壹只，又房间内桌柜共式只，又桌椅头共四只、又不全破烂月眉桌式只，又荷兰桌共四只，又房间内存小种碪□②枝；又破存大茶碪壹枝，又大锡灼台壹对、又铜镗炉共叁个，又碗料香炉共叁个；又石香炉共式个，又铜灼台共四对，又桌前高柴烛台共陆对，又大玻璃爵共伍对、又破烂玻璃灯共伍对，又琉璃灯共式枝，又大满天红壹只（不全），又不全九龙盘一个，又不全荐盒架一个，又旧杖壹枝，又瓷烛瓶大小（有破）共七个，又破旧木箱共五脚、又柴交椅（内有不全）共式拾只，又花盆大小共式拾壹只（内有破烂），又鉎金炉共叁个，又锡满天光（破）共肆个，又大水硔一个（口缺），又大坛炉壹个，又镜内厨壹座，又大钹壹付（破），又大小锣共叁面（内一面破），又眠床共叁张，又禅床壹块，又土占宝唧壹对。另佛事笼内外物件查存：一存新旧佛像共廿六幅，又不全麻布海青共叁领，又不全袈裟共肆领（内有不堪用者），又不全龙帏壹条，又梁黄忏叁部，又弥陀经式本，又金刚经式本（大破不堪），又心经壹卷，又酸□③口壹本，又表科壹本，又万丹盘全付；又不全长桌帏式条（破旧不堪），又不全短桌帏肆条，又小锣仔壹面，又小木鱼壹个，又镜钹壹付，又古铃叁枝，又不全铃陆只，又双银壹座，又手炉壹只，又小符水钵壹个，又净板壹个，又佛前联式对。一存大殿公司物件清记：一

---

① 花矸，闽南话，花瓶的意思，见［荷］包乐史、刘勇等校注《公案簿》第 6 辑，第 285 页。

② 档案原文此处模糊不清。

③ 原档此处模糊不清。

存旧帐前大小共伍条（内有大破不堪），又彩叁条（均破），又凉伞壹枝，又蜈公旗肆枝，又清道旗壹对，又风调雨顺旗壹对，又天上圣母旗壹对，又旧不全时钟壹个（大破不堪），又估还厝税唐眠床壹张（破），以上各物系麒鉴师交量进师手收掌，照单点明，另当家量进师手新置并施主所谢之物胪左：中铜磬壹个，中锡香炉壹个（谢），大铜香炉壹个（谢），小金牌壹面（重五分，谢），幛帏连帏式条（谢），古铜锣壹面，光绪十二年六月初一日凭众点明，李大头、吴德容、西轮、祥祝、蔡瑞届、叶影（等人）在证，僧明明清笔。

由上述档案可见，公堂对金德院院内各器具非常详细地登记在册，并加以管理。

（五）监管寺庙日常收支

现存公馆档案中有一份完整的金德院一年收支情况的记录，即档案号74001《金德院日清簿》（1896年1月—1896年12月），此簿的开头写道："光绪十八年壬辰岁正月廿五日，承甲必丹郑春锡官舍、朱葛礁徐秉章舍到院，公举僧崇庆为金德院东家兼理首座之职，院内所有法器家私均归掌辖。其大众师儿事俱遵东家指挥，如有违轨迹者，亦惟东家是问。……今将历年出入总账略记于此，以便考颔……壬辰年共进银1217.10盾，共出银壹千贰佰七十四盾19方；癸巳年共进银1443.54盾，共出银壹千四佰（零）七盾14方；甲午年共进银1437.16盾，共出银壹千四佰玖十四盾11方；乙未年共进银1636.75盾，共出银壹千陆佰四十七盾5方。共进银伍千七百叁拾肆盾55方，共出银伍千捌百式拾式盾94方，共结出入除开入可尚浸银捌拾捌盾叁方玖仙正。光绪式拾壹年十二月晦日出息监院（签名）敬启。"

由此可见，公堂官员会不定期到金德院审核该院日常收支情况，院内住持必须向公堂官员做汇报，并提供详细的收支账目清单。根据该簿记载，该年1—12月金德院每日收支情况如下：

"光绪式拾年丙申元月朔旦东家（签名）立。"

（入）：

初壹日：大殿香符银24盾；

初弍日：大殿香符银 2 盾；

初叁日：大殿香符银 3 盾；

初四日：大殿香符银 7.5 盾；

初五日：大殿香符银 5 盾；

初六日：大殿香符银 3 盾；

初七日：大殿香符银 3 盾；同春师抽艮 4 方；

初捌日：大殿香符银 2 盾；

初九日：大殿香符银 3 盾；

十一日：善柔师抽根 1 方；崇庆师抽银 1 方；大殿香符银 2.5 盾；

十二日：同春师抽艮 5 方；大殿香符银 5 盾；

十三日：大殿香符银 1 盾；善柔师抽艮 1 方；崇庆师抽艮 2 方；烛尾银共 1.5 盾；

十四日：大殿香符银 5 盾；东家抽艮 4 方；上元题缘宝银 50 盾；

十五日：大殿香符银共艮 30 盾；同春师抽艮 1 方；

十七日：烛尾银共 24.8 盾；大殿香符银 1 盾；

十八日：善柔师抽艮 1 方；崇庆师抽艮 1 方；首座师抽艮 1 方；

十九日：同春师抽艮 1 方；

二十日：善柔师抽艮 1 方；崇庆师抽艮 1 方；

廿二日：首座师抽艮 2 方；

廿六日：大殿九天共香符银 6 盾；

廿七日：同春师抽艮 1 方；

三十日：大殿香符银 1.5 盾，

共入银 201.7 盾。

（开）：

初壹日：菜镭五天 3.5 盾；买土油壹加冷艮 2 盾；

初弍日：延喜支银 1 盾；买烛拾叁觔 2.6 盾；

初叁日：买烛弍十半斤银 2.5 盾；买寿金一支银 1.8 盾；

初四日：买烛 15 斤艮 3 盾；延喜支银 1 盾；潮州人伙食日半共

1.5 盾；

初五日：德升师忌辰共费一切艮 5 盾；菜镭五天 3.5 盾；买水烟 2 方；

初六日：延喜支艮 1 盾；

初八日：延喜支艮 1 盾；

初九日：买土油乙茄冷 2 盾；启量出叻赠费 4 盾；

初十日：延喜支艮 1 盾；菜钫五天 3.5 盾；

十式日：买白菜三斗 1.5 盾；延喜支艮 1 盾；

十三日：挑菜碗工艮 2 方；买金蕉 2 方；买老菰艮 2 方；

十四日：买烛拾五斤 3 盾；

十五日：菜镭五天 3.5 盾；延喜支艮 1 盾；买烛二次 18 斤 4 盾；买寿金乙条 1.8 盾；买香十包 1.8 盾；挑孤筵①1 方；上元吹鼓共艮 12 盾；和尚三名 24 盾；买孤纸菜饭共 1 盾；故厘束费共 1.5 盾；

十七日：延喜支艮 1 盾；买白米四斗 2 盾；买土油乙茄冷 2 盾；

十八日：延喜支艮 1 盾；

廿日：菜镭五天 3.5 盾；

廿式日：延喜支艮 5 方；

廿四日：延喜支艮 5 方；

廿五日：菜镭五天 3.5 盾；

廿六日：延喜支艮 1 盾：

廿七日：买白米五斗 2.4 盾；

廿九日：延喜支艮 5 方；买茗橋火烛 5 方；

共出银 116.3 盾正。

（1 月份月底总结为）原：旧年尚浸银 88.39 盾；

入：本月共收银 201.7 盾；

出：本月共银 116.3 盾；

存：除浸外更短银 2.99 盾。

---

① 孤筵，指祭祀亡灵，见侯真平等校注《公案簿》第 8 辑，第 420 页。

该年 2 月份的日清簿开头为"光绪廿弍年丙申岁二月朔日立",然后与 1 月份一样,按照"入"在上、"出"在下的登录方式记载,纵观当月出入情况,收入部分基本与 1 月份相同,主要来自大殿香符银和金德院师傅的抽银及宗教节日时的题缘,但多了一些"厝税"收入;在支出部分也大体与 1 月份相同,但其中有"开戏偶仔""买和兰数簿""开布袋戏资""买衫不朗""开加冠礼"等项目。2 月份总收入为 129.7 盾;支出为 118 盾,总结为"原银 2.99 盾;入艮 129.7 盾,出艮 118 盾;存银8.71 盾"

3—12 月收支项目差不多,具体如下:

3 月份:原浸艮 8.71 盾;入艮 86.2 盾;出艮 106.45 盾;存浸艮11.1 盾;

4 月份:原浸艮 11.1 盾;收银 69.4 盾;出银 113.24 盾;存浸银54.95 盾;

5 月份:原浸艮 54.95 盾;收艮 97.1 盾,出银 100.65 盾,存浸银 58.5 盾;

6 月份:原浸银 58.5 盾,收银 151.6 盾,出银 104.15 盾,存浸银 16.05 盾;

7 月份:原浸银 16.05 盾,入银 98.3 盾,出银 128.2 盾,存浸银46.4 盾;

8 月份:原浸银 46.4 盾;入银 109.9 盾,出银 139.15 盾,存浸银 75.65 盾;

9 月份:原浸银 75.65 盾,入银 129.9 盾,出银 121.7 盾,存浸银 63.45 盾;

10 月份:原浸银 63.45 盾,入银 150.1 盾;出银 150 盾,存浸银63.35 盾;

11 月份:原浸银 63.35 盾;收银 99.3 盾,出银 71.2 盾,存浸银35.25 盾;

12 月份:原浸银 35.25 盾,入银 194.7 盾,出银 295.45 盾,存浸银 136 盾。

"本年正月至十二月止共入银壹千五百乙拾柒盾玖方正，本年正月至十二月止共出银壹千五百陆拾玖盾五方正，一年对除开外尚短银捌拾捌盾叁方玖仙正，承旧接新两年更浸银壹百叁拾陆盾正，清光绪式拾年十二月除夕监院僧（签名）结。"

由上述记载可见，金德院对每笔收支都登记在案，以备公堂随时抽查。

第三节　筹建印尼佛教总堂

迄今，国内外已有的研究中，涉及战后印尼华人宗教问题的成果并不少见，本书并不想对这些成果进行简单引述，而是想利用现存 25 份（档案号 84001—84025）涉及 1968 年吧城华人为筹建佛教总堂进行题捐情况的档案进行分析，探讨战后华人对印尼佛教事业发展所做的贡献。

此 25 份档案的相关内容如下。

档案号 84001《筹建佛教总堂题捐簿》（1968 年）第一册《启示簿》，此簿中有一份《筹建印尼国际佛教中央伟大清净寺启事》，详细说明了印尼华人筹建佛教总堂的前因后果，该启事内容如下：

> 溯吾国原为佛教古国，历史悠久，中爪哇岛吉冷婆罗浮屠等伟大之佛塔即刻明证，唯因朝代之变革，致我国之佛教亦曾一度失去光辉。迨至独立建国以来，我国以建国五原则提倡国民人人应信仰宗教。各地之佛教徒遂风起云涌，群起组织佛教会，故今日全国已有八十余处佛教分会矣。惟因各地华族寺院与各族佛教徒未能聚集礼拜、共同研习佛法，以致被人误会为我国之佛教乃华族之佛教。其实我国国民[1]信奉佛教者，人数地区均极广众，较之华族有过之而无不及。缘因佛教徒一盘散沙，未曾团结，致被人误认耳。兹同人等有见及此，发起在首都筹建一座中央佛寺，命为伟大清净寺。其建立目的务求相当规模适合国际水准，能代表印尼国家民族佛教界，具有领导印尼全国佛教徒之组织，供广大印尼各民族平等奉佛，指导阶层之集中

---

① 指印尼当地人。

基地。如此，则消极方面能扫除外界之误会。积极方面亦符合临时人协之指示，加强宗教生活之心理信仰陶铸各民族融洽和熙之风度，共同发扬佛教为宗旨，同人等今已进行呈请政府拨给地皮，选择地点（在升乃耶），努力从事，立即兴建。惟兹事体大、需欵殊钜，故恳请十方善信及全体佛教徒大力支援，一本我佛平等无我之精神，发同体大慈大悲之切愿，踊跃输将、出钱出力、同襄盛举，则人天赞叹，诸佛欢欣而诸君功德浩大获福无疆也。今本同人等发起筹款运动，谨涓阳历 1968 年 6 月 1 日 2 日 3 日、阴历戊申五月初六、初七、初八日一连三天在椰城金德院启建"印尼和平护国息灾法会"，恭请首都全体寺院庵堂比丘、比丘尼、斋姑及佛教会男女居士道友共同举行盛会，届时法会之庄严、梵唱之雄伟、上供之威仪、严肃之经声必能令人猛省，莲华会上锡杖度群迷，荷花池中普渡……我佛徒幸勿错过无量功德，敬希法界终生同圆，种智恭请十方善众驾临观礼，财施法施、广种福田，无任企祷之至。……一凡欲超度者请预先向各寺庵登记以便办理。一凡欲上表求福者请向华语佛教会及各寺庵预先登记。一观礼券请向各寺庵领取。

筹建印尼国际佛教中央伟大清净寺委员会、佛教总会主席苏拉济上校谨启。

由该启事可见，印尼华人筹建佛教总堂的原因是：独立建国以来，印尼各地佛教事业不断发展，各种佛教组织不断涌现，但印尼全国华人佛教组织没有统一起来，华人寺庙多为华人礼佛之处，没有与其他各族佛教徒聚集礼拜、共习佛法，以致印尼人误认为佛教就只是华人的宗教。而在 1967 年 12 月印尼总统发布"关于支那宗教信仰和风俗习惯的第 14 号指示"，该指示明确提出，来源于中国的印尼华人宗教信仰和风俗习惯，"在其表现形式上对印度尼西亚公民造成心理、精神和道德上的不恰当的影响，以致成为同化进程的障碍，故有必要将其职能置于恰如其分的位置"①。为此，为消除印尼主流社会对华人宗教的误解，也为了团结全国

① 张禹东：《印度尼西亚全面同化政策下的华人宗教文化》，《华侨大学学报》2008 年第 3 期，第 108 页。

的佛教力量，雅加达华人成立筹建印尼国际佛教中央伟大清净寺委员会，联合印尼佛教总会①主席苏拉济上校，共同发起在首都雅加达筹建一座中央佛寺，名为"伟大清净寺"，目的是把它建成"代表印尼国家民族佛教界，领导印尼全国佛教徒组织，供广大印尼各民族平等奉佛，指导阶层之集中基地"。苏拉齐上校指出："此理想如实现，足以消除现在佛教徒诸般困难，大家平等，共同奉佛，事属善举，请十方善信同情了解，出钱出力，共同完成此一崇高任务，则人天欢欣，功德无量。"② 因此，委员会发起筹款运动，在 1968 年 6 月 1 日、2 日、3 日在金德院启建"印尼和平护国息灾法会"，号召善男信女积极踊跃捐赠。由启事内容可见，委员会还对法会的活动进行细致安排。在该委员会的发起与号召下，雅加达各佛教寺庙纷纷行动起来，参与其中，如档案号 84001《筹建佛教总堂题捐簿》（1968 年）第 1 册《启示簿》中记载的捐款者有：叶潮秀 500 盾；童冠松 500 盾；李茂廷 200 盾；吴锡英 150 盾、刘泉秀 500 盾等，总共 38 笔捐款，总数为 10050 盾。

档案号 84002《筹建佛教总堂题捐簿》（1968 年）第 2 册《地藏院》中记载的捐款者有："释杀筹乐助 1 万盾、李玉招乐助 3000 盾、丘发英乐助 3000 盾、廖国兴（与）何菊英共助 3000 盾，（以上）4 条共 19 万。黄增仁乐助捐 2000 盾、杨满生乐助 1000 盾、杨康兴乐助 1000 盾、沈进英乐助 1000 盾、张新招乐助 2000 盾……（以上）计 9 柱计共 11 万；伍涓新乐助合家 1000 盾、陈兰香（与）罗中元共助 1000 盾、俞德招助 1000 盾……（以上）计 8 条共 45000 盾。罗群英助 500 盾、池润元助 500 盾、黄妙香助 500 盾……（以上）计十柱共 49000 盾。黄梭东乐助 500 盾、朱运春助 500 盾、潘顺昌助 500 盾……（以上计）十条共 50000 盾。（又）杨远妹助 500 盾。"该簿中，华人一共捐款 395500 盾。

档案号 84003《筹建佛教总堂》（1968 年）第 2 册（慈惠庵）中记载的捐款者有："傅盛添 25 盾、钟富妹 50 盾、陈裕妹 50 盾、钟财妹 25

---

① 华人佛教社团的最高组织是"印尼大乘佛教总会"，1967 年佛教总会与其他佛教社团联合组成"印尼佛教理事会"，并加入官方组建的印尼宗教徒协商会，见许国栋：《从华人的宗教信仰探讨印度尼西亚的同化政策》，《华侨华人历史研究》1992 年第 1 期，第 22 页。

② 《筹建佛教总堂题捐簿》（1968 年）第二册《地藏院》，荷兰莱顿大学汉学院馆藏，档案号 84002。

盾……郑毡毡 110 盾、吴雨招 50 盾、钟荣凤 50 盾。共 4250 盾。黄银兴 5000 盾、涂紫英 3000 盾、丘其雄 2000 盾……梁满妹 1000 盾，共 12 名共 19000 盾。张义妹 1000（盾）、郑慧兰 1000（盾）、丘益文 1000（盾）、吕添云 1000（盾）……赖京娘 1000（盾），计 11 名共银 12000 盾。饶影梅 1000（盾）、陈学淦 1000（盾）、卜银英 1000（盾）……熊秋云 1000（盾），计 11 名共银 11000 盾。廖安远 1000（盾）、李景添 1000（盾）、李绍台 1000（盾）……张玉华 1000（盾），计 11 名共银 12000 盾。梁大蓝 500 盾、谢莲英 500 盾、温其坪 500 盾……计 11 名共银 4200 盾。李丁妹 200 盾、左顺招 200 盾、陈桂友 200 盾……计 11 名共银 3050 盾。张对妹 200 盾、管兰妹 200 盾、钟顺兰 200 盾……吴新枝 100 盾，计 11 名共银 1750 盾。李芹英 100 盾、涂新兰 100 盾、洪月华 100 盾……傅盛添 50 盾，计 8 条共银 650 盾，连上共 62850（盾），再加捐庙款来 4250（盾），前后面总结共银 67100（盾），实总共 67900（盾）。"[①] 此外还有零星捐款，最后总数为 69400 盾。

　　档案号 84004《筹建佛教总堂题捐簿》（1968 年）第 4 册《永清宫》共记载 92 份捐赠，共银 33300 盾。

　　档案号 84005《筹建佛教总堂题捐簿》（1968 年）第 5 册（竹园法会）共记载 71 份捐赠，共银 71000 盾。

　　档案号 84006《筹建佛教总堂题捐簿》（1968 年）第 6 册（慈航庵）共记载 58 份捐助，共银 79100 盾。

　　档案号 84007《筹建佛教总堂题捐簿》（1968 年）第 7 册（同福堂）共记载 44 份捐助，共银 244550 盾。

　　档案号 84008《筹建佛教总堂题捐簿》（1968 年）第 8 册（慈宫堂）共记载 25 份捐款，共银 24700 盾。

　　档案号 84009《筹建佛教总堂题捐簿》（1968 年）第 9 册（慈云庵）共记载 71 份捐助，共银 48800 盾。

　　档案号 84010《筹建佛教总堂题捐簿》（1968 年）第 10 册（南华寺）共记载 33 份捐款，共银 50550 盾。

---

① 原档如此。

档案号 84011《筹建佛教总堂题捐簿》（1968 年）第 11 册（同善堂庵）记载 63 份捐款，共银 86000 盾。

档案号 84012《筹建佛教总堂题捐簿》（1968 年）第 12 册（芒果勿舌观音堂）共 78 份捐款，共银 121700 盾。

档案号 84013《筹建佛教总堂题捐簿》（1968 年）第 13 册（祥庆堂）共记载 60 份捐款，共银 270000 盾。

档案号 84014《筹建佛教总堂题捐簿》（1968 年）第 14 册（祥云庵）共记载 28 份捐款，共银 27050 盾。

档案号 84015《筹建佛教总堂题捐簿》（1968 年）第 15 册（清善庵）共记载 35 份捐款，共银 23650 盾。

档案号 84016《筹建佛教总堂题捐簿》（1968 年）第 16 册（善缘堂）共记载 107 份捐款，共银 189000 盾。

档案号 84017《筹建佛教总堂题捐簿》（1968 年）第 17 册（药王宫）共记载 46 份捐款，共银 65700 盾。

档案号 84018《筹建佛教总堂题捐簿》（1968 年）第 18 册（静福堂）共记载 132 份捐款，共银 162000 盾。

档案号 84019《筹建佛教总堂题捐簿》（1968 年）第 19 册（善福堂）共记载 92 份捐款，共银 25950 盾。

档案号 84020 号《筹建佛教总堂题捐簿》（1968 年）第 20 册共记载 6 份捐款，共银 1100 盾。

档案号 84021 号《筹建佛教总堂题捐簿》（1968 年）第 21 册共记载 201 份捐款，共银 397800 盾。

档案号 84022 号《筹建佛教总堂题捐簿》（1968 年）第 22 册共 210 份捐款，共银 563950 盾。

档案号 84023 号《筹建佛教总堂题捐簿》（1968 年）第 23 册共记载 1 份捐款，共银 10000 盾。

档案号 84024 号《筹建佛教总堂题捐簿》（1968 年）第 24 册《金德院》共记载 12 份捐款，共银 8500 盾。

档案号 84025 号《筹建佛教总堂题捐簿》（1968 年）第 25 册《合家表》共记载 74 份捐款，共银 53300 盾。

此 25 本档案记载的捐助共银 3032650 盾，数量相当可观，华人的努力由此可见一斑。但查阅相关档案，没有发现有印尼佛教总堂的成立，这或许与印尼政府的宗教政策有关。相关资料显示，此后不久，为避免华人主持佛教团体妨碍同化运动，1979 年由政府出面创立印尼佛教徒信托会，由三个僧团及七个佛教理事会（印尼大乘佛教协会、印尼小乘佛教协会、印尼三教会、印尼爪哇传统密教会、印尼弥勒佛教会、印尼大乘僧伽会和印尼小乘僧伽会）联合组成。该信托会又称佛教总会（Walubi），其主席和秘书长都由印尼人担任，凡是具有浓厚外国色彩的佛教团体都被排除在外。此外，政府还将具有华族色彩的庙宇（Klenteng）改为佛寺（Vihara）。它们多崇奉多元神祇、道教和孔教等，因此被视为具有浓厚中国文化特点，不利于民族同化，政府于是下令将上述华人庙宇改建为单纯的佛教寺庙。同时颁布法令，禁止华人再建新的庙宇，还将金德院改称敬法寺。① 由此，金德院的历史走到尽头。

---

① 黄昆章：《印尼华人的佛教信仰》，《东南亚纵横》2003 年第 6 期，第 46 页。

第七章　吧城华人丧葬管理

丧葬文化是中国传统文化的重要组成部分，"所谓事死如事生，乃唐人之道也"①。海外华人同样重视丧葬，华人在移居国建立冢地已成为其移民文化的一个集体象征。② 迄今，对海外华人丧葬问题的研究已有一些成果，如李明欢教授通过整理丹绒坟山档案中死者的来源地、年龄、性别、埋葬方式、冢地规模等信息，分析了吧城华人社会的历史变迁。③ 冯尔康教授梳理了澳洲、美国、新加坡等地当代华文报纸的讣告内容，以此分析中华文化在海外华人丧葬礼仪中的体现与演变。④ 张小欣以公堂丧葬管理为个案，分析了吧城华人社会自治方式及其面临的困境。⑤ 薛灿通过对《南洋商报》（1951—1976 年）刊载的讣告内容进行分析，探究新马华人的家庭形态与社会网络。⑥ 上述研究成果，多是通过华人丧葬史料来研究华人社会的演变或中华文化在海外的传承，并没有对华人丧葬问题本身进行深入探讨。

公堂在管理华人丧葬事务的过程中留下大量档案资料，即今存于荷兰

---

① 侯真平等校注：《公案簿》第 7 辑，第 9 页。

② Li Minghuan, "Batavia's Chinese Society in Transition: Indications of Tandjoeng Cemetery Archives (1811 – 1896)", IIAS (International Institute for Asian Studies) Workshop, *Chinese Archival Sources And Overseas Chinese Communities* (*1775 – 1950*), December 1999, the Netherlands: Leiden, p. 1.

③ 李明欢：《变迁中的吧城华人社会：十九世纪丹绒坟山档案资料的启示》，《亚洲文化》总第 24 期，2000 年。

④ 卞利、胡中生主编：《民间文献与地域中国研究》，黄山书社 2010 年版，第 79—94 页。

⑤ 张小欣：《荷属东印度华人社会的自治与困境——以 18—19 世纪吧城公堂丧葬管理为中心》，《华侨华人历史研究》2016 年第 4 期。

⑥ 薛灿：《映像在华文报刊讣告中的新马华人"家庭"与"社会"——1951—1976 年〈南洋商报〉讣告研究初探》，硕士学位论文，厦门大学，2008 年。

莱顿大学汉学院的公馆系列档案之《冢地簿》。《冢地簿》共 82 卷（见书后附录），均为未刊档案，其中 23 卷为冢地丧葬登记，即所谓《丹绒义冢》，其他 59 卷和几百个独立档案则包括冢地的购买登记及其他相关文件，其中中文档案有 129 册，时间跨度为 1811—1954 年，有些年份的档案丢失；马来文和荷兰文档案为 5 册，时间跨度为 1930—1948 年。《冢地簿》的记录相对完整和连续，对研究吧城华人丧葬问题具有重要的参考价值。

第一节　吧城华人冢地的建立与发展

一　华人义冢的建立

如上所述，中国人移居印尼历史悠久，1619 年荷兰人占领吧城后更利诱或劫持华船和华人前来，1739 年居住在吧城及大港唇两旁的华人有 4389 人，住在吧城郊区的华人有 10962 人，吧城遂成为闽南人的汇聚之地。[①] 华人人口增长的趋势一直持续到 20 世纪中期。[②]

与华人移民增长相伴的是华人的高死亡率。1780 年出版的《吧达维亚学会文集》记载了 1759—1778 年吧城人口死亡统计情况，20 年间共死亡 74254 人，其中华人为 15379 人，年均死亡 769 人，是同期欧洲人死亡人数的近 6 倍。[③] 19 世纪初英国医生罗伯逊曾报告说："吧城的中国居民，虽然人数众多，但死亡人数同其他各族居民对比起来，则来的更多，因为他们的居住条件非常恶劣，……加之饮食条件又粗陋不堪。……中国居民死亡人数之多是多到难以置信的地步。"[④] 1883 年 11 月，吧城西医曾提及华人多病乃至死亡的原因有五个，即"一、由各污秽什物臭气所致，遇有雨至，雨水停滞不留，因居人不以时清沟窦。二、华人村落居者过满。三、华人居宅彼此太密，至无间隙之地可通气纳凉。四、贾肆多蓄货物，有能以其臭气触人致病。五、华人居肆置货过满，其秽杂又不及时扫清或

---

① 陈碧笙：《世界华侨华人简史》，厦门大学出版社 1991 年版，第 97 页。

② 见黄文鹰等著《荷属东印度公司统治时期吧城华人人口分析》附录部分，以及杨建成《荷属东印度华人商人》一书。

③ ［荷］包乐史、吴凤斌著：《18 世纪末吧达维亚唐人社会》，第 76 页。

④ 黄文鹰、陈曾唯、陈安妮等著：《荷属东印度公司统治时期吧城华侨人口分析》，第 140 页。

洗净，其第宅惟每年只扫洗一次。又遇死丧，停尸家内过久"①。《冢地簿》之《丹绒义冢》档案（档案号为61101—61123）也显示，1811—1896年的86年间，共有55385份死亡登记，年均为644份，其中大多为华人，华人死亡率之高由此可见一斑（见表7—1）。

表7—1			吧国公堂丧葬登记情况				单位：份	
年份	葬礼登记	年份	葬礼登记	年份	葬礼登记	年份	葬礼登记
1811	1203	1856	645	1870	867	1884	792
1812	1277	1857	1074	1871	881	1885	747
1817	950	1858	626	1872	867	1886	968
1818	1131	1859	1002	1873	1154	1887	883
1819	880	1860	861	1874	1196	1888	1214
1822	1574	1861	702	1875	1206	1889	731
1823	1130	1862	900	1876	716	1890	749
1836	751	1863	979	1877	1269	1891	1247
1837	1013	1864	1145	1878	920	1892	1039
1838	1573	1865	1223	1879	928	1893	1388
1852	662	1866	871	1880	1207	1894	975
1853	1011	1867	1013	1881	1169	1895	1053
1854	812	1868	1239	1882	1003	1896	1160
1855	695	1869	1133	1883	981	总数	55385

注：在大多数记录里，两个不同的日期被写下来，一个是中国农历，另一个被命名为"荷历"（荷年），与公历一致。1942—1945年荷历被日本"昭和"取代。

资料来源：Li Minghuan，"Batavia's Chinese Society in Transition: Indications of Tandjoeng Cemetery Archives（1811 – 1896）"，IIAS（International Institute for Asian Studies）Workshop，*Chinese Archival Sources And Overseas Chinese Communities（1775 – 1950）*，December 1999，the Netherlands：Leiden，p. 3.

由于死亡人数众多，丧葬用地就成为华人社会的一大问题。最初，由于没有集中的墓地，华人去世后只能四处埋葬，再加上一些人讲究排场，把墓地修得过于高大，侵占了荷兰人的坟地，挖土留下的洼地在积水后又

———————

① 聂德宁、吴凤斌、［荷］包乐史校注：《公案簿》第13辑，第440页。

脏又臭，从而招致荷兰人的诸多不满。1650 年，荷兰总督下令不准华人葬在东印度公司辖地，公堂雷珍兰郭训观同其兄长郭乔观等就商议建立唐人义冢："于是郭乔观为首，招募唐人请各量力捐金喜捨以建冢地，众人皆乐从，乃买东冢之地一所，用一人为土公[①]管理葬事，而唐人丧葬始无犯禁之苦，诚乃阴骘之善事也，当时土公名曰黄石公。"[②] 自此，华人义冢开始建立了。

二　从义冢到华人公墓

1728 年时，因东冢已满，公堂开始组织大家捐款购置新的墓地。"甲大郭昂观与六雷议建冢地，令人劝谕诸唐人，各量力捐银，将项买勃昂山大菜园为义冢，甲大立颜经观长子颜銮观为土公。"[③] 1742 年公堂建立后，华人延续了捐银买冢地的做法，1745 年购置了双柄园日本亭至妈蛟兰之地为义冢，设立土公三名。1762 年又购置了牛郎沙里园地作为冢地。[④] 几年后，这些冢地逐渐葬满。1778 年 3 月，吧城当局谕令华人甲必丹、雷珍兰要"速寻别地以为葬坟之所，不得迟缓"。但直到 1809 年后，吧城华人才又陆续购置了其他三个冢地，即丹绒冢地（1809 年）、式里陂冢地（1828 年）、惹致冢地（1854 年），其中，丹绒地占地 387 亩，式里陂地占地 218 墓，惹致地占地 130 亩，三块冢地合计占地 735 亩。据估计，"丹绒、式里陂二处，约可再葬八年或十年之久，若添入惹致地，则更远矣"[⑤]。

1809 年公堂购买丹绒冢地时，因为要划定荷兰人、华人和当地人的冢地界限，荷兰殖民政府向公堂提议：将本属华人冢地范围的把杀浮抵地区变更为荷兰人的冢地，为此，准许华人美色甘[⑥]借给公堂 70000 文，用于购买丹绒冢地，全年利息 6 八仙。[⑦] 公堂采纳了这一提议，并达成以下决议：

---

①　土公，荷兰语 Begrafenismeester，源出中文，指专司尸体埋葬及冢地管理者，见［荷］包乐史、吴凤斌校注《公案簿》第 1 辑，第 404 页。

②　许云樵校注：《开吧历代史纪》，第 30 页。

③　同上，第 38—39 页。

④　［荷］包乐史等校注：《公案簿》第 10 辑，前言，第 1—2 页。

⑤　同上书，第 2—3 页。

⑥　美色甘，荷兰语 Weeskamer 音译，指孤贫养济院，有华人美色甘和荷人美色甘之分，见聂德宁等校注：《公案簿》第 3 辑，第 364 页。

⑦　侯真平等校注：《公案簿》第 7 辑，第 200 页。

1. 由公堂在职甲必丹陈烨郎、首雷李东旺、武直迷吴祖绥等共同承担缴还 70000 文借款本息的责任，该款项不得拆分使用。

2. 批准甲必丹胡勃实①推举甲必丹陈炳哥、雷珍兰林长生官、雷珍兰苏广哥，及首雷李东旺官等共同料理葬坟事项；又推举雷珍兰林长生官为茄实②。

3. 批准甲必丹胡勃实所定葬坟规格及售价标准，即葬坟阔 8 脚距③、长 12 脚距，是免费提供给贫困之人的冢地。如要获得更大规格的冢地，需另缴费用，其缴费标准是：阔 12 脚距、长 24 脚距，该缴纳 200 文；阔 16 脚距、长 32 脚距，该缴纳 650 文；阔 20 脚距、长 40 脚距，该缴纳 1600 文；阔 24 脚距、长 48 脚距，该缴纳 3600 文等。

4. 公堂每年缴还华人美色甘 2000 文，在 70000 文借款本息缴还完毕后，丹绒葬坟便成为"公众之地"等。④

自此，公堂不再号召众人"量力捐金喜捨"来购买冢地，而是通过出售冢地来偿还借款并购置新冢，这个做法成为解决华人丧葬用地的新模式。公堂除了为贫病人士提供少量免费的小规格冢地外，其他华人都能根据自身经济实力购置一定规格的冢地，这样一来，公益性质的义冢就转变为华人社会的公有墓园。

1828 年，公堂再向华人美色甘借款 5000 盾，向荷兰美色甘借款 1 万盾，购买了吧城外西南郊式厘坡冢地。⑤ 1855 年，向华人美色甘借 2.5 万盾购买了玛腰陈永元自置惹致作为储备冢地。⑥ 1890 年，又以 22 万盾的价格买下玛腰李子凤名下的如南末、勃生、君领三处共五幅地皮，并从 1892 年起将这些地块"开作碎段，发售风水，为唐人葬地及寿域……至其价项，仍依旧例"⑦。1897 年又添置了烟埔以及红桥故等地。⑧

---

① 马来语 Opsir 音译，指有官阶的华人，见《公案簿》第 3 辑，第 334 页。
② 荷兰语 Kassier 音译，指账房、会计，见同上书，第 343 页。
③ 马来语 Kaki 音译，长度单位，见侯真平等校注：《公案簿》第 7 辑，第 351 页。
④ 侯真平等校注：《公案簿》第 7 辑，第 198—200 页。
⑤ ［荷］包乐史、刘勇等校注：《公案簿》第 6 辑，第 62—63 页。
⑥ 吴凤斌等校注：《公案簿》第 9 辑，第 260 页。
⑦ 吴凤斌、［荷］包乐史、聂德宁校注：《公案簿》第 14 辑，第 88 页。
⑧ 同上书，第 4—5 页。

　　不断购置的冢地基本满足了 19 世纪中后期吧城华人的葬地需求，同时公堂也逐步确立了华人丧葬事务的管理机制。

　　需要指出的是，购置冢地对公堂而言并不是一件轻松的事。如 1890 年 12 月 13 日"公堂会商购买李子凤玛腰之勃生、君邻地业为唐人风水之所事"一案载："当在和本 28 日公议，掌丹绒、式里陂属员禀请，该葬地将满，若能得买李子凤玛腰之勃生、君领地业，甚为妥妙。盖其地最合公堂置买为唐人风水之所。……李子凤在如南抹、勃生君领地业，计其契有五：一第 6386 号契，的价银 72725 盾。一第 6377 号契，的价银 60000 盾。一第 5868 号契，的价银 30000 盾。一第 5426 号，的价银 4500 盾。一第 5556 号，的价银 2000 盾。……以上地业计地契五纸，晚弟愿兑与公堂银贰佰贰拾千盾正。"公堂讨论后随即决定出 220000 盾购买，并派雷珍兰林长辉、朱葛礁徐秉章负责相关事宜，即"一理将公堂所存爪鸦当股份单变价。二理将新买地业换过公堂名字。三理如公堂柜项不满价，将新买地展当补足"[1]。两位官员采取以下行动，即"一、将公堂所存爪鸦当股份单计 200 股，托牙侩缎泥律伦洛代售，共银 125000 盾。二、已买玛腰李子凤舍之如南抹、勃生郡领地大小五张契，共价银 220000 盾，亦经与和 1890 年 12 月 24 日，晚等在小商官换过公堂名字。三、公堂柜项还价不敷，经将新买三地大小五张契，当过缎力葛之保生公司，银 85000 盾，其利息每年六八仙"。可见，为了购买此冢地，公堂甚至将股票出售并将一些地契当给当铺才凑齐钱款，最终完成新冢地购买。[2]

第二节　从《冢地簿》看吧城华人丧葬管理机制

　　在未刊的 82 卷《冢地簿》中，记录丧葬登记情况的有 23 卷《丹绒义冢》，内容包括丹绒、式里陂、惹致、如南末、吃嘟五处冢地的丧葬登记；其他 59 卷和几百个独立档案则记录冢地的购买登记（档案号为61201—61604），以及荫地簿、寿域规例、寿域单据簿、风水买地申报书、风水附单等相关文件（档案号为 62101—64503），吧城华人丧葬的管理机

---

①　吴凤斌、［荷］包乐史、聂德宁校注：《公案簿》第 14 辑，第 75—77 页。

②　同上书，第 80 页。

制在《冢地簿》档案中得到充分体现。

一　丧葬信息登记

公堂对埋葬在冢地的死者进行详细的信息登记，如《丹绒义冢》记录了1811年1月—1896年10月超过5万名死者的基本信息，其中大多数是华人。不同年份的档案内容有所不同，19世纪初的档案记录主要包括登簿时间、死者的姓名[①]、年龄[②]、埋葬方式[③]、冢地规格[④]等（见图7—1）。

图7—1

资料来源：《丹绒义冢》（1823年1月—1823年12月31日），荷兰莱顿大学汉学院馆藏，档案号61107。

图7—1的原档部分解读为：

> 癸[⑤]捌月贰陆日和玖月叁拾日拜贰，甲必丹来单，黄梓和故，年10，员板准葬，依例之处；甲必丹来单，陈莫官故，年24，员板准

---

① 无法获知姓名的死者称为"唐人""路边唐人"或"病厝人"等，夭折的婴儿称为"男孩""女孩"等。

② 1823年以后，死者的年龄才被记录下来，而由吧城慈善机构料理丧葬的死者则被标注为"不知岁"。

③ 1811—1872年的档案中记录了死者的埋葬方式，有员板（即厚板）、薄板、薄布、施棺或施板等。

④ 1811—1872年的档案中记录了冢地规格。

⑤ 即，癸未年，此指1823年。

葬，依例之处；甲必丹来单，张牛官故，年 20，薄板准葬，依例之
处；甲必丹来单，黄天喜故，年 34，薄板准葬，依例之处；甲必丹
来单，蒋凤娘故，年 9，员板准葬，依例之处。全月 12 距计葬二穴；
全月 8 距计葬五十三穴；全月薄板计葬廿七穴；全月孩儿薄板计葬三
穴，全月员板共葬五十五穴，全月薄板共葬三十穴。①

1836 年以后的丧葬登记则添加了死者住址②和丧事经办人③的名字，
如档案号 61109《丹绒义冢》（1852 年 4 月 1 日—1854 年 12 月 31 日）中记录：

> 甲寅四月初二日和 1854 年四月廿八日拜五吉，郭碧故，不知岁，
> 薄板，在病厝内，理事人④美惜甘；陈双四故，不知岁，薄板，在病
> 厝内，理事人美惜甘；许润故，不知岁，薄板，在病厝内，理事人美
> 惜甘……⑤

1852 年以后一些死者的生平简介也被记录下来，包括其出生地⑥、职
业或经济状况⑦、死亡日期⑧及是否有遗产或遗嘱等⑨。如档案号 61114

---

① 《丹绒义冢》（1823 年 1 月—1823 年 12 月 31 日），荷兰莱顿大学汉学院馆藏，档案号 61107。

② 无名氏或无住址的死者的地址记录为承办丧葬机构的地址，如"病厝""美惜甘"等。

③ 有时经办人和死者之间的关系也被提及。如果是由慈善机构料理其后事的，则标注上慈善机构的名字，通常是"美色甘"或"病厝"。

④ 即经办人。

⑤ 《丹绒义冢》（1852 年 4 月 1 日—1854 年 12 月 31 日），荷兰莱顿大学汉学院馆藏，档案号 61109。

⑥ 1858 年以后，死者的出生地记录增多，一般有"唐生长"（出生和成长于中国）"吧生长"，"暹客"（来自暹罗）"新客"，"海屿新客"，"旧客"，"万丹客"，"廖生长"，"花旗人"，"浪生长"，"直葛"，"北加浪"，"井里汶生长"，"垅生长"，"唐旧客"，"唐生长旧客"，"新客唐生长"，"唠务安人"，"州府客"，"番婆"，"猫厘婆"，"番猫厘婆"，"山顶人"，"新客南安由人"，"把东客"，"东势茄老旺生长"等情况。

⑦ 对死者职业或经济状况的记录比较零星，常见的有"贫人"，"龟里"（即苦力）"水手"，"小商"，"做工人"等。

⑧ 1872 年以后记录了死亡日期，通常死亡日期与登簿日期只相差几天，但有的间隔达两三个星期之久。

⑨ 对于死者的遗产及遗嘱状况，档案中分别以"有业""无业""有物""无物"及"有做字""无做字"等标注出来。

《丹绒义冢》（1872 年 8 月 1 日—1878 年 3 月 30 日）第 81 号记录为：

> 癸酉年正月初四日和 1873 年式月初一日，拜六，唐生（长）、
> 龟里张瑞祥，年 26，正月廿七日故，贫人，（住）五角桥，理事人张
> 亚翰。[①]

遗憾的是，《丹绒义冢》档案只截止到 1896 年 10 月，此后的丧葬登
记情况不得而知。

二　冢地购买信息登记

表 7—2　　　　　　　　　　　　现存公馆冢地购买档案

冢地名	所剩卷册	年份
丹绒	12 卷	1812—1816；1822；1830—1954；1856—1897；1918—1929；1930—1934
式里陂	10 卷	1851—1891；1918—1934
惹致	8 卷	1878—1935
如南末	8 卷	1892—1921；1926—1932
吃嘟	4 卷	1918—1934
汇编（风水寿域簿）	17 卷	1891—1920；1935—1944

资料来源：Li Minghuan, "Batavia's Chinese Society in Transition: Indications of Tandjoeng Cemetery Archives（1811–1896）", p. 6.

现存《冢地簿》档案显示，19 世纪公堂出售的冢地大部分位于丹绒
（1812—1954 年，其中一些年份的档案丢失）和式里陂（1850—1934 年，
其中一些年份的档案丢失）。19 世纪 70 年代以后，惹致（1878—1935
年）及如南末（1892—1934 年，其中一些年份的档案丢失）被提及，吃
嘟冢地的档案则出现在 20 世纪初期（1918—1934 年）。

19 世纪初期的冢地购买档案记录较为简略，包括以下内容。

---

① 《丹绒义冢》（1872 年 8 月 1 日—1878 年 3 月 30 日），荷兰莱顿大学汉学院馆藏，档案
号 61114。

　　购买日期：对日期的记录按农历和荷历两种历法，日据时期日本历法"昭和"也曾被使用购买者姓名和将要使用冢地者的姓名，即此冢地是为了埋葬谁，通常购买者和冢地使用者之间的关系也被记录。

　　冢地的面积和价格等：和丧葬登记档案一样，销售冢地的面积在 19 世纪初到 20 世纪初都使用"脚距"来表示，而使用"冥达"（即"米"）来标注冢地面积的最早记录是在 1923 年（见图 7—2）。[①]

图 7—2

资料来源：《丹绒冢地》（风水买地）（1918 年 3 月 6 日—1929 年 12 月 6 日），荷兰莱顿大学汉学院馆藏，档案号 61211。

例图 7—2 的原档解读为：

　　和 1922 年十二月廿五日，壬戌年拾月初七日拜五，曾国传买过丹绒地风水一穴，阔 12 脚距、长 24 脚距，要葬伊妻薛月娘为双圹之坟，经委万律[②]许庆宁查报，前至水路，后至旧坟，左至空地，右至空地，四至无碍，即收来艮 35 盾，付单为炤；和 1923 年叁月初九日癸亥年正月二十二日拜五，苏善虎买过丹绒风水一穴，阔 20 冥达长 10

---

　　①　根据李明欢教授的论述，两脚距等于一米，见 Li Minghuan, "Batavia's Chinese Society in Transition: Indications of Tandjoeng Cemetery Archives（1811 – 1896）", p. 7.

　　②　万律，马来语 Mandor 音译，指管理冢地的华人官员，见侯真平等校注：《公案簿》第 7 辑，第 368 页。

冥达，万律许庆宁查报，前至大路、后至旧坟，左至旧坟，右至旧坟，四至无碍，即收来艮 35 盾，付单为烙，昭和十八年十一月五日。①

19 世纪初的档案并没有记录冢地具体售价，而是"须遵和 1809 年 10 月 26 日君厘书之例而行"。1830 年以后冢地售价才被清楚地记录下来。② 如档案号 61207《丹绒冢地》（丹绒风水买地）（1830 年 1 月 7 日—1845 年 11 月 27 日）中记录：

> 壬辰三月初六日，和 1832 年四月六日拜五，叶义哥买过丹绒风水一穴，阔 12 脚距、长 24 脚距，欲葬伊岳父母谢宗官、罗辛娘仝为寿域，收来雷 67.7 盾。③

档案显示，19 世纪中期冢地的售价标准为：

> 第一号阔 24 距，长 48 距，兑银 1218.5 盾；
> 第二号阔 20 距，长 40 距，兑银 541.6 盾；
> 第三号阔 16 距，长 32 距，兑银 220 盾；
> 第四号阔 12 距，长 24 距，兑银 67.7 盾；
> 第五号阔 8 距，长 16 距，系舍施贫人及小孩，免还价。④

到了 20 世纪，由于《丹绒冢地》（丹绒风水买地）在 1897—1918 年之间的一些档案缺失，档案号 61211《丹绒冢地》（风水买地）（1918 年 3 月 6 日—1929 年 12 月 6 日）开始记录的冢地的售价标准为：

> 12 脚距宽、24 脚距长 35 盾；

---

① 《丹绒冢地》（风地）（1918 年 3 月 6 日—1929 年 12 月 6 日），荷兰莱顿大学汉学院馆藏，档案号 61211。

② 原档案中 1823—1829 年的记录丢失，对墓地售价的明确标注仅见于 1830 年以后的档案。

③ 《丹绒冢地》（丹绒风水买地）（1830 年 1 月 7 日—1845 年 11 月 27 日），荷兰莱顿大学汉学院馆藏，档案号 61207。

④ 吴凤斌、[荷] 包乐史、聂德宁校注：《公案簿》第 14 辑，第 88 页。

16 脚距宽、32 脚距长 110 盾；

12 脚距宽、40 脚距长 250 盾。①

《式里陂冢地》（式里陂冢风水买地）1891—1918 年之间的档案也缺失。这一时期的惹致、如南末、吃嘟冢地档案未缺失，而档案号 61502《如南末冢地》（二揽末风水买地）（1904 年 1 月 27 日—1909 年 9 月 14 日）中记录：

> 和 1906 年九月十一日丁未八月初四日拜二，林玉娘买过如南末地风水一穴，阔 12 脚（距）长 24 脚（距），要葬伊子刘启芳为双圹之坟，经万律邱思珍查报，前至旧坟，后至黄□娘之坟，左至旧坟，右至李启娘之坟，四至无碍，付字为焰，来艮 35 盾。②

据此推算，1906 年前后冢地的售价标准发生变化，这或许与荷印殖民政府的货币改革有一定关系，此处不作赘述。此外，每一份冢地购买记录上都盖有吧国公堂的公章，通常盖在标注面积和价格的地方，以防止日后纠纷，这也为此后公堂处理相关案件提供依据。

三 其他独立档案的补充

《冢地簿》中的几百个独立档案，包括 19 世纪末到 20 世纪中期各冢地的总簿、风水买地申请书、风水附单、寿域单据簿、荫地簿等文件，它们多是对前两种档案的补充说明，可与冢地购买档案互相印证。

如档案号 62103《丹绒、式里陂、吃嘟、如南末、惹致寿域总簿》（1891 年 9 月 26 日—1911 年 12 月 15 日）中 1893 年第 3 号记录为：

> 和 1893 年三月十四日和正月廿六日拜二，叶旁，年 71，住班芝兰，默王俊山，门牌第 1214 号，买过二南末寿域一穴，阔 12 脚距、

---

① 《丹绒冢地》（风水买地）（1918 年 3 月 6 日—1929 年 12 月 6 日），荷兰莱顿大学汉学院馆藏，档案号 61211。

② 《如南末冢地》（二揽末风水买地）（1904 年 1 月 27 日—1909 年 9 月 14 日），荷兰莱顿大学汉学院馆藏，档案号 61502。

长 24 脚距，要荫自己双圹之坟，经公堂光媚沙里雷珍兰曾金莲查勘无碍，即收来艮 67 盾 7 方正，据万律邱枝头查报，前港、后空地、左陈清河寿域、右空地，四至无碍，付此为炤（补注为："和 1894 年十一月十九日，公堂朱批准伊妻刘传娘先葬此域。和 1903 年叁月式日，公堂朱李批：叶旁合葬于此，以成双圹之坟"）。①

上述档案记录补充了默氏姓名、门牌号等前两种档案所忽略的信息。此外，如档案号 63301《惹致风水买地申请书》（1902 年 4 月 24 日—1902 年 5 月 12 日）第 11 号记录为：

> 兹报刘水娘要买惹致地风水壹穴，阔 12 脚（距）、长 24 脚（距），要葬伊夫吴亚森为双圹之坟，前至田，后至许金池舍之坟，左至旧坟，右至旧坟，四至无碍，尚此奉公堂列位大人电照。②

可见，风水买地申请书要在正式购买冢地之前向公堂提出申请。

而档案号 64205《式里陂风水附单》（1926 年 5 月 31 日—1931 年 12 月 3 日）第 23 号记录为：

> 和 1884 年五月十五日甲申年四月二十二日拜四，陈顺章买过式里陂地风水一穴，阔 12（脚距）长 24（脚距），要葬伊妻张凤娘为双圹之坟，经委万律丘枝头查报，……四至明白无碍，即收来艮 67.7 盾，付单为炤，今因原单遗失，恳给副单一纸为据，即准陈顺章本身合葬此穴以成双圹之坟。③

该档案显示，公堂给出风水附单的原因是"原单遗失，恳给副单一

---

① 《丹绒、式里陂、吃嘟、如南末、惹致寿域总簿》（1891 年 9 月 26 日—1911 年 12 月 15 日），荷兰莱顿大学汉学院馆藏，档案号 62103。

② 《惹致风水买地申请书》（1902 年 4 月 24 日—1902 年 5 月 12 日），荷兰莱顿大学汉学院馆藏，档案号 63301。

③ 《式里陂风水附单》（1926 年 5 月 31 日—1931 年 12 月 3 日），荷兰莱顿大学汉学院馆藏，档案号 64205。

纸为据"。可见，风水附单多是为前两种档案提供补遗、证明文件等。

再如档案号 62302《寿域单据簿》（1912 年 1 月 15 日—1918 年 12 月
30 日）第 53 号记录为：

> 大淡和 1891 年四月廿九日第 3161 号谕，兹杨锦文，年 42 岁，
> 住晋郎安，默①杨金英，第 78 号门牌，买过第叁拾号吃嘟地寿域壹
> 门，阔 16 脚距、长 32 脚距，要葬伊自己并伊妻陈金娘为叁圹之坟，
> 此据，叩公堂光眉沙里甲必丹梁辉运查验无碍，即收来银贰佰贰拾
> 盾，据万律查报，……四至无碍，付此为据。②

由此可见，寿域单据簿是冢地买卖完成后的一个凭据，也是对冢地购
买档案的一个补充。

在其他独立档案中，最特殊的一种是荫地簿。所谓荫地，即免费冢
地③。公堂曾议定："凡在公堂任事职员，不论久暂，己身辞世，或妻室
谢世，应即给予第壹号风水一穴，盖以示优崇页。倘欲预先求荫寿域者，
即应计核其任事有四年足额，方准给予，则又以昭珍重也。至原任致仕
者，尤必照此查给耳。除公堂外，各处职员，无论现任、致仕，应查核其
任事有四年足额，并查阅其案夺字名目，临时准给风水一穴"，至于预先
购买寿域则不被允许。④ 档案显示，能够获得荫地者包括玛腰、甲必丹、
雷珍兰、默氏等，此外还包括公堂各级雇员，如秘书、账房先生、警卫和
跑腿的，及冢地土公和华人寺庙主持，甚至还包括玛腰的保镖等，不同地
位享有不同规格的冢地。如档案号 11002《公堂通知簿》（1880 年 9 月 1
日—1882 年 9 月 27 日）中载：

> 承玛腰台命，据此甘天恩之禀词，为恳荫风水地壹穴，要葬伊父

---

① 指默氏，马来语 Bek 音译，指区长、街长，见聂德宁等校注：《公案簿》第 3 辑，第 353 页。

② 《寿域单据簿》（1912 年 1 月 15 日—1918 年 12 月 30 日），荷兰莱顿大学汉学院馆藏，
档案号 62302。

③ 1805 年 11 月 15 日规定：政府给有功绩的华人蔗糖厂主人一块免费坟地，此应为免费荫
地之始。见［荷］包乐史、吴凤斌：《18 世纪末巴达维亚唐人社会》，第 41—42 页。

④ 吴凤斌、［荷］包乐史、聂德宁校注：《公案簿》第 14 辑，第 157 页。

甘溪淡为坟，前甘溪淡于和 1862 年五月廿七日由副淡举为砖仔桥任理大默之职，至和 1868 年告辞，今即将此禀呈列位寅台察览，裁夺可否，批明簿上，是仰。和 1881 年十一月初九日朱启。

再如档案号 62201《丹绒、如南末吃唧式里陂、惹致荫地簿》（公堂特许坟地）（1891 年 6 月 8 日—1934 年 12 月 24 日）中记录：

> 和 1919 年六月十三日己未年五月十六日拜五，现任雷珍兰陈进水因病身故，其女婿许达新恳乞荫地壹穴为葬岳父之所，公堂依例准给给惹致第壹号风水壹穴，阔 24（脚距）长 18（脚距），作四圹之坟，经委万律丘继兴查报，……四至无碍，付单为据，兹准伊岳祖母沈珠娘合葬此穴，以成之坟，付此为炤。①

甚至公堂官员的家眷有时也能获得一块荫地。如：

> ……为公堂财副陈光辉之妻因病身故，恳荫风水地一穴，阔 12 脚距长 24 脚距，先葬伊妻为双圹之坟。查公堂财副前林奇南妻身故已得荫地，祈列位恩准照例实行，以酬久年劳瘁是为。谨此即呈列位寅台电鉴，和 1892 年十一月廿日朱（签名）启。②

再如：

> 承大玛腰命为洪溪大默陈森林禀称，伊妻林福娘因病身故，恳荫风水一穴阔 12 脚距、长 24 脚距，先葬伊妻林福娘，后来并伊自己合葬为双圹之坟。查陈森林于和 1888 年八月廿一日第 566 号擢为洪溪大默，于今六载有余，公堂准照例实行以酬老瘁，为此即请列位寅台

---

① 《丹绒、如南末吃唧式里陂、惹致荫地簿》（公堂特许坟地）（1891 年 6 月 8 日—1934 年 12 月 24 日），荷兰莱顿大学汉学院馆藏，档案号 62201。

② 《公堂通知簿》（1892 年 9 月 1 日—1896 年 8 月 28 日），荷兰莱顿大学汉学院馆藏，档案号 11005。

电鉴，和 1897 年一月十二日朱葛礁（签名）启。①

四 公堂丧葬管理机制

由以上分析可见，公堂是吧城华人丧葬管理的主体，土公负责冢地的日常维护与具体丧葬事宜；万律负责冢地的现场勘测；华人死亡登记、冢地购买、风水收入管理、荫地授予、冢地纠纷等事项都由公堂值月甲必丹、雷珍兰（华人称之为公勃低）及朱葛礁等直接管理，公堂针对不同事项制定了不同的法规。

一般而言，华人死亡后，其亲属必须到公堂进行死亡登记，同时到所在街区的默氏那里开出相关证明，然后向公堂提交风水买地申请书，此后公勃低委托万律等对死者亲属欲买冢地的规格、四至（即四方所至）等情况进行现场勘验，一切无碍后才准予买卖。公堂将售卖情况登记在案（华人称之为寿域簿），在缴清相关费用后公堂向购买者开具寿域单据簿，并将所得款项存入公堂柜项。该款项由公堂官员共同管理，公勃低及朱葛礁要开柜动用时必须先请示公堂，每月月底还需将收支结册呈奉公堂查阅。②

为保证冢地收益，公堂对荫地及义冢的授予实行严格控制，如上文述及公堂曾规定："倘欲预先求荫寿域者，即应计核其任事有四年足额，方准给予……除本公堂外，各处职员，无论现任、致仕，应查核任事有四年足额，并查阅其案夺字名目，临时准给风水一穴。"③ 此外，公堂派万律逐年核查寿域簿与默氏单据是否相符，每五年核实一次冢地买主信息，如其不知所踪且无亲人可查寻，须注明在簿。公堂还每年派员与土公一起实地核查冢地安葬情况，防止有人预买冢地空置不用。④

值得一提的是，在上述冢地出售及相关独立档案中不时出现一些补注，其内容大致可以分为四类，一是冢地购买者要求更改其所购置冢地的方位；

---

① 《公堂通知簿》（1892 年 9 月 1 日—1896 年 8 月 28 日），荷兰莱顿大学汉学院馆藏，档案号 11005。

② 吴凤斌等校注：《公案簿》第 9 辑，第 161—162 页。

③ 吴凤斌、〔荷〕包乐史、聂德宁校注：《公案簿》第 14 辑，第 157—158 页。

④ 《丹绒如南末吃唧式里陂惹致公堂特许坟地》（1891 年 6 月 8 日—1934 年 12 月 24 日），荷兰莱顿大学汉学院馆藏，档案号 62201，及《寿域单据簿》（1931 年 5 月 1 日至 1954 年 1 月 18 日），荷兰莱顿大学汉学院馆藏，档案号 62306。

二是冢地购买者要求更改其所购冢地的使用者；三是被销售的冢地实际面积被发现小于标准规格，但买方同意接受和按标准支付款项；四是新的死者，通常是现有冢地埋葬者的家庭成员或亲戚，获准与之前的被埋葬者埋在一起。这些补注多在冢地购买登记的十几年乃至几十年后添加，有些则是在不同的年份里被添加了几次。① 这些补注说明，公堂对冢地售后使用情况进行长期跟踪与管理，并在冢地纠纷出现时利用这些相关资料进行裁断。

可以说，公堂的丧葬管理在维护华人丧葬秩序、保持吧城社会稳定及传承中国传统丧葬文化等方面起到了重要作用。

第三节　吧国公堂丧葬管理的特点

由于公堂是"一个华人精英分子管理华人社会内部事务的半自治机构"②，这种半自治性质在相当大程度上决定着其丧葬管理的特点，即它首先必须服从于荷兰殖民政府的统治利益，同时又具有一定的自主管理和获取收益的权利。

一　公堂丧葬管理以服从殖民政府法令为前提

荷兰殖民政府颁布了一系列法令以规范华人的丧葬行为，如 1755 年 8 月规定，华人运柩回中国要按其遗产的多少付给武直迷③ 50—100 文钱。1778 年 3 月规定，华人冢地宽度不能超过 12 脚距。1791 年 8 月规定，甲必丹、雷珍兰及其亲属的冢地，宽不超过 24 脚距，长不得超过 36 脚距，高不超过 8 脚距，特别申请者可高到 10—11 脚距。其他华人冢地标准为宽 8 脚距，长 12 脚距，高不超过 6 脚距，违者罚 500 文；1797 年 7 月规定，冢地规格超过规定者罚款 500 文，甲必丹、雷珍兰也要连带受罚 500 文；1800 年规定，按照中国风俗习惯葬礼擎高灯者，需交 500 文；此外，还规定华人官员的冢地规格只能符合其职称所定，后代若过分装饰其冢地

---

① Li Minghuan, "Batavia's Chinese Society in Transition: Indications of Tandjoeng Cemetery Archives (1811 – 1896)", p. 8.

② 聂德宁：《吧国公堂档案》，《历史档案》2000 年第 3 期，第 129 页。

③ 荷兰语 Boedelmeester 音译，管理遗产、孤贫福利之职，1690 年立郭郡官为吧城首任华人武直迷，议定三年一任，见聂德宁等校注：《公案簿》第 3 辑，第 372 页。

要付 500 文等。①

公堂成立后，殖民政府利用华人官员来加强华人丧葬管理，公堂也制定了一系列条规来响应政府的法令，主要表现在以下几个方面。

（一）规范冢地买卖并监督冢地实际使用情况

19 世纪初开始出售冢地后，公堂曾规定，"凡公堂冢山准兑大小寿域……如有男妇老幼要买寿域，可到公馆向朱葛礁询其规例……"② 到 1891 年 4 月 10 日公堂所定《寿域规例》又规定：

> 一、男妇老幼要买寿域，须亲带该辖默氏单据，开写姓名、年数、住居何村第几号厝、要葬何人，寿域买卖后不许更售别人。二、寿域单一张则墓牌一门，不许数单合作一门，要葬时仍须将单带到公堂另加批明，然后准葬。三、寿域买后须自立石为表识，刻姓名年月时日单中号头。四、寿域须公堂公媚沙里③壹员，或有事，故委值公馆朱葛礁率该冢地万律预勘该处，然后准买……。五、公堂别置寿域一簿，详志买者姓名，务与单合，逐年万律查点，经否葬埋，务与簿符，五年一次召讯买主，如不知去向，又查无服亲，切须批明在簿。六、买主或身故葬在别域，准其服亲依序承用，若买主自愿将域付服亲收用，不得依序较论等。④

1832 年 2 月，公堂又进行了一些补充，如向公堂购买冢地后，需要在冢地范围内树立界碑以示区别，否则如有误卖情况发生时，公堂不负赔偿责任；购买冢地时，先由公堂值月员查勘，或派秘书会同冢地土公查勘无误时才准许发售；公堂每年派委员或秘书偕同冢地土公调查卖出冢地是否已用于葬埋以杜流弊等。⑤

---

① ［荷］包乐史、吴凤斌：《18 世纪末巴达维亚唐人社会》，第 41—42 页。

② 《公堂通息簿》（1885 年 7 月 16 日—1904 年 8 月 23 日），荷兰莱顿大学汉学院馆藏，档案号 12002。

③ 公媚沙里，荷兰语 Commissaris 音译，指专员、委员，见侯真平等校注：《公案簿》第 4 辑，第 345 页。

④ 《丹绒、如南末、吃嘟、式里陂、惹致公堂特许坟地》（1891 年 6 月 8 日—1934 年 12 月 24 日），荷兰莱顿大学汉学院馆藏，档案号 62201。

⑤ 《寿域单据簿》（1931 年 5 月 1 日—1954 年 1 月 18 日），荷兰莱顿大学汉学院馆藏，档案号 62306。

当然，公堂要发售土地首先要得到殖民政府的同意。如在 1890 年购买了李子凤名下的五个地块后，1891 年 9 月 23 日，公堂请大淡案夺准许其如常例付人承税这五块风水之地，公堂表示："为丹绒、牛郎沙里、惹致自和 1885 年付人包税六年之限，到今年终税限已满，并新买勃生、君领、实珍叻、甘光突致、如南抹五处，亦于此年终税满。合应详文大淡，恳如常例于梁礁面前在公堂发叫黎垄，付人承税六年之限，预登日报，被人周知。"① 到 1891 年 10 月 6 日大淡批准公堂所请，允许发叫（即发售）这些风水之地。②

（二）防止丧葬仪式过度以维护荷兰殖民者的威权

徐吉军在《中国丧葬史》一书中曾提及，泉州"丧祭以俭薄为耻"；漳州"亲旧之葬，或设祖祭，数月营办，务求珍异，不计财费。丧家则盛筵席以待之，竞为丰侈"③。漳泉地区丧葬的奢靡风气自然也影响了以闽侨为主的吧城华社，权地"论唐人规矩，丧具称家之有无。故富有之人，动以万计；中等之人，动以千计；贫寒之人，动以百计；穷窭之人，既无可措求，虽卖身图葬，亦所不惜"④。这引起荷兰殖民者的不满，认为这是对他们威权的一种藐视。⑤

为此，公堂也不断采取限制措施，以缓和荷华民族关系。

如 1805 年 9 月 13 日公堂规定："唐平常人欲盛葬者，须完纳 500 盾以入病厝，完纳之人亦不敢僭越于甲大之仪，……若谓官阶品级，不论何美色甘条规申明，涓（捐）纳甲必丹葬仪须从现任雷职；涓（捐）纳雷珍兰葬仪，须从朱葛礁职，则等第明矣。至于庶人完纳 500 盾，原准其盛葬而已，固非可任其侵凌品级，辱玷衣冠。" 1832 年 2 月 19 日又定一条规，即"凡甲必丹、雷珍兰、朱葛礁及完纳 500 盾者该用之仪"⑥。1845 年 6 月 11 日美色甘致书公堂，要求降低葬礼仪仗管理费，美色甘提出："为唐人出葬要盛闹者，本该还 500 盾；如用棺脚，则还 50 盾充入病厝，

---

① 吴凤斌、[荷] 包乐史、聂德宁校注：《公案簿》第 14 辑，第 101 页。
② 同上书，第 104 页。
③ 徐吉军：《中国丧葬史》，江西高校出版社 1998 年版，第 511 页。
④ [荷] 包乐史等校注：《公案簿》第 10 辑，第 71—73 页。
⑤ 吴凤斌等校注：《公案簿》第 5 辑，第 211—229 页。
⑥ 聂德宁等校注：《公案簿》第 3 辑，第 117—118 页。

此古例也。兹因贫富不同，从省为便，定还银 150 盾者可用吹贰阵、鼓贰副，以为送死雅观。"公堂表示："若还银 150 盾者，可用吹二阵、钹鼓二副、旗平、彩旗、姓灯、白浅宫灯、魂亭、五祀炉、棺脚、纸札、纸篓童男女等，以为送死雅观甚妙。"① 1845 年 11 月 17 日，公堂又定华人还银 500 盾出葬该用物件，防止华人丧葬排场过度。② 1852 年 11 月把杀旺地区华人郭容和"身故卜葬之时，要用浅丝绸伞，并带三条余，虽盛葬，却无过犯"。但公堂的评议是："若谓有钱便可滥用丝伞，将置缙绅于何地？"③ 公堂在防止华人丧葬仪式过度方面的态度可见一斑。

有意思的是，有时有些华人在购买冢地后，在经济能力增长的情况下，会要求扩大所买冢地。如 1856 年 8 月 8 日陈文山向公馆公勃低恳求说："前买式里陂地风水 16 脚距，今要添买 12 脚距，在目前为兜池，还银 67.7 盾。可否？"公堂官员表示："仅只一门却卻无妨，况兜池有离墓手，无害于义。"④ 但一般而言，公堂对华人坟地大小还是进行限制的。如 1858 年 4 月 29 公堂议决："唐人葬坟大小定有五等：一、葬贫寒之人，每坟只用阔作 8 脚距、长 12 距，免还冢项。二、葬少有之人，每坟用阔 1 距、长 24 距，还银 67.7 盾。三、葬巨富之人，每坟用阔 16 距、长 32 距，还银 220 盾。四、葬富户之人，每坟用阔 20 距、长 40 距，还银 541.6 盾。五、葬大富之人，每坟用阔 24 距、长 48 距，还银 1218.5 盾。至此为限，虽欲加还，而加用不可得也。唐人葬坟用费该还公堂，不过买地之项而已。倘富家自己有私置之地要葬其坟于地内，原有旧例，并无阻止。但当就上陈所定坟之大小，价项多寡，入还公堂。此例仅用吧城内外居民，若居山顶各处出身地不在此论。"⑤

此外，如 1913 年 7 月 7 日大玛腰告知公堂诸员，必须派员查勘买风水地过多或越过别人之境界的情况，他要求诸公值月光媚沙里每须往该处。⑥ 同年 10 月 7 日，大玛腰又说自己接到一封匿名信，控告有某

①　侯真平等校注：《公案簿》第 4 辑，第 143—144 页。
②　同上书，第 204 页—205 页。
③　侯真平等校注：《公案簿》第 8 辑，第 115—116 页。
④　吴凤斌等校注：《公案簿》第 9 辑，第 257 页。
⑤　［荷］包乐史等校注：《公案簿》第 10 辑，第 56—62 页。
⑥　［荷］包乐史、吴凤斌、聂德宁校注：《公案簿》第 15 辑，第 23 页。

正朱葛礁为其母亲所置风水地规模过大，为此，公堂已派甲必丹赵德顺和雷珍兰许庆隆作为公美司查勘此事。据此二人回复说，果有此事。为此，公馆询问此正朱葛礁是要补足差价，还是要退还过限的风水之地？此正朱葛礁表示，愿意退还风水之地。于是公堂给他一个月的期限料理此事，并委托甲必丹赵德顺留心此事。如果到时正朱葛礁未践行其约，赵德顺就可以雇人将其超限风水之地退还，所费工钱由此正朱葛礁缴纳。①

（三）禁止华人归葬故乡以维护殖民政府财政收入

上文述及，早在东印度公司时期，荷兰殖民者就对华人收取丧葬税，最初为 0.5 里尔②，后增加到 2 里尔，1660 年后改为 3 文钱。③ 此外，立有墓碑者需另缴费用，政府还要从死者遗产中抽取 5% 的税。为阻止乡土情结强烈的华人归葬故土而减少税收，早在 1755 年，荷兰殖民政府就规定华人要运枢回中国须按其遗产抽税。虽然如此，稍有经济能力的华人还是会缴纳费用归葬故土。为此，1805 年政府又规定人死后停尸超过 3 个月的要付 73 文钱，若再增加停放时间，每月增收 25 文钱，甚至甲必丹的孩子死后停尸超过 25 天也要付 100 文钱。这些规定的目的也在于阻止华人筹措经费以归葬故土。④

公堂掌理华人丧葬事宜后也沿袭这一政策。如 1892 年 4 月 29 日雷珍兰邱春昌请求公堂各官员联名上禀吧城督宪，以期另立一规例使华人能够将亲属骨骸界归乡土。他说："美色甘官都老例和 1819 年第 64 号第九条，准华人运棺回梓。其例第一号，纳银 440 盾；第二号，纳银 220 盾。……然必殷实者而后能支此数，若家无担石，必难措办，而死葬首丘⑤之心，我华人不论贫富皆同。……如宪论谕准之后，一则存没均感于靡涯，二则病院胥受其沾润，三则葬地迁骸而可以复用，四则火船局因运骸归增者多，而利源益广。"而公堂官员对此的审议结果是，"为不从者多于从，故此事遂寝不行"⑥。

---

① ［荷］包乐史、吴凤斌、聂德宁校注：《公案簿》第 15 辑，第 44—45 页。
② 即 Real，西班牙银币。
③ ［荷］包乐史、吴凤斌：《18 世纪末巴达维亚唐人社会》，第 41 页。
④ 同上书，第 41—43 页。
⑤ 指故乡，见吴凤斌、［荷］包乐史、聂德宁校注《公案簿》第 14 辑，第 123 页。
⑥ 吴凤斌、［荷］包乐史、聂德宁校注：《公案簿》第 14 辑，第 123—124 页。

二 公堂在丧葬管理中有一定自主权

在服从殖民政府法令的同时，公堂管理华人丧葬也拥有一定的自主权，主要表现在以下几个方面。

（一）自主管理冢地出售及周围土地出租事务

档案显示，公堂能够制定冢地出售和冢地周围土地出租的相关条规。如 1844 年 10 月 25 日公堂制定出租冢地条规，其内容如下：①凡舍施棺到冢，有单便可埋葬，须用灰贰担，配上足够的沙子，这种情况无须缴纳费用。②凡是以员（圆）板形式埋葬的，必须用灰三担，至少不少于 1 桶，配上足够的沙子，这种情况需缴费 5 盾。薄板形式安葬的，则用灰贰担，配上足够的沙子，这种情况需缴费 2.5 盾。如果是小员（圆）板形式埋葬的，则用灰壹担，配上足够的沙子，这种情况需缴纳雷 1.5 盾。如果是小薄板形式安葬，则用灰壹担，配上足够的沙子，这种情况需缴纳 1 盾。只有以布包形式埋葬的，无须缴纳费用，但也必须配上灰和沙子。③凡是要自己做风水者，税主①不得阻止。但必须按照买风水价增加 1% 的费用，这个费用交给税主，买购风水冢地的价格标准是：阔 12 脚距、长 24 脚距，缴 6.77 盾；阔 16 脚距、长 32 脚距，缴 22 盾；阔 20 脚距、长 40 脚距，缴 54.15 盾；阔 24 脚距、长 48 脚距，缴 121.85 盾。④凡是原任、现任甲必丹、雷珍兰、武直迷、朱葛礁等，如果要修筑坟墓，税主必须使用公班衙番来做工，每工贴伙食雷 15 只②，交付公司支理。⑤凡褒黎司有令，或要修路等情，税主须吊公班衙番相助，务必遵命而行。至于那些旧坟及舍施地，没有亲人来相认的坟地，也必须扫除其荆棘，捯饬平整，每逢清明节也要这样做。⑥凡是有人死要入葬的，有相关单据的，承租者须开扩方便，不得刁难。如果入葬后，因为灰沙未干，要请人看守者，税主必须请人看管守墓，每日夜工雷 1 盾。如有违约，则按律治罪。⑦大朱、二朱并二达氏事例，每月共 50 盾，税主务必理还。⑧对于合约未能细详的条款，日后要添补的话，税主亦须从命而行。③ 可见，条约内容非常详尽，为防止考虑不周，公堂还表示要随时添补。

---

① 即冢地的承包者。
② 原档如此，不知此处的"只"为何意。
③ 侯真平等校注：《公案簿》第 4 辑，第 53—54 页。

再如 1855 年 11 月 10 日公堂拟定丹绒、式里陂冢地管理事务条规九款，内容为：一、丹绒、式里陂兑风水相关事项，自 1855 年 1 月 1 日起，公堂已委托应值公勃低掌理，对于每月出入钞项多少，公勃低须详复于公堂。二、公堂每年终须造账簿一册，登明全年出入钞项若干，缴上挨实嗻①查阅。三、公堂兑风水公勃低及朱②在数出单，钤印花押，然后送到玛腰那里鉴押。四、兑风水之项存在公馆，放在一铁柜里，上面用锁三把，由玛腰掌管一把、公勃低掌管一把、朱葛礁掌管一把，每月所收之项充入在柜，上下月相承。如果铁柜中的钱款要进出，必须三人齐到解锁方可。五、所存在柜之钞，如果挨实嗻要不时进行检察，公堂应当遵命无违。六、凡冢务该用之费，务在嘧喳唠③内请明，方可开出。七、公堂经委公勃低料理冢事，若小可之费，可以先开，然后请命于公堂。八、丹绒、式里陂二地待君得呎④满，田园取息，当叫黎垄付人承税，谁最高价且安哑人最当者得之。九、所有与冢地有关的事务，必须任命一个蛮律⑤来掌理坟域及开圹、造坟等事。⑥

1855 年 12 月 15 日挨实嗻在此九款的基础上，又拟定了丹绒、式里陂君厘书⑦稿十四条，其中规定："遵公堂所命理事之人，乃值月公馆二员公勃低，及朱葛礁一位；二地取息，除兑风水外，每年须发叫黎垄，而要叫黎垄，可公堂自主发叫，二地公班衙番不得入于税入，须付掌冢蛮律整理坟域；凡一切整理坟域及春秋祭祀之费，可开柜内之项，又可开还掌冢蛮律辛金。该开若干，公堂自裁；公堂所命，凡钞项不可妄借于人，须有地头或厝宅为质，又当二妥人安哑，其利息凭公堂折衷轻重等，但每年终须结册呈上挨实嗻查阅。"⑧

这说明殖民政府既尊重公堂冢地出售法规，同时又对公堂的相关收入

---

① 荷兰语 Resident 音译，指驻扎官，见聂德宁等校注：《公案簿》第 3 辑，第 310 页。

② 即朱葛礁。

③ 马来语 Bicara 音译，指公庭、审判庭，见同上书，第 353 页。

④ 马来语 Kontrak 音译，指合同书，见侯真平等校注：《公案簿》第 7 辑，第 354 页。

⑤ 蛮律，即万律。

⑥ 吴凤斌等校注：《公案簿》第 9 辑，第 153—154 页。

⑦ 君厘书，荷兰语 Kennisgeving 音译，指官方的通告、通知书、布告，见侯真平等校注：《公案簿》第 7 辑，第 354 页。

⑧ 吴凤斌等校注：《公案簿》第 9 辑，第 161—612 页。

进行监督。

对冢地周围土地出租的事务，公堂也自行拟定了管理条例。如1844年10月25日玛腰陈永元代表公堂与陈井订立关于承包丹绒、式里陂冢地之合同，如承包者需要两位担保人，享有出租地内的各项经济利益，如果承包者有违约情况，则要再寻承包人；承包者需要听从公堂的命令，还要听从殖民政府的法令等规定。[①] 如1892年1月15日，大淡准照公堂来字与诸人立承税公堂地业之出产合约字：承大淡和1891年12月28日第9370号，副淡和31日第10389号，经准照公堂来字与诸人立合约字，将公堂之冢地如牛郎沙里、丹戎、式里陂、惹致及勃生、君领五地，依和1891年12月15日投甄所得之价，税于诸人，即此存案。[②]

可见，在冢地出售或周围土地出租上，虽然殖民政府具有最终的决定权，但公堂也有一定的自主权。值得一提的是，冢地及周边土地的租售构成公堂经济收入的重要组成部分。如1891年公堂全年出入项及产业明细记载中，其收入部分有：

一承1889年12月终，依茄实清存银44596.75盾；

一和1890年全年兑风水，共收来银5077.4盾；

一和1890年全年收利息，共来银1170盾；

一和1890年全年收地税[③]，共来银8567.5盾；

一和1890年8月14日，全年收爪亚当股份得利银2800盾；

一和1890年12月16日，兑爪亚当股份200股，银125000盾；

一和1890年12月24日，缎力葛借项勃生五地为胎，来银85000盾。

（以上）七条共银272216.15盾。[④]

由此可见，1891年公堂收入272216.15盾，其中来自冢地出售和土地出租的收入为13644.9盾，占总收入的50%。而厦门大学李明欢教授曾利用《冢地簿》档案对1861—1906年公堂的收支情况进行分析，具体情况见表7—3。

① 侯真平等校注：《公案簿》第4辑，第6—9页。

② 吴凤斌、[荷] 包乐史、聂德宁校注：《公案簿》第14辑，第115页。

③ 税，闽南话租赁、租金的意思，地税即地租，见侯真平等校注：《公案簿》第7辑，第389页。

④ 吴凤斌、[荷] 包乐史、聂德宁校注：《公案簿》第14辑，第85—87页。

表7—3　　　　　　　　吧国公堂收支（1861—1906）

单位：荷兰盾

年份	出售坟地	出售坟地占总收入比例（%）	土地租金	土地租金占总收入比例（%）	利息	利息占总收入比例（%）	股息	股息占总收入比例（%）	土地出售	土地出售占总收入比例（%）	总收入
1861	3147.9	36.04	5587.5	63.96							8735.4
1866	2572.5	39.56	3350	51.51	580.645	8.93					6503.145
1870	2792.6	26.82	4620	44.37	3000	28.81					10412.6
1875	2741.8	29.1	3680	39.06	3000	31.84					9421.8
1876	2674.1	12.42	15，860	73.65	3000	13.93					21534.1
1882	10273.2	43.87	10797.5	46.11	2346.25	10.02					23416.95
1883	11237.9	53.6	6937.5	33.09	2790	13.31					20965.4
1885	4823.5	24.18	3090	15.49	1959.33	9.82	10075	50.51			19947.83
1886	4485	26.1	4117.5	23.97	1410	8.21	7168.75	41.72			17181.25
1887	5602	32.71	4562.5	26.64	1410	8.23	5550	32.41			17124.5
1888	7937.5	39.41	5065	25.15	1230	6.11	5910	29.34			20142.5
1889	5009.7	28.95	5065	29.27	1230	7.11	6000	34.67			17304.7
1890	5077.4	28.82	8567.5	48.64	1170	6.64	2800	15.9			17614.9
1891	6939.1	21.65	10536.1	32.87	1170	3.65			13404	41.82%	32049.21
1892	8986.9	35.32	15402.5	60.54	1052.5	4.14					25441.9
1893	7751.5	37.12	12875	61.65	257.5	1.23					20884

续表

年份	出售坟地	出售坟地占总收入比例（%）	土地租金	土地租金占总收入比例（%）	利息	利息占总收入比例（%）	股息	股息占总收入比例（%）	土地出售	土地出售占总收入比例（%）	总收入
1894	8614.6	38.25	13785	61.21	120	0.53					22519.6
1895	11339.3	45.0	13330	52.90	120	0.48			410	1.63%	25199.3
1896	9376.3	41.91	12875	57.55	120	0.54					22371.3
1897	6668.4	23.07	15810	54.70	120	0.42			6303.5	21.81%	28901.91
1898	5246.7	33.93	10155	65.68	60	0.39					15461.7
1899	4772.8	32.22	9920	66.97	120	0.81					14812.8
1900	8936.2	46.0	10370	53.38	120	0.62					19426.2
1901	7176.1	41.54	9920	57.42	180	1.04					17276.1
1902	6719.2	40.38	9920	59.62							16639.2
1903	5940.6	44.50	7410	55.50	435	3.24					13350.6
1906	5551.4	41.32	7450	55.45							13436.4
平均	6385	34.96%	8928	48.75	1125	6250			6706		18447
总额	172394				27001	37503			20117		498075

注：1846年底荷印施行新货币制度，一个旧的荷兰盾相当于0.833个新的荷兰盾（guilder）。因此，本表格中1846年以前的数据遵循旧的货币制度，但1847年后按照新的货币制度进行统计。

资料来源：Li Minghuan，"Batavia's Chinese Society in Transition: Indications of Tandjoeng Cemetery Archives (1811–1896)"，p.18.

由表 7—3 可见，冢地销售和冢地周边土地出租是公堂的两个稳定和长期的收入来源，在 1861—1906 年之间，有 3 年来自销售墓地的利润每年超过一万荷兰盾，有 9 年其占总收入的 40% 以上。①

（二）调解冢地纠纷，维护华人丧葬秩序

冢地公开售卖后，相关的纠纷层出不穷，主要存在冢地所有权争夺和冢地侵占等问题。由于实行了严格的丧葬登记和冢地买卖登记，公堂才能够对相关纠纷进行调解以维护华人丧葬秩序。

如 1825 年 4 月 22 日，华人妇女碧桃和张镭争夺丹绒一冢地的所有权，但该冢地的购买登记簿内又是华人张法生（此人为碧桃女婿）的名字，公堂一时难以断定冢地归属。雷珍兰戴明基向公堂汇报说："卑职遂即唤到案内又名人数并邻居厨工等，为之一一推究，分明是碧桃嘱咐法生代买之业，虽单载张法生名字，法生已死，亦不得以此而疑之也。……又据厨工桑马逸云：'当时营造风水，一切资用工费俱是碧桃支理。'……而邻人蔡惟亦云，此事伊所深知，方买之际，与既买之后，法生俱尝对伊相商，的是碧桃托法生代买之业。……卑职以为，有此二端信证，自可断归碧桃，毋庸遊移。"在该冢地纠纷案中，公堂根据冢地购买登记簿及相关证人证言最终将冢地判归碧桃，其判决合情合理，令人信服。②

1852 年 9 月 24 日李文侯（年 35 岁，干冬圩生长，住兑亚芬）向公堂控诉说，记得 1848 年家兄李文信身故，自己曾恳求峇峇③曾施以 1 处坟地以葬家兄，这块坟地好像一片浮屿，周围都是田地。家兄安葬此地后，自己对爸爸④曾说，日后自己或妻子或诸位亲人如有不幸去世者，恳求也葬于此。爸爸曾同意了，因此，自己就在此坟地周围插篱。到 1851 年 12 月 1 日，廖亚二之妻钟龟净身故，买坟地于此山上方，至 5 日出葬，到 10 日就私自改葬于自己之前插篱的坟地，非常靠近其兄李文信之坟，并且没有将此事请知婆厘司⑤及地头主。因此，李文侯向公

---

① Li Minghuan, "Batavia's Chinese Society in Transition: Indications of Tandjoeng Cemetery Archives（1811 – 1896）", p. 9.

② 袁冰凌、［法］苏尔梦校注：《公案簿》第 2 辑，第 193—194 页。

③ 峇峇，即峇峇，土生华人的意思，见侯真平等校注：《公案簿》第 8 辑，第 381 页。

④ 即峇峇。

⑤ 婆厘司，即褒黎司，源自荷兰语 Politie，指警察，警察局，同上书，第 384 页。

堂控告廖亚二。最后公堂裁定："李文信之墓与廖亚二妻之墓相去不远，此地乃李文信先葬，廖亚二改葬于此，大迫，此乃廖亚二之不是也，当改迁他处。"

（三）支持华人某些丧葬习俗

如1883年11月吧城西医曾向副淡控诉说，吧城华人社会卫生堪忧，原因之一是华人习惯于停尸缓葬。对此，公堂表示：停尸缓葬是情有可原的，其理由是：①华人之礼所宜然；②华人有力者其棺有异于西人，华人之棺其木板厚，且未入棺，先以松胶及蚺匜注棺内。尸既入棺，又以四大钉锭棺上四隅，棺接合处及其间隙，俱以桐油灰敷补，又以纸掠之，而后过漆，至数次之多。因此，即使在家停柩多日也不闻其臭；③华人贫家用薄棺者，有即日出葬，有至翌日出葬，因为他自家就害怕尸臭四处传播；④遵美色甘和1828年第46号规例第64条款黎字，内载唐人殡葬事，胡勃实朱葛礁准停柩三十日，平民准停柩二十五日。欲过限期者，方须纳银。[①] 可见，公堂对华人的这个丧葬习俗进行据理力争，这使得殖民当局在一定程度上默许了华人的这种习俗，因此在《公堂通知簿》档案中有许多华人向公堂申请停柩缓葬的记载。如1881年8月11日高西川甲大人禀公堂说："因妻故，碍本年无利不得遂葬，恳在寿域后暂作停柩以待来年，合应佈闻列位寅兄，本七月廿八日于要出山。"[②] 以及1881年11月2日黎合瑞入禀公堂说："因其祖母身故，欲与祖父黎亚三合葬，碍本年无利，恳暂寄柩于亚三之墓后，以待明年进葬。"[③] 公堂对他们的申请表示理解和赞同。

公堂还支持华人合葬的习俗，如1833年4月6日，因为华人许每生求袝葬岳母许恩娘于岳父王昌舍在牛郎沙里之墓，挨实嘥命令公堂进行查勘，挨实嘥表示："盖王昌舍葬在彼处，于今二十有九载矣。兹委公堂细查可准其所恳否耶，须具词回复。"公堂经委雷珍兰叶文选官到王昌舍之墓查勘后表示："据公勃低之所详，足见王昌舍之坟有格双圹是实，依唐

---

① 聂德宁、吴凤斌、[荷] 包乐史校注：《公案簿》第13辑，第440—442页。

② 《公堂通知簿》（1880年9月1日—1882年9月27日），荷兰莱顿大学汉学院馆藏，档案号11002。

③ 同上。

人之例，凡夫妇生则同床，死则同穴，理所宜然也。当准其所恳，付其附（袝）葬在牛郎沙里。具词回复挨实嗹台前。"此后于 1833 年 4 月 10 日挨实嗹致书于公堂曰："准许恩娘附（袝）葬在牛郎沙里伊夫王昌舍之墓为双圹。"[①] 1892 年 2 月 18 日公堂又讨论郑春锡甲大所请示的旧施坟不论夫妻及亲属皆得合葬之事，对此甲必丹郑春锡的意见是，旧施坟不论夫妻及亲属皆得合葬。最后，公堂议决道："郑春锡甲大所请之事可从，但除夫妻之外，若要合葬，须先查葬主家事若何？如果无力，可准合葬。若其家饶裕，亦须还费，从第四号风水之例银 67.7 盾。"[②]

（四）向贫病人士赠予并管理舍施地

此外，向贫病人士赠予舍施地并对其加以管理也是公堂自主权的一个表现，虽然舍施地所占比例不高，且逐年减少。如 1881 年 3 月 11 日公堂议事中，玛腰询问在座诸物官员说，如今公眉司已定舍施地之所，假如之前已经有人埋葬的舍施地，日后其夫或其妻欲合葬在此坟地以成双圹之坟，是否有损于公堂的塚地收入？在座诸员表示，舍施地原本不过 6 脚距之宽，怎么能够成为双圹之坟。如果要将此坟变为双圹，那必然要加阔，超过原定限额，这是不被允许的。玛腰又说："所定舍施地成长之人，当归成长之列；幼子布包者，须归一列，方无镇地。"玛腰还问说，如果有一些有能力买地而欲求葬舍施地者，不知道能否让他们购买？或者能否准许他们安葬在原来的舍施地？诸员表示："长幼二坟，其排列实为妥当。至于有人力堪买地而不肯买，愿求葬舍施地者，今既已定舍施地之处，若果饶裕之家，谁愿羞辱而吝 67.7 盾之地价乎？且夫死者人生之一终也，风水又唐人之所重矣。其或愿葬舍施地者，诚可以想见其出于无奈，何必切切而强使买耶？由此而论，谁愿求而葬施地者，则可利人之方便为妙。"甲必丹黄福章则表示，所谓的舍施地，本来就是为了扶济贫乏之人，不施与殷富之人。现在如果不论贫富都允许安葬在舍施地，那么这时新定的条例或许没有弊端，但天长日久后，必然导致冢地土公私相暗昧，而公堂亦不免减少兑风水的收入。所以，有能力的人，都应该购买坟地，这才合理。陈文炳甲大与黄福章甲大还表示，凡是男子尚未成丁，女子未

---

① 聂德宁等校注：《公案簿》第 3 辑，第 71—72 页。
② 吴凤斌、［荷］包乐史、聂德宁校注：《公案簿》第 14 辑，第 119 页。

及笄者，皆准葬舍施地，盖幼子无甚关系，则可利人方便。① 1881 年 9 月 6 日玛腰又征求众位官员意见，关于舍施地能否为双圹之坟一事。玛腰说："前未定舍施地，个人葬无定所，且能容为双圹。譬如有贫人其夫先故，或其妻先亡而葬舍施地，后来夫妻恳合葬为双圹。在晚弟思之，生则同床，死则同穴，莫如夫妇之亲爱。既然其地能容为双圹，不若顺人情以济贫人。未知列台意见如何？"众人表示："凡舍施地本容单圹而已。但昔日无定其施地之例，任人埋葬各所。今若有夫妇恳为合葬，一则可以济贫人之便，二夫妻亦可无憾。若其余岁父子兄弟，尚有新定之施地可埋，不得乱葬。"②

（五）对冢地及其周边道路的自主维护

相关档案显示，公堂还肩负起冢地本身及其周边道路的维护工作。如 1856 年 8 月 8 日戈奢③妇人吶里及吗里入字挨实嗹说，自己以饲养三丕④取乳来谋生，现牛郎沙里冢已严禁不许放牧，因此自己承包下吉南望安地区一小块地来牧养三丕，如今要移三丕到那里，并无别路可行，必然要经过新把杀及蚊勿杀而至吉南望安，因此恳求挨实嗹准许她经此路将三丕赶到吉南望安地区。挨实嗹将其请求转达公堂，公堂则表示："牛郎沙里一代大路所以毁坏者，因三丕蹂踏所致也。彼利我害，定然不可。"⑤ 1856 年 9 月 4 日公堂又致书给副挨实嗹说，此大路之前已经毁坏，导致车及马不堪上行，这都是因为三丕蹂踏所致。去年公堂已遵从付挨实嗹的命令，对此路进行填补，这样车马才可行，其所费不少。因为此地本来就是公堂之地，故公堂当自修理。但褒黎司已明明看见之前的损坏都是三丕践踏所致，现在副挨实嗹竟然还恩准允许三丕可行于此路一个月之久。对此，公堂深感不安，因为，"目今春雨未至，虽日行三丕，仅有足迹而不至有窟，盖三丕从无直行，或跳、或走、或左、或右，必有伤及道旁水沟。既水沟落图壅塞，水必不通。亦思再修，当用几多资费？如若不修，想付挨

---

① 聂德宁、吴凤斌、[荷]包乐史校注：《公案簿》第 13 辑，第 309—310 页。

② 同上书，第 336—337 页。

③ 哥奢，也即高奢、戈奢，马来语 Kojia，指从印度南部来的穆斯林，见侯真平等校注：《公案簿》第 7 辑，第 330 页。

④ 马来语 Sampi，即黄牛，同上书，第 382 页。

⑤ 吴凤斌等校注：《公案簿》第 9 辑，第 254 页。

实嗟又必责求于职等耶。因是，伏恳再为权衡此事……"① 此外，如 1853 年 7 月 28 日公堂制定丹绒新桥、流连桥承修规章，共十条，对桥面、地基、桥柱、港岸的设计和用料等有详尽规定。② 这些都说明公堂对冢地周边道路的维护不遗余力。

当然，公堂对冢地本身的维护也尽心尽力。如 1855 年 8 月 18 日，因牛郎沙里冢地污秽太甚，殖民官员曾打算命令华人冢地迁移，公堂诸员讨论说："我唐人以祖为重，苟迁移此冢，则祖宗之受害不轻，究当整清为是。必佣工逐日剪削草木，但每礼拜须公勃低一位到处查察；又当立一妥人为首，以为监督，每日须有三四十人方易成功。其工人辛金算月，一人约当还雷 7 盾。"③ 1856 年 4 月公堂官员还曾捐题以修理牛郎沙里冢地，其中玛腰陈永元捐 1200 盾，甲必丹高俊杰 300 盾，雷珍兰苏天庇 200 盾，雷珍兰陈潘哲捐 200 盾，黄锦章 200 盾，陈思聪 100 盾，陈逢义 500 盾，高西川 100 盾，郑肇基 200 盾，大朱赖观澜 50 盾，二朱陈文速 50 盾，计十一条，共捐银 3100 盾。④ 此外，1856 年 4 月 19 日公堂还在完劫寺发标付人包修牛郎沙里冢内坟域沟壑，共分作七份发叫，共叫价雷 33300 盾，限定承包者三个半月告竣。⑤ 1914 年 6 月 3 日，因为副淡致书公堂说，在丹绒、吃喇一带往文登之大路旁，因为有些人掘土以掩坟墓，导致掘陷之处多积水成溜，以致生出多蚊，此能发生病症也。大玛瑶即告知诸胡勃实并众默氏，要他们将此事传布于其界内之人，且嘱正朱葛礁李新宁告知丹绒万律丘继兴，须堤防此事。⑥

第四节　吧国公堂丧葬管理职能的丧失

19 世纪中期以后，公堂的丧葬管理开始面临诸多问题。

首先，冢地销售及周围土地的出租使得冢地的公益性质丧失，其对华

---

① 吴凤斌等校注：《公案簿》第 9 辑，第 269—270 页。
② 侯真平等校注：《公案簿》第 8 辑，第 252—253 页。
③ 吴凤斌等校注：《公案簿》第 9 辑，第 124 页。
④ 同上书，第 216 页。
⑤ 同上书，第 211—212 页。
⑥ ［荷］包乐史、吴凤斌、聂德宁校注：《公案簿》第 15 辑，第 107—108 页。

人的吸引力逐渐下降。19 世纪中后期，冢地销售及周围土地的出租日益成为公堂重要的收入来源。1880 年公堂出入柜项全年结册显示，当年总收入为 13793.865 盾，分别来自"兑风水条目"（即冢地出售）收入（共2640.2 盾）及"收地税利息条目"收入（共 11153.665 盾），而在"收地税利息条目"中，除了 1471.335 盾来自公堂义学学费、借款利息及公堂房屋典当收入外，其余均来自上述五处冢地的土地出租收入。① 这种与冢地相关的丰厚利润使公堂得以支持各项公共开支，同时冢地的公益性质也逐渐减淡，缩紧免费冢地的发放。如 1844 年公堂条例还规定"凡舍施棺到冢，有单便可埋葬，……免还（指缴纳费用）其项（指钱款）"②。到 1871 年，则提出应由华人美色甘发棺木周济贫苦之人。③ 1881 年 2 月，对擅自发放冢地给贫困人士的万律邱枝头，公堂作出令其赔偿冢地资费以补偿公堂之亏的决议。④ 此后 1881 年 3 月，公堂商议曰："夫舍施地者，乃欲济贫乏，不施殷富。今皆准葬舍施地，然是时初定新例，或无弊端，久后必至于土公私相暗昧，而公堂亦不免减兑。故有力者，皆当买地，方为合理。"⑤ 可见，公堂在丧葬管理中的逐利性质越来越浓厚，冢地对华人社会的吸引力也必然下降。

其次，19 世纪中期以后，由于城市化进程加速及其他族群社会活动的影响，吧城华人冢地不断受到侵占。1832 年 11 月，公班衙修路侵占了公堂土地。⑥ 1855 年，荷印政府动议平毁牛郎沙里冢地，遭华人各界反对而未果。⑦ 1859 年 7 月 22 日，因为荷印政府要将牛郎沙里红桥头一小块地名惹吉唠（阔 49 峇⑧、长 177 峇）以及蚊茄勿杀杆冬三丕路左一地（阔 241 峇、长 364 峇）、右一地（阔 433 峇，长 498.3 峇）付人承包，公堂表示"此三地虽非本堂买置，然本堂执掌既百有余年矣"，且华人"人人各有祖先、父母坟葬在此三地之内"，因此，恳求政府开恩，"将此

---

① 聂德宁、吴凤斌、[荷] 包乐史校注：《公案簿》第 13 辑，第 295—296 页。
② 侯真平等校注：《公案簿》第 4 辑，第 53—54 页。
③ [荷] 包乐史、聂德宁、吴凤斌校注：《公案簿》第 12 辑（下），第 354—355 页。
④ 聂德宁、吴凤斌、[荷] 包乐史校注：《公案簿》第 13 辑，第 307 页。
⑤ 同上书，第 309—310 页。
⑥ 袁冰凌、[法] 苏尔梦校注：《公案簿》第 2 辑，第 32 页。
⑦ 吴凤斌等校注：《公案簿》第 9 辑，第 125 页。
⑧ 峇，马来语 Pak，量词，见侯真平等校注：《公案簿》第 8 辑，第 380 页。

三小地赐与本堂执掌，永远为业"①。1876 年 1 月 "因公班衙要用公堂地，在式里陂及惹致以为开港。就该割用二处之地，的西②价银 12180 盾"。③1878 年 9 月 19 日因牛郎沙里壹穴之冢地公班衙要开港，公堂曾通告吧城民众说，"今副淡推书，命各人谁有祖墓伤着港路者，定和本月十四日拜乙早八点钟合到牛郎沙里，要相议该贴其尅亏之所费，祈速速再谕知界内人等须遵副淡之命，切不可迟缓"④。1881 年 11 月，因娼间⑤要移在牛郎沙里，公堂抗议说："所指之处，系番运律之厝，约离完劫寺一百步之远，且近于冢地。……我唐人妇女或有时谒墓，或清明祭祀，迫近娼间，殊为不便。……冀其择别地。"1897 年 3 月 1 日，大淡案夺准公堂可兑郡领地与公班衙火车馆作火车路；⑥1890 年 2 月缎厘力突班柔式低诗⑦要用公堂所愿兑之惹致地计达 97425 绵达⑧，要筑病院兼筑禁间。公堂表示，若一年内成交每绵达只卖 1.5 方，若过一年则价格另议。⑨1890 年 10 月 13 日政府又买惹致地大 20902 号又 20352 号冥达。⑩1897 年 7 月 5 日，大淡案夺准公堂可售敖文明恳买公堂之地将作火车路。⑪1901 年 4 月 29 日，荷印政府又买惹致地一块。1907 年，荷人缎亚七频里购买惹致地四亩。1908 年 12 月 18 日，八戈然之地被火车路占用。1912 年 11 月 4 日，副淡⑫催促公堂迁移红桥各坟墓等。⑬1913 年 10 月 7 日，保黎司光媚沙里要买公堂惹致地，售价为冥达四方价银 7.5 方。⑭1915 年 9 月 28 日火车馆致书公堂，要买公堂一片地于牛郎沙里，即吧城并茄马腰兰一带火车站方

① ［荷］包乐史等校注：《公案簿》第 10 辑，第 214—215 页。
② 荷兰语 Taxatie 音译，即检验、查验的意思，见侯真平等校注：《公案簿》第 7 辑，第 323 页。
③ 聂德宁、吴凤斌、［荷］包乐史校注：《公案簿》第 13 辑，第 223—224 页。
④ 《公堂通告簿》（1877 年 6 月 9 日—1879 年 12 月 31 日），荷兰莱顿大学汉学院馆藏，档案号 12001。
⑤ 闽南话，指妓院，见侯真平等校注：《公案簿》第 7 辑，第 309 页。
⑥ 吴凤斌、［荷］包乐史、聂德宁校注：《公案簿》第 14 辑，第 267 页。
⑦ 荷兰语 Justitie Directeur，荷印高等法院主管，同上书，第 45 页。
⑧ 绵达，似应为平方米。
⑨ 吴凤斌、［荷］包乐史、聂德宁校注：《公案簿》第 14 辑，第 45 页。
⑩ 同上书，第 68 页。
⑪ 同上书，第 274 页。
⑫ 指副驻扎官，见［荷］包乐史、刘勇等校注：《公案簿》第 6 辑，第 266 页。
⑬ 吴凤斌、［荷］包乐史、聂德宁校注：《公案簿》第 14 辑，第 4—5 页。
⑭ ［荷］包乐史、吴凤斌、聂德宁校注：《公案簿》第 15 辑，第 49 页。

向，价格每冥达四方价银1盾。① 1918年3月4日市政局（Gemeenteraad）并武喜冥氏达（Burgemeester）求租公堂在牛郎沙里一块地75年之久，税银每月10盾正。② 1918年5月11日市政局向公堂求购牛郎沙里一分数之地，该处尚多华人坟墓。市政局又求购公堂片地在惹致者，价银每方冥达2.5方。③ 同时，还有蔡子卜等求购公堂牛郎沙里片地；蒋金地娘求购公堂惹致片地（每方冥达5盾）；李亚生并李亚芬求购公堂铁门片地（每方冥达7盾5方）；黎诗亭求购公堂牛郎沙里片地（每方冥达3盾5方）；沈贞娘求购公堂牛郎沙里片地（每方冥达5盾）；夏而沃蜜求购公堂惹致片地（每方冥达5盾）；④ 等等。

有时候，公堂甚至免费出让冢地附近土地，如1913年12月18日公堂召开特别会议，商讨芝咙溪（kali Cidang）之分派恳用公堂惹致地一事。公堂曾接到缎英是优攀美林⑤之书，说他要建立芝咙溪的分部，必须穿过公堂之惹致地粪扫方第7552号者，所以恳求公堂准他使用该地，因为此地乃是紧要用者，以银一盾为赏还。公堂表示，此乃公益事业，合应同意，而对方给的1盾其实只是一个象征，其实等于公堂白送，免还钱也。⑥

再次，20世纪初吧城华人冢地被盗事件频发，这对重视风水的华人来说尤其难以接受，而警方治理不力让华人更为不满。1908年3月29日华人陈金安恳求公堂开出花红银以赏拘获偷掘唐人坟墓者。陈金安向公堂诉说到，几个月前番官亚二兰⑦抓获3个番人，他们偷掘自己先父的坟墓。谁料，此三人没有被囚禁在狱，而是放归待讯。现如今兰直叨要吊讯此3人，才发现他们皆已逃走，不知去向。陈金安认为此事关系非轻，公堂不能坐视不管。此外，他又说："又闻公堂已定有规条，如有能获偷掘唐人坟墓者，赏花红银伍拾盾。盗在易获，盗走难拘。敢恳公堂开出花红银百五十盾，以赏拘获此盗者。如蒙恩准，更乞为入新闻字，俾各处皆

---

① ［荷］包乐史、吴凤斌、聂德宁校注：《公案簿》第15辑，第221—222页。
② 同上书，第395—396页。
③ 同上书，第403页。
④ 同上书，第402—406页。
⑤ 缎英是优攀美林，人名。
⑥ ［荷］包乐史、吴凤斌、聂德宁校注：《公案簿》第15辑，第71—72页。
⑦ 荷兰语 Adjudant 警察、治安官，见吴凤斌、［荷］包乐史、聂德宁校注：《公案簿》第14辑，第345页。

知，则可获矣。"公堂各位官员表示，"陈金安言之有理。遂许出花红壹佰盾正，以赏赐能获三盗者。但须俟至兰直叻究治其罪，然后出银。至入新闻字，陈金安自入可也"①。但是，到当年 5 月 6 日，公堂又改变主意，规定能获偷掘唐人坟墓者"自今为始抽转不赏"②。公堂为何改变主意，在相关档案中并没有提及原因，但公堂甚至政府在遏制偷盗墓穴的行径上确实收效甚微。为此，中华会馆甚至建议公堂使用荷兰人来加强冢地巡查管理，相关情况在公堂档案中也得到体现，如档案号 11006《公堂通知簿》（1905 年 2 月 28 日—1911 年 11 月 29 日）中载：

> 承权篆玛瑶连甲大命，于和本月初六日上午十一点，要会议中华默氏会馆来函，据谓公堂宜加用荷兰福申叻③一名、番乌爱二名为巡察丹绒冢地以防盗人掘冢之患云，祈依时齐集在座，即请列位宪台尊照，和 1908 年五月初二日公堂朱丘（签名）传。

此外，公堂甚至加派华人暗中巡逻。如 1909 年 5 月华人李顺意被恳公堂雇用巡查华人冢地，辛金每月 20 盾，公堂对他寄于厚望，"命其密为查访，勿使人觉，并细堪诸乌拔之行藏。如有通连盗贼，或懒惰无能，即到公堂证明其事。公堂即行贬黜，或寄上关都治罪。以后果能慎乃厥职，确有成效，公堂定用为首领，诸乌拔听凭黜陟"④。但此举同样没有什么效果，如 1913 年 5 月民众向大玛瑶控诉说，"丹绒之舍施坟全不细心看顾，以致有许多坟墓被鉴光人掘取其墓碑以作洗浴砧，致使有许多人不能识认其亲戚之坟墓，且该处值保爹或万律全不查问也。"万律丘继兴则狡辩有时常巡查该处冢地，大玛腰表示："由是观之，舍施坟之规例尚未尽善，并不限定其界限，惟糊乱埋葬而已。因及商酌之后，公堂判定委甲必丹赵德顺，并正朱葛礁李新宁往丹绒巡视，务求寻得一合式之地场，以作新舍施坟之所。将来应筑砖块为其界限，倘或紧要围护亦当为之。"⑤

---

① 吴凤斌、［荷］包乐史、聂德宁校注：《公案簿》第 14 辑，第 366—367 页。
② 同上书，第 371 页。
③ 福申叻，应指冢地维护人员，见同上书，第 372 页。
④ 同上书，第 409 页。
⑤ ［荷］包乐史、吴凤斌、聂德宁校注：《公案簿》第 15 辑，第 7—8 页。

有意思的是，即使加强巡查，地被盗的情况并无太大改观。如 1909 年 4 月 21 日，警察捕获了偷盗墓砖者，但副淡以此案无原告而予以释放。①

最后，由于到 20 世纪初大量地被侵占，迁坟事件频发，这也对华人基地造成极大破坏。如 1911 年吧城自治会②恳求公堂将红桥宰猪所对面之地黎字之区过户给它，作为其产业，此地上的许多华人坟墓被迫搬迁。③ 1913 年 6 月欧洲人 E. Th. Spitswarnaas 向公堂致书说，他已买过望讫（Manggoes）一块地在丹那望，而其地内却有四堆唐人坟墓在焉。因此他决定要迁移这些坟墓，所以向公堂咨询有关迁葬坟墓的条例。而还有一个欧洲人，购买吧城的吉问日落地区，此处有故甲必丹颜二哥及颜二雅之墓，他要求颜氏子孙迁移这些坟墓，且愿意赔偿相关损失，颜氏子孙颜文萱则要求赔偿其损失 1500 盾。缎关都流说颜文萱要价太高，只能给 1200 盾，如果颜文萱不肯接受这 1200 盾，缎关都流就要上陈以掘坏之，颜文萱因此求助于公堂。公堂官员表示，赔偿不可减少，假如关都流要掘坏坟墓，则任其所为。到今天该坟墓犹在，尚未掘坏。可见掘迁坟墓一事，原非容易可滥为之事。因此，公堂一般要求欧洲人将其所欲为之事登载于各报端，如还有其子孙俾伊两头商量。如或无者，则公堂要派人前去查勘其为何等之坟墓，按照自治会那样赔偿其亏失，然后可迁葬该坟墓于丹绒地也。④

此外，如 1913 年 9 月 25 日公堂议论红桥迁墓因由及费用诸事，玛腰表示，因自治会要使用红桥冢地部分土地，公堂已允准迁葬此处坟墓到丹绒冢地。具体迁葬事宜安排为："其已无亲戚者，自治会须还每坟十盾，而 1913 年 2 月 5 日自治会共已还银七千一百七十盾正于公堂。此乃首次以为设祭并买甕之使费，俾贮入该各骸骨迁葬于丹绒公堂地也。"⑤ 1916 年 1 月荷兰医生缎黎逸罗媚（Dr. Romer）求公堂迁葬牛郎沙里之各坟墓，公堂为此广发传单寻访埋葬者的亲友前来认领，该地坟冢约

① 吴凤斌、[荷] 包乐史、聂德宁校注:《公案簿》第 14 辑，第 4—5 页。
② 自治会，荷兰语 Gemeente Raad，指市政委员会，见同上书，第 500 页。
③ [荷] 包乐史、吴凤斌、聂德宁校注:《公案簿》第 15 辑，第 40—41 页。
④ 同上书，第 18—19 页。
⑤ 同上书，第 39—40 页。

50 堆之多。① 1916 年 6 月牛郎沙里冢地被掘平，地上骨骸被迁。②

　　在上述因素的影响下，加上 1900 年吧城中华会馆建立后提倡"革除陋习为先"，在婚丧教育等方面提出改革思路，这些都改变了吧城华人的丧葬观念，③ 公堂的丧葬管理机制因而受到冲击，其丧葬管理职能逐渐丧失，直至"二战"后公堂被解散。如 1909 年 4 月 24 日公堂议定今后舍施坟不得给葬双圹，因为根据大淡于和 1903 年 11 月 5 日第 13628/33 号案夺规定，舍施地不宜双圹。④ 1909 年 5 月 8 日，公堂又议定，重新确立冢地规格标准，具体内容为：1. 凡兑第 1 号风水或寿域地的，原本阔 24 脚距、长 48 脚距，现在增加为阔 40 脚距、长 80 脚距；2. 凡兑第 2 号风水或寿域地的，原本阔 20 脚距、长 40 脚距的，现在增加为阔 30 脚距、长 67 脚距；3. 凡兑第 3 号风水或寿域的，原本阔 16 脚距、长 32 脚距的，现在增加为阔 27 脚距、长 54 脚距；4. 凡兑第 4 号风水或寿域地的，原本阔 12 脚距、长 24 脚距，现在增加到阔 20、长 38 脚距。还规定，每穴每门风水寿域，到篱为界。⑤ 公堂为何在这个时候增加每号冢地的范围是值得思考的，因为上文述及，19 世纪末 20 世纪初，吧城华人人口增长，加上冢地的被征用或破坏，现有冢地已不能满足华人社会的需求，此时反而扩大冢地标准，这或许从另一个角度说明华人已接受新式丧葬方式，比如火葬，从而对冢地的需求减少，当然这只是作者自己的推断。

　　综观吧国公堂丧葬管理的整个历史过程，在某种意义上可以说是吧城华人社会发展演变的一个缩影。19 世纪中期以前，面对数量不断增长的华人，统治力量尚薄弱的荷兰殖民政府给予华人社会一定的自治权，但到 19 世纪中后期，随着荷兰殖民统治力量的增强，华人社会的自治权逐渐被削弱，加上华人社会新风气的兴起，"公堂的管理举措在延续上百年的时间中已难与发展变化的社会现实相衔接"⑥，其管理职能的丧失是历史的必然。

---

① ［荷］包乐史、吴凤斌、聂德宁校注：《公案簿》第 15 辑，第 263—264 页。

② 同上书，第 274 页。

③ 王爱平：《印度尼西亚孔教研究》，中国文史出版社 2010 年版，第 66 页。

④ 吴凤斌、［荷］包乐史、聂德宁校注：《公案簿》第 14 辑，第 409—410 页。

⑤ 同上书，第 413—414 页。

⑥ 张小欣：《荷属东印度华人社会的自治与困境——以 18—19 世纪吧城公堂丧葬管理为中心》，《华侨华人历史研究》2016 年第 4 期。

第八章　吧城华人社团结构

社团活动是东南亚华人社会中一个特殊而又重要的现象，它涉及华人社会中的文化、教育、社团、行业和经济的各个领域。在未刊公馆档案中，本有一份《社团簿》，其内容涉及印度尼西亚中华商会联合会、吧城福建会馆、广肇会馆、总义祠（客属公会）等社团资料。此外，还有《文化教育簿》档案由学校、体育、报刊、社团4个部分组成，共计10册。遗憾的是，这些档案中关于社团的部分仅见目录不见内容，因此本书拟结合《公案簿》内容进行研究。

总体而言，吧城华人社团的发展大致可分为两个时期。

第一节　20世纪前吧城华人社团的发展

吧城华人社团的萌芽，是从为华人办理丧葬事宜及照顾华人孤贫残老等福利活动开始的。如上文述及的华人义冢的设立及美色甘的建立等，这些福利机构可以说是吧城华人社团的雏形。18世纪以后，吧城华人的慈善福利机构更多地出现。如1729年成立的"养济院"（即美色甘），1865年成立的"总义祠"和1869年成立的"旧新合吉"等，它们主要是为了帮助华人解决急难问题、救济故贫病残等。此外，还有一些秘密会党或帮会的存在，它们多以公司的名义出现，当时印尼各地著名的会党有广义兴、广嘉兴、新义兴、福义兴、粤兴等，其中以广义兴的影响最大。这些会党或帮会此后渐渐发展成为各种同乡社团、同姓氏社团，起着联络乡情、团结互助的作用，它们是现代意义上的华人社团的前身。① 关于吧城

---

① 温广益等编著：《印度尼西亚华侨史》，第427—428页。

华人会党的活动在《公案簿》档案中也有所反映。如 1824 年 11 月 11 日华人何魁向公堂入字称：1824 年 8 月 16 日夜近十点钟，被一唐人天地会长章老二令其匪党 4 人闯入家中，自己被凶拳殴打，这 4 人是谢富三、吴发邻、郭亚杞、章老二。公堂经查实，此 4 人"果有聚集匪党，结盟天地会。但事系初作，未萌其恶迹；余党未知虚实，难以实报"①。1826 年 10 月 13 日公堂奉内淡之命查讯匪类聚党结盟一案，甲必丹高长宗表示，华人沈翁举报说有天地会匪徒在大南门外新池酒窖内聚会，公堂于是派人前往抓捕，已捉获三人，分别是程谦郎、李亚四、蔡审，并搜得纸厝、凉伞、令旗等物。② 再如 1853 年 7 月 15 日，公堂玛腰谕知吧城民众说："为遵和 1851 年 11 月 8 日第 16 号，拟捉唐人入天地会人等，不得再践敖文明辖地"，公堂拟流放的华人有邹君（拟流放万兰）；魏恭、洪妙和、伍麟、黄早、蔡昌宁、陈早牙、施九、陈瑞宁、黄九司（拟流放回中国）；高永洛、陈双美（拟流放万兰）；吴祝生、吴前、韩抱怨、张沃、陈贤、李清渠、王荆（拟流放回中国）。③

由上述档案可见，到 19 世纪中期吧城华人加入天地会的人数较之前有了很大增长，也说明公堂在压制天地会势力发展上与殖民政府的立场保持一致。

第二节　20 世纪后吧城华人社团的发展

19 世纪末 20 世纪初是华人民族主义兴起的时期，在这种背景下，现代意义上的华人社团诞生，其标志是中华会馆的成立。此外，各类华人社团也纷纷建立。

一　中华会馆的成立及其影响

吧城中华会馆（Tiong Hoa Heww Koan Betawi），是吧城华人的第一个新型社团，1900 年 3 月 17 日成立，同年 6 月 3 日获得殖民当局批准。其

---

① 袁冰凌、［法］苏尔梦校注：《公案簿》第 2 辑，第 111 页。
② 吴凤斌等校注：《公案簿》第 9 辑，前言，第 10 页。
③ 侯真平等校注：《公案簿》第 8 辑，第 239 页。

设立目的是不分地域、姓氏等界限，组成代表华人各阶层各行业的华侨新社团，宣扬道德新风尚，号召侨胞戒食鸦片、戒毒，改革华人社会中婚丧喜庆的浪费及陈规陋习，倡导学习中文，促进华人社会的团结互助。因此其设立了6个部（组），即华文学校董事部及一般社会文化组；普通丧事互助组；英文学校董事部；慈善医院组；救济基金组以及年老（50岁以上）丧事互助组。[1] 其创始人大多为土生华人，第一届董事会共20人（见表8—1）。

表8—1　　　　　　　　吧城中华会馆首届董事会成员

总理	潘景赫[2]
副总理	丘亚樊、翁寿昌
董事	黄玉昆、黄坤与、陈公达、李兴廉、梁辉温、潘立才、许金安、陈天成、胡调瑞、胡先清、潘亚松、李金福
顾问	丘绍荣
第一秘书	陈金山
第二秘书	丘香平
第一财政	许南章
第二财政	蔡有德

资料来源：［印尼］许天堂著：《政治漩涡中的华人》，周南京译，香港社会科学出版社2004年版，第269页。

中华会馆对吧城乃至整个荷印华人社会的影响很大，表现在：

（一）团结华人社群，推动华人经济发展

首先，中华会馆摒弃籍贯和方言界限，团结不同省籍、不同方言的华人社群，促进彼此间的交流沟通，以改变吧城华人社会中长期以来各籍贯华人间各自为政、互不往来的不良风气。其次，中华会馆致力于改变华人社会中狭隘的地缘、血缘、帮派观念，组织起代表华人社会各行业、各阶层的新兴社团。再次，中华会馆还团结历史上遗留下来的帮会

---

[1]　温广益等编著：《印度尼西亚华侨史》，第429页。

[2]　潘景赫：即Phoe Keng Hek（1857—1937），生于茂物，1877年与吧城陈光华甲大之女陈瑞娘成婚，后移居吧城，1900年3月任中华会馆主席，见吴凤斌、［荷］包乐史、聂德宁校注《公案簿》第14辑，第526页。

组织，协助它们走向正途。这些举措对吧城华人社会的团结与发展起到促进作用。

（二）大力发展华文教育

1900 年中华会馆成立后，专门设立 2 个工作组负责教育，第一组是管理中华学校和社会文化，第二组是英文学校管理组。各组都积极活动。1901 年 3 月 17 日中华会馆就创办了中华学堂，（1914 年改称中华学校）即八华学校前身，它是东南亚现代华文教育的先锋。同年 4 月 13 日成立以中华会馆副总理翁寿昌为首的委员会，最初有学生 35 人，教员 2 人。1902 年增设女生班，同年将成立 212 年之久的公堂义学合并到中华学堂，此后公堂决定每年提供 300 盾经费，其中 75 盾给金德院，其余 225 盾给中华学堂。1904 年荷印的中华学校增加到 13 所，1908 年增加到 44 所，1912 年仅爪哇的中华学校就有 65 所，学生 5451 人。[①] 如 20 世纪 30 年代起，吧城中华学校就实施华文、英语并重教学并在印尼独立后实施三语教育，使其毕业生成为印尼各领域杰出人才。[②] 中华学堂成立后，荷印各地华人热烈响应，纷纷学习和求助于中华会馆，在当地创办现代化学校。[③]

（三）改良吧城华人社会习俗

1900 年中华会馆成立时在其"致全体华人书"中就明确指出，要宣扬中华民族的传统文化和道德风尚，改革华人社会铺张浪费和陈规陋习，号召华人戒吸鸦片、禁止集众赌博。中华会馆会长潘景赫甚至建议荷印当局应明文禁止赌博、禁止开设赌馆，并表示由此所带来的全吧城每年因禁赌所亏收的赌博税收由他个人交付荷印政府，这一举措取得了良好的效果。此外，在丧葬方面，中华会馆提倡节约办丧事，成立了普通丧事互助组及年老丧事互助组，并建立了"互助基金"，每个会员缴纳一定会费，遇有会员丧事，则每人出 5 角作为丧葬料理费用。[④]

（四）组织中华商会以团结印尼商家

中华会馆成立后，随即决定创办华商综合性中华商会，荷印各地华人

---

① 吴凤斌、［荷］包乐史、聂德宁校注：《公案簿》第 14 辑，第 402 页。

② 王楚楚、马博冕：《从历史学角度看印尼中华会馆起源与贡献》，《兰台世界》2016 年第 15 期。

③ 关于中华会馆对华文教育的贡献本书将在第九章进行论述。

④ 温广益等编著：《印度尼西亚华侨史》，第 430 页。

热烈响应，从 1906—1922 年，全荷印至少有 30 个分会成立，使得中华商会成为一个华人商业社团的总机构。同时，各地中华商会的成立推动了当地各种职业和行业社团的出现。中华商会一方面为团结侨商和维护权益及繁荣荷印华人社会起到积极的作用；另一方面对荷印的金融、农业、制造业、矿业、交通、建筑、医药和贸易等领域的建设发展做出重要贡献。1934 年 2 月由吧城中华商会发起筹组全荷印中华商联会，同年 8 月 28 日在吧城召开第一次代表大会，宣布其成立宗旨是为了统一领导和筹划改进华人工商业经营状况，挽救华人经济危机。它标志着荷印华人商业界的团结，对扶助华人企业、抵御日本经济势力的排挤、促进华人商业的发展起了积极的作用。[①]

（五）开展公益慈善事业

1901 年中华会馆设立了一个济贫医疗所，由热心公益事业的医生林月华每周一次定期为吧城贫苦华人看病，相关费用由中华会馆承担。该医疗所还常举行医药讲座会，如举行预防治疗疟疾讲座、鸦片毒害讲座等，1904 年因经费问题停办。1903 年公馆成立慈善基金会，经费来自华人捐赠及华文学校学生的义演义卖等。此外，为救助苦难中的妇孺，1914 年中华会馆董事、华人甲必丹李千俊的夫人欧翠兰成立了"保良局"，以收容被遗弃的幼婴、孤儿、孤女和被拐卖女孩，为他们提供定居、教育甚至工作。[②]1924 年中华会馆创办养生院，该院得到各地中华学校的热烈支持。[③]

值得一提的是，闽侨李金福为中华会馆的成立做出重要贡献。1900年中华会馆成立时他任协理（理事），到 1905 年逝世时连续担任五届中华会馆理事。他的贡献主要表现在：（1）起草吧城中华会馆章程及《告全荷属东印度华侨书》，向华人社会宣传及阐述该组织成立的目的及意义；（2）参加倡建吧城中华学校，担任该校第一届理事；（3）任改革华人社会婚丧喜庆旧习俗的两个委员会委员，负责起草有关条例规章，创办了"普通丧事"及年老丧事（50 岁以上）的互助组；（4）参加制定在全

---

① 温广益等编著：《印度尼西亚华侨史》，第 435—436 页。

② 同上书，第 430 页。

③ 王楚楚、马博冕：《从历史学角度看印尼中华会馆起源与贡献》，《兰台世界》2016 年第15 期。

爪哇各地、市创建吧城中华会馆分会（即分局）的规章，亲自参加茂物市中华会馆及中华学校的组建；（5）参加许多专门小组委员会，处理各地中华会馆比较复杂及棘手的问题。如答复荷印总督提出的关于中华会馆建立的宗旨、目的及作用等的质询和调查。实际上，他起到了吧城中华会馆的智囊团及秘书长的作用。① 此外，华人黄仲涵也积极支持中华会馆的工作，如1920年建源公司与日兴行等10家公司组织的华商糖局获利30万荷盾，他们将10万盾捐助各埠中华会馆，其余20万作为糖局永久基金，从1912—1922年黄仲涵还亲自担任三宝垄中华商会第6届至13届名誉会长。②

由于中华会馆广泛的社会影响，爪哇其他各大城市华人社会纷纷建立类似的社团，1908年荷印各地已约有50个中华会馆，1911年增加到93个，有的成为吧城中华会馆的分支机构。③

二 中华会馆与吧国公堂关系探析

迄今为止，国内学术界对吧城中华会馆的研究亦有不少，多谈及它对荷印华人社会的贡献，对其与吧国公堂的关系则较少涉及。作者在翻阅《公案簿》及《公堂日清簿》《公堂总清簿》档案时，发现一些资料可以在一定程度上揭示当时的中华会馆与吧国公堂的关系。

（一）《公案簿》档案中中华会馆与吧国公堂的关系

《公案簿》档案中涉及中华会馆的档案记载有：

1. 1904年6月10日，中华会馆向公堂呈文，希望公堂提供资助，"因更设和兰学堂，再请荷兰先生，其费每月仰公堂更出资贰佰盾"。公堂表示"现今公堂物业低微，利息无多，未能相助，俟日后财项充足，再议未迟"④。

2. 1908年1月20日和4月13日，公堂商议明诚书院所存之银要如何分配给中华会馆诸义塾一事，因"明诚书院所存之银1700余盾，梁辉运、许金安二甲拟送中华会馆义塾，以济贫民子弟学资之用"⑤。而"雷珍兰

---

① 蔡仁龙：《印尼华人马来语之父李金福》，《华侨华人历史研究》1992年第3期。
② 郭瑞明编著：《同安华侨华人名人录》，鹭江出版社1995年版，第42—43页。
③ 温广益等编著：《印度尼西亚华侨史》，第431页。
④ 吴凤斌、［荷］包乐史、聂德宁校注：《公案簿》第14辑，第331页。
⑤ 同上书，第354页。

许金安遂为设法，约列宪各书纸上，如新巴杀、结石珍、文登、丹那望、八茶碛，诸中华义塾各处该分若干？逐条书明银数，以同意多者为准。及交纸后，列宪共览，遂依同意多者。新巴杀定 300 盾，结石珍定 200 盾，文登定 200 盾，丹那望定 200 盾，八茶碛定 835 盾。即委二朱葛礁邱绍荣官将银给分"①。

3. 1908 年 6 月 9 日，中华会馆向公堂提出，其厝宅八仙单第□号，要向公堂典当 18000 盾，"利息逐年四八仙，约母银摊还，每月伍拾盾，仍须有保家字贰万盾之额"。公堂同意，并委托权篆玛腰甲必丹连福全舍为理合约字。②

4. 1909 年 3 月 13 日，公堂准新巴杀中华学堂所恳，免费提供一块地，在牛郎沙里，广贰佰叁拾肆峇四方，公堂表示因为"暂不用此地，可以提供，但如果日后要用，公堂即可抽转"③。

5. 1909 年 3 月 18 日，中华会馆恳乞公堂逐月再添学费，"因学童日添，学费不继"。公堂则表示近期出项甚多，无力相助，待日后再看。④

6. 1912 年 8 月 3 日，大玛腰告知贫家子弟可以到吧城中华会馆学校读书，公堂表示"盖每月公堂已助其学资，而伊等可以读书于学校，不必还钱也"⑤。

7. 1914 年 5 月 4 日，中华会馆来书为恳求公堂哀愁之日辰切莫为人作婚书事。⑥

8. 1913 年 6 月 11 日，大玛瑶告知众官员参加吧城中华会馆纪念成立 13 周年庆典。

9. 1916 年 4 月 3 日公堂商议吧城中华会馆学堂是否亦可教习荷兰语一事。⑦

10. 1916 年 6 月 12 日，新巴杀中华学堂向公堂致书，恳求给其学堂

---

① 吴凤斌、［荷］包乐史、聂德宁校注：《公案簿》第 14 辑，第 370 页。
② 同上书，第 374 页。
③ 同上书，第 402 页。
④ 同上书，第 406 页。
⑤ 同上书，第 480—481 页。
⑥ ［荷］包乐史、吴凤斌、聂德宁校注：《公案簿》第 15 辑，第 103—104 页。
⑦ 同上书，第 261—262 页。

资助每月 25 盾，如果不行，则恳求让公堂寄在该学堂的贫人子弟每名每月收费 3 盾。对此公堂表示没有问题。①

11. 1917 年 9 月 3 日，公堂议决赐地给新吧杀中华学堂，作为该校的产业，同时否决了吧东中华经纪会由公堂提供资助的恳求，因为"倘如助资于别处之一社会，则各社会其在地者必然不乐，或仍皆来求公堂助资，而公堂则必定不能为者矣"②。

12. 1917 年 10 月 3 日，公堂议决同意中华女学校恳求公堂每月定期予以资助一事。③ 后经几次暂缓议决，到 1918 年 2 月公堂决定每月定期资助 125 盾，从 1812 年 2 月 1 日起，为期一年。④

13. 1917 年 10 月 17 日，吧城中华保良局将在牛郎沙里召开大会，总督夫人将亲自光临，为此公堂大玛瑶嘱咐诸位默氏"须代为订请于其有助款各人届期幸来与会"⑤。

从上述《公案簿》档案记载可见，公堂对中华会馆大力兴办的学校、保良局等组织在经费、土地等方面给了大力支持，同时公堂也积极支持中华会馆改良婚俗的倡议。因此，双方的关系是比较良性的。

（二）《公堂清册簿》中的中华会馆与吧国公堂的关系

如上所述，《公堂清册簿》包括《公堂总清簿》和《公堂日清簿》，它们为我们研究中华会馆与吧国公堂的关系提供了另外一些线索。如现存档案号 41012《公堂总清簿》（1915）收支项目中开始单列"中华会馆"一栏，此后一直到 1931 年（1921 年缺），每年的总清簿均开列"中华会馆"一栏，它反映了中华会馆与公堂的经济往来，具体如下。

1. 档案号 41012《公堂总清簿》（1915）载中华会馆当年对公堂的账目往来：

（来）"六月十六日对还利息来艮 284 盾，又对平还母来艮 300 盾；十二月廿二日对还利息来艮 278 盾，又对平还每来艮 300 盾，计 4 条共艮 1162 盾"；

---

① ［荷］包乐史、吴凤斌、聂德宁校注：《公案簿》第 15 辑，第 281 页。
② 同上书，第 357 页。
③ 同上书，第 367 页。
④ 同上书，第 387 页。
⑤ 同上书，第 361 页。

（去）"承上年旧总 30 号结尚欠当厝母艮 14200 盾，六月十六日对母艮 14200 盾利息全年四八仙和正月份起七月份止艮 284 盾；十二月廿二日对母艮 13900 盾全上号下半年的艮 278 盾，计 3 条共艮 14762 盾。对除来结尚欠当厝母艮 13600 盾"。

2. 档案号 41013《公堂总清簿》（1916 年）载：中华会馆当年对公堂的账目往来为"对除外结尚欠去艮母艮 13300 盾、利息 266 盾，合共 13566 盾"。

3. 档案号 41014《公堂总清簿》（1917 年）载：中华会馆当年对公堂的账目往来为"对除外结尚欠去母艮 12400 盾正"。

4. 档案号 41015《公堂总清簿》（1918 年）载：中华会馆当年对公堂的账目往来为"对除外结尚欠母艮去 11800 盾正"。

5. 档案号 41016《公堂总清簿》（1919 年）载：中华会馆当年对公堂的账目往来为"对除外结尚欠母艮去 11200 盾正"。

6. 档案号 41017《公堂总清簿》（1921 年）载：中华会馆当年对公堂的账目往来为"对除外结尚欠母艮 10000 盾正"。

7. 档案号 41018《公堂总清簿》（1922 年）载：中华会馆当年对公堂的账目往来为"对除来外结尚欠母艮 9700 盾、利息 200 盾，共艮 9900 盾正"。

8. 档案号 41019《公堂总清簿》（1923 年）载：中华会馆当年对公堂的账目往来为"对除外结尚欠母艮 9100 盾、利 182 盾，共银 9282 盾"。

9. 档案号 41020《公堂总清簿》（1924 年）载：中华会馆当年对公堂的账目往来为"对除来外结尚欠去母艮 8200 盾正"。

10. 档案号 41021《公堂总清簿》（1925 年）载：中华会馆当年对公堂的账目往来为"对除外结尚欠母艮 7900 盾、利息 158 盾，共艮 8058 盾正"。

11. 档案号 41022《公堂总清簿》（1926 年）载：中华会馆当年对公堂的账目往来为"对除来外结尚欠母艮 7300 盾、利息 146 盾，共艮 7446 盾"。

12. 档案号 41023《公堂总清簿》（1927 年）载：中华会馆当年对公堂的账目往来为"对除外结尚欠母艮 6700 盾、利息 134 盾，共艮 6834 盾"。

13. 档案号41024《公堂总清簿》（1928 年）载：中华会馆当年对公堂的账目往来为"对除外结尚欠母艮 6100 盾、利息 122 盾，共艮 6222盾"。

14. 档案号41025《公堂总清簿》（1929 年）载：中华会馆当年对公堂的账目往来为"对除来外结欠母艮 5500 盾、利息 110 盾，共艮 5610盾"。

15. 档案号41026《公堂总清簿》（1930 年）载：中华会馆当年对公堂的账目往来为"对除外结尚欠母 4900 盾、利 98 盾，共艮 4998 盾"。

16. 档案号41027《公堂总清簿》（1931 年）载：中华会馆当年对公堂的账目往来为"（来）正月 1 日对还上年利息来艮 98 盾，又对平还母艮来艮 300 盾；（去）承上年总 7 号结欠当厝母去艮 4900 盾，又对欠利息去艮 98盾（注：利息全年四八仙，每半年还一次，逐年平还母艮 600 盾）"。

由上述总清簿档案可见，中华会馆一直处于对公堂欠款的状况。而日清簿档案则为我们提供了另一些线索，列举如下：

1. 档案号42001《公堂日清簿》（1914 年）载：6 月 3 日义费："对开中华会馆学堂和正月份起六月份止去艮 2400 盾。"

2. 档案号42002《公堂日清簿》（1915 年）载：1915 年 6 月 16 日义费："对开中华会馆学堂和正月份起六月份止艮 2400 盾。"

3. 档案号42003《公堂日清簿》（1916 年）载：1916 年 12 月 22 日义费："对贴中华会馆义学和六月份起十二月份止艮 2400 盾。"

4. 档案号42005《公堂日清簿》（1918 年）载：1918 年 2 月 2 日义费："对贴保良局和本月份去艮 200 盾"；1918 年 4 月 5 日义费："对贴保良局和本月份去艮 200 盾正"；1918 年月 5 日义费："贴保良局和本月份去艮 200 盾正"；1918 年 9 月 7 日义费："对贴保良局本月份去艮 200 盾、又贴女学校和六七月份去艮 250 盾、又贴老吧杀学堂和八月份去艮 50 盾、又贴丹那望学堂和八月份去艮 50 盾"（日清簿档案显示，公堂在 1919—1923 年每月 200 盾给保良局；1924—1931 年为每年 150 盾）。

5. 档案号42011《公堂日清簿》（1924 年）载：1924 年 1 月 16 日义费："对贴吧城中华会馆 1922 年下半年去艮 3600 盾。"

6. 档案 42016 号《公堂日清簿》（1928 年）载：1928 年 1 月 16 日义费："对贴中华会馆和 1927 年十二月份去艮 600 盾正。"

7. 1929—1931 年每月贴给中华会馆（学堂费）600 盾。[①]

由上述《公堂日清簿》档案记录可见，虽然中华会馆始终处于对公堂的欠债状态，但公堂还每年每月定期为中华会馆所属的学堂及保良局等机构提供资助，这似乎在提醒着我们，在一味宣扬中华会馆的贡献时不要忘了吧国公堂在背后的作用，这种作用也印证了我们上文提及的公堂在社会公益事业上的公共管理职能，又或许这种作用也是公堂顺势而行、改变其社会功能的体现。

三 其他华人社团的成立

在中华会馆的推动下，吧城及荷印各地华人纷纷成立各种社团。据估计 1933 年印尼有 138 个华人社团，[②] 其中以中华党、印尼国籍协会、新明会、中华协会等影响力较大。[③] 到 1936 年 8 月据不完全统计，全印尼有华人社团 308 个。[④] 20 世纪 20—40 年代日本对荷印华人调查也显示，当时荷印吧城著名的华人社团有：（1）中华商会；（2）华侨输入商会；（3）和合会（会长黄长水，该会以恳亲和互助为宗旨，会员有 1000 人以上）；（4）巴城慈善会；（5）励志社（干事中有庄西言和洪渊源等福建人，是著名的华人联谊机构）；（6）玉融同乡会（会长黄状五，会员有 300 人）；（7）福建会馆（会长张青龙）等。[⑤] 日据时期，所有华人社团都被迫解散或停止活动，直到"二战"后才恢复活动，1950 年印尼华侨社团又达到 2100 多个。[⑥]

吧城华人社团虽然数量繁多，但根据其性质一般可以分为以下几类。

（一）职业、行业社团

荷印华人最早成立的行业、职业团体是上文述及的中华商会。中华商会于 1906 年 2 月成立，最初称为华商总会，其成立宗旨是"一方面增进

---

① 见《公堂日清簿》（1929 年）、《公堂日清簿》（1930 年）、《公堂日清簿》（1931 年），荷兰莱顿大学汉学院馆藏，档案号分别为 42017、42018、42019。

② 黄昆章：《印度尼西亚华文教育发展史》，第 21 页。

③ 同上书，第 21 页。

④ 同上书，第 21 页。

⑤ 崔丕、姚玉民译：《日本对南洋华侨调查资料选编（1925—1945）》（第一辑），第 30—31 页。

⑥ 黄昆章：《印度尼西亚华文教育发展史》，第 21 页。

吾侨的学识，提高吾侨的地位。另一方面发展吾侨在爪哇的商业，且对祖国作更密切的联系"①。由于华人传统上多经商，因此其会员众多，各行各业的社团也加入其中，成为团体会员，它实际上成为一个华人商业社团的总机构，在各地商业界及商业社团中起领导作用。② 1920 年改为中华总商会，后改为中华商会。它在团结华人、维护华商利益、加强与中国的经济联系、捐助华人教育和当地慈善福利方面起重要作用。1934 年 2 月，由它发起筹组全荷印中华商联会，同年 8 月 28 日正式在吧城成立，与会代表来自荷印各个地区共 40 人，会议通过了"荷印中华商联会"成立宣言，它的成立标志着华人商界的团结，对当时华人企业的救济、对抗日本经济实力的挤压和促进华人商业发展起了重要作用。③

　　比较重要的华人行业社团还有印尼中华商会联合会，简称印尼商联会，是印尼各种中华商会的联合组织。1947 年 8 月在三宝垄、巴东、万隆等地中华商会的建议下，在雅加达④成立印尼中华商会联合办事处，由雅加达中华商会主席郭美丞任主任，筹划组建联合会事宜。1948 年 6 月 4 日各地中华商会代表 60 余人在雅加达举行大会，成立印尼中华商联合会，郭美丞任理事长，洪渊源和徐华彰任副理事长。12 月 29 日该会经当地政府批准立案。1949 年 8 月该会创办印尼华侨公立高级商业学校（简称"印华高商"），1953 年创办《中华商报》，并曾出版《印尼商业年鉴》。1958 年该会及所属学校、报社均被印尼政府取缔。⑤

　　类似的华人行业社团还有雅加达布商工会（成立于 1949 年，其会员多为福清籍布商，主要活动是联络同业，维护同业利益，劝告会员遵守当地经济条例和法令）；雅加达金商工会（1947 年成立，会员多为福州籍侨商）；雅加达中华杂货输入商工会（成立于 1926 年，原名华商杂货工会，其主要活动是团结同业，举办侨众福利）；雅加达侨商联合会（成立于1939 年，是当地华侨中小商组织，平时主要团结同业，代会员交涉一般

---

① 《三宝垄中华商会三十周年纪念册（1907—1937）》，弁言，1937 年版。
② 温广益等编著：《印度尼西亚华侨史》，第 434 页。
③ 南京侨务月报社：《侨务月报》1934 年 9 月号，第 57 页。
④ 1942 年日本占领荷印时，恢复巴达维亚原来的名字即雅加达。
⑤ 《印度尼西亚中华商会联合会》，2016 年 4 月 12 日，百度百科（https：//baike. baidu. com/item/印度尼西亚中华商会联合会/4453229？fr = aladdin）。

商务事宜）等。① 此外，还有诸如亚弄商公会、橡胶公会、咖啡商公会、花裙业公会、酒商公会、皮革业公会、杂货商公会等行业性组织，它们团结互助为维护本行业利益做出重要贡献。

（二）同乡社团

19 世纪末 20 世纪初，同乡社团也在荷印华人社会建立和发展起来，其中最主要的是华侨公会（或客属公会）、福建会馆和广肇会馆三大侨团，它们都是由各种行帮、会馆发展而来的。"华侨公会"的前身为 1865 年成立的总义祠，后来才改称客属公会。最初它是吧城广东客家籍华人互助联谊性组织，20 世纪初其籍贯色彩变淡，故改名为"华侨公会"。而雅加达福建会馆前身是巴城福安公司，1911 年 1 月 1 日改组后改为现名，它主要关注福建同乡福利和教育事业，会员有福建籍华人资本家和自由职业者等，该会馆下设玉融（福清）、永泰、漳泉等地方同乡会组织。② 而吧城广肇会馆成立于 1908 年 4 月。③ 在这 3 大同乡社团的带动下，雅加达的华人同乡社团不断涌现（见表 8—2）。

表 8—2　　20 世纪 20—50 年代雅加达华人同乡社团发展情况

名称	建立时间	备注
雅加达南靖公会	1924	前身是 1824 年兴建的南靖庙，当时公会设立在庙内
雅加达福州会馆	1946	有会员 100 多人
雅加达永春公会	1949	有会员 200 多人
雅加达南安公会	1952	
雅加达晋江公会	1955	
雅加达兴安会馆	1939	
雅加达玉融公会	二战前夕	会员 900 多人，办有新民中、小学各一所
雅加达金门会馆	1948	
雅加达永定会馆	1951	

资料来源：福建省地方志编纂委员会编：《福建省志·华侨志》，第 41—42 页。

① 《福州市志》第 8 册《第四篇华侨》，2011 年 11 月，爱问共享资料网（http://ishare. iask. sina. com. cn/f/21171242. html）。
② 同上。
③ 温广益等编著：《印度尼西亚华侨史》，第 436—437 页。

这些同乡社团积极开展乡侨互助联谊活动，为促进华人社会发展做出贡献。如雅加达玉融公会于 1933 年 11 月 9 日由融侨郭伯俊、林克书、林民镕、郭毓秀等发起成立，时任主席为林民俗，副主席为黄状五。该公会成立初期主要任务是帮会员料理丧事及关注同乡福利事业。1938—1940 年间，公会曾创办育华小学。抗战期间，该组织又全力开展筹款工作以支援祖国抗日。印尼民族独立战争期间，该组织从物质上和精神上大力援助印尼民族独立运动；印尼独立后，公会重新整顿会务，将工作重点放在服务同乡福利工作。日据时期，该公会解散，除丧事部和体育部属仍继续活动外，其他活动完全停止。战后，印尼各华人社团恢复活动，该公会也在 1948 年成立雅加达玉融公会临时办事处，主席杨名树。1951 年公会兴办新文小学，1953 年郭毓秀任主席期间曾创办义务成人夜校，1954 年开办新文中学。公会的力量不断发展壮大，下设中印（尼）文文书、财政部、福利部、丧事部、文娱部、体育部、总务等机构。1959 年印尼政府第十号法令公布后，由于许多华人无奈举家回国，公会则协助乡侨或会员办理回国种种手续。1965 年"9·30"事件后，公会被解散，其名下的学校也停办。①

（三）综合性社团

此类社团最有影响的就是上文述及的吧城中华会馆，它是当地第一个近代华人社团，会员多是华人。另一个重要的综合性华人社团是成立于 1950 年 6 月的中华侨团总会，其前身是庆祝中印（尼）建交工作委员会，后改名华侨团结促进会，推举刘宜应为主席，司徒赞和杨新容为副主席。1952 年改为中华侨团总会（简称"侨团总会"），下辖 100 多个团体会员，著名华裔领袖洪渊源被选为主席，司徒赞、刘宜应和吕俊诚被选为副主席，分别代表广肇、客家和闽南籍华人团体。它的主要任务是致力于加强华人社会团结，发展华人文教和福利事业，移风易俗、促进华人与当地的融合及促进中印（尼）友好事业的发展。此外，还有印尼侨联总会，它成立于 1953 年，是支持中国国民党的侨团总会机构，1954 年 7 月该会曾主持召开"全印尼华侨教育会议"，1958 年被印尼政府封闭。

---

① 《雅加达福清公会》，2011 年 8 月 20 日，爱福清网（http：//news. 52fuqing. com/newss-show－1146. html）。

(四) 其他社团

此类社团多成立于20世纪20年代以后。其背景是1919年中国五四新文化运动的爆发影响到荷印华人社会，吧城也出现一些青年文化、体育社团，主要开展新文化运动。1927年中国国内大革命失败后，不少革命志士和文教界人士流亡东南亚，他们带来先进思想，推动了当地新型社团的建立，如华侨联谊会、华侨青年会、中华妇女联合会、中华体育会、剧社、音乐社及校友会等。一些行业的职工还建立自己的组织以团结互助、提高待遇，如教师工会、店员工会等，1938年吧城华人成立了中华劳动会，此后又成立全爪哇中华劳动联合会。[①] 20世纪50年代，又出现雅加达妇女协会、雅加达椰华妇女协会、雅加达教师公会、雅加达华侨教师联合会等。

战前，吧城华人社团蓬勃发展，不少知名华商同时也是华人社团的领导人或积极参与者。如洪渊源为华文报纸《新报》和马来文报《Sin Po》的总经理，并任吧城慈善会委员、励志社干事。[②] 游子云任中央国医馆荷属分馆馆长，同时兼任吧城医药施济会会长、药商公会会长、中华总商会董事、福建会馆董事及华侨智育会董事和慈善委员会常务委员兼寒衣部主任。[③] 张青龙是华侨书局经理，同时是吧城福建会馆主席兼福建会馆学务委员长和吧城公馆评议员，也是吧城慈善会常务委员及中华总商会董事。[④] 陈兴砚是万源公司社长，并任华侨智育会副主席、慈善委员会副主席、中华商会董事，并曾任福建会馆名誉会长、八华中华会馆董事、展玉中华会馆名誉会长、永春公所名誉顾问及其他社团学校公职等。[⑤] 刘连贤是红牌"营业"公司经理，经营花裙兼汇兑，并任红牌公会主席、红牌慈善会主席、巴城（即吧城）花裙总会董事及红牌中华学校学务委员。林香串是"迫成"号经理，经营花裙业，任红牌维新学校主席、花裙公会监察委员及巴城慈善委员会委员。廖立粒为"兴利发"商号经理，并任红牌花裙公会议员、红牌慈善会售物委员。[⑥] 黄联山是"椰城公众针灸

---

① 温广益等编著：《印度尼西亚华侨史》，第438—439页。

② 岳阳、刘焕然编：《荷属东印度概览》（1939年），第77页。

③ 同上书，第78页。

④ 同上书，第80页。

⑤ 岳阳、刘焕然编：《荷属东印度概览》（1939年），第82页。

⑥ 同上书，第96页。

诊疗所"经营者，同时兼任针灸诊疗基金会主席。① 郭美丞是大华公司及南洋印书局有限公司经理，并先后任巴达维亚中华商会常务董事、荷印华侨促进中荷贸易委员会委员、巴达维亚福建会馆会长兼福建学校董事长、华侨联合会常务董事、"荷印中华商会联合会"理事长、雅加达中华商会会长。

1958 年后印尼政府对华人社团采取严苛态度，限制它们发展组织和开展活动。"9·30"事件后，绝大部分印尼华人社团被取缔，只允许保留医药卫生、宗教、殡葬、体育及娱乐、基金会、姓氏等少数社团。

四　吧国公堂与其他华人社团关系探析

19 世纪末 20 世纪初吧城其他华人社团的发展情况在《公案簿》档案中也有所体现。如吧城华人曾筹划设立胡勃实会馆一事。1913 年 6 月 11 日，公堂曾商议设立胡勃实②会馆暂理华人之事务。大玛腰告诉公堂官员说，有文罗哇梭③华人蔡良义来信，因其兄蔡良仁告病辞职，文罗哇梭副淡要求蔡良义接替蔡良仁之职位，蔡良义拒绝，副淡表示，如果蔡拒绝的话，华人所有事务将交由巴治卫唠那④，所以蔡良义建议华人起来组织胡勃实会馆⑤，以期彼此互相救护。大玛腰表示赞同这个建议，认为成立这个组织对华人极为有益，但问题是该组织应设在哪里。雷珍兰廖亚荣表示应该设立在吧城，默氏陈进木表示："设立此会馆，须先蒙恩准。我等之规条方可欲拟定，该规条众胡勃实须预订一时日，设一特别大会议为要也。究竟我亦意合以设立此会馆，盖凡我等自己不能为者，有此会馆或能助成之。"公堂于是决定委托雷珍兰胡先情和默氏陈进木作公美司，写信给权理文罗哇梭雷珍兰蔡良义，以"先安排凡所紧要设立此胡勃实会馆之事也"⑥。到 7 月 3 日大玛腰又在告知公堂议事时表示："前月议场，已

---

① 陈克振编著：《安溪华侨华人风采录》，国际华文出版社 2004 年版，第 92 页。

② 胡勃实，源自荷兰语 Officier，意为军阶、首领、头人，此指有官阶品位的华人，如公堂官员，见聂德宁等校注：《公案簿》第 3 辑，第 334 页。

③ 文罗哇梭，即 Bondowoso，东爪哇城市。

④ 马来语 Patih Wedana，土著人区长的意思，见［荷］包乐史、吴凤斌、聂德宁校注：《公案簿》第 15 辑，第 13 页。

⑤ 荷兰语 Officierenbond，官员联盟组织，见同上书，第 13 页。

⑥ ［荷］包乐史、吴凤斌、聂德宁校注：《公案簿》第 15 辑，第 13—14 页。

经判准委任默陈进木修书，以覆代理文罗哇梭雷珍兰蔡良义之函欲设立一胡勃实之事。然至今我犹未见该函已回覆也。"陈进木表示，"因该代理雷珍兰之书，我犹未接到也。"① 同年 9 月 3 日，公堂商议由文罗哇梭雷珍兰寄来的所拟定的中华胡勃实会之规例，玛腰嘱咐朱葛礁为自己阅读这些规条，"将该规条逐件稍微删改之后，遂议决：将该规条寄回于公美司其被托任理此事者，俾再查阅凡有紧要处可改良之"②。由此事可见，公堂对其他华人社团组织的成立也费心费力。

此外，如《公案簿》档案中多次提到吧城默氏会馆，如第 14 辑中载：1912 年 9 月默氏会馆许多默氏欠会费，大玛腰指示到："此积欠须算理完明，俾可得知谁不留心者，命将该会费最迟限至后拜四，须皆还在大玛瑶亲手。"③ 同年 11 月 4 日，吧城默氏会馆主议员陈进木又向公堂恳求，准许该会馆自举一人为公美司，其职责只是查核诸位默氏之吧酌事务及其他各事，公堂对此表示批准。④《公案簿》第 15 辑又载：1913 年 8 月 4 日，大玛腰责问默氏会馆有几个议员之所为甚不合式，而该会却置若罔闻。如默氏林金水胆敢派遣已被革退的副默杨福来前来公堂，而默氏陈显志派来的代表竟然穿着睡裤而来。默氏陈进木表示，此事默氏会馆有权可以过问，但该会馆没有其他权限。⑤

由这些记载可以推断，1912 年前吧城默氏会馆已经存在，且在一定程度上接受公堂的管理与监督。

此外，1912 年 11 月 23 日公堂在公馆设特别大会"商讨决定新年当从何历之事"，对此，《公案簿》档案载：因民国政府新年要遵从阴历，因此玛腰想和诸位官员商议公堂该采用何种历法。会上玛腰提及，中华总商会、广务商会、广肇会馆（1908 年 4 月 14 日在吧城成立）、福建会馆（1911 年 1 月 1 日正式将原名福安公司改为吧城福建会馆）、华商总会等分别表达不同意见，有的坚持阴历，有的坚持阴历，最后公堂的意见是坚持之前的做法，即采用阴历。这份记录在一定程度上说明公堂与各华人社

---

① ［荷］包乐史、吴凤斌、聂德宁校注：《公案簿》第 15 辑，第 25 页。
② 同上书，第 35—36 页。
③ 同上书，第 497—498 页。
④ 同上书，第 510—511 页。
⑤ 同上书，第 27 页。

团之间的来往较为密切。① 而 1915 年 8 月华商总会恳求公堂拜托诸位默氏在华人中募捐以赈济广东水灾，这更说明这些华人社团在发动华人社会方面还需要公堂的援助，也说明，虽然华人社团不断涌现，但公堂在华人社会中仍具有相当大的影响力。②

---

① 吴凤斌、〔荷〕包乐史、聂德宁校注：《公案簿》第 14 辑，第 524 页。
② 〔荷〕包乐史、吴凤斌、聂德宁校注：《公案簿》第 15 辑，第 206 页。

第九章　吧城华人教育结构

迄今，国内学术界对印尼侨教的研究已成果颇多，本书并不做重复研究，而是试图利用现存吧城公馆档案中涉及侨教的一手资料，对荷印吧城华人的教育状况作一探讨，特别是探讨公堂在吧城华人教育中的角色和地位。

一般而言，吧城华人教育的发展可以分为两个阶段。

第一节　印尼独立前的吧城华文教育

一　旧式义学的建立与发展

侨史学界一般认为，有文字记载的海外第一间华文学校应是吧城的明诚书院。据《开吧历代史记》载，清康熙二十九年（1690）6 月，吧城华人首领郭郡观曾向荷兰总督提建议。他说："凡唐人有疾病癫狂失性，无依倚者，盖筑美色甘病厝（即济贫院）以居之"，"至若唐人父母弃世，无人教导及贫乏之儿，建一义学，请一唐人先生以教之"①。这样一来，"则病人有可延其性命，贫儿不致艰于读书"了。总督采纳了这个建议。郭郡观经过一番努力，于是年 8 月即在吧城创办识字班性质的明诚书院，延聘一位老学究，教些"之乎者也"一类的中国文字。明诚书院最早的教员为来自福建的落第秀才或当地僧侣，教学用语是闽南方言，经费由公馆捐助。② 明诚书院最初只是附设在养济院内的义学，属于识字班性质，

---

① 许云樵校注：《开吧历代史记》，第 34 页。
② 黄昆章：《康有为在印尼的活动与影响》，见陈国华《先驱者脚印——海外华人教育三百年》，Royal Kingsway Inc. , Canada：Toronto, 1992 年版，第 8 页。

并未形成独立的学校，不久就停办。① 1729 年吧城养济院改组，荷兰东印度公司拨出一间房屋以开办义学，经费由华人官员负责，荷兰殖民政府曾在 1753 年派数名荷兰儿童到义学学习华文，② 不久义学因为管理不善而停办③。公堂雷珍兰高根观于 1775 年"向甲大（黄珩观）议举观音亭后地，营建义学一所，为雷珍兰之大学，崇祀紫阳禄位，额曰：'明诚书院'。城内'南江书院'，崇祀紫阳圣像，令作甲大学。各延师住内，教授贫穷生徒。岁设二丁祭祀，畅饮，以文会友……南江书院亦然，有如是斯文风之威，彬彬如此"④。"明诚书院"及南江书院"堪为南洋华侨学校之鼻祖"⑤，它们虽"延师养正蒙童，充贫民子弟肄业其中"⑥，但也没能坚持多久，1787 年吧城华人雷珍兰在北达森比兰街（JI. Petak Sembilan）的华人寺院金德院开办义学，称为明德书院（后又改称明诚书院）⑦，经费由华人公馆承办，每个月拨款 300 盾。⑧ 无论是明诚书院还是明德书院都以四书五经为教材，内容深了许多，开始时聘请闽南落第秀才以方言教学，后来这样的人才难寻，只好由华人僧侣代替，因此其教学质量堪忧。为此，一些稍有文化的吧城华人自己开办了私塾，如林金城开办了私塾，学生们"间及学习议论策之文字"⑨。还有原清廷县衙小官吏冯某到印尼开办学校十余所。⑩ 但它们多设立在寺庙内，经费则来自多渠道，且任课老师多为代看风水的私塾先生或落第秀才，甚至有僧侣、店员等，使用的教材也是"四书五经"，因此私塾的教学质量也堪忧。到 1900 年全印尼有 439 间私塾和义学，其中 257

① 黄昆章：《印度尼西亚华文教育发展史》，外语教学与研究出版社 2007 年版，第 28 页。

② ［印尼］梁友兰：《巴城中华会馆四十周年纪念刊》，吧城中华会馆 1940 年版，第 21 页。

③ 李全寿：《印尼华侨教育史》，《南洋学报》1959 年第 15 卷第 1 辑，第 21 页。

④ 许云樵校注：《开吧历代史记》，第 55—56 页。

⑤ 同上，第 55—56 页。

⑥ 侯真平等校注：《公案簿》第 8 辑，第 340—342 页。

⑦ 李学民、黄昆章：《印尼华侨史（古代至 1949 年）》，第 362 页。

⑧ 黄昆章：《印度尼西亚华文教育发展史》，第 28—29 页。

⑨ 华侨志编纂委员会编印：《印尼华侨志》，台北 1961 年版，第 101 页。

⑩ 荷属华侨学务总会编：《荷印华侨教育鉴》，1928 年版，第 341 页。

间在爪哇，吧城有 28 间，这些旧式学校共有学生 7835 人。① 此外，20
世纪前吧城还有荷印政府开办的荷文学校，但最初它们只招收荷兰及欧
洲人的子弟入学，禁止华人及当地人子弟就读，直到 1860 年才取消这
个禁令。华人子弟真正能够进入荷文学校是在 20 世纪初，人数少且多
为华人官宦家庭的孩子。

概而言之，20 世纪之前，吧城只有一些义学和私塾外，并没有建
立起正式的华人学校。1901 年 3 月吧城中华会馆创办了印尼第一间正
规的中华学校，明诚书院于 1902 年合并到中华学校之后便不再办了。
明诚书院断断续续办了 200 余年，这在中外教育史上也是不多见的。②

二　公堂对吧城义学的管理与贡献

档案显示，公堂历代官员都殚精竭虑地对明诚书院等义学给予全心
维持与严格管理，除了各项开支费用均由公堂负责筹措和担当外，无论
是校舍的修葺与扩充，或者师资的延聘与加延，还是教学时间（包括启
读日期、歇馆时间及紫阳③牌位的春秋二祭等事项）安排及义学规章制
度的制定等，公堂无不尽心尽力，具体表现在以下几个方面。

（一）教读先生的延聘与辞退

一般而言，在义学任教的先生必须先向公堂提出申请，经过资历审
核后，才能在义学任教。《公案簿》中有许多关于教读先生入禀公堂恳
求获得教职的案例。如 1875 年 7 月 6 日方文标、王鹏飞、陈喜会入禀
恳明诚书院掌教，其中方文标的禀词为："切晚猥以庸才，客吧舌耕多
年……兹欲恳接十年义塾下半冬之任，自当精心竭愚，善诱童蒙，断不
敢怠惰自安，以负公堂建设学校，养正童蒙之遗意焉。"而王鹏飞的禀
词为："切晚舌耕为业，馆居南靖，虽暂得为安身，然人弃我取相知转
在于不相识之人。兹际书院有乏教授额尚未补，敢仰求众大人布德施
恩，将此书院赐与晚生居住……"陈喜会则向公堂表示："自幼诵读诗

① Lea E. Williams, *Overseas Nationalism-The Genesis of the Pan-Chinese Movement in Indonesia*,
1900－1906, Illinois: The Free Press, 1960, p. 66.

② 《最早的海外华文学校》，2010 年 6 月 25 日，中国教育和科研计算机网（http://
www.edu.cn/jiao_shi_pin_dao/duiwaihanyu/haiwaijiaoxue/201006/t20100625_489663.shtml）。

③ 即朱熹，见侯真平等校注：《公案簿》第 8 辑，第 340—342 页。

书，学业多年，就文章颇知其略，全望明诚书本年下半冬缺西席之位，伏冀公堂大人玛腰大人暨列位甲必丹大人提撕恩准，故敢冒昧劾其倦愚，不胜战慄俟命之至。"① 再如1892年12月，因明诚书院福建籍副教师杨仁史恳本年终辞任回唐，副教师一职空缺，因此有童生杨其寿、施祝三、陈宝华、黄龙池、叶蓁五人呈禀公堂求任此职。公堂准杨仁史禀，并将童生五人的禀词一一验看，择品学兼优，堪为师范者，于彬雅咸集中拔其优者。经过比较，公堂觉得施祝金云允妥，即定施祝三来年充副教师之任。② 可见，这些申请人须向公堂告知自己的来历以及学识水平以供公堂考量。一般来说，教读先生一职在华人看来还是一份不错的差事，因此申请者往往不在少数，甚至公堂离职人员也会申请任教义学。如1889年10月7日，前任雷珍兰陈文速上书恳来年任明诚书院正师之职，他说："近闻书院师长求罢任，如列宪不以为弃，晚弟愿为充补。自当克勤厥职，以引为翼，是训是效，则幸甚！谨此待命。"③

公堂会对申请者的情况进行逐个分析，再比较取舍，最后做出选择。有意思的是，公堂在任教先生的取舍方面常常会考虑得很细致。如1875年7月6日方文标、王鹏飞、陈喜会入禀恳明诚书院掌教中，公堂认为，根据这三位申请者的禀词看，"惟方先生之禀帖文雅通达。况他系旧义学师，不若仍旧举方先生暂权续下半冬之教，观其学规教法，若无亏损，则令至续明年可也"④。1876年1月16日，方文标又与高嘉毂一起入禀恳为明诚书院掌教，公堂各位官员表示，"素知高先生才疏学浅，不堪是任。不若旧义学师方先生经已数年任教，归法熟娴。本堂合当仍旧与方先生掌教，并可发下半冬之束金四百盾"⑤。1890年6月27日，杨善初呈禀求补明诚书院广属副师，公堂会勘后，认为"杨善初行止端谨，学问优长，使充西席，居位何惭。爰请到堂面陈允准，每岁修金银六百盾"⑥。1893年1月20日，因为书院正教师雷珍兰陈文速病逝，教职空虚，共有副教

① 聂德宁、吴凤斌、[荷]包乐史校注：《公案簿》第13辑，第182页。
② 吴凤斌、[荷]包乐史、聂德宁校注：《公案簿》第14辑，第141页。
③ 同上书，第28—29页。
④ 聂德宁、吴凤斌、[荷]包乐史校注：《公案簿》第13辑，第182页。
⑤ 同上书，第222—223页。
⑥ 同上书，第58—59页。

杨铭、汤童生、杨仁史、姚若夫等五人向公堂提出申请，公堂经过讨论，最终"因取杨仁史者较多"，而且杨某曾充任副教先生四年，对业务熟悉，最终公堂议定杨仁史来年充正教师之位。[①] 可见，公堂在选择教读先生时，其文采与学识是首要的考虑对象，同时也往往倾向于对之前聘任的合格教读先生的留任。

此外，如 1857 年 2 月华人杨植梧、方夺侯向公堂恳求充任明诚书院教书先生，公堂对他们的个人资历进行了解后表示，"论杨植梧所恳要充明诚书院训导，据其自供已经启馆在玛腰（陈永元）府中，适有奇遇，则思别图，难免有得陇望蜀之嫌，于理不合，不宜承受"。而方夺侯"其人敦诚博雅，且学规甚然严肃，合宜准恳授以教读之任，即令其择吉启读"[②]。可见公堂在择师时会考虑到教师的稳定性，不轻易聘用身兼数职的人任先生。

应该指出的是，教读先生被延聘后并非一劳永逸，而是每学期重新延聘。如义学师高大雅、蒋清怀自 1874 年 1 月间始掌教于明诚书院。1875 年 6 月 21 日高大雅身故，1875 年 7 月 6 日公堂审议方文标、王鹏飞、陈喜会入禀掌教事，暂时选择其中"禀帖文雅通达"的方文标掌教。到 1876 年 1 月 16 日，公堂对方文标、高嘉谷的入禀掌教事宜进行评议，方文标再次入选掌教明诚书院，以一年为期，并发给其下半冬之束金四百盾。1883 年 11 月 23 日公堂再次审议方文标、蔡澄秋、林文塾、杨诒谷呈禀恳掌教义塾事，列台认为"方文标已老耄矣，而林文塾系福州人氏，音语与我漳大不同。唯蔡澄秋、杨诒毂学问皆堪取"。其中，"蔡澄秋自本年九月公堂已用其权理义塾，至今亦无甚可嫌"。为此，公堂即定夺蔡澄秋为义塾正师，并议定义学正师年束金 1200 盾，副师 500 盾。[③]

此外，虽然吧城华人以福建籍为主，但公堂义学并不只对闽侨生源开放，而是兼收广东籍等其他生源，为此，公堂还招聘广东籍的先生。如 1884 年 3 月 7 日，大玛腰李子凤在公堂会议上提议说，"广属贫家诸人子弟愿就义塾读书，若果系贫寒无力酬师，鄙意谓合增广属人在义塾为师教

---

① 聂德宁、吴凤斌、［荷］包乐史校注：《公案簿》第 13 辑，第 147 页。
② ［荷］包乐史等校注：《公案簿》第 10 辑，第 9—10 页。
③ 聂德宁、吴凤斌、［荷］包乐史校注：《公案簿》第 13 辑，前言，第 7—9 页。

之列。"公堂列台异口同声称善，决定"以义塾正师为长，酌议脩金，皆曰每年须开600盾"①。

1890年3月14日，公堂会商："因本年明诚书院广属生徒加多至三十余人，非一师所能胜任"，因此公堂打算申文大淡，恳准再请广属副师一人，每年给修金艮600盾，以分其任。到1890年4月2日副淡会话，同意公堂所请。②此后，公堂进行公开招聘，有广东嘉应人李伟人和杨善初申请充任。1890年4月10日公堂为此召开会议，在座官员及李晋郎甲大共5人推举李伟人，其余3人推举杨善初，最终李伟人被选中。③

当然，如果教读先生要辞职也需要向公堂提出申请以获得同意。如1865年2月15日郑润祥投禀恳辞掌教义学，列台阅禀，准恳辞可也④。1889年10月7日明诚书院正师陈慎堂恳辞来年教读之任，理由是"因公堂减去学金艮三百盾，只给艮1200，自揣费用实属不敷"。最后，公堂准其所恳。⑤

除了教读先生自己提出辞任，对不合格的先生，公堂往往予以解聘。如1889年10月7日公堂会议上，甲必丹李晋郎官提请革退义塾副师杨柳汀，因其"学规疏懒，品行不端，敢于学舍恣吸洋烟。合无革退，以警未来"。公堂议决到："为师吃鸦，教徒必懒，公堂所弗取也。即依例晋郎甲大所请，预达杨柳汀罢任。"⑥1890年4月10日公堂议定解聘广属副师李辅臣，因其"年少轻狂，举动乖礼，殊无人师之范"⑦。

（二）提供教读先生束金

相关档案显示，教读先生的束金数额不是一成不变，而是不断增多。《公案簿》曾载："和1778年义塾师，以两人脩金每年1200盾，用费不敷，恳求退任。"因此公堂诸位官员议决："别择一师，能以一人兼教群弟子者，此一师每年获脩金1200盾所自始也，盖和1878年也。"⑧

到1882年3月17日，公堂义学司理员提议再聘请一位义学教师，他

---

① 聂德宁、吴凤斌、[荷]包乐史校注：《公案簿》第13辑，第447页。

② 吴凤斌、[荷]包乐史、聂德宁校注：《公案簿》第14辑，第47页。

③ 同上书，第51页。

④ [荷]包乐史等校注：《公案簿》第10辑，第534页。

⑤ 吴凤斌、[荷]包乐史、聂德宁校注：《公案簿》第14辑，第28页。

⑥ 同上书，第28页。

⑦ 同上书，第51页。

⑧ 聂德宁、吴凤斌、[荷]包乐史校注：《公案簿》第13辑，第417—418页。

表示，现在义学生徒已达 38 人，后面要入学的学生还很多，而一个老师一般只能同时教授 30 名左右的学生，因此建议宜再聘请一位副教先生，才能顺利开展教学工作，此外，"至于富家之子弟，若要赴学，则令还其束金入公"。公堂讨论后认为，"论义学若生徒过多，一师独教难免草草。本堂合当再选一位副教，约每年束金银 400 盾。若富家子弟要赴学者，诸司员等可以酌量其束金是也。"① 1882 年 5 月 12 日，黄福章甲大又建议公堂添补义学副先生束金 100 盾，因为副教先生表示公堂所给的 400 盾开用不足。对此，公堂表示，3 月 17 日的会议已决定给副教先生束金银 400 盾，且已经将详情报知大淡，而大淡至今没有回复，如果此时再要求增加很不合适，但因为义学中有些学生缴纳的束金为 100 盾，可以将这笔钱用于贴补副教先生。② 1883 年 6 月 25 日，公堂会议说，原经大淡于 1882 年 6 月 2 日案夺，准开公堂柜项，每年银 400 盾为明诚书院副师束金，因其嫌菲薄，酌议每年增加银 100 盾。报知大淡批准。③ 到 1883 年 10 月 19 日，大淡文谕准每年义塾正师脩金银 1200 盾，义塾副师银 500 盾。④

义学先生的束金，历来由公堂全体官员们月俸中捐支。仅此一项，公堂官员们每年须从其月俸中捐出"束金 1200 盾"，作为义学延聘教师薪资。这在公馆档案中得到印证，如 1865 年 2 月 15 日，公堂会议上列台讨论到："观本年义学，生徒就学已有五十余人，仅一人为师，难以总理，致有荒废，有须正副二位。但全年列台在座十一员，计喜出束金 1200 盾，正先生可得束金全年 800 盾，其担支春、秋二祭之费；副先生可束金全年 400 盾。"⑤ 再如 1879 年 7 月公堂发布通知："和 1879 年七月十九日拜六早八点钟，兰得叻嘧喳唠，即此报知值月公勃低，兹义学师明早领上半年冬之束金，不及会议，惟写数簿，祈列台押号以便开数是也，即此报知列位寅兄。"⑥ 1883 年 7 月 6 日，因大淡致书公堂询问义塾明诚书院诸事，

① 聂德宁、吴凤斌、［荷］包乐史校注：《公案簿》第 13 辑，第 353—354 页。
② 同上书，第 362 页。
③ 同上书，第 410 页。
④ 同上书，第 429 页。
⑤ ［荷］包乐史等校注：《公案簿》第 10 辑，第 534 页。
⑥ 《公堂通知簿》（1879 年 3 月 7 日—1880 年 9 月 1 日），荷兰莱顿大学汉学院馆藏，档案号 11001。

公堂在回复中对明诚书院的情况做了阐述，即"总计义塾明诚书院学童共有 44 子，并无学童自备脩金及酧还本堂之事。其师长有正副二位，正师每年脩金 1200 盾，从大淡和 1871 年 3 月 14 日第 1575 号案夺；副师每年酧金银 400 盾，从大淡和 1882 年 6 月 2 日第 3596 号案夺，概系公堂柜项支出"①。这里明确指出教读先生的费用由公堂柜项支出。1884 年 3 月 21 日，大淡发布公文给公堂，准许其逐年开用柜项银 600 盾为另延广属人在义塾为贰师脩金。②1885 年 1 月 3 日公堂又发布通知说："承大玛腰命，于和 1885 年正月初九日拜五早十点钟公堂会议，祈依时常服齐集为要，请陈慎堂师掌教明诚书院，酌议修金之事，仰列位寅台花押。"③1889 年前后，明诚书院正师的辛金似乎曾涨到每年 1500 盾，对此甲必丹许耀基表示，"此数未免太重，合无裁减，以省糜费"，公堂会议后表示，"来年学金只给艮 1200 盾"④。

（三）组织华人子弟就读

这一点在《公案簿》及《公堂通知簿》档案中均有记载。如"和 1878 年式月□日兹义学新立黄宗英先生教读，凡诸界内贫寒之子弟欲赴读，可来公馆报名，耑此布闻列位默氏通谕"⑤。

再如 1882 年 1 月 27 日，陈文贵甲请知公堂说："今明诚书院业已修理，增益宽广，而生徒零零无几。未知公堂如何设法方得兴盛？"公堂表示："夫立义学之意，原要施教于贫人，免其束金。今当利人方便，令诸默通知各界内，谁欲赴学可向义学师请明，就便入读。而义学师惟可录写其生徒及学父之名，与司理员知道，免求默禀公堂之烦矣。"公堂还确定了管理义学的 5 位官员，即黄福章甲大、陈亚诰甲大、李亚二甲、吴经纶甲、沈景坤甲，他们负责巡查义学。⑥

此外，1912 年 8 月 3 日，大玛腰告知贫家子弟可读书于吧城中华会

---

① 聂德宁、吴凤斌、〔荷〕包乐史校注：《公案簿》第 13 辑，第 413—414 页。

② 同上书，第 450 页。

③ 《公堂通知簿》（1884 年 5 月 28 日—1886 年 9 月 7 日），荷兰莱顿大学汉学院馆藏，档案号 11003。

④ 吴凤斌、〔荷〕包乐史、聂德宁校注：《公案簿》第 14 辑，第 27 页。

⑤ 《公堂通告簿》（1877 年 6 月 9 日—1879 年 12 月 31 日），荷兰莱顿大学汉学院馆藏，档案号 12001。

⑥ 聂德宁、吴凤斌、〔荷〕包乐史校注：《公案簿》第 13 辑，第 350 页。

馆学校事，不必还钱。因中华会馆表示"前日会馆虽不再收学生，现正再欲扩充已设备学校，俾教育贫家子弟"。故玛腰要求默氏了解其鉴光中有贫家子弟要读书者并报告公堂，因为公堂每月已资助中华会馆学校学资，华人贫家子弟可以免费就读其中。①

（四）主持春秋丁祭

义学每年都要举行春秋丁祭②，都由公堂组织和资助进行。一般祭祀前公堂会向民众发布举行祭祀的通知，这在《公堂通知簿》中有许多记载。如1879年9月22日公堂朱葛礁发布通告说："承玛腰命，定唐八月十六日早巳刻，在明诚书院，要致祭于紫阳朱夫子，祈列位先生齐到拈香，即此布达列位先生押号。"③

同时，公堂还资助义学的春秋丁祭，这可在《公案簿》档案中得到印证。如1883年6月25日，甲必丹陈文贵曾向公堂建议增加银200盾为明诚书院正师每年春秋丁祭等费。他表示，此前公堂已议定，明诚书院正师每年开公堂柜项银1200盾为其脩金，但春秋丁祭费用则由正师自理，这个做法沿袭已久，只是原本无明确记录在案。而公堂僚属每次丁祭日都相率宴饮在书院，似乎是明诚书院的正师出宴饮之钱。因此，陈文贵建议，公堂应另发柜项，"每年银200盾存在司员，为每丁祭僚属酒席之需，其余剩项资，以奖赏学童，鼓励其心神，不亦可乎？"公堂诸位官员均表认同，并决定向大淡申明情况以作定夺。④

（五）安排教学时间

从启读到放暇到放假的时间安排，公堂都给予关注。

1. 启读

一般义学的开学时间都由教读先生决定并向公堂申报。如1856年8月8日，义学教导曾景文禀义学启读日期，他说："迨至本年六月间放假歇馆，旋逢秋夏之交，又属课功之候。晚经涓择于本月初五日拟为启读日

---

① 吴凤斌、［荷］包乐史、聂德宁校注：《公案簿》第14辑，第480页。

② 指每年于仲秋之上旬丁祭，祭奠先圣先师，谓之丁祭，即每年阴历的二月和八月的丁日祭祀孔子、朱子，见聂德宁、吴凤斌、［荷］包乐史校注：《公案簿》第13辑，第410页。

③ 《公堂通告簿》（1877年6月9日—1879年12月31日），荷兰莱顿大学汉学院馆藏，档案号12001。

④ 聂德宁、吴凤斌、［荷］包乐史校注：《公案簿》第13辑，第410页。

期，肃禀奉闻，未蒙定夺。兹届程期已迫，谨当再择于本月十三日启读，颇邀清吉。"公堂表示："半截停教，殊不合式。可准再开义学，以全一年之额。来年之事再行异议。"①

1857 年 7 月 31 日，方夺侯向公堂申请明诚书院启读定期一事，他说："兹本月 6 日暂且放暇，时当秋夏之交，又属课功之候，晚再择于本月 18 日清吉之辰，拟欲启读……伏祈列位宪台大人电夺恩准……"② 因为他后来留任，因此 1858 年 3 月 5 日，方夺侯又向公堂申请恳明诚书院欲募启读一事："当此艳节而后，正课功之时。拟本年 23 日清吉之辰，欲募启读，理合肃禀奉闻。"公堂官员看了他的禀词后表示，"准其启读，依禀而行"③。

1860 年 2 月华人周淡入禀恳承义学之师职，获得批准。④ 经过半年教学，被留任。因此，1860 年 8 月 20 日周淡入禀恳准义学再入学启读，他说："是岁，义学诸童蒙辱委教读经至上半年矣，乃不以浅学而遗，亦奚敢半途而废。"⑤ 1861 年 1 月 30 日，周淡又入禀恳准义学入学⑥，可见他继续留任。

再如 1875 年 7 月 17 日，义学先生方文标入禀请择吉日开始掌教，他说："切晚鲁质庸才，……已成四任义塾，感德靡涯！时童子欲其讲艺论文，领期候教之际，择于六月十九日启读。未敢擅便，合应先禀鸿慈训示施行。"公堂准其所恳。⑦ 1876 年 2 月 14 日，方文标再次入禀为择期启读一事，他说："谨则于本年廿三日启读，理合呈禀，伏惟电鉴恩。"公堂官员表示，"今元宵已过，正学生务业之时也。义学师入禀于唐正月廿三日欲启读。合当允准。"⑧

2. 放暇

由于中国传统节庆活动在吧城的沿袭，义学经常会因这些节日活动而

① 吴凤斌等校注：《公案簿》第 9 辑，第 257 页。
② ［荷］包乐史等校注：《公案簿》第 10 辑，第 51 页。
③ 同上书，第 93 页。
④ 同上书，第 277 页。
⑤ ［荷］包乐史等校注：《公案簿》第 10 辑，第 278 页。
⑥ 同上书，第 292 页。
⑦ 聂德宁、吴凤斌、［荷］包乐史校注：《公案簿》第 13 辑，第 186 页。
⑧ 同上书，第 230—231 页。

放暇。对此,公堂也会进行规范管理。如1889年9月27日,甲必丹许耀基舍向公堂其他官员表示,"朔望之期,学徒放暇,殊属无谓,亦宜停止其例",公堂会议后议决:"依甲必丹许耀基舍所请,实属有理……朔望不得放暇。"① 而1896年2月3日公堂会议上,同样因为义塾先生每逢初一十五就放暇不教,掌管明诚书院的公堂官员甲必丹郑春锡和雷珍兰连福全、吴铿然等人认为这样不妥,因为"为学之道须宜循",如果一曝十寒,则"业何以修,学何以进?"公堂诸官员议决后,命令义塾先生初一十五必须照常上课。②

3. 放假

同样,义学放假时间也需要得到公堂批准。如1875年1月21日,义学师高大雅为禀撤馆事禀报公堂说,现在已是年终岁暮,所以"拟择唐十二月十五日恳要停教。晚不敢擅专,预先拜禀。伏望恩准,不胜欣幸之至!"公堂诸官员表示,已到年底,高大雅的停教恳请应当准恳。③ 再如1876年8月3日,义学师方文标入禀为义塾生徒放暇一事,他说:"切现际炎暑,生徒坐位拥杂,不无暑蒸之苦。旧因有放暇乘凉之举,爰谨依旧规,拟于本月十五日放暇。但未敢擅便,合亟沥请公堂大玛腰暨列位宪台大人电夺,准许放行,切禀。"公堂列台表示,此时天气炎热,正好是学生乘暇寻凉之时,因此对方文标所恳于农历六月十五日放暇生徒表示"合宜准恳"④。由此可见,义学同样有寒暑假的设定。

(六) 制定义学学规

为了规范义学管理,公堂也制定相关规例,并不断进行修订。如1881年1月19日,公堂曾订立明诚书院学规十条:(1)公堂逐年请先生一位,为此公堂每年开用柜项1200盾为先生的辛金,包括书院春秋二祭费用在内。一间义学所招收学童不得超过30人,如果超过30人而多达50人的话,则公堂应当另请一位先生以为副教,每年辛金多少由公堂另开。(2)如果学童家境清贫,则准其入书院读书,不必交学费;如

---

① 吴凤斌、[荷] 包乐史、聂德宁校注:《公案簿》第14辑,第27页。
② 同上书,第253—254页。
③ 聂德宁、吴凤斌、[荷] 包乐史校注:《公案簿》第13辑,第146页。
④ 同上书,第258页。

若学童家资殷实，则应当根据学生所读知识深浅缴纳不同的费用给公堂。（3）每年书院举行春秋二祭以及期考，教读先生以作诗文定出甲乙等，供公堂僚友公赏。（4）每月初一，考查院内学童所作诗文、对句、写字、演算法、字说、世事，通达者则有赏。（5）学童背诵书不清三句者，就略加责罚，让他背到熟练为止。（6）如果学童不循规矩，玩戏无度，背诵不明，就要罚其写几十百字，或掌责，或罚纸笔，或留在义学一二点钟之久，始放出院。（7）若学童读书勤谨，事事循规蹈矩者，赏以纸笔什物以勉之。（8）公堂逐月派人考察明诚书院中诸事。（9）凡是书院教读先生，应该在书院中居住。如有事要到别处去，应当先请明于司理院人。（10）为学师者，必照此条规，逐款而行。公堂还将此条规贴在义学院，以达"庶几各人知学规，整肃而兴勉后学也"的目的。① 从这些学规可以看出，它涉及教读先生的辛金、日常起居、教学要求及考核、春秋祭祀，也涉及学童的入学、教读、考核、奖惩等，可以说是面面俱到。

（七）校舍维护与经济支持

公堂还注重明诚书院等义学的校舍维护。如1884年1月3日公堂朱葛礁发布通告说，"承大玛腰命，于和1884年正月初九拜五早十点钟公堂会议，祈依时常服齐集，为要请陈慎堂师掌教明诚书院，酌议修舍之事，仰列位寅台花押……"② 1890年3月11日公堂又发布通知说，"承权理玛腰事甲必丹李，为明诚书院正师及广属副师请知，该院后厕池已坏，恐有不测。塾中生徒多添，桌凳不足用，二者合亟调停，经计该费许艮464盾，先申文大淡开用公项支出，谨即助此缴知列位寅台电及花押。"③ 1890年3月公堂又向大淡报告说，要开公堂柜项为明诚书院置办买椅桌及创筑厕池共474盾，大淡批准。④ 1892年12月16日，福建副教师杨仁史恳本年终辞任回唐，并恳书院交椅、褥子、蚊帐损坏，

① 聂德宁、吴凤斌、［荷］包乐史校注：《公案簿》第13辑，第300—303页。
② 《公堂通知簿》（1884年5月28日—1886年9月7日），荷兰莱顿大学汉学院馆藏，档案号11003。
③ 《公堂通知簿》（1888年8月13日—1892年8月24日），荷兰莱顿大学汉学院馆藏，档案号11004。
④ 吴凤斌、［荷］包乐史、聂德宁校注：《公案簿》第14辑，第54页。

请行修理。公堂表示,"明诚书院器具物件在厅堂,即以公费开用;在房里者,教师各人自理。"①

除了为教读先生开出辛金及校舍维护外,公堂还通过各种方式资助义学。如1854年7月10日,黄寅清、林光琼请求公堂作主倡议捐资振兴明诚书院,他们表示说:"愿首倡捐,随缘乐助,再延明师,设教如前,诚恐绌于力,不能全举,未敢擅便行事,合恳公堂列位大人台下握薄海之典章,讫此邦之声教,恩准量查院中款目,酌给逐年需费,迅即节劝吧中之富家善民乐捐,凑成义举。"公堂表示赞同,并带头捐助。②

此外,公堂对诸如义成学堂、丹那望学堂、老巴杀学堂、广仁学堂、女学校等华人教育机构也是全力资助。③ 这在《公堂清册簿》档案中有诸多记载。如档案号41006《公堂总清簿》(1878年1月4日—1880年12月31日)载:

> (1878年1月31日)又义学师下半冬之束金从挨寔嘽和1871年三月十四日第1575号、公堂和1878年正月廿二日嚙内案夺去艮400盾……1878年七月卅一日,一开义学师上半冬之束金从1891年三月十四日第1575号、公堂和1878年八月初一日嚙内案夺去艮600盾……1879年一月十日,开义学师下半冬之束金从挨寔嘽和1871年三月十四日第1575号案夺去艮600盾正……1880年一月卅一日,一开义学师下半冬之束今从挨寔嘽和1871年三月十四日第1575号案夺去艮600盾正……

又如档案号41007《公堂总清簿》(1881年1月3日—1882年12月31日)载:

> 1881年正月廿二日,一开义学师和1881年下半冬从大淡和

---

① 吴凤斌、[荷]包乐史、聂德宁校注:《公案簿》第14辑,第141页。
② 侯真平等校注:《公案簿》第8辑,第340—342页。
③ 《公堂通知簿》(1879年3月7日—1880年9月1日),荷兰莱顿大学汉学院馆藏,档案号11001。

1871 年三月十四日第 1575 号案夺去艮 600 盾……1881 年七月初四日，一开还义学师和 1881 年上半冬束金从和 1871 年三月十四日大淡案夺第 1575 号去艮 600 盾……1882 年七月卅一日，一开义学师和 1882 年上半冬束金从大淡和 1871 年三月十四日第 1575 号案夺去艮 600 盾……

当然，公堂之外，整个荷印华人社会对华文教育也是竭力支持、多方捐助，公堂就承担起对这些捐助的收集与管理工作，这一点也在《公堂清册簿》中也得到体现，如 1879 年 6 月 30 日 "李美密对贴义学束金来艮 25 盾正；又郭潭泉对贴义学束金来艮 25 盾正；又陈悌元对贴义学束金来艮 10 盾正；又丁德山对贴义学束金来艮 15 盾正；又邱枝头对贴义学束金来艮 12.5 盾……又苏永叠对贴义学束金来艮 20 盾正"①，这是华人对义学的捐助。又 "和 1881 年三月二日辛巳年二月 3 日拜三，李长清对伊子水生贴义学束金来艮 25 盾，许牛乳对伊子汝敬贴义学束金来艮 20 盾正，林夏猛对伊子秋泰贴义学半年束金来艮 12.5 盾，陈琼瑞甲对伊子启贤贴义学束金来艮 25 盾，又对伊弟琼福贴义学束金来艮 25 盾，陈悌元对伊子望霖贴义学束金来艮 25 盾，张振福对伊子国栋贴义学束金来艮 25 盾，陈文贵甲对伊侄武艺贴义学束金来艮 25 盾"②。这是经济较为富裕的华人为子侄缴纳学费，由公堂收取。可以说，在《公堂清册簿》档案中类似的记载数不胜数！

（八）对荷文教育的排斥

荷兰殖民者最初没有设立荷文学校，直到 1816 年才开办第一间荷文学校，但直到 19 世纪中后期，吧城华人社会对荷文教育是不接受的。如 1856 年 6 月 27 日，挨实嗹恳公堂告谕人等知悉要开荷兰学校于八戈然教人子弟得以成才一事，挨实嗹表示说，"于和 1856 年 7 月 1 日要开和学于八戈然第 48 号，教人子弟得以成才。因此事实有益于民人，特

---

① 《公堂总清簿》（1878 年 1 月 4 日—1880 年 12 月 31 日），荷兰莱顿大学汉学院馆藏，档案号 41006。

② 《公堂总清簿》（1881 年 1 月 3 日—1882 年 12 月 31 日），荷兰莱顿大学汉学院馆藏，档案号 41007。

恳公堂鼎力相助。"① 但公堂对此极为排斥，自然也不会大力相助。由此，荷兰殖民者改变思路，想借用公堂义学来进行荷兰语的教学，这遭到公堂的强烈反对。如1863年8月14日，玛腰（陈永元）在公堂会议上说，"昨有和人教读先生恳欲借义学设教②，余命当待公堂裁夺。兹据义学师郑润祥请，此和人已将椅棹搬移学内。祈列台拟意裁夺。"公堂诸位官员纷纷表示，"夷夏两途不得相杂，既有唐师在学设教，和先生所恳，不得承受。命当般（搬）出物件，不得停留。"③ 直到19世纪末，情况才稍有改变。1880年前后有3位荷兰传教士开办一间开放式学校，有不少华人子弟入学，主要学习圣经、印尼文、写作、算数、绘画、荷文等。此后，殖民者允许华人子弟进入专为荷兰人和欧洲人子弟开办的学校就读，到1898年，进入荷校的华人子弟约有267人，多为华人官员及富商子女。④

三 中华学堂的创建与发展

1901年雅加达中华会馆附属的中华学堂的创建，宣告了印尼近代华人教育的开始。⑤ 最初它只招收男生，1902年开始男女生兼收。1940年还创办当地第一所招收华人子女的幼儿园。它是印尼第一所完全不同于之前各义学和私塾的现代学校，它不使用闽、粤方言进行教学，而采用中国的国语正音（即今汉语普通话）为教学媒介，除了教授中国语文之外，还开设有中国历史、中国地理、英文、算数、理科、图画、体育等课程，其首任校长是闽侨卢桂舫。⑥ 此新式学堂的成立导致明诚书院的关闭，并在荷印华人社会中起到带头和示范作用。1901年，南望、玛琅等地相继

---

① 吴凤斌等校注：《公案簿》第9辑，第233页。

② 荷印政府开设的荷文学校，开始只接收荷兰官吏及欧洲人子女就读，禁止华人、印尼人入学，到1860年取消该禁令，华人子女得以进入荷文学校，因而才有1863年荷兰人欲借义学办荷文学校之事。

③ ［荷］包乐史等校注：《公案簿》第10辑，第419—420页。

④ 温广益等编著：《印度尼西亚华侨史》，第92页。

⑤ ［印尼］廖建裕著：《印尼华人教育史略》，杨启光译，《东南亚研究资料》1986年第4期，第48—49页。

⑥ 梁英明：《从中华学堂到三语学校——论印度尼西亚现代华文学校的发展与演变》，《华侨华人历史研究》2013年第2期，第2页。

设立中华会馆，附设中华学堂，其组织结构与巴达维亚中华会馆无大差异。1903 年戊戌政变康有为来游爪哇，劝办新学，于是荷属华人学校有如雨后春笋。如泗水、三宝垄、八马垄、谏义里、万隆、井里汶、北加浪岸、直葛均成立中华学校。① 未经数年，全荷属东印度的中华学堂达百余所。② 各地中华学校成立后，有些学校因为缺乏经验、经费或师资，运作困难，在 1905 年三宝垄、玛琅及谏义里中华会馆致信吧城中华会馆，希望由它发起成立一个联合机构以合作推动各地侨教事业的发展。同年两广总督岑春萱派刘士骥来爪哇视学，"刘氏即在爪召集各埠之玛腰、甲必丹于万隆，筹商教育之进展，于是有组织学务总会之提议。斯时最热心者为谏义里之徐博兴及八马垄之陈景然"③。因此，1906 年在三宝垄成立了"中华总会"，1907 年改名为"爪哇学务总会"，专管爪哇侨教事宜。④ "斯时广东学务处派王凤翔南来视学，首定学校章程，次亲往各处查学，至是荷属华侨教育始有组织。"⑤ 总会成立后，制定了华校课程标准，出版《教育月报》，选送华校学生回国到暨南学堂深造，并商定由吧城、泗水、三宝垄三地中华会馆轮流主持会务。⑥ 此后，由于三地（吧城、泗水、三宝垄）中华会馆意见分歧，加上荷印殖民政府的挑拨，1909 年吧城中华会馆退出爪哇学务总会。⑦ 1911 年三宝垄中华会馆主持"爪哇学会总会"工作，将其更名为"荷印华侨学务总会"，它从爪哇岛扩展到整个荷印地区，成为全荷印第一个统一的侨团，直到 1921 年由于荷印政府的阻挠而停办，它对荷印侨教的发展起了较大作用。到 20 世纪 40 年代，荷印地区华校数量已超过 500 间，在东南亚地区仅次于英属马来亚（见表9—1、表9—2）。

---

①　丘守愚：《二十世纪之南洋》，第 191 页。

②　崔丕、姚玉民译：《日本对南洋华侨调查资料选编（1925—1945）》（第二辑），广东高等教育出版社 2011 年版，第 295—296 页。

③　丘守愚：《二十世纪之南洋》，第 191 页。

④　温广益等编著：《印度尼西亚华侨史》，第 450 页。

⑤　同上书，第 191 页。

⑥　梁英明：《从中华学堂到三语学校——论印度尼西亚现代华文学校的发展与演变》，第 5 页。

⑦　温广益等编著：《印度尼西亚华侨史》，第 452 页。

表9—1

荷印华校发展情况统计

		1901年	1904年	1908年	1912年	1913年	1914年	1915年	1917年	1918年	1919年	1920年	1923年	1924年	1925年	1926年	1934年	1946年6月
学校数量（间）	总数	1	13	44			148	280			215	282	342	394	465	507	450	502
	爪哇	1			65		83	175	103	118	128	153	165	197	247	262		241
	外岛					75	65	105			87	129	177	107	225	245		261
教师总数（人）	总数	2						640			600	477	707	813	1062	1092		
	爪哇	2						346	309	360	408	410	408	487	650	645		
	外岛							294			192	67	299	324	412	447		
学生总数（人）	总数	35	6500	5500		6411	10840	16499			16136	14242	18393	21697	29401	32668	45638	
	爪哇	35		5500	5451		5924	10010	7433	9035	10832	12472	11712	13774	16026	20054		
	外岛						3916	6489			5304	1770	6681	7923	10381	12614		

资料来源：温广益等编著：《印度尼西亚华侨史》，第443、455、472—473页与黄昆章：《印度尼西亚华文教育发展史》，马来西亚华校教师会总会，2005年版，附录部份。

表 9—2　　　　　　**20 世纪 40 年代东南亚华校分布统计**　　　　单位：间

国别	师范学校	中学	小学	其他	总计
马来亚	4	29	1027	43	1103
荷属东印度	—	1	33	469	503
越南	14	5	305	—	349
缅甸	3	5	339	—	347
泰国	—	6	163	—	169
菲律宾	—	10	117	22	149
英属北婆罗洲	—	8	73	—	81
葡属帝汶	—	—	6	—	6

资料来源：陈列：《浅谈战后东南亚华侨华人社会结构的变化》，第 92 页。

面对侨校的蓬勃发展，荷印殖民政府感到极为不安。殖民政府于 1907 年宣布新例，开始允许普通华人子弟进入荷兰学校就读，并设立"荷华学校"，专收华人子弟。1929 年政府又颁布华校注册条例，检查华校课本，限制师资入口，监督教员等。对此，丘守愚在其《二十世纪之南洋》一文中有如此描述："当地政府对于教育界入境，尤为严厉，不易任意进口，故凡学校之向国内聘请教员者，须先将所聘之教育姓名履历报告汉务司，得其同意方可，然后由学校函聘，抵埠时，复由学校致以公函与移民厅，并派董事一名前往担保，即合手续。否则擅自南来而谋教职席位者，则抵埠时，必受种种困难。"① 可见当时华校教师的进口是极为困难的。此外，殖民政府还"取缔教材、驱逐教员，限制知识界入口，故学校每感良好教师之缺乏。此实荷属华侨教育不进步之大原因也"②。1930 年蒋介石政府企图在南洋各地推行"党化教育"，搞侨校备案登记，要侨校遵循国民政府教育部法令并采用其所审定的教科书，这又给华校的发展制造许多阻碍。"二战"期间，印尼华校发展遭到更大破坏。华文中学全部停办，华文小学被迫实行奴化教育，许多教员逃居山芭或转业从商。战后，印尼侨教得到恢复和发展。1949 年根据荷印联邦教育部的调查，全印尼有侨校 724 所，学生 172608 人。1953 年印尼苏北外侨教育督

① 丘守愚：《二十世纪之南洋》，第 80 页。
② 同上书，第 191 页。

察署署长表示，"全印度尼西亚外侨学校有 1321 所，其中华校占 1294 所，华校学生约 27 万余人。" 1954 年印尼文教部外侨教育司代司长郑扬禄称，全印尼有外侨学校 1500 所，其中华校有 1400 所，学生约 30 万人。[①]

四　公堂对中华学校的贡献

吧城中华学堂建立初期，华人社会对这个新式学校多持观望与怀疑态度，因此该校创办时学生只有 35 人，其经费多由热心侨教的董事或富商捐助，公堂也没有资助中华学堂，而是继续每月拨付三百盾办义学。但 1902 年在中华会馆举行一次中华学校与公堂资助的义学学生会考中，中华学校的学生在汉字理解及实际运用中远胜一筹，此后，公堂对中华学校的态度发生转变，决定把义学合并到中华学校，并决定将原每年提供给义学的 300 盾除了 75 盾留作金德院的经费外，其余 225 盾拨付给中华学校，这也促进了中华学校的发展。[②]

而档案号 41011《公堂总清簿》（1914 年）载："义费：六月三日对发中华会馆（学堂）和正月份起六月份止去艮 2400 盾……十二月卅一日对贴中华会馆学堂七月份起十二月止去艮 2400 盾"。

档案号 41012《公堂总清簿》（1915 年）载："义费：六月十六日对发中华会馆学堂正月份至六月止去艮 2400 盾……十二月廿三日对贴中华学堂义私塾和七月份起十二月份止去艮 2400 盾。"

档案号 41014《公堂总清簿》（1916 年）载："义费：六月十九日对贴中华会馆义塾正月起六月份止去艮 2400 盾……十二月廿二日对贴中华会馆义学和六月份至十二月份止去艮 2400 盾。"

档案号 41015《公堂总清簿》（1917 年）载："义费：六月廿三日对贴中华会馆义塾半年去艮 2400 盾……十二月廿日对贴中华会馆义塾和七月份起十二月份止去艮 2400 盾"。

档案号 41015《公堂总清簿》（1918 年）载："义费：七月八日对贴中华义塾和正月至六月份止去艮 2400 盾……九月四日又贴女学校和六七月份去艮 250 盾；又贴老吧杀学堂八月份去艮 50 盾；又贴丹那望全上年

---

① 中国新闻社：《印度尼西亚华侨和印度尼西亚基本情况》，1959 年编印，第 3—4 页。
② 温广益等编著：《印度尼西亚华侨史》，第 444—445 页。

八月份去艮 50 盾……十月四日对贴女学校和八九月份去艮 250 盾……十月八日对贴老吧杀学堂去艮 50 盾……十月十四日对贴丹那望学堂去艮 50 盾……十一月一日对贴丹仔望学堂十月份去艮 50 盾、又对贴老吧杀全上年十月份去艮 50 盾……十二月五日对贴本城女学校和十、十一月去艮 250 盾，又对贴老吧杀学堂上月份去艮 50 盾、又对贴丹那望（学堂）全上年去艮 50 盾……十二月卅一日对贴中华会馆义塾七月份至十二月份止去艮 2400 盾。"

　　档案号 41016《公堂总清簿》（1919 年）载："义费：正月初一日对贴本城女学校和上年十二月份去艮 125 盾；又贴老吧杀学堂全上年去艮 50 盾……正月廿日对贴丹那望学堂上年十二月份去艮 50 盾……二月七日对贴老巴杀学堂上月去艮 50 盾……二月十九日对贴丹那望学堂上月去艮 50 盾……二月廿四日对贴本城女学校正月份去艮 125 盾……三月十四日对贴义成学堂和正、式月去艮 100 盾……六月廿五日对贴中华会馆义塾和正月至六月止去艮 2400 盾……十二月卅日对贴中华会馆学堂和七月份至十二月份止去艮 2400 盾。"

　　档案号 41017《公堂总清簿》（1921 年）不全，没有提及给中华会馆学堂的资助多少。

　　档案号 41018《公堂总清簿》（1922 年，不全）中载："6 月 17 日对贴中华会馆学堂和上半年去艮 3600 盾；其余还资助义成学堂、老吧杀学堂、新吧把杀学堂、丹那望学堂、中华女学校、广仁学堂等共 3525 盾。"

　　档案号 41019《公堂总清簿》（1923 年）载：（义费）1 月 16 日贴中华会馆（学堂）下 1922 年下半年去艮 3600 盾，此后从 7 月份开始改为每个月资助 600 盾给中华会馆学堂，还有资助义成学堂、老吧杀学堂、新吧把杀学堂、丹那望学堂、中华女学校、广仁学堂等其它学校共 4000 盾。

　　档案号 41020《公堂总清簿》（1924 年）载：（义费）每月资助中华会馆学堂 600 盾，资助其它学校共艮 3825 盾。

　　档案号 41021《公堂总清簿》（1925 年）载：（义费）每月资助中华会馆学校 600 盾，资助其它学校共艮 3800 盾。

　　档案号 41022《公堂总清簿》（1926 年）载：（义费）每月资助中华会馆学校 600 盾，资助其它学校共艮 4000 盾。

　　档案号 41023《公堂总清簿》（1927 年）载：（义费）每月资助中华

会馆学堂 600 元，资助其它学校共艮 3700 盾。

档案号 41024《公堂总清簿》（1928 年）载：（义费）每月资助中华会馆学堂 600 元，资助其它学校共艮 4500 盾。

档案号 41025《公堂总清簿》（1929 年，开始分设义费和学堂费）载：义费支出有：2 月 15 日对贴广仁学校和正月份去艮 50 盾又对贴义成学校和正月份去艮 50 盾。学堂费：包括每月给中华会馆学校 600 盾在内，1—5 月份共支出学堂费 4650 盾，下半年的档案丢失，无法统计。

档案号 41026《公堂总清簿》（1930 年义费、学堂费）的义费中没有提到对学校的资助，只有开列出学堂费：1—10 月份共 13550 盾，11 月份以后的档案资料不全。

档案号 41027 号《公堂总清簿》（1931 年，不全）中的学堂费为：只有 1 月和 2 月的共 1700 盾，此后资料缺失。

公堂对中华学堂的资助在《公案簿》档案中也有所体现，如 1916 年 8 月 3 日公堂商议新巴杀中华学堂恳求公堂资助其学堂费款一事，因为新巴杀中华学堂在 1916 年 6 月 12 日致书公堂，恳求公堂给其学堂费款每月 25 盾，而且表示，如果不准其所恳，那么公堂须每月为其寄放在该学堂的学生缴交 3 盾的学费，公堂因此表示可以给予资助。再如 1918 年 2 月 5 日公堂议决每月定期资助中华女学校 125 盾，因为中华女学校董理多次致书公堂，表示其开项甚多，而收入极少，而且现在又收纳贫民家女童就学而不交学费的有 6 人，所以恳请公堂给予资助。雷珍兰黎纯熙建议给予该校每月 125 盾的资助，代理玛瑶向朱葛礁丘绍荣咨询说如果每个月公堂支付这笔款项给该校是否会对公堂的财务造成负担。朱葛礁丘绍荣表示，这种负担已经很多了，但还是要给对方资助。而雷珍兰梁亚瓒及雷珍兰李新宁都认为应该为该校提供资助。代理玛瑶认为每个月给对方 100 盾足够，而朱葛礁丘绍荣则提出应每月 125 盾，给至一年为限。最后，公堂议定，每月给 125 盾，起自和 1918 年 2 月 1 日，至一年之久。①

现存档案号 91101—92101《文化教育簿》中有一些资料涉及战前吧城华校的发展，它们反映了吧城华人社会为发展华文教育所做的贡献。如档案号 91301《吧城福建学校》（免费生名册）（1938 年）列举了该校 46

---

① ［荷］包乐史、吴凤斌、聂德宁校注：《公案簿》第 15 辑，第 387—388 页。

位免费生的基本情况（见表9—3）。

表9—3　　　　吧城福建学校免费学生姓名一览（1938年）

学生姓名	家长姓名	住址	学生姓名	家长姓名	住址
陈宗英	父母俱亡，寄居外婆家	别野牙兰	王益明	父亡、母未知	巷哥也
温□□	禹卿	别野牙兰	胡名娘	父亡、母未知	巷文汉
温大昌	全上	全上	胡宝娘	父亡、母未知	巷文汉
温宝星	全上	全上	蒋裕基	父母俱亡	巷丹仔那邦
温宝华	全上	陈文贤	父来发	大公司	
温大赐	全上	全上	陈文礼	全上	全上
杨瑞安	父亡、母李姑娘	大公司	徐松娇	父敬南	八哥园巷丁也
陈珠娘	父亡、母杨金娘	巴杀亚交	蔡高网	蔡达	甘公峇鲁
陈芳娘	父亡、母杨金娘	巴杀亚交	李源发	父维阳	岛桥
郑焕夷	父亡、母黄玉珍	巷湖北	胡秀鸢	父训经	巷文汉
洪平安	父东发	巷丁公	陈金发	父清渭	甘公六沙
张秀春	父丕承	别野牙兰	廖性豪	父德鸾	别野牙兰
张汉良	全上	全上	苏青鸢	父维泉	芒加勿杀加里勿冬
黄玲玉	父金钟	别野牙兰	叶长生	父志荣	巷亚牙
黄和松	父金泉	八哥园	李雪英	父永钦	别野牙兰
林美娘	母菊花妹	五脚桥巷勿送	李书娘	父李麟	莲花巷
林金娘	全上	全上	李思文	父锡琮	小南门
林泉娘	全上	全上	李昭大	父李炭	莲花巷
林王娘	全上	全上	杨温忠	父亡、母存	彼得十米兰
吴金娘	父吴厚	大打铁街内	黄民德	父开岸	廿六间巷
刘新妹	父亡、母古月妹	甘公亚逸	黄民园	全上	全上
郑拔山	父其拔	巷哥也	黄水娘	父亡、母陈岳娘	甘公吗呋呷
刘瑞火	父亡、母苏奔娘	巷斯马拉	丘惠琪	父亡、母张月兰	甘公亚逸

　　资料来源：《吧城福建学校学生通讯录、免费生名册》（1938年），荷兰莱顿大学汉学院馆藏，档案号91301。

　　由表9—3可见，吧城福建学校为家境困难的孩子提供免费入学的机会，有的家庭甚至几个孩子都得到免费入学的机会。如温禹卿的5个孩子都在该校免费就读。林金娘、林泉娘、林王娘三姐妹也免费在该校就读。在当时，为贫苦华人子女提供免费入学的华校应在少数，除了吧城福建学校外，公馆档案还显示，老巴刹中华学校、吧城中华女学校等也为贫苦儿童提供就学机会（见表9—4、表9—5）。

表9—4　　　　老巴刹中华学校1938年免费生名册

姓名	性别	年龄（岁）	籍贯	家长或保护人的职业
吴耿荣	男	15	梅县	洗衣
曹梅花	女	13	梅县	失业
陈惠山	男	14	福建	—
曹春华	女	14	梅县	失业
黄昆明	男	14	福建	失业
郭晋荣	男	15	广东大埔	—
曹兰华	女	11	梅县	失业
黄总会	男	12	福建泉州	失业
蒋顺根	男	19	福建	失业
纪金娘	女	14	福建漳浦	失业
陈亚福	男	12	广东新会	—
蒋成铭	男	12	福建	失业
朱兴	男	13	广东	失业
沈兰桂	女	8	福建	商业
黄秀花	女	10	福建	商业
洪文娘	女	10	福建南安	商业
陈玉琼	女	13	广东新会	商业
陈光玲	男	4	福建宁德	教员
陈丽利	女	5	福建宁德	教员
王霖娘	女	8	福建南安	店员
杨淑娘	女	9	福建	店员
陈仓田	男	9	福建漳浦	店员
杨德生	男	12	福建漳浦	店员
陈连赐	男	10	福建	—
陈亚妹	女	9	广东新会	失业
周锦宗	男	5	梅县	—

注：此名单前有校长林启芳致公堂陈秘书的信，内容为："公馆陈秘书：先生钧鉴敬启者，一月二十四日来示已奉悉，敝校本季学生人数为二百五十人，半免生八十五人，免费生二十六人，教员十一位，学费之总平均为一盾九钫正，教员薪金之总平均为五十七盾。经费方面，每月不敷者约达四五十盾，专此奉覆，并请公安。校长林启芳。2月9日。"①

资料来源：《老巴刹中华学校收支报告、免费生名单》（1938年），荷兰莱顿大学汉学院馆藏，档案号91501。

① 《文化教育簿》之《老巴刹中华学校》（1938年免费生名册），荷兰莱顿大学汉学院馆藏，档案号91101—92101。

表 9—5　　　　　　吧城中华女学校免费生名册（1938 年）

家长姓名	学生姓名
周程氏	周信英
陈梦元	陈玉英
徐清盛	李秋妹
方维仪	方生枚
黄金义	陈亚苏
罗兰英	丘和妹
莫火卓	莫美
梁玉树	梁亚好
徐清盛	李华英
蔡金龙	蔡雪蓉
蔡碧云	蔡丁花
欧阳蓉	欧阳桂英
李珠娘	陈娇娘
—	李桂妹
何元芳	何淑英
吴木娘	张志坚?①

原档注："李桂妹自该学期开学至今未到校上课。"

资料来源：《吧城中华女学校免费生名册》（1938 年），荷兰莱顿大学汉学院馆藏，档案号 91201。

此外，现存档案中有一份八茶碣中华学校免费入学申请书，其内容如下：

径启者，温禹卿先生令郎温大昌自幼在福建学校肄业，敝会加以优待，每年均豁免其学费，现温大昌经在福建学校初中商科毕业，拟升入八茶碣中华学校高中商科肄业。因经济关系，无力缴纳学费，恳请敝会商请贵公堂致函八华当局准予免费入学。查温禹卿先生致力社

---

① 原档此处模糊不清，似为"坚"字。

会二十年，现在经济确系困难，社会实应加以优待，为此恳请贵公堂致函八华，准予温大昌免费升入高中商科肄业为荷。

此致巴国公堂玛腰许金安先生！

吧城福建会馆副会长李昭欧、干事刘心田

中华民国廿九年四月①

根据上述档案，结合上文述及的1938年吧城福建学校免费学生名单，我们可以看出，温大昌初中就免费就读于吧城福建学校商科，现要升入高中八茶碵中华学校高中商科就读，因为贫寒无力，再次申请免费就读，为此，吧城福建会馆负责人帮其出面向致书公堂，希望公堂与八茶碵中华学校进行交涉，让温大昌免费就读。值得一提的是，有些华人甚至创办学校专门招收贫苦儿童，如福建永定人游子云于1911年来印尼行医，后创办大安堂药行，1931年创设联号大安和药行。为救济平民失学儿童起见，他创办日新学校，并任吧城贫民学校总理。②

此外，公馆档案也反映了印尼独立前华人社会对华校的经济支持。如档案号91101中附有《广仁学校收支清单》（1934年4、5月），其具体内容如下：

中华民国廿三年四月广仁学校进支月结：

进：

柯全寿月捐四个月100盾；

广仁会馆捐1500盾；

黎达昌还借25盾；

梅玉灿还借25盾；

各生学费305盾；

合共进艮1955盾

---

① 《八茶贯中华学校免费入学申请书》（1940年），荷兰莱顿大学汉学院馆藏，档案号91401。

② 岳阳、刘焕然编：《荷属东印度概览》（1939年），第78页。

支：

教员薪金 935 盾；庶务薪金 25 盾；巫役工金 15 盾……电话
16.65 盾；扫路费式盾；送花柯全寿 5 盾；补助月刊印费 7.5 盾；天
声报阅费 3.75 盾；三月份图书 14.1 盾；四月份图书 10.16 盾；干柴
式单 7 盾；大成杂志 5.66 盾；壁报木夹式盾；写字柏面 2.75 盾；修
柏椅费 3.55 盾；化学药品 1.5 盾；体育费 1.45 盾；学生手工品 1.35
盾；各项什费 5.06 盾。合共该艮 1222.89 盾。上月支过 267.91 盾，
是月进 1955 盾，支 122289 盾，除支存艮 464.2 盾，广仁学校启。

而其在 1934 年 5 月的收支情况如下：

进：（吧国）公堂日捐 30 盾；柯全寿日捐 25 盾；黎达昌还借
12.5 盾；各生学费 573.75 盾；浩泉交来学费 30 盾；浩泉补交上年
积欠学费 276.25 盾；浩泉补交现年欠缴学费 147.5 盾。合共进艮
1111 盾。（原文如此，应为 1095 盾）另本月共支出 1142.66 盾，包
括借钱给黎达昌、陈碧云等人，四月份自来水、电话费、印刷费、月
刊费、体育什费、篮球费、图书费、邮费、杂役费等。

由上述档案可见，1934 年 4、5 月间广仁学校的收入主要来自华人社
团或公堂或热心人士的捐助，及有经济能力的家庭的孩子的学费，其中捐
助占重要比例，这进一步证明了吧城华社对华校发展的贡献。

此外，公馆档案中还有广仁学校 1938 年学生名册（见表9—6）。

表9—6　　　　　　吧城广仁学校学生名单（1938 年）

姓名	籍贯	姓名	籍贯	姓名	籍贯	姓名	籍贯	姓名	籍贯
罗络棉	广府	冯玉	广府	周光仲	广府	蔡明良	客家	黄来福	客家
李凤月	广府	黄芳	广府	钟华锦	广府	黄文彬	广府	冯侨春	广府
罗凤妹	客家	刘群	广府	许炳源	广府	冯其春	广府	谭天鸿	广府
郭彬琪	客家	陈莲好	广府	冯保生	广府	钟仲华	客家	林良好	广府
丘兆铭	客家	冯玉康	广府	李松仁	广府	何亚新	广府	许卓有	广府

续表

姓名	籍贯	姓名	籍贯	姓名	籍贯	姓名	籍贯	姓名	籍贯
何全秀	侨生	许口清	广府	梁裔根	广府	林有意	广府	余作良	广府
饶翠珍	客家	林丙权	广府	刘百安	广府	邝月波	广府	杨宝英	广府
郭揍娘	客家	蔡杏川	广府	蔡杏南	广府	林炳南	广府	何启庄	广府
梁华	广府	林建兴	广府	冯亚荣	广府	梁奠华	广府	蔡玉昆	广府
邝近	广府	郭新苏	广府	陈绵顺	广府	李全芳	广府	刘有梅	客家
李炼辉	广府	梁耀荣	广府	刘洪荃	广府	叶道伦	广府	梁耀聪	广府
岑有妹	广府	李华	广府	许炳辉	广府	许祖隆	福建	陈经棠	广府
陈耀	广府	何福照	广府	阮霈荣	广府	陈诒芬	广府	李全辉	广府

资料来源：《广仁学校学生通讯录》（1938 年），荷兰莱顿大学汉学院馆藏，档案号 911002。

由表 9—6 可见，广仁学校是广府及客家籍学生为主的学校，但也偶尔兼收闽籍学生，这在一定程度上反映当时华校的发展已在一定程度上突破籍贯的界限，各籍贯的华人共同为华校的发展做贡献。

五　公堂与荷华学校及新式教育的发展

随着 20 世纪华人民族主义的兴起和（中华会馆）华语媒介学校（华校）的广泛建立，荷印殖民政府极为疑惧。1905 年荷印殖民政府议会提出将华人学校纳入政府管辖，并在 1908 年建立起吧城第一间荷华学校，此后其他地区也陆续建立起荷华学校。它们以荷兰语为教学语言，不教授中文和中华文化。[①] 荷华学校"主要是给侨生中国人上层分子，而实际上也是给整个中等阶级"。[②] 同时，政府允许华人子弟到印尼语学校学习。1918 年政府开始允许华人设立荷华学校，1909 年对私立荷文学校给予补贴，到 1928 年荷印地区荷华学校已达 104 所。华人子女还被允许进入政府办的职业学校、荷兰师范学校及大学去学习。[③] 可以说，荷华学校的创立对中华学校的发展造成相当的冲击。

与之前对荷华学校的极力排斥不同，此时期吧国公堂对荷华学校的发

---

① ［印尼］廖建裕：《印尼华人教育史》，《南洋学报》第 32 卷第 1—2 期，1978 年。
② ［美］G. W. 史金纳（G William Skinner）：《爪哇的中国人》，第 28—29 页。
③ 温广益等编著：《印度尼西亚华侨史》，第 461—462 页。

展似乎较之中华会馆要更适应一些。如 1914 年 7 月 3 日，荷兰学校光美司（Europesche School Commissie）致书公堂，恳求公堂告知华人要入其子于荷华学校读书者之条件，公堂将这些条件公布于众，即"伊等宜知其何时候即已放暇于和 12 月并 6 月也，而其年岁不得过于十六岁，并不得减于六岁，而当于尚未寄来于学校之时，宜须先求一详明字（vaccinatie bewijs），由医士或由种痘万直厘也"。① 可见，公堂对荷兰语学校的发展起到一定促进作用。此外，到 1916 年 4 月 3 日公堂甚至开始商议在中华会馆学堂是否亦可教习荷兰语一事。公堂官员认为，目前中华会馆诸学堂教育事业的退步，都是因为缺乏经济支持所导致的。而华人一向注重子女教育问题，所以建议在中华会馆学堂也教授荷兰语，这样可以求助政府拨款，其数额甚至可达到学校所需经费的 2/3。最初由代理雷陈振木负责此事，将在结石珍学堂尝试进行荷兰语教学。公堂也咨询了诸胡勃实和各位默氏，向了解他们究竟倾向于荷兰语学习还是汉语学习。多数人的意见是先让孩子接受荷兰语教育，然后才是汉语教育。大玛瑶将汉语与荷兰语作比较后，也认为先学习荷兰语比较好，因为荷兰语比较实用。因此，即使华校获得殖民政府的资助款项，也无须怀疑政府是否具有将中华会馆学堂占为己有的意图。但是，华人子弟也还需要学汉语的。代理雷珍兰陈振木表示，这是一件好事，如果结石珍中华学堂不肯设有荷兰语在其学堂，他将辞去自己的学堂董理之职。大玛瑶对此表示赞许，同时又说，如果结石珍学堂不肯教授荷兰语，不如公堂自己设立一学堂以教荷兰语和中文。在座各位官员纷纷表示赞同，代理雷陈振木又请求，如果有设立这种双语学堂，希望能设立在结石珍。②

此外，公堂还鼓励华人子弟接受新式教育。如 1916 年 3 月 3 日，副淡来文准华人子弟进入制造枪支学校学工艺："副淡大人来文于和 1916 年 2 月 15 日第 3095/33 号，谕知于制造枪枝学校在干冬圩，自今为始凡华人年少者，准其可于该处学工艺。其起初以辛金每日 5 方，而可望后能学成工艺而得辛金更多也"；"盖夫侨民年少子弟，较与其终日闲暇全无事业者，盍来学艺于该校之为愈乎？因此，大玛瑶望诸胡勃实并各默氏幸为

---

① ［荷］包乐史、吴凤斌、聂德宁校注：《公案簿》第 15 辑，第 114 页。
② 同上书，第 261—262 页。

传布此事于侨民也。"① 在 1917 年 3 月工务商会报通知公堂，其印刷职业学校可以招收 30 名华人子弟入学，公堂为此传布于各默氏，让他们在华人社会中宣传。②

第二节　印尼独立后的吧城华文教育

现存公馆档案中还有一些资料涉及印尼独立后的华文教育，因此，本书利用这些资料再对印尼独立后的华文教育进行浅析。

一　印尼政府华文教育政策演变

一般而言，印尼独立后的华文教育经历以下几个时期，即：

（一）自由放任时期（1945—1955 年）

战后初期，印尼的华文教育得到一定程度的恢复与发展。一方面执政当局忙于政事，继续与荷兰政府周旋，无暇顾及华人的文教事业，对华文教育采取松动政策，文教部给华校教师颁发证书，允许在华人子女占多数的学校讲授华文。另一方面，日军占领期间许多学生失学，而战后达到入学年龄的学生激增，加上日本占领军取缔了印尼所有的欧洲语文学校（主要是荷兰学校和荷华学校），而有条件地允许华文小学的存在，这样一来华人子女多数转入华文学校就读。

此外，印尼独立后荷兰殖民者卷土重来，印尼处于战乱状态，华人被迫迁入大、中城市，某些华人利用这个时机在印尼大量办学，把子女纷纷送往华校学习中华文化。与此同时，中华人民共和国的成立激发了广大华人的爱国热情和民族自豪感，他们纷纷出钱出力创办华校，并把子女送进华校学习中华文化。在上述有利条件的推动下，华文教育迅速发展。据荷印联邦教育部调查，1948 年华校数目为 621 所，比战前的 1941 年增加了 119 所，在校学生人数达 141600 人，比战前增加一倍以上。1949 年全印尼共有华校 908 所，学生人数达到 230607 人。③ 1952—1953 年间在政府

① ［荷］包乐史、吴凤斌、聂德宁校注：《公案簿》第 15 辑，第 254 页。
② 同上书，第 331—332 页。
③ 温广益：《"二战"后东南亚华侨华人史》，中山大学出版社 2000 年版，第 197—198 页。

部门登记注册的华校有 1371 所，学生 254730 人。[①] 1953 年 6 月，印尼北苏门答腊外侨教育督察署署长称，全印尼华校有 1294 所，在校学生 27 万余人。1954 年 7 月印尼文教部外侨教育司代司长郑扬禄称，全印尼外侨学校 1500 所，其中华校约 1400 所。[②] 至此，华校数目达到战前的 3 倍左右，华文教育的发展由此可见一斑。[③]

（二）逐步管制时期（1956—1966 年）

华文教育在印尼的迅速发展引起了执政当局的警惕，加之冷战的大背景下，西方舆论不断煽风点火，印尼偏激的民族主义一触即发。50 年代中期苏加诺政府实行国民教育政策，开始限制华文教育的发展。1952 年 5 月政府颁布《外侨私立学校条规》，规定所有外侨私立学校从小学三年级起每周必须至少讲授 4 小时的印尼语文课程。1955 年 1 月又颁布新条例，重申《外侨私立学校条规》的内容，并明确了所谓的"外侨私立学校"是指"完全由外侨私立的、以外国语文为教学用语的、为适应外国学校而编排课程的学校"。此后还规定外侨学校校长必须通过印尼语考试才能任职。[④] 1957 年 2 月和 8 月文教部分别颁布决定书，规定华校校长必须通晓印尼文，华校老师要参加印尼文考试，取得考试合格证书才能任教。1957 年 11 月 6 日颁布"关于监督外侨教育"的第 988/PMT/1957 号条例。[⑤] 它除了重申外侨学校教师必须在文教部登记，且所用教材必须符合文教部方针以外，规定不再批准新的外侨学校的建立，外侨学校不许进行高于中等学校的教学，不允许外侨学校接受印尼籍学生，在必要时政府有权没收或征用外侨学校的校舍和设备等。[⑥] 1958 年 4 月政府颁布决定书，只准在州和县一级 158 个地区开办华文学校，1958 年 10 月接管与印尼"无邦交"的（台湾）华文学校共 200 间，改建为印尼国民学校。[⑦] 在印尼政府的打压与限制下，华文教育受到很大的冲击。到 1958 年华文学校

---

① 温广益：《"二战"后东南亚华侨华人史》，中山大学出版社 2000 年版，第 200 页。
② 温北炎：《印尼华文教育的新形势与几点看法》，《东南亚研究》2000 年第 2 期。
③ 曹云华：《战后东南亚华人社会变迁》，中国华侨出版社 1999 年版，第 21 页。
④ 梁志明：《从中华学堂到三语学校——论印度尼西亚现代华文学校的发展与演变》，《华侨华人历史研究》2013 年第 2 期。
⑤ 朱天慧：《战后印尼政府的华侨华人教育政策》，《东南亚研究》1997 年第 1 期。
⑥ 张强、王琳琳：《战后印尼华文教育兴衰探因》，《海外华文教育》2004 年第 2 期。
⑦ 黄滋生：《战后东南亚国家的华侨华人政策》，暨南大学出版社 1989 年版，第 15 页。

仅剩下 850 间，学生 15 万人。[①] 而 1959—1960 年，印尼政府又实行总统第 10 号法令，以各种借口限制甚至关闭华文学校，又有 72% 的华校被停办。[②]

（三）全面禁绝时期（1967—1990 年）

1965 年印尼发生 "9·30" 事件，它改变了印尼的政局，也使得中印之间的关系迅速恶化，印尼反华浪潮突起。1966 年 7 月印尼教育部发布内阁关于关闭所有外侨学校的决议，印尼境内的 629 间华文学校全被封闭，27.2 万学生失学，印尼成为一个没有华文教育的国家。[③] 1967 年 6 月 7 日政府颁布了《解决华人问题的基本政策》（即第 37 号法令），政策规定除了外国使节可以为其子女开办外国学校外，其他一律不得办外国学校，这就彻底否定了华文学校存在的可能性。[④] 为防止华文教育再次复燃，政府还全面禁止华文报纸的出版，1966 年起印尼境内不得悬挂华文广告招牌，有些地方甚至禁止华人在公开场合讲华语或中国方言，连国民姓名和菜单上的华文名称也明令禁止使用。印尼商业与合作社部长还在 1978 年颁布了第 286 号条例，旨在禁止进口和流通有关华文的印刷品。此外，所有电台不许播放华文类节目，外地旅游者在入关印尼时，不得携带华文书刊或读物等，至此，印尼的华文教育完全禁绝。[⑤]

二　印尼独立后华文教育的发展

现存公馆档案《文化教育簿》中有一些资料也反映了印尼独立后华文教育的发展情况。如档案号 91601《新巴杀中华学校扩建申请书》（1949 年）载：

> 敬启者，敝校于一九〇四年由闽侨赵德顺、赵德山、赵德凤兄弟暨汤怀仁、黎纯熙、陈森炎诸热心家共同创办，于一九〇七年一月获

---

① 温广益：《"二战"后东南亚华侨华人史》，中山大学出版社 2000 年版，第 207 页。

② 温北炎：《印尼华文教育的过去、现状和前景》，《暨南学报》（哲学社会科学版）2011 年第 4 期。

③ 同上。

④ 张强、王琳琳：《战后印尼华文教育兴衰探因》，《海外华文教育》2004 年第 2 期。

⑤ 林小娜：《战后印尼华文教育政策的演变》，《南方论刊》2012 年第 8 期。

荷印政府批准成立，于今垂四十三年。学校原有地皮与校舍二座，亦暨由同侨林良武所捐赠，嗣于一九三八年添建新教室五间，一九四七年续建新教室八间，现有学生一千六百四十余名。本年七月开办初级中学，董事部方面正计划于明春开始兴建大礼堂，并将设法继续筹建中学部新教室，因此之故，在号称吧城华校中地方广大之敝校校址反而渐感不敷应用，为今后施展计，势非设法扩充校址实无法应付今后之需要。敬查敝处之左右邻近及后方地皮大部分属于贵公馆所有地，未知可否就近指摄一部充为敝校建筑中学部教室之用。素仰贵公馆于吧城各华校创办之始即站在倡导督促地位，对于华侨教育贡献极大、厥功至伟。当兹华侨教育正以继往开来之精神步上普遍发展与充实内容之秋，敝校基于迫切之需求，用敢冒昧提出申请，敬恳赐予俯宪裁夺，不胜迫切待命之至，此上吧国公堂李千俊先生！

新巴杀中华学校董事长黄周规

副董事长蓝亚南

校长杨新客

一九四九年十一月十七日

此档案显示，1949 年前后，吧城新巴杀中华学校有了长足的发展，其学生已达 1640 多名，而该年 7 月又增设初中部，为建一间大礼堂和中学部教室，该校校址开始不敷应用，而学校周边土地多为吧国公堂所拥有，为此该校副董事长及校长等致书公堂玛腰李千俊，申请公堂施与一块地以利于学校建设。申请书中还指出"公馆于吧城各华校创办之始即站在倡导督促地位，对于华侨教育贡献极大、厥功至伟"，这或许是一种带有目的性的吹捧，但它也从侧面反映了吧国公堂对华校发展的贡献。

此外，20 世纪 40 年代末到 50 年代一些华校的校刊也反映了当时吧城华校的发展情况。如 1947 年出版的《吧城中华中学民卅六年毕业纪念刊》记录了当年该校初中三同学名录和小六同学名录（见表 9—7、表9—8）：

表9—7　　　　　　　　　吧城中华中学初中三同学录

姓名	籍贯	年龄（岁）
陈池聘	广东新会	17
黄秋兰	福建思明	19
游绍华	福建永定	18
林慧兰	广东梅县	17
林建兰	广东梅县	15
林木兰	广东梅县	18
何莲华	福建泉州	18
张端云	广东大埔	17
林秉植	福建福清	19
周启新	广东蕉岭	22
许秀萍	广东大埔	18
张惠英	广东梅县	19
李谦敬	福建永定	20
赖秋梅	广东梅县	19
叶秋婵	福建南安	19
黄雪娘	福建南安	18
游尚文	福建永定	19
游尚武	福建永定	19
叶赐和	福建龙溪	18
叶宣问	福建龙溪	20
胡兰英	福建安溪	18
李蕃衍	福建安溪	19
陈锦江	福建华安	20
陈永通	福建漳浦	19
李维藩	福建永定	18
戴鸿美	福建莆田	20
杨捷慧	福建海澄	23
任觉	湖南常德	16
丘鹤庚	湖南岳阳	18
朱发兰	湖北天门	18
谢时亮	广东丙村	19
潘翠英	广东梅县	19
李小云	广东梅县	19

续表

姓名	籍贯	年龄（岁）
张辉舜	广东梅县	19
侯海鸿	广东梅县	18
张玉舜	广东梅县	18
张谍舜	广东梅县	19
谢冠苏	广东梅县	19
丘仁杰	广东梅县	21
梁学杰	广东梅县	19
余长生	广东梅县	18
廖江发	广东梅县	20
潘炳光	广东梅县	16
温玉案	广东梅县	20
陈维武	广东梅县	17
任兴源	广东鹤山	17
许寰德	广东大埔	17
何湘泉	广东兴宁	20
张中芳	广东惠阳	18
张福顺	福建福清	18
翁文峰	福建兴化	19
卢善庆	福建兴化	18
卢梅英	福建兴化	18
卢德英	福建兴化	16
卢玉珍	福建兴化	17
吴秀英	福建福清	17
郭国耀	福建福清	18
蔡程一	福建福清	18
杨仰国	福建漳浦	19
陈英全	福建海澄	20
洪秀英	福建南安	19
陈云萍	福建福清	19
胡其强	福建长汀	18
王信亮	福建兴化	19

续表

姓名	籍贯	年龄（岁）
陈增泰	广东蕉岭	20
钟开盛	广东蕉岭	20
钟振纲	广东蕉岭	19
彭育梅	广东梅县	20
李尊贤	广东梅县	18
赖作能	广东梅县	18
朱善渊	广东梅县	19
朱铭松	广东梅县	19
张亮丁	广东梅县	18
谢忠生	广东梅县	17
黄继谋	广东梅县	18
黄维全	广东梅县	17
杨远辉	广东梅县	18
梁仕炎	广东梅县	20
温森祥	广东梅县	17
张天健	广东中山	17
张日良	广东中山	17
区凤玲	广东中山	18
饶应生	广东大埔	18
邓润芳	广东大埔	16
杨钦猛	广东梅县	18
赖南贤	广东松口	20
李永平	广东潮州	17
余焕挑	广东开平	18
黄国琪	广东新会	19
谭秀兰	广东新会	19
李松平	江苏南通	19
李安昌	江苏南通	18
陈士英	湖北天门	17
张锦绣	山东昌邑	18
郑年忠	福建福清	18
王温金	福建安溪	21

资料来源：纪念刊编委会：《吧城中华中学民卅六年毕业纪念刊》，1947 年。

表9—8　　　　　　　　　　吧城中华学校小六同学录

姓名	籍贯	年龄（岁）
潘安妹	广东梅县	13
邝燕芳	广东开平	14
梁群华	广东大黄沙	13
雷麟玉	广东台山	14
李群珍	广东梅县	13
黎定招	广东梅县	16
杨洁英	广东梅县	16
陈友香	广东梅县	16
游全招	福建永定	14
丘苑芳	广东梅县	16
郭婉仙	广东潮州	16
杨淑芳	广东梅县	17
丘玉如	广东梅县	15
谢与注	广东梅县	14
吴德芝	广东开平	13
李育辉	广东松口	13
巫羡舜	广东梅县	13
潘志良	广东梅县	15
苏志祥	福建厦门	13
许梅花	福建	15
黄顺眉	广东梅县	15
林耀光	广东中山	15
唐古贤	广东梅县	17
游焕德	福建永定	16
黄江洽	福建南安	14
吕钦星	广东松口	13
游维新	福建永定	14
伍捷伦	广东梅县	13
杨钦懋	广东梅县	13
李淮昌	广东梅县	13
李荣彩	广东梅县	13
陈世雄	湖北天门	14
饶宜敦	广东大埔	13

续表

姓名	籍贯	年龄（岁）
廖权富	广东梅县	14
陈金娘	福建恩梅	14
林民望	福建福清	14
许秀琼	广东中山	18
梁新群	广东梅县	16
张兰香	江苏上海	17
谢莲珍	广东梅县	17
李福基	广东梅县	13
李启友	广东梅县	15
赵维相	江苏常熟	12
李达昌	江苏南通	13
李传枢	广东松口	14
游维匡	福建永定	15
曾亚琳	广东蕉岭	15
朱楚汉	湖北天门	17
陈永荣	广东海南	13
李杏权	广东新会	16
李恩爱	福建永定	18
唐淼泉	广东梅县	16
叶德友	福建南安	15
黄曙曦	福建南安	13
廖玉英	福建安溪	16
柯兰仪	福建东屿	13
苏爱智	福建闽侯	17
赖云贞	广东梅县	16
谢粉娘	福建南安	14
陈学雄	广东	17
余浩彰	广东梅县	12
钟孔彰	广东梅县	14
钟孔芳	广东梅县	13
史文义	广东海南	17

资料来源：纪念刊编委会：《吧城中华中学民卅六年毕业纪念刊》，1947 年。

从这两份学生名录可以看出，该校学生来自多个省份，各籍贯的孩子在一所华校里共同接受教育。此外，该纪念刊还记录了当年该校中学学生基本情况的调查结果（见表9—9）。

表9—9　　　吧城中华中学学生人数调查表（1947年4月）　　　单位：人

级别	男生数	女生数	共计	级别	男生数	女生数	共计
高中师范科	7	25	32	高小二	38	26	64
高中二	25	7	32	高小一	36	32	68
高中一	21	6	27	初小四甲	21	28	49
初中三甲	33	16	49	初小四乙	44	25	69
初中三乙	35	12	47	初小三甲	29	20	49
初中二甲	31	38	69	初小三乙	40	37	77
初中二乙	41	31	72	初小二甲	42	22	64
初中一甲	38	17	55	初小二乙	26	40	66
初中一乙	32	24	56	初小一甲	44	20	64
初中一丙	36	14	50	初小一乙	29	23	52
总计（全校学生人数：1159）	299	190	489	总计	375	295	670

资料来源：纪念刊编委会：《吧城中华中学民卅六年毕业纪念刊》，1947年。

从表9—9可见，该校中学的学制已经比较完整，覆盖初中、高中乃至师范专科，这也体现了华文教育的发展。而印尼椰城中华中学1957年毕业纪念刊则向我们反映了华校师资发展的情况（见表9—10）。

表9—10　　　　　　　　椰城华中附小教职员通讯录

姓名	性别	籍贯
孙达兰	女	湖北黄陂
赵文化	南	江苏常熟
招佩芳	女	福建福州
余琼薇	女	广东梅县
林妙群	女	广东中山
刘庆荣	男	广东梅县

姓名	性别	籍贯
李奎焕	男	福建永定
黄琪生	男	广东蕉岭
孙治钦	男	浙江余杭
吴辉英	女	广东平远
曾淑媛	女	福建思明
梁钦顺	男	广东梅县
钟嘉甯	女	广东蕉岭
余秀媛	女	广东梅县
王日因	女	江苏南汇
萧华招	女	广东梅县
吴寿年	男	广东惠来
谭秀兰	女	广东新会
李锡琮	男	福建同安
罗琳	女	江西九江
许庆元	男	福建漳州
李道川	南	广东梅县
张荣南	男	广东蕉岭
陈瑞莲	女	广东开平
钟建荣	男	广东梅县
张淑霞	女	广东惠阳
许梅英	女	广东中山
程连胜	男	广东中山
李长盛	男	广东梅县
余桂英	女	广东大埔
陈碧梅	女	广东蕉岭

资料来源：1957 年毕业刊工委会编辑部：《印尼椰城中华中学 1957 年毕业纪念刊》，1957 年
6 月版。

　　由表 9—10 可见，1957 年时，椰城中华中学的师资来自湖北、福建、
广东、江西、江苏、浙江等省份，这进一步印证了吧城华校发展突破籍贯
界限的现象。这种情况在爪哇岛的其他华校也同样存在（见文后附录二）。

结　　语

　　印尼拥有东南亚最多的华人人口，对印尼华人历史的研究因此具有重要意义。迄今，国内外学术界的相关成果已经很多，但利用一手档案进行的相关研究则不多见。本书立足未刊的吧国公堂一手档案，结合已刊的《公案簿》系列及婚姻簿档案，研究内容涉及 18—20 世纪吧城华人社会的人口、职业、丧葬、婚姻、家庭、教育、宗教、社团等诸多方面，较全面地再现了荷兰殖民时期的吧城华人社会历史，有力地证明了华人社会的真实存在。20 世纪 90 年代前后，侨史学界曾对海外华人社会是否真实存在过提出质疑。1988 年泰国盘谷银行高级顾问江白潮首先提出"所谓华侨社会，只是一种假象，并没有实质存在"，"泰国华侨社会或华人社会，在理论上是立不住足的，实际上并不存在"。① 学者卢海斌也在其《华侨华人社会是否存在》一文中指出，受所在国政治、经济、法律制度等的限制，世界上任何一个有华侨、华人存在的国家都不可能形成一个华人社会。② 王伟民在《论泰国华人社会实质性存在》一文中指出，华人社会属于社会学概念，而不是政治学的范畴，因此所谓的华人社会是指"在海外某一地区形成的、具有中华民族传统文化特征的、以外籍华人为主体的文化群体"。③ 可见，王伟民虽然坚持华人社会的真实存在，但他对华人社会的界定也没有超出政治学的范畴。而谭天星教授认为，所谓的华人社会是指在海外某一地区形成的以中华文化为基础的华人社会文化群体。④

---

① 参见《泰国华侨华人现状》（见《华侨与华人》1989 年第 1 期）以及《论泰国华侨社会非实际存在》（见《东南亚研究》1990 年第 4 期）。

② 见《侨务工作研究》1991 年第 1 期。

③ 见《东南亚研究》1990 年第 4 期。

④ 谭天星：《关于华人社会是否实际存在之我见》，《八桂侨史》1991 年第 2 期。

笔者比较认同谭天星教授的观点，而公堂档案则有力地印证了吧城华人社会的真实存在，这是本书研究的一个意义。

英国东南亚问题专家富尼华（J. S. Furnivall）在其《荷属东印度多元经济研究》一书中曾提出"多元社会论"，又称为"多元经济论"（Theory of Plural Socity）。他认为，在荷属东印度存在三个社会阶层，即土著、华人和欧洲人，他们彼此共存，但除了在物质和经济领域外，他们彼此相互分割和极少聚合。[①] 因此，他认为，"多元社会"是"由两个或更多的成分或社会阶层组成，彼此共存，然而未混合成为一个政治单位"[②]。毋庸置疑，这种东南亚"多元社会论"是在东南亚民族主义运动日益高涨的形势下，西方学者为保持该地区的殖民地社会秩序而提出的理论。此理论后来被广泛运用于许多地区的社会研究，特别是在东南亚和西印度群岛，并略加修饰而称为"多种族社会论"（Theory of Multi-Racial Society）。这种理论否定了东南亚华人与当地民族长久与深远的融合，与历史真相并不符合。吧城华人公馆档案最真实而直接地反映了华人与当地民族在经济生活、婚姻家庭等诸多领域的融合，为反击"多种族社会论"提供了强有力证据，这是本书研究的另一个意义所在。

如前文所述，战后侨史学界曾提出了"华人社会阶级论"的理论，吧城华人公馆档案为我们对荷印华人社会的阶级分析提供重要史料基础，诸如《公案簿》《新客簿》《户口簿》《清册簿》等饱含关于华人职业、收入及与此相关的社会地位的资料，都有力地证明了"华人社会阶级论"的合理性，这也是本书研究的一个意义所在。

[①]　Furnivall, *Netherlands India: A Study of Plural Economy*, Great Britain: Cambridge University Press, 1983, pp. 446 – 447.

[②]　Ibid. , p. 418.

参考文献

中文著作

（元）脱脱等撰：《宋史》，中华书局1977年版。

韩振华：《诸蕃志补注》，香港大学亚洲研究中心2000年版。

苏继庼：《岛夷志略校释》，中华书局1981年版。

（明）巩珍：《西洋蕃国志》，中华书局2004年版。

（明）马欢原著：《明钞本〈瀛涯胜览〉校注》，万明校注，海洋出版社2005年版。

（清）张廷玉等撰：《明史》，中华书局1997年版。

（明）闵梦得、袁业泗等修，刘庭蕙等纂：《漳州府志》，明万历四十一年纂修，崇祯元年刊。

（明）许孚远撰：《敬和堂集》，日本内阁文库藏，万历二十二年叶向高序刊本，台北"国家图书馆"汉学研究中心，1990年影印本。

台北中研院史语所校勘：《明实录》，上海古籍书店1983年版。

（清）郝玉麟编：《朱批谕旨》，上海点石斋本1887年版。

（清）徐继畬：《瀛环志略》，（台湾）华文书局1968年版。

（清）王大海著：《海岛逸志》，姚楠、吴琅璇校注，香港学津书店1992年版。

［荷］包乐史、吴凤斌校注：《公案簿》第1辑，厦门大学出版社2002年版。

［荷］包乐史、刘勇等校注：《公案簿》第6辑，厦门大学出版社2006年版。

［荷］包乐史等校注：《公案簿》第10辑，厦门大学出版社2010年版。

［荷］包乐史、聂德宁、吴凤斌校注：《公案簿》第12辑，厦门大学出版社2013年版。

［荷］包乐史、吴凤斌、聂德宁校注：《公案簿》第15辑，厦门大学出版社2017年版。

［荷］包乐史、吴凤斌：《18世纪末吧达维亚唐人社会》，厦门大学出版社2002年版。

［荷］包乐史著：《吧达维亚华人与中荷贸易》，庄国土、吴龙等译，广西人民出版社1997年版。

卞利、胡中生主编：《民间文献与地域中国研究》，黄山书社2010年版。

曹云华：《战后东南亚华人社会变迁》，中国华侨出版社1999年版。

陈碧笙：《世界华侨华人简史》，厦门大学出版社1991年版。

陈以令：《印尼华侨概况》，台北正中书局1988年版。

陈婴婴：《职业结构与流动》，东方出版社1995年版。

陈克振编著：《安溪华侨华人风采录》，国际华文出版社2004年版。

《日本对南洋华侨调查资料选编（1925—1945）》（第1—3辑），广东高等教育出版社2011年版。

［德］傅吾康主编、［法］苏尔梦、萧国健合编：《印度尼西亚华文铭刻汇编》，新加坡南洋学会1997年版。

福建省地方志编纂委员会编：《福建省志·华侨志》，福建人民出版社1992年版。

［荷］费慕伦：《红溪惨案本末》，李平译，雅加达翡翠文化基金会1961年版。

郭宇强：《中国职业结构变迁研究》，首都经济贸易大学出版社2009年版。

郭瑞明编著：《同安华侨华人名人录》，鹭江出版社1995年版。

编纂委员会编：《荷印华侨教育鉴》，荷属华侨学务总会1928年版。

华侨志编纂委员会编印：《印尼华侨志》，华侨志编纂委员会1961年版。

黄昆章：《印度尼西亚华文教育发展史》，外语教学与研究出版社2007年版。

黄文鹰、陈曾唯、陈安妮：《荷属东印度公司统治时期巴达维亚华侨人口分析》，厦门大学出版社1981年版。

黄滋生：《战后东南亚国家的华侨华人政策》，暨南大学出版社 1989
　　年版。

侯真平等校注：《公案簿》第 4 辑，厦门大学出版社 2005 年版。

侯真平等校注：《公案簿》第 8 辑，厦门大学出版社 2009 年版。

［英］D. G. E. 霍尔：《东南亚史》，中山大学东南亚历史研究所译，商务
　　印书馆 1982 年版。

黄少萍：《闽南文化研究》，中央文献出版社 2003 年版。

暨南大学华侨研究所：《华侨史论文集》（2），暨南大学出版社 1981
　　年版。

孔远志：《中国印度尼西亚文化交流》，北京大学出版社 1999 年版。

［美］孔飞力：《他者中的华人——中国近现代移民史》，李明欢译，江苏
　　人民出版社 2016 年版。

［日］李国卿：《华侨资本的形成和发展》，福建人民出版社 1984 年版。

［印尼］李文正：《在危机中觅生机》，孔远志、林六顺译，中国友谊出版
　　公司 2001 年版。

李学民、黄昆章著：《印尼华侨史：古代至 1949 年》，广东高等教育出版
　　社 2005 年版。

［印尼］廖建裕：《爪哇土生华人政治：1917—1942》，中国友谊出版公司
　　1986 年版。

梁康生主编：《华侨历史论丛》（第一辑），福建省华侨历史学会 1984
　　年版。

梁友兰：《巴城中华会馆四十周年纪念刊》，巴达维亚 1940 年版。

［印尼］林天佑：《三宝垄历史——自三保时代至华人公馆的撤销
　　（1416—1931）》，李学民、陈巽华译，暨南大学华侨研究所 1984 年版。

林天佑主编：《三宝垄中华商会三十周年纪念册》，三宝垄中华商会 1937
　　年版。

刘继宣、束世澂：《中华民族拓殖南洋史》，上海国立编译馆 1934 年版。

聂德宁等校注：《公案簿》第 3 辑，厦门大学出版社 2004 年版。

聂德宁等校注：《公案簿》第 7 辑，厦门大学出版社 2007 年版。

聂德宁、吴凤斌、［荷］包乐史校注：《公案簿》第 11 辑，厦门大学出版
　　社 2012 年版。

聂德宁、吴凤斌、［荷］包乐史校注：《公案簿》第13辑，厦门大学出版社2014年版。

丘守愚：《东印度与华侨经济发展史》，正中书局1947年版。

商务印书馆编辑部：《词源》（修订本），商务印书馆1997年版。

佟新：《人口社会学》，北京大学出版社2005年版。

田涛、郑秦点校：《大清律例》，北京法律出版社1998年版。

王任叔：《印度尼西亚近代史》，北京大学出版社1995年版。

王爱平：《印度尼西亚孔教研究》，中国文史出版社2010年版。

温广益：《"二战"后东南亚华侨华人史》，中山大学出版社2000年版。

吴凤斌等校注：《公案簿》第5辑，厦门大学出版社2005年版。

吴凤斌等校注：《公案簿》第9辑，厦门大学出版社2009年版。

吴凤斌、［荷］包乐史、聂德宁校注：《公案簿》第14辑，厦门大学出版社2016年版。

吴凤斌、聂德宁、谢美华编纂：《雅加达华人婚姻——1772—1919年吧城唐人成婚注册簿》，厦门大学出版社2010年版。

［英］W. J. 凯特：《荷属东印度华人的经济地位》，王云翔、蔡寿康译，厦门大学出版社1988年版。

夏之乾：《神判》，生活·读书·新知三联书店1990年版。

徐吉军：《中国丧葬史》，江西高校出版社1998年版。

［日］须山卓：《华侨经济史》，东京近藤出版社1972年版。

郁树锟主编：《南洋年鉴》，新加坡南洋报社有限公司1951年版。

袁冰凌、［法］苏尔梦校注：《公案簿》第2辑，厦门大学出版社2004年版。

姚楠主编：《东南亚历史词典》，上海辞书出版社1995年版。

杨建成：《荷属东印度华侨商人》，台北"中华学术院"南洋研究所1984年版。

暨南大学华侨研究所：《华侨史论文集》（2），暨南大学出版社1981年版。

姚楠主编：《东南亚历史词典》，上海辞书出版社1995年版。

印尼苏北华侨华人历史会社：《印尼苏北华侨华人沧桑岁月》，印尼苏北华侨华人历史会社2015年版。

岳阳、刘焕然编：《荷属东印度概览》（1939 年），福建省图书馆辑《民国时期福建华侨史料汇编》第 3 册，国家图书馆出版社 2016 年版。

郑林宽：《福建华侨汇款》，福建省政府秘书处统计室 1940 年版。

中国新闻社编印：《印度尼西亚华侨和印度尼西亚基本情况》，1959 年版。

中国新闻社编印：《印尼排华与反排华斗争参考资料》，1959 年版。

周谷城主编：《民国丛书》第三编，上海书店出版社 1991 年版。

周南京：《印度尼西亚华侨华人研究》，香港社会科学出版社有限公司 2006 年版。

朱杰勤主编：《印尼华侨史》，广东高等教育出版社 1987 年版。

中文期刊

南京侨务月报社：《侨务月报》1934 年 9 月号。

李梦白：《对中式簿记原理之另一贡献》，《会计杂志》1935 年第 6 卷第 5 期。

许云樵校注：《开吧历代史记》，《南洋学报》第 9 卷第 1 辑，1953 年版。

许云樵：《吧国公堂与华侨史料》，《南洋学报》第 11 卷第 2 辑，1955 年版。

[英] 布赛尔：《东南亚的中国人》，《南洋资料译丛》1958 年第 1 期。

李全寿：《印尼华侨教育史》，《南洋学报》第 15 卷第 1 辑，1959 年版。

[美] G. W. 史金纳（G William Skinner）：《爪哇的中国人》，《南洋资料译丛》1963 年第 2 期。

[日] 岩生成一：《论安汶岛初期的华人街》，《南洋问题资料译丛》1963 年第 1 期。

[日] 竹林勋雄：《印尼华侨发展史概况》，《南洋问题资料译丛》1963 年第 1 期。

[日] 福田省三：《荷属东印度的华侨》，《南洋资料译丛》1963 年第 2 期。

[印尼] 廖建裕：《印尼华人教育史》，《南洋学报》第 32 卷 1—2 期，1978 年。

蔡仁龙：《荷属东印度时期的承包制与华侨》，《南洋问题》1983 年第 3 期。

［日］长冈新治郎：《十七、十八世纪巴达维亚的糖业与华侨》，《南洋资料译丛》1983 年第 3 期。

［印尼］廖建裕、杨启光：《印尼华人教育史略》，《东南亚研究资料》1986 年第 4 期。

王启生：《关于强迫种植制的几个问题——评十九世纪中叶荷兰在印尼的殖民统治》，《华侨大学学报》1987 年第 1 期。

黄焕宗：《荷兰殖民者在印尼的殖民政策与演变：1602—1942》，《南洋问题研究》1988 年第 2 期。

江白潮：《论泰国华侨社会非实际存在》，《东南亚》1990 年第 1 期。

张纯元：《试论人口职业结构》，《南方人口》1990 年第 3 期。

谭天星：《关于华人社会是否实际存在之我见》，《八桂侨史》1991 年第 2 期。

［荷］包乐史著：《1619—1740 的巴达维亚：一个华人殖民城的兴衰（上）》，熊蔚霞、庄国土译，《南洋资料译丛》1992 年第 1 期。

许国栋：《从华人的宗教信仰探讨印度尼西亚的同化政策》，《华侨华人历史研究》1992 年第 1 期。

蔡仁龙：《印尼华人马来语之父李金福》，《华侨华人历史研究》1992 年第 3 期。

［印尼］廖建裕著：《印尼华人研究的一种方法》，杨启光译，《东南亚研究》1993 年第 4 期。

严国柱、朱火金：《民国时期中国保险业一览》，《民国春秋》1996 年第 6 期。

朱天慧：《战后印尼政府的华侨华人教育政策》，《东南亚研究》1997 年第 1 期。

温北炎：《印尼华文教育的新形势与几点看法》，《东南亚研究》2000 年第 2 期。

聂德宁：《〈吧国公堂〉档案》，《历史档案》2000 年第 3 期。

李明欢：《变迁中的吧城华人社会：十九世纪丹绒坟山档案资料的启示》，《亚洲文化》2000 年总第 24 期。

薛秀霞：《印尼华侨移民的历史考察》，《宁波大学学报》2001 年第 3 期。

黄昆章：《印尼华人的佛教信仰》，《东南亚纵横》2003 年第 6 期。

陈萌红：《在中国传统与荷兰殖民体制之间：19 世纪巴达维亚的华人婚姻》，《南洋资料译丛》2004 年第 2 期。

张强、王琳琳：《战后印尼华文教育兴衰探因》，《海外华文教育》2004年第 2 期。

纪宗安：《试析吧国公堂的盟神审判》，《东南亚研究》2004 年第 3 期。

施雪琴：《20 世纪初期爪哇排华运动探析》，《南洋问题研究》2006 年第 3期。

陈衍德：《印尼爪哇与外岛资源分配的不公：民族关系视角的解读》，《东南亚研究》2007 年第 1 期。

张禹东：《印度尼西亚全面同化政策下的华人宗教文化》，《华侨大学学报》2008 年第 3 期。

聂德宁：《冲突与兼容：荷印吧城华人遗产继承的法律适用问题》，《南洋问题研究》2009 年第 4 期。

徐晓望：《雅加达金德院与闽南原乡》，《闽台文化研究》2010 年第 1 期。

翁频、水海刚：《巴达维亚华人孤贫养济院美惜甘初探——以〈公案簿〉为中心》，《历史教学》（下半月刊）2010 年第 12 期。

邱建立、李学昌：《并不神秘的民间速记文字——"花数"》，《华东师范大学学报》2011 年第 2 期。

温北炎：《印尼华文教育的过去、现状和前景》，《暨南学报》2011 年第4 期。

徐云：《华侨华人民间文献多重价值初探》，《华侨华人历史研究》2012年第 3 期。

林小娜：《战后印尼华文教育政策的演变》，《南方论刊》2012 年第 8 期。

聂德宁：《荷印吧城华人文化的传统与变迁——以"吧国公堂"的司法行政职能为视角》，《东南亚研究》2013 年第 2 期。

梁英明：《从中华学堂到三语学校——论印度尼西亚现代华文学校的发展与演变》，《华侨华人历史研究》2013 年第 2 期。

杜玉华：《社会结构：一个概念的再考评》，《社会科学》2013 年第 8 期。

张冲：《基于广义人口结构视角下住房需求的研究进展》，《重庆工商大学学报》（社会科学版）2015 年第 32 卷第 2 期。

张小欣：《荷属东印度华人社会的自治与困境——以 18—19 世纪吧城公堂

丧葬管理为中心》,《华侨华人历史研究》2016 年第 4 期。

王楚楚、马博冕:《从历史学角度看印尼中华会馆起源与贡献》,《兰台世界》2016 年第 15 期。

郭兆斌:《新发现的清代民间复式簿记报告试析——以乾隆十六年晋商年终决算清单为例》,《财会月刊》2016 年第 30 期。

郭道杨:《"会计"的足迹——从"龙门账"到"四角账"》,《新理财》2017 年第 1 期。

张云江:《观音信仰在新马华人社会网络构建中的作用》,《平顶山学院学报》2017 年第 1 期。

学位论文

薛灿:《映像在华文报刊讣告中的新马华人"家庭"与"社会"——1951—1976 年〈南洋商报〉讣告研究初探》,硕士学位论文,厦门大学,2008 年。

周怡君:《荷属时期爪哇华人甲必丹华人经济研究》,硕士学位论文,台湾成功大学历史研究所,1999 年。

西文著作

Bataviaasch Genootschap van Kunsten en Wetenschappen, *Nederlandsch-Indisch plakaatboek.* 1602 – 1811, Vol. 1, Batavia: Landsdrukkerij, 1885 – 1900.

Carl A. Trocki. Opium, *Empire and the Global Political Economy: A study of the Asian opium trade* 1750 – 1950. USA and Canada: Routledge, 1999.

Chin-KeongNg & Gung wu Wang (eds.), *Mari-time China in Transition* 1750 – 1850, Wiesbaden: Harrassowitz Verlag, 2004.

James R. Rush, *Opium To Java: Revenue Farming and Chinese Enterprise in Colonial Indonesia*, New York: Cornell University Press, 1990.

John Butcher and Howa Dick (eds.), *The Rise and Fall of Revenue Farming-Business Elites and the Emergence of the Modern States in Southeast Asia*, Great Britain: The Macmillan Press Ltd. , 1993.

J. S. Furnivall: Netherlands India: *A Study of Plural Economy*, Great Britain: Cambridge University Press, 1939.

Lea E. Williams, *Overseas Nationalism-The Genesis of the Pan-Chinese Movement in Indonesia*, 1900 – 1906, Illinois: The Free Press , 1960.

Mona Lohanda, *The Kapitan Cina of Batavia* : 1837 – 1942. , Indonesia: Djambatan, Member of IKAPI, 2001.

M. R. Fernando and David Bulbeck (eds.), *Chinese Economic Activity in Netherlands India: Selected Translations from the Dutch*, Singapore: Institute of Southeast Asian Studies, 1992.

Onghokham. *The thugs, the curtain thief, and the sugar lord: power, politics and culture in colonial Java.* , Jakarta: Metafor Publishing, 2003.

T. S. Raffles: *The History of Java*, Great Britain: Oxford University Press, 1978.

西文期刊

Li Minghuan, "From 'Sons of the Yellow Emperor' to 'Children of Indonesian Soil': Studying Peranakan Chinese based on the Batavia Kong Koan Archives", *Journal of Southeast Asian Studies*, Vol. 34, Issue . 2, 2003.

Onghokham, "Chinese Capitalism in Dutch Java", in *Southeast Asian Studies*, Vol. 27, No. 2, September 1989.

James R. Rush, "Social Control and Influence in Nineteenth Century Indonesia: Opium Farms and the Chinese of Java", *Indonesia*, 1983, No. 35 (April), Cornell Southeast Asia Program.

会议论文

Hans Grooszen, "Migrants and Marriage Partners, The Chinese in Colonial Batavia", IIAS (International Institute for Asian Studies) Workshop, "Chinese Archival Sources And Overseas Chinese Communities (1775 – 1950)", the Netherlands: Leiden, December 1999.

Li Minghuan, "Batavia's Chinese Society in Transition: Indications of Tandjoeng Cemetery Archives (1811 – 1896)", IIAS (International Institute for Asian Studies) Workshop, "Chinese Archival Sources And Overseas Chinese Communities (1775 – 1950)", the Netherlands: Leiden, December 1999.

Myra Sidharta, "The Role of The Go-Between in Chinese Marriages in Batavia", IIAS (International Institute for Asian Studies) Workshop, "Chinese Archival Sources And Overseas Chinese Communities (1775 – 1950)", the Netherlands: Leiden, December 1999.

档案文献（参见附录一）

附录一　荷兰莱顿大学汉学院馆藏公馆中文档案目录

一　通知簿

《公堂通知簿》（1839 年 3 月 7 日—1880 年 9 月 1 日），档案号 11001；

《公堂通知簿》（1880 年 9 月 1 日—1882 年 9 月 27 日），档案号 11002；

《公堂通知簿》（1884 年 5 月 28 日—1886 年 9 月 7 日），档案号 11003；

《公堂通知簿》（1888 年 8 月 13 日—1892 年 8 月 24 日），档案号 11004；

《公堂通知簿》（1892 年 9 月 1 日—1896 年 8 月 28 日），档案号 11005；

《公堂通知簿》（1905 年 2 月 8 日—1911 年 11 月 29 日），档案号 11006；

《公堂通告簿》（1877 年 6 月 9 日—1879 年 12 月 31 日），档案号 12001；

《公堂通告簿》（1885 年 7 月 16 日—1904 年 8 月 23 日），档案号 12002；

《公堂公文挂号簿》（1883 年 1 月 2 日—1883 年 9 月 1 日），档案号 13001。

二　公案簿（已出版）

三　户口簿、新客簿
（一）户口簿

《户口簿》（廿六间户口册）（1878 年），档案号 31001；

《户口簿》（兑亚芬土库户口册）（职业类）（1878 年），档案号 31002；

《户口簿》（公司后户口册）（1878 年），档案号 31003；

《户口簿》（新厝仔户口册）（1878 年），档案号 31004；

《户口簿》（旧把杀户口册）（1878 年），档案号 31005；

《户口簿》（大港墘户口册）（商号、职业）（1878 年），档案号 31006；

《户口簿》（亭仔脚户口册）（1878 年），档案号 31007；

《户口簿》（中港仔户口册）（1878 年），档案号 31008；

《户口簿》（八茶碛户口册）（1878 年），档案号 31009；

《户口簿》（八茶碛户口册）（职业类）（1881 年），档案号 31010；

《户口簿》（小南门东势户口册）（职业类）（1881 年），档案号 31011 号；

《户口簿》（小南门西势户口册）（1882 年），档案号 31012；

《户口簿》（中港仔户口册）（职业类）（1882 年），档案号 31013；

《户口簿》（公司后户口册）（职业类）（1882 年），档案号 31014；

《户口簿》（亭仔脚户口册）（职业类）（1882 年），档案号 31015；

《户口簿》（三间土库户口册）（1884 年），档案号 31016。

（二）新客簿

《新客簿》（1852 年 1 月 3 日—1855 年 12 月 29 日），档案号 32001；

《新客簿》（1874 年 6 月 3 日—1877 年 4 月 26 日），档案号 32002；

《新客簿》（1878 年 5 月 16 日记新客到案字），档案号 32003；

《新客簿》（1912 年 11 月 16 日—1913 年 12 月 9 日），档案号 32004。

四　公堂清册簿

（一）总清簿

《公堂总清簿》（1840 年 2 月 3 日—1841 年 1 月 22 日），档案号 41001；

《公堂总清簿》（1852 年 11 月 16 日—1885 年 11 月 2 日），档案号 41001；

《公堂总清簿》（1865 年 3 月 21 日—1865 年 12 月 29 日），档案号 41003；

《公堂总清簿》（合发号）（1866 年 3 月 12 日—1866 年 4 月 26 日），档案号 41004；

《公堂总清簿》（炽昌号）（1866 年 2 月—1872 年），档案号 41005；

《公堂总清簿》（1878 年 1 月 4 日—1880 年 12 月 31 日），档案号 41006；

《公堂总清簿》（1881 年 1 月 3 日—1882 年 12 月 31 日），档案号 41007；

《公堂总清簿》（俸银簿）（1883 年 1 月—1901 年 7 月），档案号 41008；

《公堂总清簿》（品香大公司）（1884 年 8 月 14 日—1886 年 1 月 27 日），档案号 41009；

《公堂总清簿》（1901 年），档案号 41010；

《公堂总清簿》（1914 年），档案号 41011；

《公堂总清簿》（1915 年），档案号 41012；

《公堂总清簿》（1916 年），档案号 41013；

《公堂总清簿》（1917 年），档案号 41014；

《公堂总清簿》（1918 年），档案号 41015；

《公堂总清簿》（1919 年），档案号 41016；

《公堂总清簿》（1921 年），档案号 41017；

《公堂总清簿》（1922 年），档案号 41018；

《公堂总清簿》（1923 年），档案号 41019；

《公堂总清簿》（1924 年），档案号 41020；

《公堂总清簿》（1925 年），档案号 41021；

《公堂总清簿》（1926 年），档案号 41022；

《公堂总清簿》（1927 年），档案号 41023；

《公堂总清簿》（1928 年），档案号 41024；

《公堂总清簿》（1929 年），档案号 41025；

《公堂总清簿》（1930 年），档案号 41026；

《公堂总清簿》（1931 年），档案号 41027。

（二）日清簿

《公堂日清簿》（1914 年 1 月 1 日—1914 年 12 月 31 日），档案号 42001；

《公堂日清簿》（1915 年），档案号 42002；

《公堂日清簿》（1916 年），档案号 42003；

《公堂日清簿》（1917 年），档案号 42004；

《公堂日清簿》（1918 年），档案号 42005；

《公堂日清簿》（1919 年），档案号 42006；

《公堂日清簿》（1920 年），档案号 42007；

《公堂日清簿》（1921 年），档案号 42008；

《公堂日清簿》（1922 年 1 月 1 日—1922 年 2 月 9 日），档案号 42009；

《公堂日清簿》（1922 年 2 月 10 日—1922 年 12 月 31 日），档案号 42010；

《公堂日清簿》（1923 年），档案号 42011；

《公堂日清簿》（1924 年），档案号 42012；

《公堂日清簿》（1925 年），档案号 42013；

《公堂日清簿》（1926 年），档案号 42014；

《公堂日清簿》（1927 年），档案号 42015；

《公堂日清簿》（1928 年），档案号 42016；

《公堂日清簿》（1929 年），档案号 42017；

《公堂日清簿》（1930 年），档案号 42018；

《公堂日清簿》（1931 年 1 月 1 日—1931 年 2 月 28 日），档案号 42019。

（三）年结册

《公堂全年结册》（丹绒冢风水结册）（1838 年 1 月—1843 年 6 月），
档案号 43001；

《公堂全年结册》（式里陂风水结册）（1838 年 1 月—1843 年 6 月），
档案号 43002；

《公堂全年结册》（丹绒风水结册）（1843 年 7 月—1852 年 12 月），
档案号 43003；

《公堂全年结册》（式里陂风水结册）（1843 年 7 月—1847 年底），档
案号 43004；

《公堂全年结册》（式里陂风水结册）（1862 年 1 月 1 日—1862 年 12
月 24 日），档案号 43005；

《公堂全年结册》（1861 年），档案号 43006；

《公堂全年结册》（1866 年），档案号 43007；

《公堂全年结册》（1870 年），档案号 43008；

《公堂全年结册》（1875 年），档案号 43009；

《公堂全年结册》（炽昌号）（1876 年），档案号 43011；

《公堂全年结册》（1882 年），档案号 43012；

《公堂全年结册》（1883 年），档案号 43013；

《公堂全年结册》（1885 年），档案号 43014；

《公堂全年结册》（1886 年），档案号 43015；

《公堂全年结册》（1887 年），档案号 43016；

《公堂全年结册》（1888 年），档案号 43017；

《公堂全年结册》（1889 年），档案号 43018；

《公堂全年结册》（1890 年），档案号 43019；

《公堂全年结册》（1891 年），档案号 43020；

《公堂全年结册》（1892 年），档案号 43021；

《公堂全年结册》（1893 年），档案号 43022；

《公堂全年结册》（1894 年），档案号 43023；

《公堂全年结册》（1895 年），档案号 43024；

《公堂全年结册》（1896 年），档案号 43025；

《公堂全年结册》（1897 年），档案号 43026；

《公堂全年结册》（1898 年），档案号 43027；

《公堂全年结册》（1899 年），档案号 43028；

《公堂全年结册》（1900 年），档案号 43029；

《公堂全年结册》（1901 年），档案号 43030；

《公堂全年结册》（1902 年），档案号 43031；

《公堂全年结册》（1903 年），档案号 43032；

《公堂全年结册》（1906 年），档案号 43033。

（四）其他账簿

《1821—1822 年买卖账单》，档案号 44001；

《方国老借雷手折》（1830 年前后），档案号 44002；

《1839 年日用品物价》，档案号 44003；

《1859 年录用工人的开支》，档案号 44004；

《1862 年振茂号取账手折》，档案号 44005；

《1871 年购物单据》，档案号 44006；

《1928 年巴达维亚银行单》，档案号 44007；

《1929 年巴达维亚银行单》，档案号 44008；

《收支账单》（1931 年），档案号 44009；

《人寿保险书》（1939 年），档案号 44010；

《租赁脚踏车合同书》（1940 年），档案号 44011；

《邮便贮金通账》（1942—1945 年），档案号 44012。

五　婚姻簿

（一）成婚注册存案簿

《成婚注册存案》（1772 年 5 月 13 日），档案号 51001；

《成婚注册存案》（1774 年 12 月 14 日—1776 年 12 月 15 日），档案号 51002；

《成婚注册存案》（1777 年 1 月 8 日—1777 年 11 月 25 日），档案号 51003；

《成婚注册存案》（1778 年 12 月 16 日—1779 年 12 月 21 日），档案号 51004；

《成婚注册存案》（1782 年 1 月 18 日），档案号 51005；

《成婚注册存案》（1783 年 11 月 5 日—1785 年 8 月 10 日），档案号 51006；

《成婚注册存案》（1790 年 9 月 15 日—1791 年 9 月 25 日），档案号 51007；

《成婚注册存案》（1807 年 10 月 29 日—1809 年 12 月 2 日），档案号 51201；

《成婚注册存案》（1809 年 12 月 2 日—1812 年 9 月 29 日），档案号 51202；

《成婚注册存案》（1812 年 9 月 29 日—1813 年 12 月 21 日），档案号 51203；

《成婚注册存案》（1813 年 12 月 23 日—1815 年 3 月 26 日），档案号 51204；

《成婚注册存案》（1832 年 1 月 11 日—1833 年 11 月 7 日），档案号 51301；

《成婚注册存案》（1833 年 11 月 11 日—1824 年 11 月 13 日），档案号 51302；

《成婚注册存案》（1834 年 11 月 14 日—1836 年 5 月 1 日），档案号 51303；

《成婚注册存案》（1836 年 5 月 3 日—1837 年 1 月 14 日），档案号 51304；

《成婚注册存案》（1837 年 1 月 16 日—1837 年 12 月 7 日），档案号 51305；

《成婚注册存案》（1837 年 12 月 12 日—1838 年 12 月 3 日），档案号 51306；

《成婚注册存案》（1838 年 12 月 3 日—1839 年 10 月 16 日），档案号 51307；

《成婚注册存案》（1839 年 10 月 16 日—1840 年 11 月 18 日），档案号 51308；

《成婚注册存案》（1840 年 11 月 28 日—1841 年 11 月 9 日），档案号 51309；

《成婚注册存案》（1841 年 12 月 8 日—1843 年 1 月 9 日），档案

号 51310；

　　《成婚注册存案》（1843 年 1 月 9 日—1844 年 4 月 2 日），档案号 51311；

　　《成婚注册存案》（1844 年 4 月 6 日—1845 年 8 月 20 日），档案号 51312；

　　《成婚注册存案》（1845 年 8 月 21 日—1846 年 11 月 25 日），档案号 51313；

　　《成婚注册存案》（1846 年 11 月 26 日—1848 年 1 月 27 日），档案号 51314；

　　《成婚注册存案》（1848 年 2 月 16 日—1848 年 11 月 15 日），档案号 51315；

　　《成婚注册存案》（1848 年 11 月 16 日—1849 年 9 月 24 日），档案号 51316；

　　《成婚注册存案》（1849 年 9 月 25 日—1850 年 6 月 12 日），档案号 51317；

　　《成婚注册存案》（1850 年 6 月 23 日—1851 年 3 月 17 日），档案号 51318；

　　《成婚注册存案》（1851 年 3 月 24 日—1851 年 12 月 27 日），档案号 51319；

　　《成婚注册存案》（1851 年 12 月 27 日—1852 年 10 月 28 日），档案号 51320；

　　《成婚注册存案》（1852 年 10 月 28 日—1853 年 9 月 15 日），档案号 51321；

　　《成婚注册存案》（1853 年 9 月 16 日—1855 年 1 月 12 日），档案号 51322；

　　《成婚注册存案》（1855 年 1 月 17 日—1857 年 1 月 5 日），档案号 51323；

　　《成婚注册存案》（1857 年 1 月 5 日—1859 年 4 月 26 日），档案号 51324；

　　《成婚注册存案》（1861 年 9 月 27 日—1864 年 5 月 10 日），档案号 51325；

《成婚注册存案》（1864 年 5 月 11 日—1866 年 1 月 19 日），档案号 51326；

《成婚注册存案》（1866 年 1 月 20 日—1867 年 5 月 9 日），档案号 51327；

《成婚注册存案》（1867 年 5 月 13 日—1869 年 9 月 7 日），档案号 51328；

《成婚注册存案》（1869 年 9 月 7 日—1871 年 11 月 9 日），档案号 51329；

《成婚注册存案》（1871 年 10 月 10 日—1873 年 12 月 20 日），档案号 51330；

《成婚注册存案》（1874 年 1 月 3 日—1875 年 8 月 27 日），档案号 51331；

《成婚注册存案》（1875 年 8 月 30 日—1877 年 6 月 1 日），档案号 51332；

《成婚注册存案》（1877 年 6 月 6 日—1878 年 12 月 2 日），档案号 51333；

《成婚注册存案》（1878 年 12 月 2 日—1879 年 12 月 31 日），档案号 51334；

《成婚注册存案》（1880 年 1 月 2 日—1880 年 1 月 19 日），档案号 51401；

《成婚注册存案》（1883 年 2 月 20 日—1885 年 6 月 26 日），档案号 51402；

《成婚注册存案》（1885 年 7 月 4 日—1886 年 10 月 12 日），档案号 51403；

《成婚注册存案》（1866 年 10 月 12 日—1887 年 12 月 27 日），档案号 51404；

《成婚注册存案》（1887 年 12 月 28 日—1890 年 12 月 31 日），档案号 51405；

《成婚注册存案》（1891 年 1 月 3 日—1894 年 5 月 21 日），档案号 51406；

《成婚注册存案》（1894 年 5 月 23 日—1897 年 11 月 30 日），档案

号 51407；

　　《成婚注册存案》（1897 年 12 月 2 日—1899 年 12 月 4 日），档案号 51408；

　　《成婚注册存案》（1899 年 12 月 5 日—1902 年 5 月 31 日），档案号 51409；

　　《成婚注册存案》（1902 年 5 月 21 日—1904 年 9 月 9 日），档案号 51410；

　　《成婚注册存案》（1904 年 9 月 12 日—1906 年 11 月 12 日），档案号 51411；

　　《成婚注册存案》（1906 年 11 月 19 日—1908 年 12 月 1 日），档案号 51412；

　　《成婚注册存案》（1908 年 12 月 2 日—1909 年 3 月 12 日），档案号 51413；

　　《成婚注册存案》（1912 年 1 月 5 日—1913 年 2 月 23 日），档案号 51414；

　　《成婚注册存案》（1913 年 2 月 23 日—1913 年 12 月 28 日），档案号 51415；

　　《成婚注册存案》（1914 年 1 月 3 日—1916 年 3 月 5 日），档案号 51416；

　　《成婚注册存案》（1916 年 3 月 12 日—1918 年 6 月 24 日），档案号 51417；

　　《成婚注册存案》（1918 年 7 月 7 日—1919 年 4 月 30 日），档案号 51418。

　　（二）结婚申报书

　　《结婚申报书》（1761 年），档案号 52101；

　　《结婚申报书》（1775 年）（原档分类标注如此，似应为 1765 年），档案号 52102；

　　《结婚申报书》（1771 年），档案号 52103；

　　《结婚申报书》（1779 年），档案号 52104；

　　《结婚申报书》（1780 年），档案号 52105；

　　《结婚申报书》（1783 年），档案号 52106；

　　《结婚申报书》（1786 年 5 月），档案号 52107；

　　《结婚申报书》（1786 年 7 月），档案号 52108；

　　《结婚申报书》（1786 年 8 月），档案号 52109；

　　《结婚申报书》（1786 年 4—9 月），档案号 52110；

　　《结婚申报书》（1812—1818 年），档案号 52111；

　　《结婚申报书》（1820—1822 年），档案号 52112；

　　《结婚申报书》（1824 年），档案号 52113；

　　《结婚申报书》（1844—1848 年），档案号 52114；

《结婚申报书》(1858 年 1 月 23 日—1858 年 12 月 31 日)，档案号 52115；

《结婚申报书》(1859 年 1 月 1 日—1859 年 10 月 27 日)，档案号 52116；

《结婚申报书》(1860 年)，档案号 52117；

《结婚申报书》(1861 年 8 月 17 日—1861 年 12 月 31 日)，档案号 52118；

《结婚申报书》(1862 年 1 月 3 日—1862 年 12 月 31 日)，档案号 52119；

《结婚申报书》(1863 年 1 月 3 日—1863 年 12 月 27 日)，档案号 52120；

《结婚申报书》(1864 年 1 月 6 日—1864 年 12 月 29 日)，档案号 52121；

《结婚申报书》(1865 年 1 月 2 日—1865 年 12 月 30 日)，档案号 52122；

《结婚申报书》(1866 年 1 月 2 日—1866 年 12 月 31)，档案号 52123；

《结婚申报书》(1867 年 1 月 3 日—1867 年 12 月 25 日)，档案号 52124；

《结婚申报书》(1868 年 1 月 20 日—1868 年 12 月 7 日)，档案号 52125；

《结婚申报书》(1869 年 1 月 23 日—1869 年 9 月)，档案号 52126；

《结婚申报书》(1870 年 1 月 13 日—1870 年 12 月 28 日)，档案号 52127；

《结婚申报书》(1871 年 1 月 2 日—1871 年 12 月 31 日)，档案号 52128；

《结婚申报书》(1872 年 1 月 12 日—1872 年 9 月 23 日)，档案号 52129；

《结婚申报书》(1873 年 1 月 9 日—1873 年 11 月 4 日)，档案号 52130；

《结婚申报书》(1875 年 8 月 3 日—1875 年 11 月 17 日)，档案号 52131；

《结婚申报书》(1876 年 4 月 7 日—1876 年 12 月 27 日)，档案号 52132；

《结婚申报书》(1877 年 1 月 17 日—1877 年 12 月 23 日)，档案号 52133；

《结婚申报书》(1878 年 1 月 5 日—1878 年 12 月 27 日)，档案号 52134；

《结婚申报书》(1879 年 1 月 2 日—1879 年 12 月 20 日)，档案号 52135；

《成婚申报书》(原档分类标注如此，似应为"结婚申报书"，下同)
(1886 年 1 月 5 日—1886 年 11 月 15 日)，档案号 52201；

《成婚申报书》(1888 年 4 月 27 日—1888 年 8 月 15 日)，档案号 52202；

《成婚申报书》(1889 年 3 月 1 日—1889 年 12 月 23 日)，档案号 52203；

《成婚申报书》(空文档)，档案号 52204；

《成婚申报书》(1892 年 3 月 28 日—1892 年 11 月)，档案号 52205；

《成婚申报书》(1895 年 1 月 2 日—1895 年 12 月 27 日)，档案号 52206；

《成婚申报书》(1896 年 1 月 30 日—1896 年 12 月 28 日) 档案号 52207；

《成婚申报书》(1897 年 1 月 4 日—1897 年 1 月 5 日)，档案号 52208；

《成婚申报书》(1898 年 1 月 12 日—1898 年 12 月 28 日)，档案号 52209；

《成婚申报书》（1899 年 6 月 23 日），档案号 52210；

《成婚申报书》（1900 年 1 月 5 日—1900 年 12 月 24 日），档案号 52211；

《成婚申报书》（1901 年 1 月 12 日—1901 年 12 月 30 日），档案号 52212；

《成婚申报书》（1902 年 1 月 5 日—1902 年 12 月 29 日），档案号 52213；

《成婚申报书》（1903 年 1 月 3 日—1903 年 12 月 30 日），档案号 52214；

《成婚申报书》（1904 年 1 月 4 日—1904 年 12 月 24 日），档案号 52215；

《成婚申报书》（1909 年 11 月 26 日），档案号 52216；

《成婚申报书》（1910 年 1 月 20 日—1910 年 11 月 25 日），档案号 52217；

《成婚申报书》（1912 年 1 月 5 日—1912 年 12 月 24 日），档案号 52218；

《成婚申报书》（1913 年 1 月 3 日—1913 年 12 月 28 日），档案号 52219；

《成婚申报书》（1914 年 11 月 8 日—1914 年 12 月 24 日），档案号 52220；

《成婚申报书》（1916 年 10 月 13 日—1916 年 11 月 23 日），档案号 52221。

（三）结婚调查书

《结婚调查书》（1783—1785 年），档案号 52301；

《结婚调查书》（1790 年），档案号 52302；

《结婚调查书》（1791 年），档案号 52303；

《结婚调查书》（1794 年 2 月 16 日），档案号 52304；

《结婚调查书》（1812 年），档案号 52305；

《结婚调查书》（1814 年），档案号 52306；

《结婚调查书》（1816—1818 年），档案号 52307；

《结婚调查书》（1821—1825 年），档案号 52308；

《结婚调查书》（1838 年），档案号 52309；

《结婚调查书》（1840—1850 年代），档案号 52310；

《结婚调查书》（1862 年），档案号 52311；

《结婚调查书》（1862 年 12 月），档案号 52312；

《结婚调查书》（1870 年），档案号 52313；

《结婚调查书》（1871 年），档案号 52314；

《结婚调查书》（1875 年），档案号 52315；

《结婚调查书》（1877 年），档案号 52316。

（四）结婚证书

《结婚证书》（1783 年），档案号 53101；

《结婚证书》（1790 年 9 月 1 日），档案号 53102；

《结婚证书》（1801 年 2 月 4 日），档案号 53103；

《结婚证书》（1809 年 9 月 15 日），档案号 53104；

《结婚证书》（1811 年 5 月 6 日和 1811 年 12 月 2 日），档案号 53105；

《结婚证书》（1858 年 11 月 20 日），档案号 53106；

《结婚证书》（1862 年 8 月 29 日），档案号 53107；

《结婚证书》（1863 年 1 月 8 日），档案号 53108；

《结婚证书》（1864 年 10 月 24 日），档案号 53109；

《结婚证书》（1865 年 10 月 5 日），档案号 53110；

《结婚证书》（1866 年 6 月 25 日—1866 年 10 月 16 日），档案号 53111；

《结婚证书》（1867 年 10 月 10 日），档案号 53112；

《结婚证书》（1868 年 10 月 16 日—1868 年 12 月 10 日），档案号 53113；

《结婚证书》（1869 年 7 月 7 日—1869 年 11 月 12 日），档案号 53114；

《结婚证书》（1870 年 8 月 18 日—1870 年 12 月 29 日），档案号 53115；

《结婚证书》（1871 年 5 月 23 日—1871 年 12 月 21 日），档案号 53116；

《结婚证书》（1872 年 7 月 23 日—1872 年 12 月 13 日），档案号 53117；

《结婚证书》（1873 年月 25 日—1873 年 12 月 7 日），档案号 53118；

《结婚证书》（1874 年 3 月 24 日—1874 年 12 月 23 日），档案号 53119；

《结婚证书》（1875 年 4 月 26 日—1875 年 10 月 23 日），档案号 53120；

《结婚证书》（1877 年 5 月 22 日—1877 年 11 月 20 日），档案号 53121；

《结婚证书》（1877 年 10 月 24 日—1878 年 10 月 10 日），档案号 53212；

《结婚证书》（1879 年 12 月 17 日），档案号 53122。

（五）离婚书

《离婚书》（1879 年 4 月 12 日—1897 年 4 月 26 日），档案号 53201。

（六）复婚书

《复婚书》（1860 年 1 月 11 日），档案号 54101。

六　冢地簿

（一）丹绒义冢

《丹绒义冢》（1811 年 1 月 5 日—1811 年 12 月 30 日），档案号 61101；

《丹绒义冢》（1812 年 1 月 1 日—1812 年 12 月 31 日），档案号 61102；

《丹绒义冢》（1817 年 1 月 1 日—1817 年 12 月 31 日），档案号 61103;

《丹绒义冢》（1818 年 1 月 1 日—1818 年 12 月 31 日），档案号 61104 ;

《丹绒义冢》（1819 年 1 月 1 日—1819 年 12 月 31 日），档案号 61105 ;

《丹绒义冢》（1822 年 1 月 3 日—1822 年 12 月 31 日），档案号 61106;

《丹绒义冢》（1823 年 1 月 1 日—1823 年 12 月 31 日），档案号 61107;

《丹绒义冢》（1836 年 1 月—1838 年 12 月 31 日），档案号 61108;

《丹绒义冢》（1851 年 4 月 1 日—1854 年 12 月 31 日），档案号 61109;

《丹绒义冢》（1855 年 1 月 10 日—1857 年 12 月 31 日），档案号 61110;

《丹绒义冢》（1858 年 1 月 1 日—1860 年 4 月 30 日），档案号 61111;

《丹绒义冢》（1860 年 5 月 2 日—1865 年 12 月 22 日），档案号 61112;

《丹绒义冢》（1866 年 1 月 1 日—1872 年 7 月 31 日），档案号 61113;

《丹绒义冢》（1872 年 8 月 1 日—1878 年 3 月 30 日），档案号 61114;

《丹绒义冢》（1878 年 4 月 13 日—1881 年 3 月 22 日），档案号 61115;

《丹绒义冢》（1881 年 2 月 25 日—1881 年 12 月 31 日），档案号 61116;

《丹绒义冢》（1882 年 1 月 5 日—1883 年 12 月 31 日），档案号 61117;

《丹绒义冢》（1884 年 1 月 1 日—1886 年 11 月 17 日），档案号 61118;

《丹绒义冢》（1886 年 11 月 20 日—1888 年 12 月 31 日），档案号 61119;

《丹绒义冢》（1889 年 1 月 1 日—1891 年 12 月底），档案号 61120;

《丹绒义冢》（1892 年 1 月 1 日—1893 年 12 月底），档案号 61121;

《丹绒义冢》（1894 年 1 月 1 日—1895 年 12 月底），档案号 61122;

《丹绒义冢》（1896 年 1 月—1896 年 10 月），档案号 61123。

（二）冢地购买簿

《丹绒冢地》（1812 年 1 月 15 日—1812 年 12 月 28 日），档案号 61201;

《丹绒冢地》（1813 年 1 月 8 日—1813 年 12 月 29 日），档案号 61202;

《丹绒冢地》（1814 年 1 月 4 日—1814 年 12 月 27 日），档案号 61203;

《丹绒冢地》（1815 年 1 月 29 日—1815 年 12 月 23 日），档案号 61204;

《丹绒冢地》（1816 年 1 月 16 日—1816 年 12 月 23 日），档案号 61205;

《丹绒冢地》（1822 年 1 月 5 日—1822 年 12 月 20 日），档案号 61206;

《丹绒冢地》（1830 年 1 月 7 日—1845 年 11 月 27 日），档案号 61207;

《丹绒冢地》（1830 年 5 月 28 日—1854 年 3 月 21 日），档案号 61208;

《丹绒冢地》（1846 年 1 月 3 日—1854 年 2 月 14 日），档案号 61209;

《丹绒冢地》（1856 年 6 月 17 日—1897 年 2 月 27 日），档案号 61210；

《丹绒冢地》（1918 年 3 月 6 日—1929 年 12 月 6 日），档案号 61211；

《丹绒冢地》（1930 年 2 月 7 日—1934 年 12 月 21 日），档案号 61212；

《式里陂冢地》（1850 年 8 月 24 日—1854 年 3 月 18 日），档案号 61301；

《式里陂冢地》（1855 年 1 月 20 日—1866 年 7 月 15 日），档案号 61302；

《式里陂冢地》（1855 年 1 月 20 日—1865 年 10 月 30 日），档案号 61303；

《式里陂冢地》（1855 年 8 月 25 日—1865 年 12 月 9 日），档案号 61304；

《式里陂冢地》（1875 年 11 月 1 日—1879 年 12 月 31 日），档案号 61305；

《式里陂冢地》（1866 年 8 月 17 日—1877 年 12 月 31 日），档案号 61306；

《式里陂冢地》（1880 年 1 月 15 日—1884 年 6 月 11 日），档案号 61307；

《式里陂冢地》（1884 年 6 月 12 日—1891 年 5 月 19 日），档案号 61308；

《式里陂风水簿》（1918 年 3 月 15 日—1925 年 12 月 15 日），档案号 61309；

《式里陂冢地》（1926 年 1 月 8 日—1934 年 12 月 27 日），档案号 61310；

《惹致冢地》（1878 年 12 月 3 日—1899 年 5 月 8 日），档案号 61401；

《惹致冢地》（1899 年 5 月 25 日—1910 年 9 月 27 日），档案号 61402；

《惹致冢地》（1910 年 10 月 11 日—1914 年 7 月 2 日），档案号 61403；

《惹致冢地》（1914 年 7 月 11 日—1917 年 12 月 17 日），档案号 61404；

《惹致冢地》（1918 年 1 月 8 日—1920 年 12 月 22 日），档案号 61405；

《惹致冢地》（1921 年 1 月 3 日—1925 年 7 月 28 日），档案号 61406；

《惹致冢地》（1925 年 8 月 4 日—1932 年 11 月 18 日），档案号 61407；

《惹致冢地》（1933 年 1 月 7 日—1935 年 1 月 2 日），档案号 61408；

《二览末、如南末冢地》（1892 年 7 月 16 日—1904 年 4 月 22 日），档案号 61501；

《如南末冢地》（1904 年 4 月 27 日—1909 年 9 月 14 日），档案号 61502；

《如南末风水簿》（1909 年 9 月 21 日—1913 年 5 月 14 日），档案号 61503；

《如南末风水部》（1913 年 5 月 19 日—1916 年 6 月 20 日），档案号 61504；

《如南末冢地》（1916 年 7 月 4 日—1917 年 12 月 31 日），档案号 61505；

《如南末冢地》（1918 年 1 月 12 日—1921 年 10 月 20 日），档案号 61506；

《如南末冢地》（1926 年 10 月 1 日—1932 年 12 月 27 日），档案号 61507；

《如南末冢地》（1933 年 1 月 5 日—1934 年 12 月 13 日），档案号 61508；

《吃嘟冢地》（1918 年 1 月 3 日—1920 年 9 月 14 日），档案号 61601；

《吃嘟冢地》（1920 年 9 月 15 日—1924 年 10 月 10 日），档案号 61602；

《吃嘟冢域》（1924 年 10 月 14 日—1929 年 12 月 21 日），档案号 61603；

《吃嘟冢域》（1930 年 1 月 2 日—1934 年 12 月 6 日），档案号 61604。

（三）风水寿域簿

《丹绒、吃嘟、式里陂冢地风水簿》（1891 年 6 月 6 日—1905 年 11 月 10 日），档案号 62101；

《吃嘟、如南末、惹致地寿域》（1891 年 5 月 26 日—1909 年 4 月 20 日），档案号 62102；

《丹绒、式里陂、吃嘟、如南末、惹致寿域总簿》（1891 年 9 月 26 日—1911 年 12 月 15 日），档案号 62103；

《丹绒、吃嘟、式里陂冢地簿》（1905 年 11 月 14 日—1910 年 5 月 30 日），档案号 62104；

《吃嘟、如南末、惹致寿域总簿》（1908 年 9 月 28 日—1911 年 12 月 15 日），档案号 62105；

《丹绒、吃嘟、式里陂冢地》（1910 年 3 月 16 日—1913 年 8 月 28 日），档案号 62106；

《式里陂、丹绒、吃嘟、如南末、惹致寿域地》（1913 年 1 月 14 日—1919 年 11 月 15 日），档案号 62107；

《丹绒、式里陂、吃嘟冢地》（1913 年 9 月 2 日—1916 年 6 月 26 日），档案号 62108；

《丹绒、吃嘟、式里陂冢地》（1916 年 6 月 29 日—1917 年 12 月 28 日），档案号 62109；

《丹绒、式里陂、惹致、如南末、吃嘟冢地》（1917 年 2 月 19 日—1920 年 4 月 3 日），档案号 62110；

《式里陂、丹绒、吃嘟、惹致、如南末冢地》（1935 年 1 月 2 日—1937 年 12 月 20 日），档案号 62111；

《丹绒、式里陂、惹致、吃嘟、如南末冢地》（1938 年 1 月 3 日—1939 年 12 月 22 日），档案号 62112；

《丹绒、式里陂、惹致、吃嘟、如南末冢地》（1946 年 9 月 2 日—1947 年 12 月 24 日），档案号 62113；

《丹绒、式里陂、惹致、吃嘟、如南末冢地》（1942 年 1 月 2 日—1944 年
4 月 27 日），档案号 62114。

（四）荫地簿

《丹绒、如南末、吃嘟、式里陂、惹致荫地簿》（1891 年 6 月 8 日—1934
年 12 月 24 日），档案号 62201；

《吃嘟、惹致、式里陂荫地簿》（1910 年 8 月 20 日—1911 年 3 月 1 日），
档案号 62202；

《丹绒、惹致、如南末、吃嘟荫地簿》（1936 年 3 月 7 日—1944 年 3 月 19
日），档案号 62203；

《寿域规例》（1891 年 4 月 10 日），档案号 62301；

《寿域单据簿》（1912 年 1 月 15 日—1918 年 12 月 30 日），档案号 62302；

《寿域单据簿》（1919 年 1 月 10 日—1923 年 3 月 23 日），档案号 62303；

《寿域单据簿》（1923 年 3 月 27 日—1929 年 11 月 14 日），档案号 62304；

《寿域单据簿》（1930 年 6 月 19 日—1936 年 12 月 3 日），档案号 62305；

《寿域单据簿》（1931 年 5 月 1 日—1954 年 1 月 18 日），档案号 62306。

（五）风水买地申报书

《丹绒风水买地申报书》（1863 年 8 月 22 日—1868 年 10 月 29 日），档案
号 63101；

《丹绒风水买地申报书》（1873 年 2 月 10 日—1879 年 3 月 27 日），档案号
63102；

《丹绒风水买地申报书》（1881 年 10 月 16 日—1890 年 2 月 12 日），档案
号 63103；

《式里陂风水买地申请书》（1840 年 8 月 8 日—1942 年），档案号 63201；

《式里陂风水买地申请书》（1861 年 7 月 8 日—1861 年 7 月 25 日），档案
号 63202；

《式里陂风水买地申请书》（1882 年 1 月 2 日—1882 年 11 月 21 日），档案
号 63204；

《式里陂风水买地申请书》（1895 年 8 月 23 日—1905 年 12 月 9 日），档案
号 63205；

《惹致风水买地申请书》（1902 年 4 月 24 日—1902 年 5 月 12 日），档案号
63301；

《如南末风水买地申请书》（1895 年 1 月 3 日—1895 年 11 月 2 日），档案号 63401；

《如南末风水买地申报书》（1894 年 9 月 24 日—1894 年 12 月 11 日），档案号 63402；

《吃嘟风水买地申报书》（1863 年 9 月 10 日—1868 年 9 月 11 日），档案号 63501。

（六）风水附单

《丹绒风水附单》（1914 年 2 月 17 日—1919 年 11 月 1 日），档案号 64101；

《丹绒风水附单》（1920 年 11 月 27 日—1921 年 8 月 17 日），档案号 64102；

《丹绒风水附单》（1927 年 7 月 20 日—1932 年 1 月 26 日），档案号 64103；

《式里陂风水附单》（1882 年 9 月 9 日—1897 年 11 月 1 日），档案号 64201；

《式里陂风水附单》（1901 年 1 月 10 日—1908 年 6 月 17 日），档案号 64202；

《式里陂风水附单》（1910 年 2 月 21 日—1919 年 9 月 23 日），档案号 64203；

《式里陂风水附单》（1920 年 7 月 20 日—1925 年 6 月 13 日），档案号 64204；

《式里陂风水附单》（1926 年 5 月 31 日—1931 年 12 月 3 日），档案号 64205；

《惹致风水附单》（1891 年 4 月 29 日—1899 年 11 月 21 日），档案号 64301；

《惹致风水附单》（1900 年 3 月 21 日—1909 年 3 月 9 日），档案号 64302；

《惹致风水附单》（1910 年 11 月 18 日—1919 年 7 月 13 日），档案号 64303；

《惹致风水附单》（1920 年 4 月 17 日—1925 年 11 月 21 日），档案号 64304；

档案号 64305 缺失

《惹致风水附单》（1930 年 3 月 22 日—1931 年 9 月 4 日），档案号 64306；

《如南末风水附单》（1894 年 12 月 22 日—1895 年 8 月 15 日），档案

号 64401；

《如南末风水附单》（1901 年 7 月 10 日—1909 年 1 月 2 日），档案号 64402；

《如南末风水附单》（1910 年 2 月 26 日—1915 年 5 月 15 日），档案号 64403；

《如南末风水附单》（1916 年 7 月 26 日—1919 年 12 月 2 日），档案号 64404；

《如南末风水附单》（1920 年 3 月 31 日—1923 年 9 月 13 日），档案号 64405；

档案号 64404 缺失；

档案号 64405 缺失；

《如南末风水附单》（1926 年 4 月 10 日—1929 年 12 月 14 日），档案号 64406；

《如南末风水附单》（1930 年 1 月 23 日—1941 年 5 月 27 日），档案号 64407；

《吃嘟风水附单》（1904 年 5 月 27 日—1909 年 12 月 10 日），档案号 64501；

《吃嘟风水附单》（1910 年 9 月 16 日—1915 年 4 月 8 日），档案号 64502；

《吃嘟风水附单》（1916 年 5 月 9 日—1919 年 9 月 6 日），档案号 64503。

七 金德院簿

《金德院山西夫子圣诞题捐簿》（1900 年 2 月 12 日），档案号 71001；

《金德院天上圣母圣诞题捐簿》（1900 年 4 月 22 日），档案号 71002；

《金德院观音亭山西夫子圣诞题捐簿》（1902 年），档案号 71003；

《金德院观音佛祖庆典题捐簿》（1902 年 8 月 18 日—8 月 22 日），档案号 71004；

《金德院山西夫子圣诞题捐簿》（1903 年 1 月 13 日），档案号 71005；

《金德院伽蓝大士、福德正神圣诞题捐簿》（1903 年 10 月 5 日），档案号 71006；

《金德院山西夫子圣诞题捐簿》（1903 年 5 月 13 日），档案号 71007；

《金德院玉皇上帝圣诞题捐簿》（1907 年 2 月 21 日），档案号 71008；

《金德院山西夫子圣诞题捐簿》（1907 年 1 月 13 日），档案号 71009；

《金德院山西夫子圣诞题捐簿》（1907 年 5 月 4 日），档案号 71010；

《金德院厝税器具簿》其中《金德院厝税簿》（1875—1880 年）《金德院器具簿》（1875—1876 年），档案号 72001；

《金德院器具杂物簿》（1886 年 6 月 1 日），档案号 73001；

《金德院日清簿》（1896 年 1—12 月）（附 1892—1895 年金德院总账目），档案号 74001。

八　寺庙簿

《完劫寺地租簿》（1871 年），档案号 81001；

《重修观音亭题捐簿》（1890 年）（大南门、小南门、中港仔、八茶碛、大公司、三间土库、美色近等地），档案号 82001；

《重修观音亭题捐簿》（1890 年）（茂物），档案号 82002；

《重修观音亭题捐簿》（1890 年）（江东圩）（1890 年 3 月），档案号 82003；

《重修观音亭题捐簿》（1890 年 3 月）（庞茄勿虱），档案号 82004；

《重修观音亭题捐簿》（1890 年）（新巴虱、结石珍、丹那庞等地），档案号 82005；

《重修观音亭题捐簿》（1890 年）（文登），档案号 82006；

《安恤庙大伯公圣诞题捐簿》（1907 年 5 月 26 日），档案号 83001；

《筹建佛教总堂题捐簿》（第一册启事簿）（1968 年），档案号 84001；

《筹建佛教总堂题捐簿》（第二册地藏院）（1968 年），档案号 84002；

《筹建佛教总堂题捐簿》（第三册慈惠庵）（1968 年），档案号 84003；

《筹建佛教总堂题捐簿》（第四册永清宫）（1968 年），档案号 84004；

《筹建佛教总堂题捐簿》（第五册竹园法会）（1968 年），档案号 84005；

《筹建佛教总堂题捐簿》（第六册慈航庵）（1968 年），档案号 84006；

《筹建佛教总堂题捐簿》（第七册同福堂）（1968 年），档案号 84007；

《筹建佛教总堂题捐簿》（第八册慈宫堂）（1968 年），档案号 84008；

《筹建佛教总堂题捐簿》（第九册慈云庵）（1968 年），档案号 84009；

《筹建佛教总堂题捐簿》（第十册南华寺）（1968 年），档案号 84010；

《筹建佛教总堂题捐簿》（第十一册同善堂）（1968 年），档案号 84011；

《筹建佛教总堂题捐簿》（第十二册观音堂）（1968 年），档案号 84012；

《筹建佛教总堂题捐簿》（第十三册祥庆堂）（1968 年），档案号 84013；

《筹建佛教总堂题捐簿》（第十四册祥云庵）（1968 年），档案号 84014；

《筹建佛教总堂题捐簿》（第十五册清善庵）（1968 年），档案号 84015；

《筹建佛教总堂题捐簿》（第十六册善缘堂）（1968 年），档案号 84016；

《筹建佛教总堂题捐簿》（第十七册药王宫）（1968 年），档案号 84017；

《筹建佛教总堂题捐簿》（第十八册静福堂）（1968 年），档案号 84018；

《筹建佛教总堂题捐簿》（第十九册善福簿）（1968 年），档案号 84019；

《筹建佛教总堂题捐簿》（第二十册）（1968 年），档案号 84020；

《筹建佛教总堂题捐簿》（第二十一册）（1968 年），档案号 84021；

《筹建佛教总堂题捐簿》（第二十二册）（1968 年），档案号 84022；

《筹建佛教总堂题捐簿》（第二十三册）（1968 年），档案号 84023；

《筹建佛教总堂题捐簿》（第二十四册）（金德院）（1968 年），档案号 84024；

《筹建佛教总堂题捐簿》（第二十五册）（1968 年），档案号 84025。

九 文化教育簿

《广仁学校收支清单》（1934 年），档案号 91101；

《巴城广仁学校学生通讯录》（1938 年），档案号 91102；

《巴城中华女学校免费生名册》（1938 年），档案号 91201；

《巴城福建学校学生通讯录、免费生名册》（1938 年），档案号91301；

《八茶贯中华学校免费入学申请书》（1940年），档案号91401；

《老巴刹中华学校1938年收支报告、1938年免费生名册》，档案号91501；

《新巴刹中华学校扩建申请书》（1949年11月17日），档案号91601；

《学生名册》（1938年），档案号91701；

《南军杂志发刊词》（1911年5月15日）（空白），档案号92101。

十 种痘簿

《公馆种痘簿》（1872年4月25日—1875年8月4日），档案号34001；

《公馆种痘簿》（1875年8月11日—1875年11月25日），档案号34002；

《种痘申报书》（1874年），档案号34003；

《种痘申报书》（1875年3月），档案号34004；

《种痘申报书》（1875年4月），档案号34005；

《种痘申报书》（1875年5月），档案号34006；

《种痘申报书》（1875年6月），档案号34007；

《种痘申报书》（1875年7月），档案号34008；

《种痘申报书》（1875年8月），档案号34009；

《种痘申报书》（1875年9月），档案号340010；

《种痘申报书》（1875年10月），档案号34011；

《种痘申报书》（1875年11月），档案号34012；

《种痘申报书》（1875年12月），档案号34013。

附录二 印尼三宝垄新友小学教职员 一览（1955 年）

姓名	性别	籍贯	年龄（岁）	到校年月（农历）
张明哲	男	福建晋江	40	49.7
朱培林	男	广东梅县	33	52.1
陈有德	男	福建同安	32	50.7
蔡多全	男	福建龙溪	32	52.1
吕娟	女	福建龙溪	30	48.1
林巴乂	女	福建漳浦	30	49.7
蔡丰泉	男	福建海澄	36	47.7
陈光乂	男	福建海澄	32	51.1
陈英寿	男	福建龙溪	23	53.7
柯柳长	男	广东揭阳	22	55.1
蔡杰英	女	福建海澄	32	47.7
许从今	男	福建金门	31	52.7
潘隽永	男	广东梅县	21	53.7
李超华	男	广东梅县	22	53.7
夏彩菊	女	广东梅县	23	52.7
施天桂	女	福建龙溪	25	53.7
林锡标	男	广东蕉岭	25	52.7
江潮	男	福建福清	25	53.1
李灵珠	女	广东新会	28	52.1
曾天定	男	福建福清	38	54.7
陈如今	男	福建福清	20	54.1
黄守伦	男	福建南安	23	54.1

续表

姓名	性别	籍贯	年龄（岁）	到校年月（农历）
潘敬民	男	广东梅县	32	54.7
丘如珍	女	广东梅县	20	54.7
赖昭桂	女	广东梅县	26	52.1
李延源	女	福建龙溪	21	53.1
张桂芸	女	广东梅县	21	53.7
陈璨荣	男	福建泉州	20	53.4
吕嫣婉	女	福建龙溪	31	53.1
苏金莲	女	福建南安	21	54.1
赖干英	女	广东梅县	20	54.7
郭赛娇	女	广东揭阳	30	54.1
郑金光	男	福建龙溪	21	55.1
黄建瑞	女	福建海澄	22	55.1
陈顺流	女	福建泉州	22	53.7
庄平	女	福建龙溪	25	52.7
廖玉容	女	广东保安	22	54.7
蔡金媛	女	福建龙溪	24	54.1
陈凤娇	女	广东梅县	23	53.1
王贤妮	女	福建福清	20	54.7
陈清汉	男	福建晋江	25	54.7
庄有土	男	福建南靖	23	52.7
戴乾金	男	福建厦门	33	54.7
温清容	女	广东梅县	22	54.7
Bintoro	男	印尼	32	53.1
Nj·Bintoro	女	印尼	23	54.8
吴瑞绵	男	福建龙溪	41	54.7
黄兰珍	女	广东梅县	25	52.1
廖玉英	女	广东保安	24	53.1
潘紫云	女	广东梅县	20	55.1
郭竹晖	男	福建龙溪	27	50.7
林竹旺	男	广东安浦	24	52.7
施冠良	男	福建晋江	20	54.1

续表

姓名	性别	籍贯	年龄（岁）	到校年月（农历）
李廷贤	男	福建	20	55.7
胡海岳	男	福建长汀	18	54.1
徐白娘	女	福建南安	19	54.2
陈文梅	男	福建兴化	21	54.7

资料来源：新友小学新友社编委会：《印尼三宝垄新友社成立十周年新友中小学创校八周年纪念刊》，1955 年，第 21 页。